Florian Schädle

Zerreißprobe

Florian Schädle

Zerreißprobe

Fragmentarischer Blick auf deutsche Schriftsteller im sowjetischen Exil in der Zeit des Nationalsozialismus

Bibliografische Information der Deutschen Nationalbibliothek
Die Deutsche Nationalbibliothek verzeichnet diese Publikation in
der Deutschen Nationalbibliografie; detaillierte bibliografische Daten sind im Internet über
http://dnb.d-nb.de abrufbar.

1. Auflage 2024

Lektorat: Monika Rohde, Leipzig
Umschlaggestaltung: Roland Poferl Print-Design, Köln
Layout: Verlagsservice Monika Rohde, Leipzig
© 2024 Florian Schädle
Verlag: BoD • Books on Demand GmbH, In de Tarpen 42, 22848 Norderstedt
Druck: Libri Plureos GmbH, Friedensallee 273, 22763 Hamburg

ISBN: 978-3-7597-7028-8

Inhaltsverzeichnis

Zerreißprobe
Gedanken zu einer neuen Deutung der Exiltexte
Johannes R. Bechers

Utopie und Totalitarismus
Deutsche Schriftsteller im sowjetischen Exil in der Zeit des Nationalsozialismus

Zerreißprobe
Gedanken zu einer neuen Deutung
der Exiltexte
Johannes R. Bechers

Vorbemerkung[1]

Diese Arbeit dient als Fundamentlegung, als erster Versuch einer Annäherung an die während des Exils (1933 bis 1945) entstandenen Schriften Johannes Robert Bechers. Er verbrachte nach einer Flucht über Leipzig, Wien und Brünn immerhin eine Dekade (1935–1945) ausschließlich in der Sowjetunion, überwiegend in Moskau bzw. in der Sommerfrische Valentinowka, kurzzeitig auch in Taschkent. Diese Schriften werden – auch einer späten Bemerkung und Idee Bechers folgend und diese gleichzeitig überbietend und verallgemeinernd[2] – aus ihren politisch instrumentalisierten, erfassten und aufgefassten Kontexten herausgelöst, kritisch beleuchtet und gelesen, gewissermaßen neu interpretiert und bewertet.

Hinweise, Fundstellen und Indizien für eine solche Interpretation wurden zu diesem Zweck in den Texten, die im Exil entstanden sind, gesucht, zusammengetragen und schließlich geprüft. Die einzelnen Fragmente können möglicherweise dann in ihrer Gesamtheit, zumindest aber durch die bloße Möglichkeit einer doppelten Auslegbarkeit einzelner Passagen, ein bedingungsloses und immerwährendes Idealisieren, ein starres und die von Unmenschlichkeit gekennzeichnete Realität unter Stalin ausblendendes Festhalten Bechers an den verwirklichten Formen des Sozialismus[3] in Frage stellen.

---

1   Dieser Text beruht auf der Magisterarbeit an der Humboldt-Universität zu Berlin von Februar 2005.

2   Im Tagebuch 1950 *Auf andere Art so große Hoffnung* heißt es: »Oder kommt es bei Gedichten mehr als bei anderen Beiträgen auf die Umgebung an? Papier, Druck, auch Zeitumstände. Folgt daraus, dass man alte Gedichte immer wieder in andere Verhältnisse setzen und neu drucken lassen muss?« (Band XII, S. 97f.)

3   Obwohl Unbestimmtheit, Ungenauigkeit, Fragwürdigkeit und Diffusität bestimmter Begriffe zu einer eingehenderen Erörterung und Beschränkung zwängen, seien sie im Rahmen dieser Arbeit der Einfachheit halber trotzdem verwendet. An einigen Stellen können vielleicht Fußnoten Horizonte erschließen und Schwierigkeiten und Diskussionen anreißen.

Die Bezeichnung der Unterordnung eines bestimmten Phänomens wie etwa des stalinistischen

Besonders die angeblich eindimensionale Darstellung des Stalinismus und seines Führers Josef Stalin durch Becher, wie sie einige Interpreten unterstellen und herauslesen, müssen hierzu hinterfragt und untersucht werden. Angesichts der Verbrechen, Unformen, Praktiken und Systemfehler, die Becher während seiner Zeit im sowjetischen Exil genauestens beobachten konnte, vielleicht sogar musste, ist Zweifel durchaus angebracht. Letztlich ist deshalb eines der Untersuchungsziele die Darstellung der Momente von widersprüchlichen Brechungen von Wirklichkeit[4], wahrgenommener Wirklichkeit, (ideologischer) Ansprüche und Konzepte und deren Umsetzungen in Texten Bechers während seines Exils.

Dass ein solches Unterfangen angesichts der Verstreutheit der Exilschriften Bechers – obwohl die wenigsten während seines Exils die politische Zensur unmittelbar passierten und zur Veröffentlichung kamen – sich beschränken muss und daher nur unvollständigen, bruchstückhaften Charakter sein kann, ist sicherlich durch die gegebene Unübersichtlichkeit schon hinreichend begründet, zumal oder trotz der Tatsache, dass nur ausgewählte Texte in einer genauen Analyse Berücksichtigung finden können. Erschwerend kommt aber hinzu, dass sich bisher nur wenige Forscher eingehend, angemessen abwägend und konsequent mit den Problematiken und Widersprüchen Bechers im Exil auseinandergesetzt haben.[5]

Staatsapparats unter einen Oberbegriff (wie »Sozialismus«) ist durchaus problematisch und fragwürdig. Bezeichnet das eine offenkundig die konkrete Staatsform, das zweite jedoch ein ideologisches, utopisches, theoretisches Ideal, dessen Gesamtheit im seltensten Fall tatsächlich von der Wirklichkeit getroffen werden konnte. Pierre Bourdieu fordert deshalb in einem Vortrag: »Die Regime, die man eher sowjetische als kommunistische nennen sollte [...].« (Bourdieu, 1991, S. 37) Vortrag: »Die Regime, die man eher sowjetische als kommunistische nennen sollte [...].« (Bourdieu, 1991, S. 37)

4. Im Sinne von Lebenswirklichkeit, -rahmen und -bedingungen. Der Begriff ist hier dennoch weiter zu fassen.

5 Ausnahmen bilden vorrangig die (neueren) Biografien von Jens-Fietje Dwars und Alexander Behrens. Die Gegensätzlichkeiten in Bechers Werk und Verhalten werden (wie etwa auch im folgenden Zitat von Carsten Gansel) beleuchtet und bemängelt, es bleibt jedoch leider häufig bei lapidaren oder sehr leisen, bloß angedeuteten und selten werkimmanenten Erklärungsversuchen, wenn eben überhaupt Lösungsstrategien entwickelt werden.

Carsten Gansel spricht in seinem Vorwort zu einer Zusammenstellung von Gedichten, Briefen und Dokumenten Bechers 1945 bis 1958 ein aus dem Mangel an neueren Forschungen erwachsendes Dilemma direkt an, vor dem diese Untersuchung im Besonderen steht: Was hier zu wenig berücksichtigt wurde, war dort zu viel.

> Widersprüche im Werk Bechers, wo sind sie erkundet? Bis zum Herbst 1989 dominierte *Verdrängung oder dezentandeutende Umschreibung.* Ausgespart blieben die Tötung der älteren Geliebten Fanny Fuß (1910), die frühexpressionistische Dichterrevolte und Freundschaft mit bekannten Autoren der Boheme, Bechers Morphiumsucht mit den ständigen Krankenhausaufenthalten, *Hoffnungslosigkeit und Selbstmordversuch im Exil der Sowjetunion ebenso wie die schweren Erschütterungszustände nach der Rückkehr* und in den fünfziger Jahren. *Die „Reinigung" der Biographie Bechers bestimmte die Lesarten seiner Texte. Hinzu kommt, daß aufschlußreiche Zeugnisse für äußere Zwänge und innere Nöte, in die Becher verstrickt war, erst 1989/90 gedruckt werden konnten.* Übrig blieb ein langweiliges (kommunistisches) Dichter-Vorbild. (Gansel, 1991, S. 12f., Hervorhebungen durch den Autor)

Ziel der Arbeit ist deshalb eine Art Synthese aus systemimmanenter, wohlwollender »Verdrängung« der sozialistischen Interpreten auf der einen Seite und skeptischer, »dezentandeutender Umschreibung« (s. o.), wie sie die westliche Forschung angesichts von Personenkult und ideologischen Irrtümern im realexistierenden Sozialismus auf der anderen Seite bemühte. Eine solch differenzierte, behutsame Verknüpfung der Interpretationsansätze sollte gerade aus einer heutigen, politisch motivierten Position heraus eine neue Perspektive erlauben.

Hierin liegt auch mein persönliches Anliegen. Erklärungen und Entschuldigungsmechanismen werden für viele Phasen der Menschheitsgeschichte bemüht und erarbeitet. Gerade die deutsche Vergangenheit des Zweiten Weltkriegs ist aus nationalsozialistischer, westdeutscher, westlicher Perspektive weitestgehend ausgeleuchtet und beleuchtet. Unter dieser Prämisse weisen besonders die (im Vergleich zu westlich-kapitalistischen theoretischen Grundlagen) anderen, sozialistisch-kommunistischen Welterklärungsmodelle Möglichkeiten einer Betrachtung auf, die nicht in ihrem Ausgangspunkt, in der heutigen Welt münden müssen. Sie beinhalten vielmehr Schemen der Andersartigkeit, die dadurch neue Strategien bereithalten können.

Das Denk- und Erklärungssystem, über das gesprochen werden muss, ist untergegangen. Vielleicht offenbart die Vergangenheit schon die Fehler, die letztlich dazu führten. Vielleicht lassen sich dadurch auch teilweise Lücken erfassen, die den Erklärungsnotstand schließen, den die vielen Fragezeichen um den »real existierenden Sozialismus« hinterlassen haben. Der Reiz des Themas ergibt sich aus der wenig ergründeten Sachlage und aus der Unbestimmtheit seiner Ergebnisse. Die Auseinandersetzung mit diesem Teil deutscher Geschichte bedeutet im Besonderen die Berücksichtigung außerdeutscher, sowjetischer Lebensverhältnisse (der Exilzeit, im Stalinismus), bezieht aber auch die Ereignisse im Deutschland des Nationalsozialismus mit ein, sodass das Themengebiet zwar auf die Germanistik, aber nicht eindimensional auf Deutschland beschränkt bleibt. Dadurch ergibt sich sicherlich eine besondere Ermahnung zu Achtsamkeit und Vorsicht.

Diese Auseinandersetzung aus dem Blickwinkel der Emigration in die UdSSR berührt besonders einen Teil deutscher Geschichte, der aus dieser Perspektive vielfach im Dunkeln liegt. Eine Konzentration in dieser scheinbaren Unübersichtlichkeit bietet sicherlich die Person Johannes Robert Bechers, der exemplarisch als ein Fall besonderer Tragik und Ambivalenz Möglichkeiten zu Überlegungen bietet, die sonst im Leeren mündeten. Gerade deshalb ist eine Form von wohlwollender Großzügigkeit durchaus angebracht.

»Nichtsdestoweniger muß die Untersuchung eine kritische sein« (Walter, 1974, S. 30), denn erklärbar sind dogmatische Fehleinschätzungen der (Aus-)Wirkungen des stalinistischen Verfolgungsapparates durch Becher sehr wohl (s. Abschnitt 1.3.). Keinesfalls soll aber der Eindruck erweckt werden, dass die verschiedenen Schriften und Beschönigungen der Wirklichkeit unter Stalin auch entschuldbar seien: Skepsis und Kritizismus, wie sie Walter einfordert, scheinen selbst bei Wohlwollen und Großzügigkeit durchaus angebracht. Sie sind die Grundlage, auf der das Gerüst der hier vorgelegten Interpretation aufgebaut wird. Reflexivität und überprüfende Hinterfragung sind deshalb nicht nur Gegenargumente der Beweiskette, sondern gleichzeitig auch ihr innewohnende, notwendige Elemente, die Stichhaltigkeit gleichzeitig auch aufweichen sollen. Dennoch ermöglichen eben nicht -ausschließlich Kritizismus und Pessimismus (übersteigert vielleicht sogar bis zu Ablehnung und Hass), sondern letztlich nur ein vorbehaltendes und ertastendes Vorgehen den gewünschten Vorstoß zu Thesen und Fragen, die neue Interpretationsansätze liefern könnten. Allzu große Skepsis und damit einhergehende hohe (moralische) Ansprüche sind daher wenig förderlich und zu relativieren. Sie sind aber eben unabdingbare Instrumente der Argumentationskette und werden deshalb auch angesprochen und abgearbeitet. Das Fundament will stets den distanzierten, prüfenden Blick wahren und muss dennoch auch »mildernde Umstände« geltend machen können.

Die Verdichtung und Komplexität des beschriebenen Interpretationsvorhabens ermöglichen schließlich vielleicht auch (vereinfachende) psychologische Deutungen zum Beispiel im Sinne Freuds, woraus sich allzu menschliche Entschuldigungstendenzen und Erklärungs- und Bewertungsmuster schließen lassen. Sie sollen deshalb und wegen der oft einebnenden und verallgemeinernden Tendenzen aber nur angedeutet bleiben. Aber gerade diese Erklärungs- und Bewertungsmuster führen im Weiteren, im eigentlichen Ziel der Arbeit zu neuen Perspektiven der Interpretation, die als Angebote solcher Deutungsmuster verstanden werden müssen, die durch weitere, andere Auslegungsvarianten Perspektivwechsel ermöglichen. Dadurch können Verknüpfungspunkte zu anderen Widersprüchen in Bechers Verhalten und Werdegang hergestellt werden, die weiterer Forschung als Ausgangspunkt dienen könnten. Sie sollen die Arbeit aber nur andeutend öffnen und so gleichzeitig zu einer Festigung und Einordnung der Vielschichtigkeit der Arbeit beitragen.

Michael Rohrwasser formuliert in seiner Dissertation von 1980 ein vergleichbares Vorhaben:

> [D]ie Politik [der] Texte [Bechers] zu entziffern, wo sie nicht von Politik sprechen wollen, und dort, wo sie von ›großer Politik‹ handeln, auch ihre ›Mikro-Politik‹ zu lesen [Fußnoten-Verweis: Felix Guatari: Mikrophysik der Macht, Berlin 1977], die Strömungen unter der Inszenierung und Legitimation, unter rationalem Verlangen und moralischer Argumentation zu entziffern versuchen [Fußnoten-Verweis: Gilles De-

leuze, Felix Guatari: Anti-Ödipus. Kapitalismus und Schizophrenie, Frankfurt 1974]
(Rohrwasser, 1980, S. 14)

– das ist auch das Ziel dieser Arbeit.

Von Eckhard Lobsien wird das Muster der Übertragung und Hinterfragung in seinen Bedeutungen und Dimensionen in Bezug auf (literaturwissenschaftliche)
Theorie angewendet, die alle Möglichkeiten eines Feldbegriffs, dessen Dimensionen noch zu erläutern sein werden, erschließt,

> [...] so daß sich quer zur Achse der Aufeinanderfolge ein Thema aus wechselnden Per-
> spektiven und vor unterschiedlichen Hintergründen aufzuheben beginnt. Der Text
> muß sich dabei ständig auf sich beziehen und seine Verlaufsdimension thematisieren,
> also seine Fähigkeit zu reflexivem Zeigen ausspielen. (Lobsien, 1988, S. 55)

Wie derartige Anforderungen (etwa Selbstreflexivität) im konkreten Fall aussehen,
will diese Arbeit ergründen, indem sie die Konzeption des literarischen Felds aufgreift und erprobt.

Rohrwasser benennt aber auch – dargestellt an einem konkreten Fall – das
Hauptproblem einer solchen Anwendung soziologischer und gewissermaßen des-
halb aller nicht-literaturwissenschaftlichen, artfremden Maßstäbe auf literarische
(Kunst-)Formen, da »soziologische Untersuchungen von außen unfruchtbar sind,
weil sie bestätigen, daß Bechers Proletariat keine soziologische Größe, sondern ein
Projektionsfeld ist.« (Rohrwasser, 1980, S. 14)[6]

Auch Joseph Jurt warnt vor der Unergiebigkeit einer Einbettung von Literatur
in einseitige Zusammenhänge:

---

6   Deshalb soll auch ein Anlegen soziologischer Hilfsmittel – wie etwa der verschiedenen Kon-
     struktionen des literarischen Feldes, deren Formen und Nutzen im folgenden Kapitel geklärt
     werden – niemals konkretes Arbeiten am Text und Interpretationen literarischer Texte (i.S.v.
     Textanalysen) ersetzen.

16

Es stellt sich die Frage, ob man das Phänomen Literatur überhaupt in den Griff be-
kommt, wenn man sich ausschließlich quantitativer Kriterien bedient. Definiert man
mit [Hans Norbert] Fügen Literatur nur durch das Kriterium der ›Fiktionalität‹ als
»Darstellung eines Geschehnisablaufs, die ihrer Intention nach auf konkrete Nachprüf-
barkeit ihres Inhaltes letztlich verzichtet" Fußnoten-Verweis: Hans Norbert Fügen,
Wege der Literatursoziologie. (Neuwied 1971), S. 18], dann entscheidet einzig die *Art* des
Lesens, ob ›Literatur‹ vorliegt. (Jurt, 1995, S. 27, Hervorhebungen im Original)

Umso weitgreifender und einfühlsamer muss die Untersuchung angelegt werden.
Ideologische Größen – wie etwa »Bechers Proletariat« – sollen eben nur bedingt
»Projektionsfelder« (Rohrwasser, 1980, S. 14) bleiben; sie sollen vielmehr konkret
eingebunden werden in eine übergeordnete Konzeption, die ein Erfassen und Betrachten einzelner Phänomene nicht nur als unwillkürlich-willkürliche Strategien
ermöglicht, sondern sie einer Interpretationsproblematik öffnet, die verschiedene
Grundmuster denken lässt.

Diese Arbeit wird also zwangsweise ein erster, unvollständiger Versuch bleiben,
der sich dennoch um Eindeutigkeit bemühen und so streitbare Ergebnisse liefern
möchte.

1 Methoden und Instrumente

Um eine genaue Vorstellung von den Zielen und den notwendigen Mitteln der Arbeit zu erlangen, ist nicht nur eine Beschreibung der verwendeten Verfahrenstechniken sinnvoll und vielleicht sogar notwendig, sondern auch eine strikte und entschiedene Abgrenzung von möglichen Missverständnissen, Fehlinterpretationen und -anwendungen. Das gesamte erste Kapitel stellt deshalb die Ansätze vor, die von der Arbeit im Einzelnen bei der Betrachtung aufgegriffen und vor allem wie sie eingesetzt werden sollen. Andererseits will es eben Miss-Interpretationen und Missverständnissen vorgreifen und diese, soweit wie möglich, beheben.

1.1 Definitionen und Abgrenzungen

> Dem Zirkel [hier: resultierend aus einer Analyse des Erstellens von Bestenlisten – Anm. d. Autors] kann nur entgehen, wer ihn frontal anpackt. Die Erhebung selbst muß die gegebenen Definitionen samt der ihrer sozialen Verwendung inhärenten Unschärfe auflisten und die Mittel zur Beschreibung ihrer gesellschaftlichen Grundlagen liefern [...]. (Bourdieu, 2001, S. 356)

Die möglichen falschen Schlüsse fließen sicherlich auch an den entsprechenden Stellen nochmals in die Argumentation ein, wie etwa in den Vorbemerkungen anhand der *unliteraturwissenschaftlichen*, soziologischen Maßstäbe geschehen, sodass zwar durch ihre explizite Aufzählung im Folgenden eine Dopplung entsteht, die aber meines Erachtens nicht überflüssig ist, da durch ein solches Bewusstmachen der möglichen (manchmal unübersichtlichen und immer unnötigen) Gefährdungen eine allzu grobe Abweichung vom eigentlichen Weg vermieden werden kann. Eine gesonderte Auflistung der zu vermeidenden Überinterpretationen und Irrwege – soweit sie der Stand zu Beginn einer wissenschaftlichen Arbeit erlaubt – umreißt zudem zwangsläufig das konkrete zu bearbeitende Arbeitsfeld, wodurch auch ein Effekt höherer Fokussierung auf Kernprobleme erreicht werden soll.

Am wichtigsten scheint mir zunächst die eingehende Auseinandersetzung mit der oben schon andiskutierten Frage um den Gebrauch nicht-literaturwissenschaftlicher Methoden bei der Betrachtung von (literarischen) Texten. Um die Schwierigkeiten an Beispielen zu erläutern, werden die konkreten Probleme bei der Anwendung des Bourdieuschen Feldkonzeptes ausgeführt. Weitere Einschränkungen ergänzen diese am Ende der Auflistung. Zuvor will sich der Autor unbedingt noch des Verdachtsmomentes entheben, dass die Arbeit durch eine Parteinahme eine Verteidigungsargumentation aufbauen könnte oder die Fehler Bechers rechtfertigen oder ihn gar entlasten wolle.

Anwendung nicht-literaturwissenschaftlicher Hilfskonstruktionen

Ein Gebrauch *unliteraturwissenschaftlicher* Methoden kann keineswegs die Arbeit am konkreten Text ersetzen – und sie soll es auch nicht.

Die Anwendung des sozialwissenschaftlichen Konzepts des literarischen Felds und die Analyse seiner Strukturen im (sozialen) Raum sind deshalb nur als eine Öffnung zu verstehen, als erstes Angebot zur Auswertung der aufgefundenen (Kunst-)Formen. Gleichzeitig muss aber unbedingt ein Aufschwemmen der Begrifflichkeiten, eine Überfrachtung einzelner Termini durch eine Überinterpretation vermieden werden, sodass auch die besten analytischen Mittel die konkrete, eingegrenzte Arbeit (in diesem Fall am literarischen Text) nicht ersetzen kann und soll.

Die unterschiedlichen Modelle des literarischen Feldes ordnen die zu betrachtenden Texte Johannes R. Bechers in den Strukturen des Exils und der Emigration, der Kriegszeit, des Nationalsozialismus, »kommunistischer Ideologie«[7] ein, das heißt in einem (gesellschaftlichen) Kontext. Dieser weitere Blick ermöglicht mehr als »bloße« Textanalyse und liefert dadurch letztlich einen breiteren Ansatz zu Verständnis und Erschließen der Exiltexte.

---

7   Vgl. Fußnote 3

Mikro- gegen Makro-Strukturen

Darin offenbart sich meines Erachtens das Hauptproblem der Anwendung gerade Pierre Bourdieus Theorie der Strukturierung des literarischen Feldes auf ein konkretes Problem wie die Exiltexte Johannes R. Bechers.

Zunächst wird betont, dass sich Bourdieus Analysen in seinen Haupttexten oft nur auf französische Literatur des 19. Jahrhunderts (besonders Flaubert) beziehen, was bei einer Anwendung auf andere Autoren und Zeitumstände ein hohes Maß an Abstraktion voraussetzt.

Das weit größere Dilemma des Modells steckt aber in der Einordnung der literarischen Produktion in sehr große Zusammenhänge: Die Betrachtung verschiedener Aspekte, die für den Aufgriff einzelner Paradigmen zur Analyse durchaus von Nutzen ist, setzt das Einzelphänomen Literatur gleichzeitig in sehr weit gefasste Kontexte, die so zu einer Art von Überinterpretation und Unübersichtlichkeit führen könnten, was dann eine erschöpfende und ausschöpfende Betrachtung ausschließt.

Deshalb wird sich die Arbeit an den Einzelfällen – den konkreten Exiltexten Bechers – orientieren, sie analysieren und nur exemplarisch und gleichsam probehalber in große Zusammenhänge einordnen und dort verankern.

Lobsien (1988) geht in seinem Entwurf des literarischen Feldes von einem kommunikations- bzw. sprachwissenschaftlichen bzw. sprachtheoretischen Hintergrund aus, sodass auch seine Analyse einer Verschiebung, Ausblendung und Übertragung bedarf. Letztlich scheitert eine lückenlose Übernahme der einzelnen Parameter Lobsiens eben auch an einer Einbettung des literarischen Textes in eine Makro-Struktur: die Sprache.

Diese Einordnung ist zwar durchaus in gewissen Zusammenhängen nützlich und sinnvoll, trägt aber hier zum Kontext der Problematiken im Exil wenig bei, sodass Sprachgebrauch – im Gegensatz zu Sprachduktus und -form – an dieser Stelle einen zu vernachlässigenden Faktor darstellt und daher von mir nicht aufgegriffen wird.

Vergleiche

Große Schwierigkeiten entstehen besonders bei der (Be-)Wertung einzelner Sachverhalte und deren Auswirkungen in und auf die Lebenswelt.

Dürfen Entscheidungen und Praktiken Bechers – wie die der sowjetischen Exilanten im Allgemeinen – nicht durch einen Vergleich mit Handlungsmustern nationalsozialistischer Positionen erklärt, gar relativiert und sogar entschuldigt werden? Ist ein Heranziehen etwaiger Vergleichsgrößen überhaupt zulässig, gar ratsam?

> Von Eberhard Jäckel über Hans Mommsen, Jürgen Kocka, Heinrich Winkler u. a. bis zu Christian Meier ist auf der historischen Angemessenheit der Vergleichsgrößen bestanden worden. Deshalb sind die west-, nord- und südeuropäischen, die nordamerikanischen Staaten als Mitglieder des okzidentalen Kulturkreises für den tragfähigen Vergleich die in erster Linie zu berücksichtigenden Referenzgesellschaften. Die zivilisationsgeschichtlichen Unterschiede zwischen ihnen und Ländern mit den Neandertalerpraktiken Pol Pots oder den exzessiv übersteigerten Stammesfehden Idi Amins dürfen nicht kurzerhand eingeebnet werden – genauso wenig wie der riesige Abstand, der die okzidentalen Staaten von der relativen Rückständigkeit Rußlands, insbesondere während des Bürgerkriegs und der Stalinära, trennte, stillschweigend minimiert werden darf, um einen korrekten Vergleich fingieren zu können. (Wehler, 1988, S. 131, Hervorhebungen d. Autor)

Wehler unterstreicht in seinem *polemischen Essay zum ›Historikerstreit‹*, in dem er kontroverse Fragen und Thesen aufgreift und widerlegt, immer wieder, dass gerade der singuläre Charakter des Nationalsozialismus jeglichen Vergleich ungültig und unmöglich mache. Deshalb enthebt sich die Arbeit durch den Verweis auf den (fachlichen Diskurs im) sogenannten Historikerstreit[8] jeglicher Verdachtsmomente unzulässiger Komparatistik. Aufgrund mangelnder, unmittelbarer Erfahrung kann

---

8   Vgl. Wehler (1988) und eine ausführliche Dokumentation in: Augstein: *»Historikerstreit«. Die Dokumentation der Kontroverse um die Einzigartigkeit der nationalsozialistischen Judenvernichtung.* München, 1989.

eine Abmilderung und Entschuldigung durch derartig fragwürdige Vergleiche nicht nachvollzogen werden. Es kann nicht um eine Aufrechnung und Abgleichung der Opferzahlen oder Ähnliches gehen, sie muss ausbleiben und relativiert keinerlei Menschenopfer – weder im Dritten Reich noch im stalinistischen Staatsapparat.

Problematisch können die Begründung und der Einwand Wehlers nur insofern sein, als die deutschen Exilanten im Gegensatz zu ihren sowjetischen Asyl-Gewährern sehr wohl »okzidental« geprägt waren[9] und daher Fragwürdigkeiten und Widersprüche auch offenlegen und anprangern hätten können. Weshalb sich letztlich die Frage aufdrängt, warum sich diese Intellektuellen derart vereinnahmen, unterdrücken, ja verstümmeln ließen. Dies wird exemplarisch am Fall Johannes Robert Bechers untersucht.

Matthias Vetter weist auf eine weitere Ungenauigkeit der deutschen Sprache hin und leistet so einen wichtigen Beitrag zur Diskussion:

> Zwischen »Vergleichen« und »Gleichsetzen« verläuft im deutschen Sprachgebrauch eine sehr undeutliche Grenze. Strenggenommen behaupten wir nicht, zwei Dinge seien gleich, sobald wir sie miteinander vergleichen – im Gegenteil: damit man sie vergleichen kann, dürfen sie ja gerade nicht völlig identisch sein. Dennoch kommen wir vor allem auf die Idee, Dinge zu vergleichen, wenn sie Ähnlichkeiten aufweisen. Vergleichen heißt damit immer, etwas genauer hinter die Kulissen vordergründiger Übereinstimmungen zu blicken. (Vetter, 1996, S. 7)

In seinen Augen heißt das: »Es fordert kaum weitere Begründungen, daß sich Historiker und Politologen in diesem Sinne mit dem Vergleich der nationalsozialistischen und der stalinistischen Diktatur beschäftigen« (ebd.). Dennoch sollte die Begründung hierfür auf jeden Fall ausführlich geliefert werden. Die Notwendigkeit und die Unbeholfenheit des Vergleichs sind hoffentlich aber hinreichend zum Ausdruck gekommen.

---

9   So beansprucht Becher ja etwa auch eine *humanistische* Tradition, wie im Kapitel 2.1 noch erläutert werden wird.

Verteidigungsversuche/Entschuldigungen

In dieser Arbeit geht es nicht um eine Verteidigung – vor allem vor dem Hintergrund der damit verbundenen Zugeständnisse und Duldungen – Bechers oder der ganzen linken Intelligenz, die während der nationalsozialistischen Herrschaft Zuflucht im sozialistischen Sowjetstaat suchte. Ideologische Konstruktionen, Auslegungen und Anwendungen der marxistischen Lehren werden eben nicht politisch oder ideologisch hinterfragt, sondern die eingeforderte Theorie wird höchstens an der Wirklichkeit, am Handeln gemessen.[10] Gerade hierbei dürfen keine persönlichen Präferenzen des Wissenschaftlers einfließen, die eventuelle theoretische Muster etwa in Frage stellen könnten und dadurch die Darstellung verzerrten, be- oder verhinderten.

Dass eine Bewertung literarischer (Kunst-)Form – die eben immer auch mit persönlichen Präferenzen zu tun hat – sich jedweder Art von persönlichem Urteil enthalten muss und dadurch Lebendigkeit und Variantenreichtum einbüßen wird, mag ein Verlust sein. Das Einschränken persönlicher Wertungen und einhergehend ein Bemühen um *objektive Klarheit* bleiben aber unbedingte Anliegen der Argumentation und sind stets bei einer Betrachtung heranzuziehen und gleichzeitig auch als mögliches Motiv zu vermuten. Eine Verteidigung ist dadurch jedenfalls auszuschließen.

Die Folgen von Bechers Fehlern und Fehleinschätzungen (aber nicht nur seiner) während des gesamten sowjetischen Exils (und auch später in der DDR) waren erschütternd und werden durch die Gedankenspiele nicht beschönigt oder gar vertuscht. Die Schlüsse der Arbeit dürfen niemals als endgültige und letzte Konstruktionen verstanden werden. Unsicherheit und Fragwürdigkeit scheinen mir ein entscheidendes Kriterium der damaligen Umbruchzeit und deswegen auch als ein wichtiger Bestandteil der Beweisführung, sodass selbst die stichhaltigsten

---

10 Konkret etwa beim Nebeneinanderstellen humanistischer Theorievorgaben und gelebter Praxis (siehe Kapitel 2.1).

Thesen nie einen überzeugenden und tragenden Grundstein für die Vermutung der verminderten Schuldfähigkeit Bechers legen könnten.

Einschränkende Bemerkungen zu Bourdieus Feldtheorie

Eine der im Sinne einer Entschuldigung deutbaren Thesen ist einer der Verknüpfungspunkte des Bourdieuschen literarischen Feldes mit den Einzelfeldern des sozialen Raums: Unmittelbaren Einfluss auf die literarische Produktion hat aufgrund eines Abhängigkeitsverhältnisses das Macht-Feld (vgl. Bourdieu, 2001, S. 103).

Mit einer Untersuchung dieses Aspektes soll allerdings keineswegs der Verdacht aufkommen, die (Stalin freundlichen) Exiltexte Bechers seien einzig und allein oder vor allem mit der Einflussnahme der Politik auf die Kunst zu erklären; die Beziehung der beiden Felder, Literatur und Politik, zueinander kann sicherlich in einer Art systembedingter, gegenseitiger Abhängigkeit aufgefasst werden. Es ist allerdings auch zu bedenken, dass den meisten Literaten immer auch die Wahl eines anderen Weges offen stand – etwa der Gebrauch versteckter, unterschwelliger Kritik oder die Flucht in ein anderes Land als die Sowjetunion –, sodass offene Repression nicht zwangsläufig ertragen und teilweise sogar verteidigt oder toleriert hätte werden müssen.

Eine weitere Anmerkung muss restriktiv zum Gebrauch des literarischen Feldes gemacht werden. Sie bezieht sich auf den im Falle der Ost-Emigration wohl eher vernachlässigbaren Einfluss ökonomischer Interessen auf das literarische Feld.

Das liegt nicht an einer eindeutigen Unterordnung der Faktoren des ökonomischen Feldes, dennoch können ökonomische Interessen nicht das primäre Ziel einer Emigration in die UdSSR gewesen sein:

> Wenn daher Feuchtwanger sagt, ein »gelesener Autor« – und damit meinte er natürlich sich selbst – nehme allein aus den Übersetzungen in angelsächsischen Ländern das Zehnfache dessen ein, was die Sowjetunion im gleichen Zeitraum an Abschlagszahlungen überweise (im Vierteljahr dreihundert Goldrubel) [...], so sagt das – ja, was sagt das eigentlich? Daß eine Handvoll Erfolgsschriftsteller durch ihre Übersetzungsrekorde und mit Hilfe ihrer stets wohl funktionierenden Eigenpropaganda ein völlig falsches Bild vermittelten. (Walter, 1972, S. 207)

Die lebensnotwendigen Ausgaben waren sicherlich gesichert. Der Lebensstandard der Flüchtlinge lag durch Unterstützungen (etwa der Roten Hilfe) teilweise sogar über den Verhältnissen von Emigranten, die in westliche, kapitalistische Länder geflüchtet waren (vgl. Walter, 1972, S. 142).

Eine eingehendere Untersuchung der ökonomischen Umstände und Absichten der Exil-Autoren wäre daher sicher interessant und gewinnbringend, ist aber für diese Erörterung inhaltlicher Probleme aufgrund ihrer eher geringen Einflussnahme auf die endgültige Entscheidung für ein Asyl in der UdSSR eher unerheblich, da hier in erster Linie politische Motivation und Ideologie Entscheidungsgrundlagen für die Flucht geliefert haben werden.

1.2 Perspektiven

Ein *philosophisches* Anliegen der Arbeit ist letztlich die Erschließung neuer Positionen und Standpunkte. Radikalität und erhöhtes Empfinden, ja beinahe Überempfindlichkeit für »dezentandeutende Umschreibung« (Gansel, 1991) sind deshalb notwendige Paradigmen. Extreme[11] Positionen der Überinterpretation gewonnen aus einem erhöhten Bewusstsein sollen geschärft und zu Grunde gelegt werden können, da unter den Umständen und Problematiken der zu betrachtenden stalinistischen Ära – wenn überhaupt – nur sehr leise Kritik angebracht werden konnte.

So erhebt Hans-Albert Walter das Phänomen der kleinen, feinen, unscheinbaren Anspielung zum Kennzeichen der ganzen sozialistisch-kommunistisch geprägten Künstlergeneration der Weltkriegszeit und warnt zugleich vor der lauernden Gefahr einer unendlichen, verschwommenen Spekulativität, die einer solchen Interpretation innewohnen kann: Sie verliere sich sehr leicht in einer Suche nach vermuteten Argumenten und Beweisen:[12]

---

11 Im Sinne von. heraustretende, überschreitende, überschäumende.
12 Wie die Umstände genau aussahen, die jene überzeugten Kommunisten im sowjetischen Exil

Kommunisten, die in der SU Asyl gefunden hatten und heute in der DDR oder anderen Staaten des Warschauer Paktes leben, gehen bei ihren (sehr seltenen) Äußerungen über problematische Zusammenhänge in der Regel hinweg oder beschränken sich auf Andeutungen. [...], so lassen auch diese Quellen zu Vermutungen und Hypothesen mehr Spielraum, als der Sache förderlich ist. (Walter, 1972, S. 133)

Und auch Becher selbst gibt den Auftrag zum feinfühligen Forschen an seine Interpreten weiter und öffnet so diesen wilden »Vermutungen und Hypothesen« (ebd.) Tür und Tor: »Ja, alle machen dort halt, wo bei mir die eigentliche Poesie beginnt, und doch ist nur von dorther alles andere erklärlich und deutbar.« (Band XII, S. 480)

Diese Arbeit will im Konkreten jene Passagen, Zeilen und Stellen in den Texten Bechers, die er während seines Exils verfasste, aufspüren und nicht »dort Halt machen, wo bei [...] Becher] die eigentliche Poesie beginnt« (ebd.). Ziel ist vielmehr die Entschlüsselung, Enttarnung jener Zeilen im Sinne der formulierten Annahmen und eine Bezugsetzung zum Leben des Dichters.

Besonders den Blickwinkel beeinflussend, eine Lesart, eine Interpretation beinahe manipulierend – wie eben Becher selbst betont (vgl. Band XII, S. 97f.), ist der Kontext, in dem ein Text einer Öffentlichkeit zugänglich wird. Allein die Tatsache, dass der Autor in einem *freiheitlich-demokratischen* System – was auch immer das im Konkreten meint – unter ebensolchen Umständen lebt und von diesen Wurzeln geprägt ist, müssen eine bestimmte Optik erzeugen und vorgeformte Urteile hervorbringen, weil sie täglichen Bedingungen unterliegen. Um wie viel muss dann erst eine unmittelbar einen Text berührende Ergänzung – sei es in ein-

---

zu Verschleierung und Verdrängung »problematischer Zusammenhänge« [ebd.] zwangen, muss im Einzelnen unbeantwortet bleiben. Da das Hauptaugenmerk auf Johannes R. Becher gerichtet bleiben soll, kann eine eingehendere, konkrete Beschreibung der literarischen Exiltätigkeiten nur anhand seiner Person und seiner Lebensumstände in der Sowjetunion erfolgen. richtet bleiben soll, kann eine eingehendere, konkrete Beschreibung der literarischen Exiltätigkeiten nur anhand seiner Person und seiner Lebensumstände in der Sowjetunion erfolgen.

leitender, kommentierender oder resümierender Funktion – verrückend auf die Perspektive des Lesers oder eines Interpreten wirken.

Ein Beispiel:

Bechers Gedichtband *Der Mann, der alles glaubte* von 1935 ist in der Gesamtausgabe des Aufbau-Verlags (Band III, S. 619f.) ohne den ersten Teil ›Das Lied vom braven Mann‹ des Erstdrucks veröffentlicht. Dieses wurde als epische Dichtung in Band VII (S. 61ff.) veröffentlicht. Der Rezension Karl Schmückles in Heft 2/1936 der *Internationalen Literatur*[13] folgend verändert die Auslassung den Sinngehalt der folgenden zwei Teile völlig.

Und obwohl Becher wohl kaum, als er den ersten Teil im Berlin der frühen 1930er Jahre verfasste, eine *»kritische«*, vor allem auch selbstreflexive (und somit selbstkritische) Deutbarkeit in Erwägung gezogen haben dürfte, kann die »Leichtgläubigkeit, die ihn unzählige Male zum Opfer und Werkzeug der Herrschenden werden läßt,« (ebd.) durch den heutigen, zeitlichen Abstand ebenfalls auf die kommunistischen, stalinistischen Methoden in seinem Lebenslauf bezogen gelesen werden, was auch die (im folgenden Kapitel erörterte) Zwangslage der Linksintellektuellen verstärkend darstellen würde.

Der Band III der Gesamtausgabe beginnt gleich mit dem Teil *Der deutsche Traum* (1935, Teil 2) und umfasst 19 freie, formunabhängige Gedichte Der anschließende (zweite bzw. ursprünglich dritte) Teil enthält dann alle 55 im Erstdruck 1935 veröffentlichten Sonette.[14]

---

13 »Es handelt von dem braven Mann Peter Murx aus Ingolstadt, von seiner Lebens- und Leidensgeschichte, von seiner Leichtgläubigkeit, die ihn unzählige Male zum Opfer und Werkzeug der Herrschenden werden läßt, von seinen Enttäuschungen, die nur neuen Täuschungen Platz machen, von Erfahrungen und Ahnungen, vom Suchen nach dem rechten Weg, doch von neuen noch unheilvolleren Irrungen, und schließlich von der Erkenntnis der Wahrheit.« (Schmückle, 1936, S. 95)

14 Eine mögliche Bedeutung der Verwendung der Sonettform folgt in Kapitel 2.6. Daher sei hier nur die Änderung des Veröffentlichungssatzes und die damit einhergehende Kontextverschiebung betont.

1.3 Problem Zeit

Um konkret eine Bewertung und Einordnung der Exiltexte Johannes Robert Bechers vornehmen zu können, ist noch die Auseinandersetzung und Klärung zweier Hintergründe unerlässlich, die erstens Schwierigkeiten der Entstehungsprozesse von Texten und Denkstrukturen in den Widersprüchen einer bewegten Zeit beleuchten und zweitens Vor- und Nachteile einer Untersuchung aus heutiger Sicht erörtern.

Das Dilemma der Kommunisten während des Zweiten Weltkriegs und der Stalin-Ära, das schon mehrfach angedeutet wurde, erklärt sich in der zusätzlichen Heranziehung von Texten anderer Autoren. Als besonders wertvoll und nützlich dafür erwiesen sich Peter Weiss' *Ästhetik des Widerstands* und Arthur Koestlers *Sonnenfinsternis*.

Während Weiss – im ersten Teil der *Ästhetik des Widerstands* – die Zwiespalte im Denken eines Kommunisten im nationalsozialistischen Deutschland vor seiner Flucht schildert, beschreibt Koestlers Roman die Ambiguitäten im stalinistischen (Säuberungs-)System selbst – am Beispiel des Verfahrens gegen Nicolas Salmanowitsch Rubaschow, dessen »Art des Denkens von Nikolai Bucharin, seine Persönlichkeit und physische Erscheinung eine Mischung von Leo Trotzki und Karl Radek« (Koestler, 1991, S. 254) darstellen sollen.

Weiss bebildert und verschlüsselt seine Beispiele für Widersprüche auch im antagonistischen Modell zur nationalsozialistischen Herrschaft – etwa durch die ausführliche Beschreibung des Berliner Pergamon-Frieses[15]:

---

15 Dwars sieht hierin sogar einen Bezug zu den Arbeiten Johannes R. Bechers: »Was 40 Jahre später Weiss in der *Ästhetik des Widerstands* beschreibt, hat Becher gelebt. Wie die drei Antifaschisten in Weiss' Roman vor dem Pergamon-Fries ihre eigene Verlorenheit im vergeblichen Aufstand der Erdensöhne gegen die Götter erkennen, um sich dennoch nicht aufzugeben, so gewinnt Becher aus dem Jasagen zur kommenden Gewalt Kraft zu einem Widerstand, der sich nicht selbst belügt.« (Dwars, 2003, S. 144, Hervorhebung im Orig.)

[D]och grimassierend in Schmerz und Verzweifelung, so rangen sie miteinander, handelnd in höherem Auftrag, träumend, reglos in wahnsinniger Heftigkeit, stumm in unhörbarem Dröhnen, verwoben alle in eine Metamorphose der Qual, erschauernd, ausharrend, wartend auf ein Erwachen, in fortwährendem Dulden und fortwährender Auflehnung, in unerhörter Wucht, und in äußerster Anspannung, die Bedrohung zu bezwingen, die Entscheidung hervorzurufen. (Weiss, 1988, S. 8)

Ein Fries voll namenloser Soldaten, die, Werkzeug der Oberen, in jahrelangen Kämpfen über andere Namenlose herfielen, hätte die Sicht auf die Dienenden verändert, ihre Stellung angehoben, nicht die Krieger, die Könige trugen den Sieg davon, und wer siegte, durfte den Göttern gleich sein, während die Unterlegenen die von den Göttern Verachteten waren. Die Begünstigten wußten, daß es keine Götter gab, denn sie, die sich deren Maske aufsetzten, kannten sich selbst. Desto mehr drängten sie darauf, sich mit Pracht und Würde zu umgeben. Die Kunst diente ihnen dazu, ihrem Rang, ihren Befugnissen den Anschein des Übernatürlichen zu verleihen. Kein Zweifel an ihrer Vollkommenheit durfte entstehen. (Ebd., S. 10)

Eine Schilderung absolutistischer, totalitaristischer, diktatorischer Systeme und Mechanismen, wie sie zweifellos die eingehende Beschreibung einer (antiken) Kampfszene nahelegt und beinhaltet, kann zwangsläufig auch eine Metapher für die Vorgänge im damals »realexistierenden«, sowjetischen Kommunismus sein, der sich unter Lenin und Stalin eben nur unzureichend oder gar nicht von den zuerst genannten Systemen abgrenzte und sich in den Methoden kaum von diesen unterschied.[16]

Weiss umgeht zunächst – wie Becher – Eindeutigkeit in der Anwendbarkeit seiner Schilderungen auf die Probleme sowjetischer Wirklichkeit. Sie schwebt – etwa bei der Beschreibung des Pergamon-Frieses – nur unterschwellig, abstrakt

---

16 Ist das fünfte Kapitel von Bechers Dichtung *Deutschland · Ein Lied vom Köpferollen und von den »nützlichen Gliedern«* (Band VII, S. 129ff.) in ähnlicher Weise zu verstehen? »Ich hab den Rothenburger Altar / Voll *unserer* Gesichter gesehen. / Ich sah daraus das Bild unserer Zeit, / Aus Holz geschnitten, erstehen. // Ich sehe Galgen und Kreuze darin / Und Blöcke zum Köpferollen, / Es bricht aus dem Bilde das Blute heraus, / Es blutet an vielen Stellen.« (Band VII, S. 150f., Hervorhebung im Orig.) Was ist das? Die eindringliche Verdammung des Nationalsozialismus? Das Eingeständnis der eigenen Schuld? Des eigenen Versagens?

und ungreifbar im Raum und kann höchstens über Umwege hergeleitet werden. Besonders die Erörterungen zum Zusammenhang von Kunst und Gewalt[17] ermöglichen aber schließlich doch einen Einbezug und das Erfassen des kommunistischen Machtapparats.

Zwar merkt die Mutter Coppis, die als Mutter eines der Protagonisten in der *Ästhetik des Widerstands* eine eher gemäßigte Position einnimmt, zunächst abwertend an, »daß sie sich fragen müsse, ob nicht die Last der Peinigungen, mit der das Zustandekommen der Kunstwerke bezahlt worden war, diesen für alle Zeiten etwas Abstoßendes geben müsse.« (Ebd., S. 50) Unter anderem könne deshalb »[...] in dem, was grausam ist, nie Schönheit enthalten sein« (ebd., S. 52). Jene Bedenken werden aber vor allem in Bezug auf die Mittel des sowjetischen Staatsapparates zerstreut und ausgeblendet: »Die Bekämpfung des Faschismus, *die Solidarität mit dem Sowjetstaat,* dies waren die absoluten Notwendigkeiten, die sich aus unseren Erfahrungen ergeben hatten.« (Ebd., S. 171, Hervorhebung d. Autor)

Die Radikalität der Positionen leitet sich aus einer strikt dualistischen Sichtweise:

Für unser Fortkommen fertigten wir uns Modelle in Schwarz und Weiß an, und in der Einschränkung auf ein Für und Wider, ein Ja und Nein, trafen wir unsere Entscheidungen. Die Partei, die wir gewählt hatten und für die wir uns einsetzten, war ein bestimmter stabiler Begriff, wenn auch in ihr ständig Verschiebungen stattfanden. Den Unsicherheitsmomenten begegneten wir mit der Absolutheit eines politischen Standpunkts. Wenn wir von den Meinungsverschiedenheiten, den Zerwürfnissen innerhalb der Parteiführung erfuhren, so sagten wir uns, daß in ihrem Grund die Partei die gleiche bliebe. Ließ sich auch vieles, was wir mit unserem Entweder Oder dem Komplexen gegenüberstellten, noch nicht auf seinen Sachverhalt überprüfen, so würde unser Vorhaben, da wir so viele waren, die nach dem gleichen Ermessen handelten oder einstanden für den gleichen Impuls, sich doch einmal, sagten wir, als richtig erweisen. (Ebd., S. 91)

---

17 Weiss verweist u. a. auf die Bedingungen bei der Errichtung antiker »Kolossalbauten« (ebd., S. 50).

Gerade die Gewissheit, dass letztendlich die politische Position nicht falsch sein kann, bringt den Kommunisten Rubaschow bei Koestler zu zwei Schlussfolgerungen:

> »Die Partei kann sich nicht irren«, sagte Rubaschow. »Du und ich – wir können uns irren – die Partei nicht. Die Partei, Genosse, ist mehr als du und ich und tausend andere wie du und ich. Die Partei ist die Verkörperung der revolutionären Idee der Geschichte. Die Geschichte kennt kein Schwanken und keine Rücksichten. Sie fließt, schwer und unbeirrbar, auf ihr Ziel zu. An jeder Krümmung lagert sie Schutt und Schlamm und die Leichen der Ertrunkenen ab. Aber – sie kennt ihren Weg. Die Geschichte irrt sich nicht. Wer diesen unbedingten Glauben an die Partei nicht hat, gehört nicht in ihre Reihen.« (Koestler, 1991, S. 44)

Worin diese Überlegungen gipfeln (müssen), bedenkt Rubaschow bereits während der ersten Minuten in der Untersuchungshaft in Erwartung seines absehbaren Todes: »Das Grauen, das von Nummer Eins [gemeint ist Stalin – Anm. d. Autors] ausging, bestand vor allem darin, daß er möglicherweise recht hatte.« (Ebd., S. 18)[18]

Die Übertragung dieser Denkmuster auf künstlerisch-literarische Vorgänge macht M. Rohrwasser an einer Bildersprache fest, die zeige, dass der »Stalinismus für die Autoren keineswegs das Trugbild eines demokratischen Idealstaates war,

---

18 Roy Medwedew erläutert eine ähnliche Ambivalenz durch ein weitgreifenderes Beispiel der Erklärung: »Ende der fünfziger Jahre hörte der Verfasser erstmals von einem hohen Funktionär eine höchst sonderbare Erklärung für die Blutbäder der dreißiger Jahre. Jawohl, wurde ihm gesagt, Stalin hat sehr genau gewußt, daß seine Opfer weder Spione noch Schädlinge waren, diese Vorwürfe waren bewußt fabriziert. Gemessen an den üblichen moralischen und gesetzlichen Normen seien Stalins Handlungen selbstverständlich gesetzwidrig gewesen. Und doch seien sie nötig gewesen für die Fortentwicklung der Revolution. Die Leute, die Stalin beseitigte, seien mächtig und beliebt gewesen, man hätte sie nicht einfach aus ihren Ämtern entlassen und aus der Partei ausstoßen können. Man mußte sie der ungeheuerlichsten Untaten bezichtigen, der Verschwörung gegen die Sowjetmacht und des Versuches, den Kapitalismus zu restaurieren, der Spionage und der Verschwörung mit den Imperialisten. Dann erst, nachdem die Massen hinreichend getäuscht waren, hätte man sie vernichten können.
»Warum,« fragte ich, »muß sich denn die Revolution von diesen ihren Förderern befreien?«
Das ist die Logik aller Revolution, antwortete er.

sondern daß die terroristische Strenge und militärische Härte als Notwendigkeit gesehen wurde, um dem drohenden Untergang (der Welt/ des Fortschrittsglaubens) durch den Nationalsozialismus zu trotzen.« (Rohrwasser, 1991, S. 176)

Koestler überträgt den Irrglauben einer unabdingbaren Parteitreue und die daraus resultierenden ideologischen Folgerungen konsequent auf das persönliche Handeln und Nicht-Handeln: Rubaschow kommt letztlich zu einem Zugeständnis, das als Beispiel für die Schuldbekenntnisse, die in den Schauprozessen den Liquidationen vorausgingen, gelten kann:

> »Ich bekenne mich schuldig, den fatalen Zwang, der die Politik der Regierung bedingt, nicht erkannt und infolgedessen oppositionelle Anschauungen gehegt zu haben. Ich bekenne mich ferner schuldig, sentimentalen Impulsen gefolgt und damit in Widerspruch mit der historischen Notwendigkeit geraten zu sein. Ich habe dem Stöhnen der Geopferten mein Ohr geliehen und wurde dadurch taub für die Argumente, die die Notwendigkeit ihrer Opferung bewiesen. Ich bekenne mich schuldig, die Frage von Schuld und Unschuld höher bewertet zu haben als jene der Nützlichkeit und Schädlichkeit. Schließlich bekenne ich mich schuldig den Begriff des Menschen über den der Menschheit gestellt zu haben...« (Koestler, 1991, S. 178f.)[19]

Viele der von Stalin Beseitigten hätten Mitte der dreißiger Jahre aufgehört, Revolutionäre zu sein, sie seien zu Amtsinhabern und Bürokraten entartet. Sie drängten die Partei nicht in die Richtung auf den Sozialismus, sondern hielten Kurs auf den Staatskapitalismus. Stalin habe sich befreien müssen von Leuten, die sich der Weiterentwicklung der sozialistischen Revolution entgegenstellten; er habe junge Funktionäre [...] hinaufbefördern müssen, die fähig waren, die Revolution voranzutreiben.« (Medwedew, 1973, S. 348)

19 Koestler schildert nicht nur den Prozeß im Innern seines Protagonisten, er beschreibt auch die Folter- und Verhörmethoden der staatlich-politischen Verwaltung (GPU), etwa indem durch einen Verhörenden Hoffnungen auf spätere Reputation und Rehabilitation in Rubaschow geweckt werden: »[...] Nach dem Endsieg, zu einer Zeit, wenn dadurch kein Schaden mehr angestiftet werden kann, wird das Material unserer geheimen Archive veröffentlicht werden. Dann wird die Welt erfahren, was hinter den Kulissen dieses Puppentheaters, wie Sie es nannten, geschehen ist; die Hintergründe des Schauspiels, das wir nach dem Textbuch der Geschichte vorspielen mußten...« (ebd., S. 225)

Die angeführten Schilderungen, Überlegungen und Versinnbildlichungen lassen Vermutungen bezüglich möglicher ambivalenter Erklärungsmuster zu. Dwars konstatiert »jeglicher Opposition in der kommunistischen Bewegung, daß sie unwillkürlich in den Geruch kam, Ketzer, Abtrünnige von der alleinseligmachenden Heilslehre zu sein, über die wie in der Kirche das Zentralkomitee und seine Kontrollorgane zu wachen hatten.« (Dwars, 2003, S. 158) Sie beantworten sogar eine Dimension der Fragen, die Hermann Kesten im Hinblick auf eine Liste von 13 DDR-Autoren an Becher richtet.[20] Die vorwurfsvollen Fragen offenbaren gerade die Fehleinschätzung der persönlichen Aufopferung für ein System, die einen Widerspruch ausdrücken und verstärken muss. Folgt man nämlich Bechers Argumentation vom 04.06.1957 als Antwort auf einen Artikel Kestens in der *Süddeutschen Zeitung* (vom 31.05.1957, Nr. 131), der noch allgemein den Verbleib »einiger« Autoren klären will,[21] trennt er strikt ein »revolutionäres, d.h. ein Parteigesicht« vom »weltlichen, alltäglichen Dasein« (Müller, 1991, S. 178), das im Falle der künstlerischen Produktion Geist, Vernunft, Ratio am besten einschließen soll.

Das Phänomen erhärtet insgesamt nur den Verdacht eines Gegensatzes zwischen Partei- bzw. Politzweck und ästhetischen, intellektuellen Absichten eines Schriftstellers (wenn nicht sogar der gesamten Überzeugten, die in jene Konflikte verstrickt waren), sodass ein zweites relativierendes Element enthalten und deshalb auch immer zu berücksichtigen ist:

Aufgrund technischer und zeitgeschichtlicher Abstände kann eine Beurteilung und Bewertung aus heutiger Sicht immer nur durchdachter und vollständiger er-

---

20 Er benennt die 13 Autoren in einem Brief vom 04.07.1957 an Becher, um deren Verbleib und Schicksal aufzuklären. »Was ist das für ein Vergehen? Kein intellektuelles Vergehen eines Autors? Und wie wollen Sie einen Autor aufteilen, in wie viele Eigenschaften, die Sie fein säuberlich auseinanderhalten?« (Gansel, 1991, S. 194)

21 »Sollten Sie mit den Autoren allerdings nur den einen Dr. Harich meinen, so handelt es sich bei diesem keineswegs darum, daß er in seiner Eigenschaft als Autor angeklagt wurde, sondern er wurde durchaus rechtens verurteilt wegen Verbrechens gegen die Verfassung der Deutschen Demokratischen Republik.« (Becher in: *Süddeutsche Zeitung* vom 31.05.1957, Nr. 131)

scheinen, da sie die Mechanismen nur andeutend nachvollziehen, keineswegs aber (logisch) teilen kann. Andererseits muss die Bewertung in ihrer komplexeren Struktur auch immer durchdachter, vollständiger wirken, als sie etwa unter unmittelbaren Eindrücken möglich gewesen wäre. Sie entspringt anderen Denkschemen und kann heute auch Kenntnisse um andere als die zu untersuchenden Umstände und deren Wahrnehmung relativierend oder verstärkend in ihren Gesamtkomplex einbeziehen.[22]

Solche Wahrnehmungsverschiebungen liefern aber auch die Möglichkeiten zu einer Neubeurteilung und Auseinandersetzung, die ebenfalls neue Akzentuierungen und Fokussierungen setzt.

Durch die beiden Einwände und Anmerkungen möchte die Arbeit unbedingt Divergenzen und Differenzen, die einerseits Verstrickungen in die politischen Umstände einer Zeit mit sich brachten (und natürlich auch immer noch bringen) und die andererseits von den Maßstäben einer anderen Epoche nur intensiviert werden, zu gegebener Zeit aufzeigen, benennen und sie einbinden in ein Gesamtkonzept, dessen Entwurf jene Bruchstellen zu überbrücken, im Mindesten aber zu erklären vermag.

Hier zeigt sich eine historische Dimension des Interpretationsvorhabens, die Jurt mit Verweis auf Hans Robert Jauß und seine Konstanzer Antrittsvorlesung von 1967 *(Literaturgeschichte als Provokation der Literaturwissenschaft)* umreißt und treffend zusammenfasst. »Literaturgeschichte ist gemäß dieser Optik die sukzessive Aktualisierung eines Textes durch den Leser.« (Jurt, 1995, S. 6)

In diesem Sinne ist auch Bourdieus Vermutung zu verstehen:

Darin besteht im Grunde das Paradox des historischen Verstehens eines Werkes oder einer Praxis, die der Vergangenheit entstammt [...]: Um das dem jeweiligen Zeitgenossen gegebene (wahre) Verständnis zu ersetzen, das uns fehlt, muß der ihm innewoh-

---

22 Vgl. etwa die angerissene Diskussion um die Unzulässigkeit von Vergleichsgrößen im Historikerstreit (siehe Kapitel 1.1).

nende *Code* rekonstruiert werden; dabei ist aber nicht zu vergessen, daß das ursprüngliche Verstehen sich gerade dadurch auszeichnet, daß es eine solche intellektuelle Konstruktion und Übersetzung keineswegs voraussetzt und der jeweilige Zeitgenosse im Unterschied zum Interpreten in sein Verstehen praktische Schemata (vergleichbar etwa grammatischen Regeln) eingehen läßt, die als solche sein Bewußtsein niemals streifen. (Bourdieu, 2001, S. 491f., Hervorhebung im Orig.)

Für die Exiltexte Johannes Robert Bechers hieße das etwa, dass sie *Codes* enthalten könnten, die den zeitgenössischen Lesern eine zusätzliche Botschaft gewissermaßen *zwischen den Zeilen* vermittelten.[23] Bourdieu hält deshalb eine »doppelte Historisierung« (ebd., S. 486) für notwendig:

[...] die des Überlieferten und die seiner »Applikation«; nur die Analyse der ererbten geistigen Schemata und der von ihnen produzierten illusorischen Selbstverständlichkeiten kann die theoretische Beherrschung des Kommunikationsprozesses sichern (die ihrerseits Voraussetzung dafür ist, ihn praktisch wirklich zu beherrschen). Dazu sind sowohl die möglichen Positionen [...], im Hinblick auf den das zu interpretierende historische Dokument (Text, Bild usw.) konzipiert wurde, als auch der Raum, im Hinblick auf den es interpretiert wird, zu rekonstruieren. (ebd.)

Natürlich soll der Hinweis auf die Möglichkeit einer für heutige Leser nicht entschlüsselbaren Dimension von Texten nicht zu einer unendlichen, unlösbaren Spekulativität führen und eine *Offenheit per se* heraufbeschwören, sondern im Sinne Bourdieus zu einem Bewusstsein für diese zweifache historische Gebundenheit führen. Deshalb versucht auch der anschließende Abschnitt einen an konkreten Formen orientierten Ansatz zur Interpretation, nämlich den des literarischen Feldes, zu entwickeln.

---

23 Die Tatsache, dass der Name Stalins in der unten noch eingehender behandelten »Hymne auf einen Namen» an keiner Stelle genannt wird, könnte nicht nur im Schweigen über »das Unaussprechliche« gründen – unabhängig davon, ob nun Gott oder der Teufel gemeint ist (vgl. Kapitel 2.7), sondern vielmehr den Zeitgenossen eine Auslassung signalisieren, die durchaus auch die Fehler einschlösse und andeutete, die wenigstens im *Namen* Stalins begangen wurden.

1.4 Das literarische Feld – Ein Modell

Natürlich kann eine Darstellung des literarischen Feldes (vor allem in der Konzeption Bourdieus, wie der Autor sie verwenden will) ähnlich der Auswahl der Exiltexte Bechers keinen Anspruch auf Vollständigkeit erheben. Einmal weil die (soziologische) Feldkonstruktion ohnehin nicht ausschließlich angewandt werden kann, um das Phänomen der Mehrdeutigkeiten in den zwischen 1933 und 1945 entstandenen Texten Bechers zu erfassen. Zum anderen soll durch die eingehende Darstellung des Konzeptes des literarischen Feldes auch nicht der Eindruck entstehen, jenes könnte als einziges Erklärungs- und Ordnungsmuster für die Exiltexte Johannes R. Bechers herangezogen werden. – Kapitel 2.7 stützt sich im Wesentlichen auf eine nicht an diese Theorie anknüpfende Lesart, die sich aber dennoch durch den Aufbau des literarischen Feldes rechtfertigen ließe.[24]

> Die Theorie des literarischen Feldes ist sicher zunächst eine soziologische Betrachtungsweise. Es geht darum aufzuzeigen, daß das literarische Schaffen nicht ein einsamer rein individueller Prozeß ist, aber auch nicht die Epiphanie einer substantialisierten sozialen Klasse im Medium eines Textes, sondern ein Zusammenwirken von Dispositionen, von Akteuren und strukturellen Vorgaben eines Feldes, das *als literarisches Feld* ein ganz spezifisches Profil aufweist. (Jurt, 1995, S. 96, Hervorhebungen im Orig.)

Die Untersuchung und die Kombination der einzelnen Strukturelemente des literarischen Feldes ermöglichen einerseits andere als die blankliteraturwissenschaftlichen Maßstäbe zur Beurteilung der Exiltexte Johannes R. Bechers zu entwickeln, die »soziologische Betrachtungsweise« (ebd.) darf andererseits aber nicht Überhand nehmen, sodass

---

24 Vgl. die Ausführungen zur historisierenden Aufgabe des Lesers (siehe Kapitel 1.3) und zur Betonung des *Gefühls* im Folgenden.

[j]edes der »ethnographischen« Elemente [...] seinen Sinn aus dem Kontext des Werkes [gewinnt], in das es eingebunden ist, sowie der Gesamtheit der gegenwärtigen und vergangenen Werke, zu denen das Werk (mithin sein Autor, der selbst in Beziehung steht zu anderen Autoren) einen expliziten oder impliziten Bezug aufweist. (Bourdieu, 1992, S. 130)

Für diese Einbettung und Einordnung von Texten liefert der Feldbegriff sehr umfangreiche Konstruktions- und Analysemöglichkeiten. »Der umfassendste Strukturbegriff der Lebenswelt ist der des Feldes.« (Lobsien, 1988, S. 37)

Eine Verbindung von Textinterpretation und analytischer Verortung im »sozialen Raum«, der »einen speziellen Ausschnitt einer Gesellschaft mit seinen ganz bestimmten, nur hier gültigen und akzeptierten Regeln und Gesetzen [bezeichnet]« (Ohlerich, 2003, S. 319) soll als Schema für Formen und Wechselbeziehung entstehen, das es ermöglicht, die Exiltexte Bechers zu entschlüsseln – oder zumindest in ein Gesamtmuster von Exilliteratur einzuordnen. Dazu ist eben zunächst die immanente Betrachtung und Auslegung einzelner Werke notwendig, auch um eine positionsinterne Betrachtungsmöglichkeit exemplarisch aufzuzeigen und zu übertragen.

J. Jurt verteidigt den »wissenschaftlich-rationalen« Zugriff (Jurt, 1995, S. 102) des Feldbegriffs auf Literatur,[25] indem er auf Bourdieus *Die Regeln der Kunst* zusammenfassend verweist:

In *les règles de l'art* konfrontiert Bourdieu die Theorie des literarischen Feldes mit anderen Methoden der Literaturbetrachtung. [...] Eine soziologische Literaturbetrachtung breche mit dem »Idealismus der literarischen Hagiographie«, mit dem »prophetischen Pomp der großen Literaturkritik«, dem »priesterlichen Gemurmel der schulischen Tradition«. [...] Die wissenschaftliche Analyse der sozialen Bedingungen der Produktion und der Rezeption literarischer Werke zerstöre gerade nicht deren Singularität. Die Singularität scheine klarer auf nach der geduldigen Rekonstruktion

---

25 Im Gegensatz. zu einer auf *Gefühl* basierenden Herangehensweise.

des sozialen Raumes, vor dessen Hintergrund erklärlich werde, was ein einzelnes Werk notwendig mache. [...] Wenn man in der Logik des literarischen Feldes, welches die interesselosesten Interessen hervorbringe, den Existenzgrund der Werke in ihren historischen und transhistorischen Dimensionen suche, dann anerkenne man die Werke als Zeichen für etwas Verborgenes, für das sie Symptom seien. (Jurt, 1995, S. 102) und 103, Hervorhebung im Orig.)

Die soziologische Feldstruktur erfasst gerade im Bruch mit dem »Idealismus der literarischen Hagiographie«, mit dem »prophetischen Pomp der großen Literaturkritik«, dem »priesterlichen Gemurmel der schulischen Tradition« (ebd.) eine freie, auf der Widersprüchlichkeit von Ratio und Gefühl basierende Mehrdimensionalität. Diese kann sich nur durch die Möglichkeit des freien und variablen Austauschs von Positionen, Positionierungen, Begriffskategorien und Begriffsmanifestationen beweisen und erhalten.

Eine Synthese der beiden »Antinomien von Intelligiblem und Sensiblem« (Bourdieu, 2001, S. 14), wie sie im Zuge einer (rationalen) Untersuchung Gefühle ansprechender Vorgänge immer entstehen, ermöglicht schließlich die genaue Bestimmung der Position eines Autors innerhalb des literarischen Feldes, wodurch auch eine Perspektive auf den Entstehungszusammenhang von Texten gewonnen wäre.

Wie [...] zu sehen sein wird, hebt [die wissenschaftliche Analyse der gesellschaftlichen Bedingungen der Produktion und Rezeption des Kunstwerks] zunächst die Einzigartigkeit des »Schöpfers« zugunsten der sie gedanklich nachvollziehbar machenden Beziehungen nur dem Anschein nach auf, um sie am Ende der Rekonstruktion des Raums, dem der Autor als konkreter Schnittpunkt angehört, um so eindrucksvoller wiederzufinden. Diesen Punkt des literarischen Raums zu kennen, der auch der Punkt ist, von dem aus sich ein singulärer Standpunkt gegenüber diesem Raum, eine Perspektive auf ihn ausbildet, versetzt in die Lage, durch mentale Identifikation mit einer konstruierten Position die Besonderheit dieser Position und desjenigen, der sie einnimmt, wie auch die außergewöhnliche Anstrengung zu verstehen und sinnlich zu erfassen, die [...] notwendig war, um sie existent werden zu lassen. (Bourdieu, 2001, S. 14)

Deshalb hält Lobsien das »Feld des Bewußtseins« (Lobsien, 1988, S. 34) für den Ausgangspunkt der literarischen Untersuchung. »Das Problem, von dem Kunst und Literatur handeln und das sie immer auch selber sind, wird im Theoriediskurs reproduziert; auch dafür steht die Feldmetapher.« (Ebd., S. 35)[26]

Akzentuierung von Bewusstsein, Genauigkeit und Selbsthinterfragung wird nichtsdestotrotz (gewissermaßen entgegen Bourdieus Theorie) eine der Stützen meiner Interpretationskonstruktion, die mit diesem methodologischen Vorgehen gleichzeitig Aussagen liefern kann, die sich prüfen lassen und deshalb Diskussionsräume öffnen.

Die Theorie des Bewusstseinsfeldes bezieht nochmals die Frage der Historizität ein, die mit Jurts Verweis auf Jauß und seine Antrittsvorlesung bereits angesprochen wurde (siehe Kapitel 1.3). Eine Sensibilisierung dürfe nämlich – laut Jurt – nicht nur auf gesellschaftlicher Ebene erfolgen, sondern müsse vielmehr auch die geschichtliche Dimension der kulturellen Produktion erfassen. Wobei die Geschichtlichkeit – folge man hierin Jauß – »nicht so sehr in der Produktion als vielmehr in der Rezeption« (Jurt, 1995, S. 5) liege. »Literaturgeschichte ist gemäß dieser Optik die Serie der sukzessiven Aktualisierung eines Textes durch den Leser.« (Ebd., S. 6)

Bourdieu sieht diese Geschichtlichkeit als Auftrag und Chance und macht sie deshalb zu Bestandteil und unbedingter Voraussetzung der Analyse:

> Das Verstehen verstehen heißt verstehen, warum diese oder jene an ein zeitlich oder räumlich mehr oder weniger weit entferntes soziales Universum gebundene Überlieferung [...] spontan in der Sprache des Universellen zu uns spricht: Die »Horizontverschmelzung« kann rein illusorisch sein und nur auf jener Horizontverwechslung beruhen, die Anachronie und Ethnozentrismus definiert – jedenfalls bleibt sie zu erklären. [...] Kurz, es genügt nicht, Übergeschichtlichkeit in der unmittelbaren Identifikation

---

26 Besonders dieser Gedanke offenbart, dass Lobsiens Theorie sehr stark von Bourdieus Feldtheorie abweicht. Bourdieu könnte/würde wohl einzelne Felder, deren Gesamtheit für ihn in einem rationalen Nebeneinander den »sozialen Raum« ergäben, nur bedingt zum Initial eines anderen Feldes machen.

mit dem Text [...] zu empfinden, es gilt, sie zu beweisen. Verstehen, das der Geschichte nicht ganz zum Opfer fallen will, muß sich als geschichtlich bedingt erkennen und sich die Mittel verschaffen, sich geschichtlich zu verstehen; und es muß zugleich die geschichtliche Situation geschichtlich verstehen, in der das entstanden ist, was zu verstehen es sich bemüht. (Bourdieu, 2001, S. 486f.)

Durch seine Argumentation will Bourdieu zeigen, »daß es möglich ist, die gesellschaftlichen Bedingungen des Denkens zu denken und dem Denken damit eine Möglichkeit einer Freiheit gegenüber diesen Bedingungen zu verschaffen« (ebd., S. 489).

1.4.1 Zu Struktur und Elementen des literarischen Feldes

Ausgehend von Literatur kann durch eine eingehende Analyse der unterschiedlichen Bezugnahmen, die im Umkehrschluss aber wiederum Einfluss nehmen auf Literatur, ein Gesamtgebilde entstehen, das die Einordnung und die Bestimmung des Stellenwerts der Exiltexte Johannes Bechers durch Erörterung der Zusammenhänge von Literatur, Politik und schließlich der ganzen Gesellschaft des Exils ermöglicht. Vorrangig muss die Untersuchung dieser (gesellschaftlichen) Positionierung Bechers und seiner Exiltexte der Suche nach kritischen Momenten dienen, die eine Eindeutigkeit der Interpretation der einzelnen Texte zumindest in Frage stellen. Dazu ist eine noch intensivere Betrachtung und Erörterung der Elemente und Parameter des literarischen Feldes sinnvoll, sollen die Kategorien doch austauschbar und flexibel variierbar sein, weshalb nur eindeutig geklärte Strukturen und Begriffsverwendungen Voraussetzung sein können (vgl. Lobsien, 1988, S. 75).

Hilfreich bei der Übertragung der Überlegungen Bourdieus bezüglich eines Konzepts des literarischen Feldes auf die Exilsituation Johannes R. Bechers ist, wie bereits mehrfach angemerkt, besonders die starke Einbeziehung, Verquickung und Betonung des politischen Feldes, das Bourdieu in *Die Regeln der Kunst* aber nur sehr unscharf und ungenügend vom Feld der Macht abgrenzt. Gerade die Einflüsse von Politik[27] auf die literarische Produktion und auch ihrer Endprodukte scheint mir ein erster Schlüssel.

> [Die] Analyse der Beziehungen zwischen literarischem Feld und Macht-Feld, welche die – offenen oder verdeckten – Formen sowie die – direkten oder verqueren – Auswirkungen der Abhängigkeit betont, darf nicht vergessen machen, worin einer der Haupteffekte der Funktionsweise der literarischen Welt als Feld beruht. (Bourdieu, 2001, S. 103)[28]

Unabdingbar ist deshalb die Untersuchung des Verhältnisses von politischen Rahmenbedingungen und Literatur des sowjetischen Exils im konkreten Fall. Wobei gerade hier erstmals das (noch zu erläuternde) Problem der Kollision und Diskrepanz von Anspruch, *Wirklichkeit*, Ideologie und Wahrnehmung[29] offenbar wird, welche besonders im inneren Wiederspruch, den Weiss so eindrucksvoll schildert, kenntlich wird.

Dennoch darf eine Betonung der politischen Einflussnahme eben niemals bezogen auf moderne Literatur (i.S.v. aufgeklärter und auch politisch motivierter Literatur). in einem relativierenden oder gar entschuldigenden Sinne erfolgen und verstanden werden (siehe auch Kapitel 1.1). Die äußeren Umstände – oder zumindest das, was dafür gehalten wurde – zwangen sicher zu dem einen oder anderen Zugeständnis in Form und Inhalt. Sie sollen aber gerade in einer kritischen Diskussion nicht als Persilschein missdeutet werden.[30]

---

27 Im Fall des sowjetischen Exils natürlich vor allem die Stalins, was dann sicherlich in erster Linie auch *Macht*einflussnahme implizierte.

28 Bourdieu spielt mit seinem »Haupteffekt der Funktionsweise« auf einen ökonomisch-kapitalistischen Aspekt an, der – wie unter Kapitel 1.1 bereits erläutert – im zu betrachtenden Zusammenhang eher eine untergeordnete Rolle einnimmt.

29 Sowohl der Außenwelt durch die Exilanten als auch der literarischen Exilliteratur durch ihre Interpreten.

30 Die Literatur der diffamierten, sogenannten Renegaten spricht eine andere Sprache.
Dwars schränkt diese einseitige Sichtweise am Bespiel einer Episode um Gustav Regler auf dem Pariser Schriftstellerkongress 1935 dahingehend ein, dass sich jene Problemstellungen

Gerade durch die (von Bourdieu unterstellte) Gleichheit von Positionierungen in den Feldern und den Gesamtpositionen der Felder differenzieren sich neben Übereinstimmungen auch Gegenpositionen heraus. Die ersteren benennt Bourdieu dennoch als »Ähnlichkeit im Unterschied [...]. [D]as Vorhandensein strukturell äquivalenter – was nicht heißt: identischer – Merkmale in unterschiedlichen Komplexen [ist] zu postulieren.« (Bourdieu, 1992, S. 155f.) Die Einflussnahme des Feldes der Politik (besonders im Falle der Übereinstimmung von Politik und Macht) auf das literarische Feld, die Struktur der Rückkopplungen, die auf Spannungen und Differenzpunkte schließen lassen, sieht Jurt als feldimmanente Struktur von Literatur:

> Neben dem Verhältnis des literarischen Feldes zum Feld der Macht, der Homologie zwischen dem System der feldinternen Positionen und demjenigen der Stellungnahmen, besteht schließlich auch eine wichtige Relation zwischen den Positionen im Feld und den Dispositionen, die die Inhaber der Positionen einbringen. Die Positionen eines Feldes können bloß entstehen, wenn es auch Akteure gibt, die über die notwendigen Dispositionen verfügen (so eine gewisse Indifferenz gegenüber rein materiellen Profiten und Mut zum Risiko). (Jurt, 1995, S. 95)[31]

---

ebenfalls im Werk Bechers finden ließen. »Davon abgesehen, daß Regler, wie andere Renegaten, nicht frei ist vom Drang zur Selbstrechtfertigung, der einst Erlebtes mit späteren Einsichten übermalt, fordert er nur, was Becher längst praktiziert. Der redet zwar nicht von Fehlern, sucht aber im Bewusstsein der Niederlage nach einer veränderten Sprache des Miteinanders.« (Dwars, 2003, S. 150f.)

Natürlich muss in diesem Zusammenhang auch betont werden, dass ein offenes, kritisches Verhalten – etwa in den Schau- bzw. Säuberungsprozessen – mit dem Tod bestraft (und so quasi *nutzlos* oder *verpufft*) endete. Bourdieu erläutert das Problem von Zwang bzw. Kontrolle und Autonomie seitens der Politik gegenüber Kunst sehr anschaulich, vgl. daher Bourdieu, 2001, S. 350 (hier v.a. Fußnote 9)

31 Dies ist etwa auch im Sinne Gregor Ohlerich, der die Ausprägung von Unterschieden als eine Voraussetzung für Einflussnahmen schildert (vgl. Ohlerich, 2003, S. 319).

Wie ausgeprägt Beziehungen zwischen den einzelnen Feldern gerade unter den Ausnahmebedingungen des Exils überhaupt waren, kann nur anhand der Einflussnahme von Politik auf Literatur nachvollzogen werden. Weitere Erkenntnisse erforderten eingehendere Untersuchungen, die hier unmöglich geleistet werden können. Gerade die Eingebundenheit – durch Abgrenzung und Übereinstimmung – ist jedoch sicherlich ein ergiebiges Untersuchungsfeld. *»Obwohl sie in ihrem*

Den Dualismus, der zwischen Positionen und Dispositionen entsteht, hemmt Bourdieu, indem er den »Raum des Möglichen« zwischenschaltet. In ihm ist es möglich, die Rollen von »Menschen, die [man] hätte sein können, wäre die Welt eine andere gewesen« (Bourdieu, 2001, S. 371) einzunehmen und zu durchdenken. Das hieße dann, dass sich dort auch Dispositionen zum eigenen Standpunkt einnehmen ließen, sodass sich Ähnlichkeiten mit Gegenstandpunkten zumindest besser wahrnehmen lassen.

Dennoch ist es gerade die Widersprüchlichkeit, die ein literarisches Produkt vielschichtig macht und der Interpretation weite Räume öffnet. Jurt koppelt diese Tatsache wieder an die historisierende Rolle des Lesers: »Die Ambiguität schafft zweifelsohne die Offenheit des Textes, die der Entzifferung des Lesers bedarf, der sich selber einbringen muss.« (Jurt, 1995, S. 100)

Lobsien deutet diese Ambiguität sogar als »das sprachliche Faktum der Mehrdeutigkeit« (Lobsien, 1988, S. 91), dessen Bedeutung nicht erst durch einen Leser im Rezeptionsprozess entdeckt wird, sondern das als rhetorisches Mittel[32] vom Autor (bewusst oder unbewusst) eingesetzt und so schon im Prozess der Produktion angelegt ist.

Die Mehrdimensionalität des Textes, der aufgrund der Anwendung dieser rhetorischen Mittel auch immer auf das Gegenteil einer scheinbar offensichtlichen Tatsache zielen kann (und sogar – in den Augen des Lesers bzw. Interpreten – zielen muss, damit die Illusion der Mehrdimensionalität gewahrt bliebe), macht ein Analysesystem nötig, das auch tiefere Dimensionen zutage fördert.

Bourdieu konstatiert in einem Aufsatz von 1987 auch die Verschleierungstaktik der Mehrdimensionalität von Literatur und stellt dieser (soziologische) Enttar-

---

Prinzip weitgehend davon unabhängig sind, hängen die internen Kämpfe *in ihrem Ausgang* aber doch stets davon ab, inwieweit sie eine Verknüpfung zu den extern ablaufenden Auseinandersetzungen herstellen können – ob innerhalb des Macht-Feldes oder des sozialen Feldes in seiner Gesamtheit.« (Bourdieu, 2001, S. 207f, Hervorhebungen im Orig.)

32 Er nennt als Beispiele Paradoxie, Ironie, Tautologie und Allegorie.

nungsmechanismen hart entgegen, sodass in dieser Arbeit (aus literaturwissenschaftlicher Sicht fast zwangsläufig) ein milderer, behutsamerer Ton der Analyse angeschlagen werden muss.

> Der Charme des literarischen Werkes liegt sicherlich zu einem Großteil darin begründet, daß es die Wahrheit sagen kann, ohne sie wirklich zu sagen, ohne zu verlangen, daß es – im Unterschied zur Wissenschaft laut Searle – *vollkommen ernst genommen wird*. Die Sicht des Romans simuliert das Reale und verschleiert es; nimmt es in der Bewegung des Darbietens auch schon wieder zurück. Weil sie die Dinge auf eine Weise sagt, daß sie sie nicht sagt, *verleugnet* (im Sinne Freuds), kann sie unendlich viel mehr dann sagen, wenn, wie in diesem Fall, die um des Wissens wegen zu behebenden Schwierigkeiten weniger intellektueller Art sind als willentliche Widerstände.
>
> Die soziologische Lektüre bricht den Charme durch die brutale Entschleierung der Struktur, die der literarische Text nur aufdeckte, indem er sie verbarg. So ist es ganz natürlich, wenn sie häufig feindliche Reaktionen hervorruft. Statt sich darüber zu entrüsten und darin lediglich eine Form des Widerstands gegen die Analyse zu sehen (was sie auch sind), hat der Soziologe deren Grundlage zu verstehen: es ist die der genuin literarischen Ausdrucksweise inhärente, weil dem Faktum der Formung und der Formulierung zugrunde liegende Verleugnung, die die Äußerung einer Wahrheit erlaubt, die anders gesagt untragbar wäre. (Bourdieu, 1996, S. 111, Hervorhebungen im Orig.)

Die *mildere*, literaturwissenschaftlich ausgerichtete Analysetechnik bezeichnet Jurt als »Analyse der Tiefenstruktur« (Jurt, 1995, S. 101). »Durch die Form, in der sich die literarische Objektivierung äußert, ist es möglich, die versteckteste oder tiefste Realität aufscheinen zu lassen, weil diese das Aufgedeckte gleichzeitig wie mit einem Schleier zudeckt« (ebd.).

Das hieße für die Arbeit, mit Becher als Sozioanalytiker Bechers, eine Sozioanalyse Bechers und eventuell der gesamten Exilliteratur durchzuführen (vgl. Bourdieu, 2001, S. 20).

1.4.2 Berührungspunkte – Felder und Räume:
Felder als Räume, Räume als Felder

Nimmt man Becher nur als einen exemplarischen Fall von Exilliteratur und zieht induktiv Rückschlüsse aus seinem (besonderen) Verhalten auf das (allgemeine) Dasein der Emigranten in der UdSSR, lassen sich Gesetzmäßigkeiten analog den Überlegungen Bourdieus zu Flaubert auf die gesamte (allgemeine) »Gesellschaft der Künstler« (Bourdieu, 2001, S. 99) im sowjetischen Exil übertragen. Folgende Fragen könnten dabei erörtert werden: Wie ausgeprägt waren die »literarischen Salons«[33] des Exils, wo waren sie angesiedelt, welche Funktionen kamen ihnen im Besonderen – gerade unter den Ausnahmezuständen des Exils, des Weltkriegs, der inneren Zerrissenheit oder des sowjetischen (Wirtschafts-) Systems – zu? Wie sahen die Mechanismen und Prinzipien im sowjetischen Exil aus, die Bourdieu einer »Gesellschaft der Künstler« zuschreibt und die schließlich ein literarisch-künstlerisches Feld erst abgrenzen und so letztlich auch hervorbringen? Ist es durch Verschiebungen und Begriffsersetzungen sogar möglich, ein Schaubild der Exilliteratur zu entwerfen, das einzelne Positionen festschreibt und Gegensätzlichkeiten aufzeigt? Wie sähe es aus? (Vgl. Bourdieu, 2001, S. 199)

Der nun folgende Abschnitt soll – soweit möglich – die teilweise bereits zuvor an- diskutierten Fragen konkret einbinden in die Strukturen des literarischen Feldes – unter besonderer Berücksichtigung der Exilliteratur Bechers. Wie bereits gesagt erfordert das einmal die Übertragung der von Bourdieu vor allem auf Flaubert an-

---

33 Vgl. Bourdieu 2001, S. 88f.: »Die Salons bilden auch, über die vielfältigen Formen des darin sich vollziehenden Austauschs, regelrechte Mittlerinstanzen zwischen den Feldern: Die Inhaber der politischen Macht wollen ihre Sicht den Künstlern aufzwingen und sich deren Konsekrations- und Legitimationsmacht [...] zu eigen machen; die Schriftsteller und Künstler wiederum, die als Bittsteller und Fürsprecher, zuweilen sogar als regelrechte *pressure group* auftreten, sind darauf aus, eine mittelbare Kontrolle über die verschiedenen vom Staat verteilten materiellen und symbolischen Gratifikationen zu gewinnen.«

gewandten Maßstäbe auf die Kontexte des Exilanten Becher, zum anderen müssen diese aber auch geändert (abgeschwächt oder verstärkt) und insgesamt also modifiziert werden. Hierzu ist es von Nutzen, die unter Kapitel 1.4 und 1.4.1 schon bearbeitete Kontur des literarischen Feldes als Ausgangspunkt beizubehalten und aus ihr heraus weitere Spezifizierungen vorzunehmen.

Deutlich erfassen lassen sich die Exiltexte durch die Methodik, die Bourdieu durch den Aufgriff einiger Fragen aus einem Brief Flauberts heraus entwickelt:

> Ist Ihnen schon eine Kritik unter die Augen gekommen, die sich intensiv mit dem Werk an sich beschäftigt? Man analysiert auf sehr feine Weise das Milieu, in dem es entstanden ist, und die Ursachen, die es bewirkt haben, aber die *unbewußte* Poetik? woher kommt sie? seine Komposition, sein Stil? der Standpunkt des Autors? Das gibt es *nirgends*!« [Fußnote: Flaubert/Sand, *Eine Freundschaft in Briefen*, hg. und erläutert von Alphonse Jacobs, München 1992, S.206 (Brief an George Sand, 2. Februar 1869)] Um sich dieser Herausforderung zu stellen, muß Flaubert [d.h. eben auch Becher – Anm. d. Autors] wörtlich genommen und der künstlerische *Standpunkt* rekonstruiert werden, von dem aus sich seine »bewußte Poetik« definiert und die, als *Blick von einem Punkt* des künstlerischen Raums *aus*, ihn genuin charakterisiert. (Bourdieu, 2001, S. 144f., Hervorhebungen im Orig.)

Indem zuerst eine Beziehung zwischen der literarischen Form und den gesellschaftlichen Bedingungen hergestellt wird, ist es möglich, *unbewusste* Elemente einzubinden, einzunehmen und so erklärbar zu machen, die die bereits erwähnte »Analyse der Tiefenstruktur« (Jurt, 1995, S. 101) in einem nächsten Schritt deutlicher zutage fördern kann.

Einen möglichen Schlüssel zur gesellschaftlichen Bedeutung und Rezeption von Exiltexten liefert auch hier der unter Kapitel 1.3 eingeführte Verdacht auf einen zeitgenössischen *Code*:

> Dieser durch »Religion, Gewandtheit, Geschäfte« geformte »geistliche und moralische Blick« [Fußnote: M. Baxandall, *Die Wirklichkeit der Bilder. Malerei und Erfahrung des 15. Jahrhunderts,* Frankfurt am Main, 1977, 134f.] [...] ist nichts anderes als das System von Wahrnehmungs- und Bewertungs-, Beurteilungs- und Genussschemata, die in all-

täglichen Verhaltensweisen [...] erworben wurde [sic] und in der gewöhnlichen Existenz ebenso wie bei der Produktion und Rezeption von Kunstwerken zur Geltung kommen. (Bourdieu, 2001, S. 497, Hervorhebung im Orig.)

Durch eine Beeinflussung, ja Bedingtheit der literarischen Tätigkeit – und natürlich auch ihres Konsums – ist diese natürlich (im doppelten Sinne) eingebunden in das, was Bourdieu den »sozialen Raum« nennt. Sie ist beeinflusster und Einfluss nehmender Bestandteil, indem gesellschaftliche Ereignisse aufgegriffen und (bewusst oder unbewusst) eingebunden oder ignoriert werden.

Entsprechend dieser An- und Rückkopplungsmechanismen des literarischen Feldes an die Prozesse des gesamten *sozialen Raumes* bedarf es gewisser Mittlerinstanzen, die ähnlich den »literarischen Salons« im 17. Jahrhundert – wie sie Bourdieu im oben angeführten Zitat schildert (Bourdieu, 2001, S. 88f.) – funktionieren und den Austausch der Interessen von Politik und Literatur gewährleisten.

Ruth von Mayenburgs Beschreibungen des Hotels Lux in Moskau liefern einen wichtigen Anhaltspunkt. Sie betont an dieser Stelle den raumgreifenden, verstärkenden Faktor des bedrohenden Krieges und der Zwangsevakuierung aus Moskau – größtenteils nach Taschkent:

Die kleine Schriftstellerkolonie, die vor dem Krieg aus Gustav und Inge von Wangenheim, Fritz Erpenbeck und Hedda Zinner, Adam Scharrer und seiner Frau und gelegentlichen Zu- und Abzüglern bestanden hatte, vergrößerte sich um Willi Bredel, mit Frau Katrin, Erich Weinert mit seiner Li, Johannes R. Becher mit Lilly und Theodor Plievier mit Hilde, der ehemaligen Frau Erwin Piscators: sie alle beschlossen ein langes Exildasein im Lux. (Mayenburg, 1981, S. 245)

Ein weiterer äußerlicher, von Außen hereingetragener und vorgegebener Umstand kennzeichnet das literarische Feld im Besonderen:

»Die Tatsache, daß soziales Alter von biologischem Alter weitgehend unabhängig ist, läßt sich nirgendwo deutlicher erkennen als im literarischen Feld, wo die Generationen bisweilen durch weniger als zehn Jahre geschieden sind [...].« (Bourdieu, 2001, S. 200f.)

Minimale Unterschiede in Entwicklung und Beeinflussung können auf dem Gebiet des künstlerisch-literarischen Ausdrucks konträre Wirkungen haben.

»Becher schrieb selbst in seinen späteren Jahren: ›Ich hatte die Wahl, Becher oder Benn zu werden.‹« (Niedermayer, 1965, S. 183, Hervorhebung im Orig.) Gerade dieses Zitat zeigt sehr deutlich das (kritische, zumindest stellenweise aufblitzende) Bewusstsein Bechers für Verschiebungen und Perspektivvarianten. Einerseits ließe sich daraus auf eine Nähe von zwei so unterschiedlich gelagerten Literaten schließen.[34] Andererseits zeigt das Zitat aber auch, welch großen Einfluss die kleinsten Verschiebungen in der unmittelbaren Umgebung eines Autors und gerade seiner ideologischen und gesellschaftlichen Verwurzelung hatten.

---

34 – Der eine vom Verbleib in Deutschland in die »innere Emigration« getrieben, der andere auch der politischen Gesinnung folgend nach Moskau geflüchtet.

2 Formen

Der nun folgende Hauptteil liefert die Übertragung und Anwendung (und gegebenenfalls auch eine im konkreten Fall notwendige Erweiterung) der theoretischen Grundlagen und Überlegungen auf einige ausgewählte Exiltexte Johannes R. Bechers.[35]

Das Untersuchen und Sichten mehrdeutiger Aussagen wird den Gedanken der Einleitung entsprechend zunächst vollzogen. Die fragwürdigen Textpassagen liefern Anstöße, die neue Perspektiven und Lichtpunkte setzen, sodass in einem weiteren Schritt eine vollkommene Ignoranz Bechers gegenüber der stalinistischen Wirklichkeit, der Widerspruch zwischen humanistischer Tradition und diktatorischer Praxis und die fragwürdigen, unglaublichen Idealisierungsformen erklärbar werden könnten.

Für ein solches Ziel wird es nötig sein, die erläuterten Hilfsmittel (gerade die Vorgaben des literarischen Feldes) weiter zu modifizieren und zu ergänzen. Die hervorstechenden, bereits angesprochenen Berührungspunkte zwischen dem Konzept des literarischen Feldes und den Problemstellungen der (literaturwissenschaftlichen) Betrachtung der Exiltexte dienen hierfür als Grundlage und Ausgangspunkte. – Allerdings müssen dann auch die Schemen der Vorgehensweise selbst hinterfragt und gegebenenfalls den entsprechenden Anforderungen angepasst werden dürfen.

Die ausgewählten Textauszüge sollen *bloß* Anhaltspunkte für eine Lösung von Widersprüchen, Undurchsichtigkeiten und Antworten liefern – nicht nur, aber vor allem in den Exilwerken und im Exilwirken Johannes R. Bechers.[36]

---

35 Es geht aber keinesfalls um eine alleinige Erprobung der Paradigmen des literarischen Feldes. Der große Raum, der der Darstellung gewidmet war, zieht jedenfalls nicht notwendig einen ausschließlichen Gebrauch der Parameter nach sich. Vielmehr wird auch die Feldtheorie als ein Element von Analyse einbezogen und gebraucht. Hierfür halte ich eine solch eingehende Betrachtung für notwendig.

36 Vgl. die Erläuterungen zum Zitat von Walter (1974, S. 30) in den Vorbemerkungen.

2.1 »Humanistischer Kommunismus«

Das Konzept und die theoretischen Grundlagen des Kommunismus sah Becher im humanistischen Denken gründen. Das erschließt sich besonders, betrachtet man die Rede, die er 1935 auf dem Internationalen Schriftstellerkongress »Zur Verteidigung der Kultur« hielt.

> Im Frühjahr organisiert Becher in Paris einen »Kongreß zur Verteidigung der Kultur«. Offiziell wird er von [Henri] Barbusse vorbereitet [...]. Inwieweit Bechers Drängen [auf den neuen Kurs der Komintern hin zu einem antifaschistischen Bündnis mit den Bürgerlichen] Einfluß nahm, lässt sich nicht mehr rekonstruieren. Sein Anteil am Zustandekommen des legendenumwobenen Treffens von 250 Literaten aus 38 Ländern ist bis heute unterbelichtet. (Dwars, 2003, S. 148)

Die Sitzung fand vom 21. bis zum 25. Juni 1935 in Paris statt. »Der *Internationale Schriftstellerkongreß zur Verteidigung der Kultur* bündelte den Geist einer ganzen Epoche.« (Behrens, 2003, S. 183, Hervorhebung im Orig.) »Becher selbst sprach am dritten Tag. Jedes Wort seiner Kongreßrede *Im Zeichen des Menschen und der Menschheit* war auf Einigkeit abgewogen. Wahrheit brauche Freiheit und bedürfe der Würde des Menschen und seiner Freiheit.« (Ebd., S. 184, Hervorhebung im Orig.) »Bechers Forderungen kreisen vor allem um die Begriffe ›Kulturerbe‹ und ›Humanismus‹, zwei bald zentrale Vokabeln der innermarxistischen Diskussion der 30er Jahre.« (Haupt, 1994, S. 117)

Becher formuliert in der Rede seinen Anspruch an Literatur, verurteilt die Situation der Schriftsteller im Deutschland des Dritten Reichs und entwirft ein Gegenmodell zur deutschen Lebenswirklichkeit anhand des revolutionären Staatssystems der Sowjetunion. Er verankert diesen Kommunismus in einer humanistischen Tradition und fordert die Vereinigung der Autoren zu einer gemeinsamen Bewegung mit proletarischen Kräften auf.

Zentral sind ihm dabei stets das Motiv eines zwingend unabdingbaren Humanismus, die Forderung nach einer durch die repressiven Elemente notwendig ge-

wordenen Abkehr vom Deutschland der Nazis und die Ablehnung der einneh-
menden, »falschen« Patriotismusform des Nationalsozialismus zu Gunsten einer
»gesunden« Vaterlandsliebe – erworben durch »Bereinigung unserer Beziehung
zum Vaterland«. (Band XV, S. 459) In einem Aufsatz von 1938[37] erläutert Becher
die Schritte für den in seinen Augen notwendigen »Vermenschlichungsprozess«
(ebd., S. 537) deutlicher:

> Unsere Literatur bemüht sich, das Schematische abzustreifen und in der Verbindung
> des Humanistischen mit dem Volkstümlichen, des Freiheitlichen mit dem Heimatli-
> chen, die Anfänge einer wahrhaft nationalen deutschen Volksliteratur sichtbar werden
> zu lassen, einer Renaissance der deutschen Literatur. (Ebd.)

Bereits 1935 auf dem Schriftstellerkongress zeigt sich Becher aus Gewissheit um
den Sieg kämpferisch und verurteilt den Weg der vermeintlich geringeren Unan-
nehmlichkeiten der sogenannten inneren Emigration:[38] »Also gerade so viel Tragik, wie man braucht, um in Ruhe leben zu können: Oh, dieser gewalttätige
Trübsinn des Untergangs! Diese Helden ohne Heldentum! Diese Abgründe (mo-
dern möbliert und zentral geheizt): Schlamm will wohl tief sein!« (Ebd., S. 454)
Und auch noch 1938 fordert er vom Künstler gemäß seines Idioms der Vaterlandsliebe eindeutige Zeichen:

> Ein Künstler wird nicht nur danach gemessen, auf welche Seite er sich mit seinem po-
> litischen Bekenntnis stellt, sondern auch danach, *wie weitgehend er als Menschengestalter*
> *den unmenschlich barbarischen Tendenzen seiner Zeit Widerstand leistet.* (Ebs., S. 539f., Her-
> vorhebung im Orig.)

---

37 *Von den großen Prinzipien in unserer Literatur*, vgl. Band XV, S. 537ff. und Barck, 1976, S. 218ff.

38 Vorhergehendes Zitat Benns: »Das Leben ist ein tödliches Gesetz und ein unbekanntes. Der
    Mann, heute wie einst, vermag nicht mehr als das zu sein, ohne Tränen hinzunehmen.« (In: Be-
    cher, 1935, S. 454)

Diese Töne mildern sich 1939[39] und Becher will sich keine harsche Verurteilung der in Deutschland verbliebenen Autoren mehr anmaßen: »Gegenwärtig ist es schwer, über die Tätigkeit der Schriftsteller der ›inneren Emigration‹ ein gültiges Urteil zu fällen. Ihre literarische Arbeit wird aber künftig Ergebnisse hervorbringen, die schon heute nicht nur unter literarischem Aspekt gesehen werden sollten.« (Band XVI, S. 673)

Zu solcher Vorsicht gemahnen ihn wohl auch seine umfangreichen Literaturempfehlungen, die er in den Aufsätzen *Im Exil* und *Literatur im Exil* vornimmt.[40] An diesen Stellen benennt Becher konkret »jene Namen [...], die offiziell von ihm erwartet wurden« (Stephan Hermlin in: Siebert, 1978, S. 22). Sonst interessieren ihn – zumindest in solchen Zusammenhängen – die offiziellen Erwartungen weniger. Viel eher versucht Becher an humanistische Traditionen[41] anzuknüpfen. Siehe »Im Zeichen des Menschen und der Menschheit«: Hier ruft er einen anderen Kontext auf, beschwört andere Traditionen und beruft sich auch nicht auf die zeitgenössischen Zusammenhänge.

> Die großen Güter der Vergangenheit, die Befreiung des Erbes aus den Händen derer, die es widerrechtlich in Besitz genommen haben; Erbkriege um Traumbesitz: Dante – Giordano Bruno – Thomas Morus – Campanella – Cervantes – Shakespeare: Ehre und Nachfolge jenen großen Träumern der Menschheit, jenen von einer tiefen Sehnsucht beunruhigten Realisten, Verherrlichern der Bestimmung des Menschen, die, indem sie die Größe der menschlichen Leidenschaften schilderten, die Macht des Menschen, seine Würde, seine umstürzende Schöpferkraft priesen. Sie waren die großen Unbefangenen, die redlich, ohne Rücksicht auf die Herrschenden und Reichen, die Wahrheit über das Leben gesucht und mit diesem Wahrheitsgehalt ihre Werke durchsetzt haben. Ehre jenen Brecheisen in den Steinbrüchen der Menschheit, die in wahn-

---

39 Vgl. Band XVI, S. 668ff. und Barck, 1976, S. 227ff.

40 Becher nennt neben einigen anderen: Heinrich und Thomas Mann, Lion Feuchtwanger, Arnold und Stefan Zweig, Bertolt Brecht, Anna Seghers, Georg Lukács, Alfred Döblin, Carl Zuckmayer und Alfred Kurella.

41 Nämlich beinahe ausschließlich die des Humanismus und eben nicht die des Antifaschismus.

witziger Verblendung selbstmörderisch das tödliche Werkzeug oft gegen sich selbst wandten ... (Band XV, S. 458)

In *Deutsche Lehre* (Band XVI, S. 240ff. und in: *Internationale Literatur* 4/1943, S. 13ff.) beschreibt er 1943 dann explizit, wo diese Traditionen in Deutschland weiterverfolgt wurden: »Die deutsche Klassik war seinerzeit Wiedergeburt und Vollendung des Humanismus im Zeichen der Französischen Revolution.« (Band XVI, S. 266) Deshalb ist für Becher ein deutscher Vertreter dieser Denkrichtung Johann Christian Friedrich Hölderlin, in dessen poetischer Tradition er sich ohnehin gerne sieht. Auch Georg Wilhelm Friedrich Hegel weilt – wohl vor allem wegen der ideologisch-parteilichen Traditionen – in Bechers Rede von 1935 mitten unter den Arbeitern (vgl. Band XV, S. 453).

Untrennbar mit Bechers Herleitung des Kommunismus aus dem Humanismus ist ein Name verbunden: Auf Maxim Gorki beruft sich Becher etwa im Aufsatz ›Im Namen des Friedens‹ (Band XV, S. 545ff.).[42] Er fordert mit Gorkis Worten aus dessen Aufsatz ›Über Formalismus‹ (1936) nicht nur eine Vernichtung des deutschen Faschismus'[43], sondern verteidigt mit Gorki sogar den Schauprozess gegen die Mörder Sergej Mirowitsch Kirows.[44] Der Artikel ›Stalins Wort‹ (Band XVI, S. 110ff. und in: *Internationale Literatur* Heft 1–2/1942, S. 6f.) zählt ausdrücklich die Eigenheiten auf, die Gorki in Bechers Augen auszeichnen:

---

42 »Erstdruck in der ›Deutschen Volkszeitung‹, Paris, vom 20. März 1938 [...], [ein weiterer] Abdruck in der IL [*Internationale Literatur*], Heft 4/1938. Auszüge aus diesem Aufsatz wurden nachgedruckt in der Sammlung: Johannes R. Becher, ›Sterne unendliches Glühen‹, Band 2, Prosa, Berlin 1960.« (Band XV, S. 789f.)

43 »Die Scheußlichkeit des Faschismus in gebührender Weise zu schildern und zu geißeln‹ – so hallt Gorkis Stimme in uns fort – ›die Welt erwartet von uns solche Werke und wir müssen sie ihr geben.‹ Ja, die Welt erwartet von uns, das wir den Faschismus vernichten und nach Tilgung der faschistischen Schmach ein freies Deutschland begründen, das im Bunde freier Völker mit Ehren bestehen kann.« (Band XV, S. 554)

44 »Im Namen des Friedens! Dieser Prozeß – vergessen wir es nicht über allen Scheußlichkeiten, die er uns entdeckt hat –, dieser Prozeß diente vor allem dem Frieden.« (Ebd.)

Mit Maxim Gorkis Name verbindet sich das Programm eines streitbaren Humanismus; das Edelste und Höchste, was das Menschengeschlecht an Lebenswerten schuf, ist in Maxim Gorkis Leben und Werken unzertrennlich vereint mit all dem Neuen, Zukunftweisenden, wie es die Menschheit des 20. Jahrhunderts ihr eigen nennt. (Ebd., S. 116)

Nach Gorkis Tod sieht Becher sich und seine Zeitgenossen in der Pflicht, »von Maxim Gorki noch alles zu lernen« (Band XV, S. 514): »Maxim Gorki ist ein allseitiger Künstler. In ihm rückte der in verschiedene Spezialitäten aufgeteilte Mensch wieder zu einem Ganzen zusammen« (ebd.). ›Vermächtnis und Nachfolge‹ »wurde geschrieben zum ersten Todestag Maxim Gorkis, veröffentlicht in der DZZ (Deutsche Zentral Zeitung) vom 18. Juni 1937.« (Ebd., S. 787) – Becher beschäftigt sich in dem Aufsatz in erster Linie mit der Beschreibung der Größe Gorkis.

Wer ihm nachfolgen will, kann es nur, indem er ernsthaft an sich selbst arbeitet. Denn die Kunst fängt im Künstler selbst an. Nur wer es versteht, sich selbst zu gestalten, wird auch in seinem Werk eine menschliche Gestalt zustande bringen. Nur so können wir beginnen, das Vermächtnis Gorkis zu erfüllen, nur in diesem Zeichen gelänge uns eine Nachfolge. (Ebd., S. 517)

Die »Rede auf dem Meeting zum ersten Jahrestag des Pariser Kongresses zur Verteidigung der Kultur« (Band XV, S. 784). prägt für das Konzept in der Nachfolge Gorkis den Begriff »proletarischer Humanismus« (ebd., S. 485) aus und nennt Gorki in einem Atemzug mit Stalin:

Maxim Gorki war nicht nur der Verkünder des proletarischen Humanismus, er selbst trat in der Weltliteratur als der erste Verwirklicher dieses Humanismus ein – und so sehen wir ihn heute, den Toten, in die fernen Zeiten übergehen, wo ein glückliches Geschlecht, in die Vergangenheit zurückschauend, einmal sagen wird: »Damals, zu Stalins und Gorkis Zeiten.« (Ebd.)

Becher beruft sich aber nicht nur auf Vergangenes, beschwört Vorbilder und entwirft Traditionslinien einer kommunistischen Literatur, er gründet vielmehr auf dem in der Schriftstellerkongressrede geprägten Fundament auch gleich seinen Anspruch an eine künftige Literatur: »Die Literatur braucht heute mehr denn je Selbstbesinnung und Denken, ein Sichzurückerinnern an Zeiten, da Dichter, den Machtanspruch ihrer Klasse vollziehend, Entdecker und Eroberer waren, Wortführer, nach deren Willen Menschen lebten und sich umformten.« (Ebd., S. 451)

Im Gegensatz zum Gebrauch der Literatur des Dritten Reichs gewinnt das Konzept, das Becher entwirft, erst in der bedingungslosen Ablehnung der Lüge. »Ihre Überzeugungskraft kommt aus der Wahrheit. Ist sie stark, so ist sie stark in der Wahrheit.« (Ebd., S. 457)

Am ehesten ausgeprägt scheinen ihm solche Ideale in einer in der »vielgearteten Wirklichkeit des Klassenkampfes« (ebd.) erfahrenen, proletarischen Literatur.

> Nur eine Literatur, die denkt und nicht widerstandslos unkontrollierbaren Stimmungen nachgibt, kann sich auf sich selbst besinnen. Für die Literatur der Arbeiterklasse ist Selbstbesinnung das Selbstverständliche. Die unmittelbare Kampfnähe, in der sie mit menschheitsfeindlichen Kräften der Gesellschaft steht, zwingt sie, sich ständig selbst zu überprüfen. Sie ist die Literatur, die am empfindlichsten jede Abwandlung von der Wahrheit anzeigt. (Ebd.)

Daher bedient sich Becher der Sowjetunion als leuchtendes Beispiel: »Im Osten aber [die] neuen Feldzeichen [der Literatur], über dem Bauplatz der Menschheit, scharfkantig flatternd.«) Ebd., S. 451)

Die blinde Gläubigkeit an die Sowjetunion verallgemeinert Wolfgang Emmerich sogar zum allgemeingültigen Kennzeichen der deutschen Schriftsteller, die vor den Nationalsozialisten nach Moskau flohen: »In der Regel zwischen ca. 1890 und 1905 geboren, [war die Autorengruppe der Sowjetunion-Emigranten des Dritten Reichs] in den Kämpfen der Weimarer Republik erprobte Genossen. Die Sowjetunion war für sie das gelobte Land.« (Emmerich, 2000, S. 78)

Hernach konstatiert Emmerich einen aus der Desillusionierung erwachsenden Fatalismus, der die Vorgehensweisen unter Stalin nicht nur gutheißt, sondern sogar unkritisch übernimmt:

Spätestens ab 1936 mussten [die Autoren] erfahren, dass das Exil in Stalins Sowjet-union als einem totalen Terrorsystem für sie nicht Sicherheit, sondern einen (in manchen Fällen verzweifelten) »Kampf ums Überleben« bedeutete, der bei vielen zur »Regression auf den blanken Sozialdarwinismus« führte. (Leo Löwenthal) (Ebd.)

2.2 Dogmatische Gedichte (zu Politik und Poesie)

Eine These von Hans Magnus Enzensberger erklärt die Poesie zu einer politischen Form, deren Charakter in ihr selbst aufscheinen müsse, da er für Außenstehende nicht erkennbar sei: »Der politische Aspekt von Poesie muß ihr selber immanent sein. Keine Ableitung von außen vermag ihn aufzudecken.« (Enzensberger, 1962, S. 127) Betrachtet man die Verschlingung von Poesie und Politik in Bechers Werk, entpuppt sich das als wahr und falsch zugleich. Es ist manchmal schwierig, in Poesie die Politik dahinter zu verstehen oder nur zu erkennen. Einerseits wird ein politisches Verstehen, ein Wissen-um als selbstverständlich – vor allem bei den zeitgenössischen Linksintellektuellen – vorausgesetzt. Es wirkt deshalb in unseren Ohren bzw. Augen manchmal geradezu penetrant. Andererseits ist die hintergründige Botschaft nicht unbedingt immer erkennbar, sie bleibt Vermutung, Ungewissheit, Fragwürdigkeit (besonders für nachfolgende Generationen). Gerade darum ist die These Enzensbergers hier auch falsch: Die Poesie (Bechers) könnte genau an der Stelle von politischer Wirklichkeit, von den Verbrechen Stalins sprechen, wo sie (über sie) schweigt.

Sie will an den Stellen gar nicht offensichtlich und augenfällig sein, weil sie sich – sei es vor Zensur oder dem eigenen Gewissen (etwa im Sinne der Argumentation Rubaschows in Koestlers *Sonnenfinsternis* oder des Beispiels Medwedews in Fußnote 18) – verstecken musste. Die Poesie bedient sich eines politischen Aspekts in immanenter Form nur an den Stellen, an denen sie keinerlei Gefahr läuft, missgedeutet zu werden. Sie kann sich dort nicht verbergen – einmal wegen der Immanenz, die nur allzu deutlich politische Motivationen zugrunde legt, und zum anderen wegen ihres (gewollten) Überschwangs.

Eindeutig treten Bechers politische Aussagen gerade in den Jahren, in denen er der Parteilinie gläubig folgt, offen zutage, in denen er – zumindest von dieser Seite – keine repressiven Maßnahmen zu fürchten hat. Das *Lied vom Bau des Sozialismus* (Band VI, S. 307 und 479) erscheint gleich zweimal: in der Kantate *Des Sieges Gewißheit* (ebd., S. 479) und in *Schritt der Jahrhundertmitte* (ebd., S. 307)[45]. Im Werk dominieren Ausrufungszeichen und eine euphorische Sprache. Von einem »Bau, der stolz den Namen trägt: / Der Bau des Sozialismus!« ist die Rede. Keine Spur von den ambivalenten Zweifeln des Exils, nur Gewissheit, dass am Ende »Der Sieg des Sozialismus!« stehe.

Ähnlich verhält es sich mit *Der große Plan* (erschienen 1931), obwohl das Epos in erster Linie die Errungenschaften und Leistungen des neuen, sowjetischen Staates in dessen schwierigen Anfangsstadium herausstreichen will:

> In der Zeit von 1925 bis 1930 bildeten sich in der Sowjetunion konterrevolutionäre Sabotagegruppen aus Vertretern der technischen Intelligenz, zum Teil aus einflußreichen Stellungen. Sie versuchten, die Produktion und das Transportwesen zu stören mit dem Ziel, die Sowjetmacht zu stürzen. [...]
> 1928 fand der sogenannte Schachty-Prozess statt, der großes Aufsehen erregte. Von 1928 bis 1931 konnten weitere Sabotagegruppen aufgedeckt und ihre Teilnehmer abgeurteilt werden.
> Die Teilnehmer der Internationalen Schriftstellerkonferenz im November 1930 in Charkow, unter ihnen Johannes R. Becher und Anna Seghers, hatten Gelegenheit, Verhandlungen zu besuchen. [...]
> Offensichtlich ließen die Eindrücke der Reise und das Erlebnis des Prozesses in Becher den Gedanken reifen, das Epos zu schreiben. Für die Darstellung der Saboteure zum Beispiel wurde, soweit sich das nachprüfen läßt, weitgehend authentisches Material verwendet. (Band VIII, S. 850f.)

Die zwei Versionen von *Staatsmann und Dichter* weisen auf einen anderen Zusammenhang von Poesie und Politik hin, der scheinbar selbstreflexiv auch Bechers eigene Eingebundenheit einbezieht. In einer zweiten Fassung des Gedichts (Band VI,

---

45   Abdruck auch im *Neuen Deutschland* vom 12. Juli 1952, vgl. Band VI, S. 606.

S. 425), die für *Schritt zur Jahrhundertmitte* entstand, behandelt der Dichter im ersten Teil die Rollen von Staatsmann und Dichter »In einer menschlichen Ordnung«, im zweiten Abschnitt dann ausschließlich den »›ergänzenden‹ Beitrag« des Dichters zum »Unwesen der Staatsführung«. Becher bleibt aber allgemein und unkonkret. Er verwendet keine Beispiele – weder aus den eigenen Erfahrungen noch anderer Art.

Die andere Version (im Becher-Archiv, Signatur 19/42, siehe Anhang) verleiht den Befürchtungen Bechers Ausdruck, die den Tod des staatsmännischen Dichters hinter dem eines dichtenden Staatsmanns zurücktreten lassen könnten. Er mahnt im Gedicht, dass der Tod des Dichters in Vergessenheit geraten könne, weil es »unzweckmässig« erscheine ihn zu erwähnen, stattdessen werde das Staatsbegräbnis zu Ehren des Politikers jede Trauer für den Dichter überschatten und verunmöglichen: Schließlich hat »der Staat sich [auch Bechers] Leichnams bemächtigt. Mit Totenmaske und rühmenden Reden, wie er es in vier Testamenten seit 1954 kommen sah und vergeblich abzuwenden suchte.« (Dwars, 2003, S. 240)

Auffällig ist natürlich, dass sich Becher erst gegen Ende seiner Exilzeit und besonders nach seinem Aufenthalt in der Sowjetunion zum Zusammenhang von Poesie und Politik äußerte. Das kann daher kommen, dass das unmittelbare (zum Teil widersprüchliche) Gefüge der Literatur für ihn erst in den Jahren nach 1954 als Minister für Kultur in seinen ganzen Dimensionen unmittelbar erfahrbar wurde. So kommt es auch, dass gerade spätere Gedichte, Texte und Diskussionsreden, Probleme aufgreifen, auf Vergangenes rekurrieren und dies in eine kommunistische Theorie einzubinden suchen:

Die Gedichtsammlung *Hohe Warte · Deutschland-Dichtung* ging 1944 in Druck. Im Sonett ›O welch ein Übermaß des Unsagbaren!‹ (Band V, S. 229) benennt Becher das Grundproblem, das ihn für lange Zeit zum Schweigen zwingt: »Wie viele Worte schemenhaft verblassen! / Wir sind nicht mehr dieselben, die wir waren. / Es gilt in dieser Zeit sich kurz zu fassen. / Wir neigen stumm uns vor dem Unsagbaren.« (Ebd.)[46]

---

[46] Natürlich könnte das Schweigen auch den Verbrechen der Nazis geschuldet sein. Becher lässt

Vielleicht spielt dies ebenfalls in den Eintrag des Tagebuchs vom 8. Januar 1950 hinein: »Die Krise war längst da, als ich, äußerlich betrachtet, den größten Erfolg hatte. Ich hatte eigentlich alles. Nur die poetische Potenz hatte ich verloren.« (Band XII, S. 26) Bemerkenswert ist der unglaublich weitgreifende Einfluss von politischer Wirklichkeit auf »poetische Potenz« (ebd.). Einerseits ist klar, dass Politik (etwa durch den Einfluss des politischen Felds auf Literatur) immer auch als Faktor zu berücksichtigen ist. Wenn Becher allerdings einräumt, dass durch die Erfahrungen sein ganzer Schaffensdrang zum Erliegen gekommen ist, offenbart dies ungeheuere Erschütterungen. Ein hartes Vorgehen gegen abweichende Meinungen verteidigt Becher im Tagebuch 1950, schränkt es im selben Atemzug aber auch gleich wieder ein:

> Feinde der Menschheit sind unschädlich zu machen! Auf menschliche Art natürlich und in öffentlichen Gerichtsverfahren, wenn irgend möglich. Und nicht ohne ernsthafteste Bemühung, sie zu überzeugen und ihnen als Überzeugten die Rückkehr in die menschliche Gesellschaft zu ermöglichen. Man muß sich anstrengen, Feinde in Freunde zu verwandeln. Es lohnt sich, lohnt sich sogar sehr. Denn solche Verwandelten sind besonders Tüchtige und meist hervorragend Verläßliche. Man muß unsererseits mehr Vertrauen haben in die Menschen einigermaßen guten Willens sich durchsetzende, überlegene Wahrheitsqualität unserer Sache. (Ebd., S. 70f.)

Selbst Bechers Diskussionsrede auf der 15. Tagung des Zentralkomitees der SED 1953 fördert Widersprüche in der Bewertung stalinistischer Wirklichkeit zutage, indem sie in der Berufung auf Stalin strikte Realitätsnähe einfordert:

> Genosse Stalin hat uns gelehrt, die Geschichte nicht zu verschönern, aber auch nicht zu verschlechtern. Das heißt, in Übereinstimmung mit all unseren marxistischen Lehrmeistern verlangte er von uns, die Wirklichkeit so zu sehen, wie sie ist, um auf Grund dessen die Wirklichkeit verändern zu können. Nur jemand, der die Wirklichkeit so sieht, wie sie ist, kann sie auch verändern, und vor allem muß man die Wirklichkeit so

---

das offen, sodass im Sinne der Interpretation der Bezug auf den Stalinismus bevorzugt wird (eine ausführlichere Argumentation hierzu siehe Kapitel 2.4).

sehen, wie sie ist, ganz besonders dann, wenn diese Erkenntnis der Wirklichkeit nicht sehr angenehm für einen ist. (Gansel, 1991, S. 96)

Ein solch unbedingter Realismus führt Becher aber nicht zu klaren Urteilen gegen das sowjetische Staatssystem. Trotzdem liegt Hans Magnus Enzensberger nicht ganz richtig, wenn er schreibt:

> Das Ende des Herrscherlobs, also einer extrem politischen Erscheinung in der Poesie, widersetzt sich jeder Erklärung aus der Politik, aus der Psychologie oder der Soziologie. Es handelt sich um einen objektiven Sachverhalt: die poetische Sprache versagt sich jedem, der sie benutzen will, um den Namen der Herrschenden zu tradieren. Der Grund dieses Versagens liegt nicht außerhalb, sondern in der Poesie selbst. (Enzensberger, 1962, S. 126f.)

Die Verherrlichungen, besonders das Herrscherlob, können nicht nur auf poetischer Basis erklärt werden, wollen sie Gültigkeit auch in politischen Zusammenhängen in Anspruch nehmen. Vielmehr geht es darum, allgemeine Ein- und Anbindungen zu entdecken und zu entschlüsseln, soll der jeweilige Text in einen konkreten Bezug gesetzt werden können. – Gerade hierfür liefern die Hymnen auf Stalin gute Beispiele, die nicht nur, aber eben auch unter poetischen Kriterien untersucht werden müssen.

Dass nicht nur Stalin als Vordenker eine entscheidende Rolle spielt, vermerkt Becher in der vierten Strophe des Gedichts ›Du, Deines Volkes Bester‹ (Band VI, S. 94) auf den 75. Geburtstag Wilhelm Piecks: »Im Wort, das Lenin spricht, / Sahst Du das Dunkel weichen.« (Ebd.) Es ist Lenin, der als Lichtbringer fungiert und nicht Stalin, der den Leninismus gewaltsam bis zur Perfektion treiben wollte. Warum bezieht sich Becher an einer so exponierten Stelle, in einem Widmungsgedicht auf Lenin als die Lichtgestalt?[47]

---

47 Zusätzlich zu den in Kapitel 2.7 angeführten Aspekten könnte auch dies einen Ausgangspunkt für eine konkretere Untersuchung der Bedeutung Vladimir Iljitsch Lenins gerade in Abgrenzung zu Josef Stalin (nicht nur) für Becher darstellen.

Das konkrete Politikverständnis Bechers erhellen zwei Gedichte eingehender, die beide im *Schritt der Jahrhundertmitte* erschienen:

Von der ganzen Wahrheit (Ebd., S. 365f.) bezieht die Metapher der Wortlosigkeit ob der unglaublichen Verbrechen des Stalinismus ein. Es zeigt in abstrahierender Form einen gravierenden Unterschied zwischen kommunistischem Ideal und »realexistierendem Sozialismus«: »Er meinte wohl, die Wahrheit würde sich schon irgendwie / von selbst durchsetzen, / Und darin hatte er nicht recht, / Und er schadete dem Wahren, / Dem er diente. // Denn die Wahrheit setzt sich nicht von selbst durch, / Sondern muß durchgesetzt werden / Von denen, die sie wissen, / Damit sie ganz recht haben, / Um der ganzen Wahrheit willen.« (Ebd.)

In der Theorie kommt die Wahrheit ohne Gewalt aus, in der Praxis bedurfte sie eines gewaltsamen Eingriffs (man denke an die Säuberungen und die Schauprozesse). Der trotzige Mut überwiegt dennoch, wenn Becher in der letzten Strophe fordert: »Darum laßt uns die Wahrheit sagen, / Überzeugend, / Sie verwirklichend, / Unwiderlegbar, / Unteilbar, / Ganz.« (Ebd.)

Ein ganz anderes Motiv greift das Gedicht ›Waldversunkenheit‹ (Ebd., S. 352) auf. Der Titel bedient sich einer beliebten Metapher der Romantik. Der Inhalt vergleicht einen Sachverhalt mit einem undurchdringlichen Walddickicht. Das erstrebte Ziel wird zur unerreichbaren Illusion, die sich im Wald verlor, der sie nun umschließt und gefangen hält wie in einem Grab. Eine Anspielung auf das Ideal des *humanistischen Kommunismus* oder *proletarischen Humanismus*?

2.3 Ausbrüche aus dem antikapitalistischen Duktus

Wie erbittert bekämpft und argwöhnisch beäugt gerade in der Phase der nationalsozialistischen Herrschaft Abweichungen von den Partei- und Ideologievorgaben waren, zeigten die Auszüge aus den Romanen von Weiss und Koestler. Der Gebrauch vernunftmäßiger Kategorien und externer Maßstäbe erzeugte nicht nur Widersprüche, sondern ließ diese auch für jedermann spürbar zutage treten.

Auch Becher erlag – besonders unter den drückenden Bedingungen des Exils und den beklemmenden Erfahrungen des stalinistischen Terrors – den *Versuchungen*, die die antikapitalistische Lehre als kontraproduktiv, seicht, oberflächlich und zu undialektisch verdammte. Deshalb offenbaren diese Momente vielleicht eine Form von Flucht und Verdrängung, eine Art Urlaub von der Schwere des Alltags.

Das Sonett ›Walt Disney‹ (Band IV, S. 643) war wie ›Dank an die Freunde in der UdSSR‹ für den Band *Hoher Himmel über dem Schlachtfeld* vorgesehen. Eine kritische Lesart entdeckt in ihm eher eine Aussage, die mit einer Verwendung der unter Kapitel 2.6 noch zu behandelnden Sonettform und den Erklärungsmechanismen um die Deutschland-Dichtungen (siehe Kapitel 2.5) zusammenhängt.

> Gebar der Schlaf ideologischer Vernunft hier etwas, das der Selbstzensur wie dem gesamten Zensor entgangen ist? [...] Vor allen Dingen Zeit und Ort des Entstehens liefern uns den Schlüssel. Das Sonett steht in der Ausgabe Becherscher Gedichte 1936 bis 1941, muß also im Exil verfasst worden sein. Der Anhang des Bandes nennt kein Datum, sondern notiert knapp und kryptisch: »Nach dem Nachdruck«. Wo und wann aber ist der Erstdruck erschienen? In der Sowjetunion, wo Walt Disney wohl kaum zu den Lieblingen Stalins zählte? Und um welchen Trickfilm handelt es sich eigentlich? Hat Becher den Streifen in einem Moskauer Kino gesehen? In einer Sondervorführung vor privilegierten »Kulturschaffenden«? Und was bewog Becher, dem Produkt, vermutlich Dutzendware, einen derart hohen Rang zuzugestehen? (Kunert, 1999, S. 166)

Günther Kunert zufolge verbirgt sich hinter dem so oberflächlich scheinenden Gedicht, das eine Traumwelt aufbauen will, vielmehr Flucht vor der Realität. »Unter den beiläufig, fast leicht hingeworfenen Zeilen rührt sich ein Schicksal, das nur der zu ahnen vermag, dem Bechers zwiespältige Existenz bekannt ist« (ebd. und S. 167) – Also Rückzug (und vielleicht sogar Kapitulation) vor einer grausamen, zerrissenen Wirklichkeit. »So was schreibt man nur in einem Lande, wo das Maulhalten als Staatsräson gilt.« (Ebd., S. 167) Becher flüchtet, schweigt und verschleiert. Ist es so einfach? Müssen nicht vielmehr die Leser, die Interpreten nach Umständen suchen, die jene Zeilen nötig machten und die ihre Lösung nicht in einer Verdrängung fanden, sondern in unscheinbarer Kritik mündeten?

Unter der Last kaum erträglicher Verhältnisse, in einer maßlosen seelischen Not, täglich mit dem schlimmsten rechnend, aus der Parteihierarchie ausgestoßen, zumindest degradiert zu werden, betäubt sich die gepeinigte Psyche durch das hemmungslose Eintauchen in die durch den Film aktualisierte, als glückhaft empfundene Kindheit – zumindest für neunzig Minuten eine kurzfristige Erlösung von den eigenen Sorgen und Leiden. (Ebd., S. 168)

Walt Disney erhält mit dem Gedicht auf seinen Namen den Adelsschlag. Er wird erhoben in eine Reihe von Größen, die bereits 1938 von Becher in *Der Glückssucher und die sieben Lasten* eine Dichtung auf ihren Namen erhalten hatten: Odysseus, Dante, Michelangelo, Leonardo da Vinci, Grünewald, Hieronymus Bosch, Cervantes, Riemenschneider, Bach, Rembrandt, Shakespeare, Hölderlin, Goethe (aber *Goethes Tod*!) und Luther. Das ist natürlich kein Beweis für Bechers Einschätzung der Leistungen des Zeichentrickfilmers, aber es offenbart doch eine Form von Wichtigkeit und Glücksempfindung, die jene Filmvorführung auf den angespannten Exilanten ausgeübt haben könnte.

2.4 Übertragungsformen

Für einen ersten Überblick über die Zeilen, Worte und Zusammenhänge in den Exilwerken Johannes R. Bechers werden auch noch weitere fragwürdige Formen aufgegriffen und betrachtet, die ob ihrer Ungewissheit keine stichhaltigen Argumente liefern. Sie zeigen vielmehr eine andere Dimension von Fragwürdigkeit, Uneindeutigkeit, die nicht geklärt werden kann. Teilweise müssen daher überzogene, provokative Thesen herausgearbeitet werden, die bestimmte Komplexe nur einseitig beleuchten, sogar ganz ausblenden oder verkennen.[48] Am Ende der Ar-

---

48 Aufgrund der Gefahren, aber auch wegen der eigenen politischen Überzeugungen mögen die Annahmen der vorhergehenden Abschnitte einigen Lesern wenig plausibel erscheinen. Es geht aber besonders im folgenden Abschnitt weniger um die hohe Wahrscheinlichkeit meiner Interpretation als vielmehr um die Möglichkeit der Annahme, die erläutert und begründet wird.

beit kann deshalb keine letzte Gewissheit als Resultat stehen, das die Thesen der Argumentation begründet und als gewiss untermauert. Es werden lediglich Hilfsmittel und Interpretationsangebote vorgestellt, die es ermöglichen können, eine kritische Lesart nachzuvollziehen und künftig anzuwenden. Dabei werden vor allem durch das Element der Spekulativität unbewusste, auch psychoanalytisch entschlüsselbare Mechanismen angedacht. Sie gilt es andernorts abzuarbeiten.

Kapitel 2.4 stellt also eine Interpretation vor, die neben der allumfassenden Unsicherheit, einer noch viel größeren Gefahr ausgesetzt ist: Obwohl die Gleichsetzung von rotem und braunem Terror, von nationalsozialistischer und stalinistisch-sowjetischer Diktatur schon für die Argumentation in Kapitel 1.1 ausgeschlossen wurde, wird sie hier zunächst an konkreten Texten Bechers bekräftigt und erörtert. »So etwa [in] ›Erinnerungsbild‹, das Becher im Moskauer Exil zwischen 1939 und 1943 schrieb. Unmißverständlich ist dies ein Gedicht über deutsche Greuel im Zweiten Weltkrieg.« (Oesterle, 1998, S. 113) Im Anhang des V. Bandes der Werke Johannes R. Bechers heißt es zu *Dichtung · Auswahl aus den Jahren 1939–1943*, in der auch das Sonett ›Erinnerungsbild‹ erschien: »Die Sammlung besteht zum größten Teil aus Gedichten, die in den Jahren 1940/1941 geschrieben worden sind. [...] Der Gedichtband [...] erschien im Verlag Das Internationale Buch, Moskau 1944.« (Band V, S. 789f.) Die – etwa im Verhältnis zur ›Hymne auf einen Namen‹ (siehe Kapitel 2.7) – rasche Drucklegung spricht weder für eine offensichtliche Doppelbödigkeit der Gedichte, die den Verlagsmitarbeitern oder Zensoren aufgefallen wäre, noch für eine wirklich bewusste, schwierige, offene Interpretationsmöglichkeit der geschilderten Gräuel, die dem Sonett innewohnte. Becher hätte sich zweifellos bei einer beabsichtigten zweifachen Anwendbarkeit (auf Nationalsozialismus und Stalinismus) schwerer getan und diese nicht so schnell (und vermeintlich unüberlegt) vorgelegt, sodass für eine bewusste Einarbeitung doppelt anwendbarer Elemente gewiss eine längere Bearbeitungsphase notwendig gewesen wäre.

Dennoch werfen etwa die Sonettform (siehe Kapitel 2.6.), die gesichtslosen Täter und das unbekannte Opfer Fragen auf: Hat Becher eine ausdrücklichere Beschreibung und Kennzeichnung der Beteiligten bewusst unterlassen? Oder gar angelegt? Nutzt Becher das Sonett, »[e]ine Gedichtform, die der Kommunist Becher als bürgerliches Erbe lange ausschlug« (Oesterle, 1998, S. 113) hier als ordnendes Prinzip, als Rettungsanker in der verwirrenden Unfassbarkeit der von Menschenhand verübten Grausamkeiten? Oder zeigt sich in ihr eine Form von Aufbegehren gegen das revolutionäre, alles erneuernde System, in dem er sich befand?

Die Gedanken bleiben natürlich unbeantwortet und rein spekulativ. Sie öffnen daher aber die Diskussion, ermöglichen Gedankenexperimente und können im Sinne des unter Kapitel 1.1 angeführten Zitats Vetters den kleinen Unterschied zwischen »Vergleichen und Gleichsetzen« (Vetter, 1996, S. 7) herausarbeiten helfen. Diese Spekulationen sollen nicht, wie bereits ausgeführt, die Unterschiedlichkeiten zwischen Nationalsozialismus und Stalinismus einebnen und auf diese Weise etwa Opferzahlen abgleichen. Es gilt vielmehr, im Wissen um Gemeinsamkeiten von Strukturen und Handlungsweisen Differenzen zu berücksichtigen und diese niemals um einer Entschuldigung willen anzugleichen.

Dementsprechend kann auch die erste Zeile des zweiten Quartetts des Sonetts ›Dank an die Freunde in der UdSSR‹ (Band IV, S. 787) eine andere Dimension – eher für den heutigen Leser – bereithalten, die ohne jegliche Verharmlosung der Grausamkeiten und Schicksale des Krieges und speziell der nationalsozialistischen Verbrechen zumindest ebenfalls angelegt sein könnte. Mit »Ihr littet meines Volkes Leiden mit« (ebd.) könnte Becher nicht nur ein passives Mitgefühl und die Anteilnahme des sowjetischen Volkes gemeint haben oder er spielt auf die Verbrechen der Wehrmacht an der russischen Bevölkerung im Russlandfeldzug an. Eventuell meinte Becher auch die Verbrechen und die Terrormethoden des stalinistischen Regimes, die einem Volk quälende körperliche und seelische Grausamkeiten zufügte. – Sie haben wohl besonders vor der vorsorglichen Evakuierung aus Moskau nach Taschkent eine bedrückende Zwangslage unter den Exilanten geschaffen, sodass auch hier wahrscheinlicher das Unterbewusstsein die Vermengung und Undifferenziertheit bei der Opferbeschreibung erzeugt hat. Das Gedicht erschien 1942 im Band *Deutschland ruft*, war aber »ursprünglich für den Band ›Hoher Himmel über dem Schlachtfeld‹ bestimmt [...]. (Dieses Werk war 1941 fertig gesetzt, konnte aber infolge der Kriegsereignisse nicht erscheinen [...].)« (Band V, S. 781) Die Verzögerung kam durch die angesprochene Zwangsevakuierung der deutschen Flüchtlinge vor den nationalsozialistischen Truppen zustande, die vor Moskau standen. Der übereilte Abtransport der Exilanten, der nicht nur unter sehr chaotischen Umständen mit provisorischen Mitteln erfolgte, sondern auch in ebensolchen Unterkünften endete, bildete sicher nicht nur den Grund für den Aufschub der Drucklegung, sondern lieferte den unmittelbaren Hintergrund für einige Gedichte, die Becher verfasste. Ein Einfluss dieser Bedrängung sowohl von der einen wie von der anderen Seite ist daher nicht auszuschließen.[49]

Das Sonett ›Dem unbekannten Genossen‹ (Band III, S. 723), erschienen 1935 im oben schon erwähnten *Der Mann, der alles glaubte*, benennt ebenfalls (wie *Erinnerungsbild*, siehe oben) keine Schuldigen. Einen Unbekannten, einen Genossen will Becher besingen, er will »in Versen ein Denkmal dichten, / Daß jeder dich, den Unbekannten, sieht« (ebd.). Woran ist der Genosse gestorben? Ist er ermordet worden? Im Kampf gefallen? Oder einfach verhaftet und hingerichtet worden? Becher lässt das unbeantwortet. Natürlich ist er gerade erst aus Deutschland geflohen. Er hat die angstvollen Erfahrungen der Flucht am eigenen Leib gespürt. Die anderen Vergehen der Nazidiktatur muss er ebenfalls zur Genüge gekannt haben. Und trotzdem verleiht er dem keinen Ausdruck. Er erläutert nicht, warum, »Wenn einmal alle Welt singt unser Lied, / Ein jeder dich, den Unbekannten, sieht.« (Ebd.)

Das Sonett ›Der große Feind‹ (Band IV, S. 279) überträgt die Problematik des »Ruhm nach sich ziehenden« Kampfes schließlich (ebd.). Veröffentlicht in *Gewißheit des Siegs und Sicht auf große Tage*, in dem auch alle Sonette aus *Der Mann, der alles glaubte* nochmals veröffentlicht wurden, zeigt es die innere Zerrissenheit eines Ichs. Becher ordnet das Gedicht der vierten Abteilung der Veröffentlichung »Das Bild des Menschen« zu. Und auch hier bleiben Fragen offen: Spricht Becher von sich selbst etwa im Sinne von Selbstreflexivität? Ist allgemein das Schicksal eines

---

49 1952 erfuhr das Gedicht für eine nochmalige Veröffentlichung einige Änderungen, die hier aber übergangen werden können.

Exilanten gemeint? Welche Partei bezwingt der Ringende in seiner Brust? Und gehört der innere Zwiespalt unter den Bedingungen des Exils, des Stalinismus normalerweise zum *Bild des Menschen*?

Im erweiterten Gedicht ›Moskau 1941‹ (Band V, S. 277f.)[50] bleibt der Dichter wieder uneindeutig und vage: »Da heult er auf, der langgezogene Schrei, / Und dehnt sich weit, um alle zu erreichen, / Und keiner, keiner hört an ihm vorbei. / Und keiner kann im Schlafe ihm entweichen.« – Der (nächtliche) Schlaf als Zeit der Angst vor stalinistischer Verfolgung wird zu einem späteren Zeitpunkt ausführlicher behandelt. Interessant ist hier, dass Becher – besonders durch die Alltäglichkeit Schlaf – die Schreckensschreie in eine unmittelbare Nähe zum Betroffenen rückt. Sicherlich fühlten gerade die deutschen Flüchtlinge intensiv die Gefahr der heranrückenden nationalsozialistischen Truppen, vor denen sie extra aus Deutschland geflohen waren. Doch Becher spricht nicht von einem konkreten Objekt, die Stadt Moskau dient als Kulisse, in der sich Realität und traumatisches Unterbewusstsein nur allzu leicht vermischen konnten. Becher schafft keine explizite Trennung zwischen den konkreten Ängsten seines Alltags und den (abstrakten) Ängsten einer ideologischen Welt, in der die Verfolgung durch den politischen Gegner droht.

Der formal freie 14-Zeiler ›Den Namenlosen‹ (Band VI, S. 405)[51] unterstreicht ausdrücklich die doppelt auslegbare Bedeutung einiger Passagen, (obwohl oder vielmehr:), weil es erst 1958 im Band *Schritt der Jahrhundertmitte* und zuvor im *Sonntag* vom 2. 9. 1956 erschien. Gerade der zeitliche Abstand hätte eine genaue Ausdifferenzierung der Täter und Opfer ermöglichen können. Sie bleibt auch hier aus: »Wer ist wer? / Ist er des Nachts derselbe wie am Tage? // [...] Als jede Wand

---

50 »Die letzten vier Strophen geben ein Sonett [wörtlich] wieder, das zuerst in Heft 8/1937 der „Internationalen Literatur · Deutsche Blätter" veröffentlicht und dann in den Band „Gewißheit des Siegs und Sicht auf große Tage" (1939) aufgenommen wurde (vgl. IV, 288).« Ebd., S. 790).

51 »In der ersten Fassung noch in der Form des englischen Sonetts [Reimschema: abab cdcd efef gg] geschrieben. Die Freistellung der beiden letzten Verse erfolgte in der zweiten Fassung, die des Verses 9 erst in der Endfassung.« (Band VI, S. 638)

und Tür behorchten dich, / Und wenn in Nächten, in den winterbleichen, / Und in den Nächten, den hochsommerlichen // – ein Fragezeichen ... ein Gedanken-strich –, / Und viele Namen waren ausgestrichen.« (Ebd.) – Sind die letzten Zeilen ein Bild der Sowjetunion unter Stalin? Stehen die ausgestrichenen Namen auf den Vernichtungs- und Deportationslisten der Nazis oder der Apparatschiks Stalins? Diese Fragen bleiben wieder nicht definitiv beantwortbar.

2.5 Bemerkungen zu den Deutschland-Dichtungen

In ihrem Aufsatz ›Das Lenin-Bild Johannes R. Bechers‹ spricht Tamara Motylowa (1971, S. 33) von einer »traditionsverbundenen Heimatdichtung der Emigrations-jahre«, die sich in Bechers Werk an eine »sachliche Redeweise der proletarisch-re-volutionären Phase« anschließe. Heinz Willmann schreibt zu sowjetischem Natio-nalverständnis, Bechers Deutschlanddichtungen und deren Bedeutung für die deutschen Exilierten:

> Im Sowjetland sahen wir Patriotismus und Internationalismus gut miteinander ver-bunden. Wir erlebten ein Nationalgefühl, frei von Nationalismus. Der Stolz auf die ei-gene Leistung war hier gepaart mit der Freundschaft zu anderen Völkern, besonders zu solchen, die um ihre Freiheit und Unabhängigkeit rangen. So erhielt der Vater-landsbegriff für uns einen neuen Klang. Wohl keiner unserer Denker und Dichter hat gerade dieses Anderswerden so überzeugend gestaltet wie Johannes R. Becher in sei-nen Deutschlandgedichten, die uns alle damals tief beeindruckt und stark beeinflußt haben. (Willmann, 1987, S. 382)

Beide, Motylowa wie Willmann, heben eine besondere Art von Deutschlandliebe hervor, die nicht, wie auch Becher selbst in der Rede auf dem Pariser Schriftstel-lerkongress 1935 betonte, einem bloß nationalistischen, ja faschistischen Patriotis-mus entsprang, sondern vielmehr durch eine Form von Anteilnahme an interna-tionalen Vorgängen eine Offenheit bewahrte.

Thomas Mann kommt in einem Brief vom 15. November 1938 in Bezug auf *Der Glücksucher und die sieben Lasten* zu dem Urteil: »Ich halte es für ein großes Buch – wahrscheinlich ist es das repräsentative Gedichtbuch unserer Zeit und unseres schweren Erlebens und wird einmal als das lyrische Zeugnis dafür angesehen werden.« (Harder, 1993, S. 127) Was ist Bechers Deutschland-Dichtung der Exiljahre: Flucht in eine Scheinwelt? Formvollendung durch die Verbindung von Antagonismen? Bergen also auch diese Gedichte Widersprüche, die ungelöst bleiben müssen oder liefern sie vordergründig die Erklärung für Bechers Idealisierungen – sowohl Deutschlands als auch der Sowjetunion und Stalins?

Den ersten Hinweis auf einen Ort, an dem man suchen kann, gibt Thomas Mann mit seinem Brief. *Der Glücksucher und die sieben Lasten* erschien im Frühjahr 1938. Becher versandte mehrere Exemplare u. a. an Alfred Döblin und Heinrich, Klaus und Thomas Mann, die ihm viel Lob für den Gedichtband spendeten.[52] Dennoch (oder deshalb?) zeugen viele Gedichte von tiefer Zerrissenheit und Uneinigkeit. Im Gedicht ›Der Glücksucher‹ (Band IV, 71ff.) heißt es:

Was wurden uns für Freuden noch geboten?
Sie haften kaum in der Erinnerung
Die Freudenmacher rissen ihre Zoten,
Und mancher zeigte einen Freudensprung.
Wir wurden auf das Leiden abgerichtet,
Und jeder Mut zu einer Freude schwand.
Wir warteten, daß einer von uns sichtet
Das unentdeckte ewige Freudenland.
(Ebd., S. 72)

Ist das die Hoffnung Bechers auf ein besseres (sozialistisches) Deutschland? Ist er des Exillands überdrüssig und langweilt ihn der ewig gleiche Trott der Ablenkung von den Entbehrungen des Alltags in einem sich im Aufbau befindenden sozialis-

---

52 Vgl. Harder, 1993, S. 114f. (Brief von Heinrich Mann), 119f. (Brief von Klaus Mann)., 124 (Brief von Alfred Döblin) und eben 127f. (Brief von Thomas Mann).

tischen Land? »Bald schmeckte jede Freude widerlich. / Wir rächten uns für Freuden, die entgangen, / An dem und jenem. Jeder mühte sich, / Dem andern eine Freude abzufangen.« (Ebd.) – Traurige Realität im Stalinismus, in dem nicht nur die Freuden verdorben werden, sondern jeder jedem alles neidet und sogar den Freund ausstechen will. Dass auch in den doppeldeutigen Versen des »Glücksuchers« – bewusst oder unbewusst – Vermengungen entstanden sind, erläutert Dwars an einem weiteren Beispiel:

> [Hans] Günther schrieb ein Verlagsgutachten [zu »Der Glücksucher und die sieben Lasten«] und rügt, der Klassenstandpunkt werde ins »angeblich ›Reinmenschliche‹« aufgeweicht. Als Beispiel zitiert er *Genug!*:
> Genug genug in Ecken mich gedrückt –
> Genug genug genug emporgeblickt –
> Genug genug genug in Leid erstickt –
> Genug, o wie genug: ›jaja‹ genickt – – –
> Genug Geflüster! Endlich sage *nein.*
> Es muß genug, es muß genug jetzt sein!
>
> Die Verse könnten dreierlei bedeuten: die Empörung eines tyrannisierten Ehemannes, eines kapitalistischen Unterdrückten oder »eines Parteigenossen, der sich von irgendwelchen Parteiinstanzen ungerecht behandelt glaubt«. Becher ändert den Titel, nicht das Gedicht: *Am Zaun eines Neubaus bei Kreßbronn (Bodensee) steht: ›Genug!‹* Gerade dieser monströse Vorbau aber verwies auf die eigentliche Brisanz der Verse. Was wusste denn ein Moskauer Leser von einem Bauzaun im fernen Kreßbronn? Moskau jedoch war eine einzige Baustelle. (Dwars, 2003, S. 161f., Hervorhebung im Orig.)

Becher selbst schrieb in der Vorankündigung zu *Der Glücksucher und die sieben Lasten*[53]: »Die Kunst, auf die biederste Art leer und nichtssagend zu sein, ist nicht meine Sache« (Band XV, S. 522). – Damit ist die Suche nach Elementen von Tiefenstruktur[54] nun endgültig eröffnet. Am selben Ort erläutert Becher auch die Bedeutung des kryptischen Titels des Gedichtbands:

---

53   Erstdruck in *Internationale Literatur,* Heft 9/1937 und in: Band XV, S. 521ff.
54   Vgl. v. a. Abschnitt 1.4.2.

Der Titel des Buches besagt, daß es sich um die Suche nach dem menschlichen Glück handelt. Der Titel des Buches besagt ferner, daß in ihm die Rede sein wird von den Lasten, die dem Menschen auferlegt und ihm zu tragen verordnet sind. Von wem diese Verordnung ausgeht, wer sie erlässt und wie sie durchgeführt wird und wie diese Verordnung der wahren menschlichen Ordnung widerspricht: davon will das Buch zeugen. Dieses Zeugnis wäre unvollkommen, wenn nicht der Kampf um die neue Ordnung und diese neue Menschenordnung dargestellt würden. (Ebd.)

An dieser Stelle verbirgt sich vielleicht sogar eine Art von offener Kritik an den Menschenverachtungen des Stalinismus: Indem Becher nämlich mit der Berufung auf Goethe nicht nur die Traditionen der Deutschen Klassik, sondern (etwa im Sinne der Rede auf dem Schriftstellerkongress) zugleich auch die gesamte Dimension seines Humanismus-Konzeptes andeutet und aufgreift, bemängelt er in diesem Zusammenhang die Unterrepräsentierung dieser Gedankenmodelle in der Sowjetunion.

Nicht nur in der immanenten Kritik am (Staats-)System zeigt sich das widersprüchliche Aufbegehren, auch die Diskussion um den Stellenwert Deutschlands und damit einhergehend die Bewertung des sowjetischen Exils lassen viele Fragen unbeantwortet oder deren Antworten sogar – wie so häufig – konträr im Raum stehen: In einem Brief an Hans Carossa vom 27. Februar 1947 (Harder 1993, S. 325f.) räumt Becher (im Abstand des Rückblicks) ein:

Sie haben recht: Die zwölf Jahre, die ich außerhalb Deutschlands leben mußte, waren für mich die härtesten Prüfungen meines Lebens; ich möchte beinahe sagen, es war das Fegefeuer, wenn nicht die Hölle. Dabei hatte ich nicht eigentlich unter materiellen Schwierigkeiten allzusehr zu leiden, meine Freunde hatten alles getan, mir das Leben einigermaßen zu erleichtern. Aber es war eben das, was ich bisher nicht gewußt hatte, daß ich mich nirgendwo anpassen konnte und eigentlich nur zwölf Jahre lang gewartet habe, um wieder heimkehren zu können. (Ebd. S. 425)

Hans Dieter Schäfer weist in dem Zusammenhang auf den Widerspruch zu Bechers Äußerungen in der Öffentlichkeit hin: »Gegen diese private Äußerung lassen sich zahlreiche öffentliche Bekenntnisse stellen, die das Gegenteil behaupten.

[...] Diese widersprüchliche Beurteilung des Exils spiegelt sich in den Dichtungen der Jahre 1935 bis 1945 wider, die zwischen hymnischer Verklärung des Gastlandes und schmerzlicher Klage um die Heimat pendeln.« (Schäfer, 1973, S. 358).

In der Vorankündigung zu *Der Glücksucher und die sieben Lasten* schreibt Becher 1937 vom Glück, das er in Moskau spürte und das es ihm ermöglichte, Klassiker neu zu entdecken und dadurch zum Beispiel zur Sonettform zu finden. Man bedürfe weder der Flucht noch des Ausweichens, »sondern zu dem, was ist, ja sagen können, ein begeistertes, vernünftiges Ja« (Band XV, S. 525). Becher gesteht selbst, dass *Krisen und Konflikte* seine Poesie gleichermaßen prägen, dennoch können sie nicht die Liebe zum Vaterland, wie er sie auf dem Schriftstellerkongress in Abgrenzung zum falschen faschistischen Nationalismus gefordert hat, zum Erliegen bringen.

> Meine Dichtungen möchten, was ihren Gehalt betrifft, Zeugnis ablegen von jener lauteren und leidenschaftlichen Liebe zum deutschen Volk, die uns so stark und unüberwindlich macht. Es wäre das höchste Lob, das mir zuteil werden könnte, würde der unvoreingenommene Leser mir zubilligen, echte und tiefe Worte dieser Liebe in den Gedichten gefunden zu haben. Vielleicht ist es mir wirklich gelungen, fühlbar zu machen, daß diese höchste und wahrhaftigste Liebe, was die Dichtung betrifft, sich gegenwärtig außerhalb der Grenzen Deutschlands offenbaren muß. (Ebd., S. 527)

Eine andere Bindung der Deutschland-Dichtungen an die Rede des Schriftstellerkongresses unternimmt Schäfer (1973) mit dem Verweis auf das mehrteilige Gedicht ›Das Holzhaus‹ (Band IV, S. 152ff.). Indem er an einer vollkommen wörtlich aufgefassten Analyse festhält, beschreibt er die vordergründig, profan scheinende Lesart, die von mir weder verdammt noch als falsch dargestellt werden will:

> Die Erkenntnis, daß sich der prophezeite rasche Zusammenbruch des NS-Regimes nicht ereignete, veranlaßte [Becher] damals, nach den Gründen für die Fehleinschätzung zu suchen. Als seine persönliche Schuld empfand er es dabei, daß er und seine Gefährten sich in der Weimarer Republik »in eine Protesthaltung hätten drängen« lassen, in der sie »Verkündigung und Gestaltung des Nationalen der Reaktion überantwortet« und so mit zur nationalen Katastrophe beigetragen hätten (GW IV, S. 862).

74

Vgl. ferner das 11. Gedicht aus dem Zyklus »Das Holzhaus«: »Zu wenig haben wir geliebt, daher / Kam vieles. Habe ich vielleicht gesprochen / Mit jenem Bauern, der den Weinstock spritzte / Dort bei Kreßborn. [sic] Ich hab mich nicht gekümmert / Um seinen Weinstock. Darum muß ich jetzt / Aus weiter Ferne die Gespräche führen, / Die unterlassenen.« (GW IV, 157) (Schäfer, 1973, S. 368)

Die Analyse Schäfers zeigt auf der einen Seite sehr wohl einen möglichen Zugang zu den zitierten Zeilen, der vielleicht auch nahe liegt. Diese Interpretation greift allerdings meines Erachtens viel zu kurz und bleibt – trotz oder gerade wegen ihres vorhergehenden Einbezugs von »Im Zeichen des Menschen und der Menschheit« (ebd.) allzu sehr an der Oberfläche. Kein Wort dazu, warum Becher der Missstand gerade im Exil auffällt und warum er erst von dort bereuend, sehnsuchtsvoll seinen Blick nach Kreßbronn richtet.

Dass Becher sich gerade dann, als er »in der Sowjetunion eine neue große Heimat der deutschen Dichtung« (Band XV, S. 525) gefunden zu haben glaubt, seine Aufmerksamkeit, seine Gedichte nicht ausschließlich dem sozialistischen Aufbau und der Verherrlichung deren Führungspersonal widmet, ist sehr auffällig. Auch in der Namensgebung für die Gedichtsammlungen der Exiljahre spielt die Sowjetunion nur eine untergeordnete Rolle. Entweder werden die sichere Niederlage des Nationalsozialismus' und deren Folgen beschworen (*Gewissheit des Siegs und Sicht auf große Tage*) oder eine Metaphorik bemüht, die genauer zu entschlüsseln wäre (*Die hohe Warte*).[55] Direkt nach *Der Glücksucher und die sieben Lasten*, dessen Titelbedeutung bereits durch das Zitat Bechers erörtert wurde, das aber wohl nicht nur, wie Becher glauben machen will, im Allgemeinen auf die Menschheit zu beziehen ist, sondern das deutsche Schicksal im Besonderen betonen soll, erscheint 1940 *Wiedergeburt*. Aufgrund des Zusammenhangs und der nachdrücklichen Hoffnung Bechers auf baldige Rückkehr nach Deutschland ist dieser Titel wohl viel eher eine Aufforderung oder zumindest der Wunsch für das

---

55　Eine Ausnahme bildet in gewisser Weise »Dank an Stalingrad« (1943).

Vaterland als die Aussicht auf die Belebung einer politisch-ideologischen Strömung – obwohl dies natürlich auch wieder mitschwingt. Jedenfalls folgt 1942 noch der verhältnismäßig kleine Band *Deutschland ruft* und unmittelbar nach der Rückkehr nach Deutschland 1946 schließlich die programmatische *Heimkehr*.

2.6 Sonette

> Was meine bisherigen Gedichte betraf, so galten sie mir nur mehr als harmlose Versuche, mitleidsvoll zu belächeln. Keinerlei Regel mehr beachtend, gegen jedes Gesetzmäßige kraß und bewußt verstoßend, in einer mir neu zurechtgemachten unleserlichen Schrift eine „Stadt der Verdammnis" benannte Dichtung, in der jeder, auch der sich zufällig einstellende Reim durch eine knatternde Assonanz ersetzt wurde, um nur ja nicht an Herkömmliches zu erinnern, und gerade solche Worte nahm ich mir vor, meiner Dichtung einzuverleiben, die bisher nur als Schimpfworte gebräuchlich waren, Ausrufungszeichen häuften sich. Der Doppelpunkt erschien gebieterisch zu Beginn des Satzes. (Band XI, S. 347f.)

In der Beschreibung der dichterischen Versuche Hans Gastls, des Protagonisten von *Abschied* (ebd.), offenbart Becher, dass er gerade in den späteren Jahren die Bilder seines expressionistischen Werks als chaotisch empfand.

Hermlin sieht diese Verdammung aller expressionistischen Elemente in den Wirkungen der gesamten Exilsituation auf Becher begründet. Er betont in einem Interview mit Paul Wiens:

> Es war schrecklich, was etwa die Jahre der Emigration für ihn bedeutet hatten, insofern als er sich von bestimmten Freunden, klugen, gebildeten Freunden, in einem bestimmten Sinne beeinflussen ließ, in einem Sinn, der heute schon historisch geworden ist, den man überwunden hat, dieser ganze Haß gegen den Expressionismus, diese dummen Vorurteile, die sich in Gestalt gewisser Dogmen kleideten, etwa von Präfaschismus, Dogmen, die damals einige Leute erfunden hatten. Das hatte ihn selbst in seiner Lebenssubstanz getroffen und es war wirklich so, daß er sich weigerte, eigene frühe Gedichte auch nur anzusehen, zu lesen. (Siebert & Harder, 1978, S. 22)

Ebenso offen schildert Dwars den Zusammenhang von innerer Furcht und äußerlicher, auf Traditionen zurückgreifender Sublimierung:

> Der Emigrant beginnt, das Erbe der Kunst, die traditionellen Formen, die dem Expressionisten als Bildungslast erschienen, mit anderen Augen neu zu sehen. Aus seinem Land, aus seiner Sprache vertrieben, werden sie ihm zu Haltepunkten, entdeckt er im Geformten Speicher von Lebensenergien, die sich über Zeiten und Räume hinweg mitteilen, die Kraft zum Widerstand verleihen, Phantasie für andere Wege freisetzen und als Medien der Verständigung ein breites Bündnis über politische Differenzen hinweg zu stiften vermögen. (Dwars, 2003, S. 144f.)

Schäfer (1973) kommt daher zu dem Schluss, dass die Sonettform eine ordnende Wirkung auf Bechers gesamten Schaffensprozess gehabt haben muss. »Ähnlich betrachtete Becher in Moskau das Sonett als ›Rettung vor dem Chaos‹ und ›feste Fassung und Wehr wider die Verwahrlosung und Maßlosigkeit‹« (Schäfer, 1973, S. 363, Fußnote: GW IV, 879) Der Dichter selbst sieht die »Heimkehr ins Sonett« auch als »dichterische Selbstverständigung, das Aufspüren des wahrhaft Poetischen und das Einnehmen eines Standorts, der dem Dichter zugewiesen ist und der ihm längst zukam« (Band XV, S. 524). Ausführlich heißt es bei Becher:

> Das Sonett übte vom Gegensatz her, eine gewaltige moralische Anziehungskraft aus. Es nahm mich in eine heilsame Zucht. Ich wurde gezwungen, mich in der Beschränkung zu bewähren. Das Sonett war Reinigung und Überwinden, war feste Fassung und Wehr wider Verwahrlosung und Maßlosigkeit. [...] In diesem erzieherischen Prozeß des Wählens und Ausscheidens werteten sich Werte um, vervollkommneten sich die Maße, das Minderwichtige wurde zum Minderwertigen. Weitschweifig Unnötiges, Dekoratives, Geschwätziges verträgt das Sonett nicht. (Ebd., S. 525)

In seinem schon zitierten Vorwort bemerkt Gansel zu individueller Form und strukturellem Erscheinungsbild von Bechers Sonetten:

> Die Grundstruktur der Sonette Bechers – Erregung, Steigerung, Lösung – funktioniert nach dem inhaltlichen Schema: »das erste Quartett als These, das zweite als Antithese und die folgenden beiden Terzette als Synthese«. Es geht also um Widerspruch und Widerspruchslösung. Auf einer »höheren Stufe«. Das Gedicht als dynamisches

Ganzes, das den durchschaubaren »großen Zusammenhängen« der Wirklichkeit folgt. (Gansel, 1991, S. 22)

Das Sonett ermöglicht durch seine Formstrenge für Becher Ordnung: Es bildet die in Wallung, Chaos und Erregung versetzten Momente[56] zuerst ab, setzt dazu einen Kontrapunkt und ermöglicht im Abschluss eine Lösung, die im Idealfall beiden konträren Standpunkten gerecht wird.

In *Der Mann, der alles glaubte* zeigen zwei Beispiele den Weg hin zum Sonett und auch seine Regelhaftigkeit: »Über das Sonett« trennt die »alten« von den »neuen Formen« (Band III, S. 703). Das erste Quartett schildert die Ablehnung des alten »Sonettgeflechts« durch ein Ich, das zweite beschäftigt sich ausschließlich mit den »neuen Formen«, stellt diese aber in Frage. Die Terzette schlagen als Synthese die Verbindung von Alt und Neu vor. »Bedenkt, die neuen Formen, die beginnen, / Entstehen, uns kaum sichtbar und von innen.« (Ebd.) Die regelhafte Grundlage der traditionellen Formen kann nur in einem unbewussten Prozess und niemals gewaltsam von Außen aufgebrochen und anschließend fruchtbar für eine neue Form genutzt werden.

Durch einen Zeilensprung zwischen den beiden Quartetten ist die oben von Gansel angeführte Einteilung im Sonett ›Die Partei‹ (ebd., S. 715) nicht ganz aufrecht zu halten. Der strengen Zucht der Partei wird ein zügelloses Dichterleben in Überschwang und Übermaß entgegengesetzt. Die Terzette halten als Lösung nur Selbstmord und die strenge Zucht (der Partei) bereit, sodass hier eher eine Zweiteilung der Coda anstatt der einheitlichen Synthese vorgenommen werden muss.

Ebenso widerspricht »Das Sonett« (V, 230) aus der Sammlung *Die hohe Warte* der uneingeschränkt wiedergegebenen These Gansels: Beide Quartette reden von der sprengenden Kraft der Bilderflut. Erst das letzte Wort bietet die Erlösung aus dem peinigenden Überfluss. »Wenn einer Dichtung droht Zusammenbruch / Und sich die Bilder nicht mehr ordnen lassen, [...] Alsdann erscheint, in seiner

---

56   Z.B. Gemüter, Naturerscheinung, Gesellschaft.

schweren Strenge / Und wie das Sinnbild einer Ordnungsmacht, / Als Rettung vor dem Chaos – das Sonett.« (Ebd.)

Einschub: Die »Wirklichkeit« des sowjetischen Exils

Vielleicht offenbarte Becher am 27. Februar 1947 im bereits zitierten Brief an Hans Carossa seine wahre persönliche Einschätzung des sowjetischen Exils: »Die zwölf Jahre, die ich außerhalb Deutschlands leben mußte, waren für mich die härtesten Prüfungen meines Lebens: ich möchte beinahe sagen, es war das Fegefeuer, wenn nicht die Hölle.« (Harder, 1993 S. 1, 325) – Einerseits verleiteten Becher zu einem so bitteren Urteil, wie er auch selber im Weiteren des Briefes zugibt, die Ferne von der geliebten Heimat[57] und die daraus resultierende Sehnsucht nach ihr. Andererseits sind ihm wohl auch die Umstände, denen er beiwohnen musste und die er zu ertragen mehr oder weniger gezwungen war, unbändige Last gewesen, sodass er auch deshalb ein schnelles Ende des Exils herbeisehnte.

Becher hatte den Kampf in seinem Innern schon zu Beginn seiner Exilzeit verloren, in der er im Auftrag von Komintern und IVRS (Internationale Revolutionäre Schriftstellervereinigung) nach Prag, Wien, Zürich und Paris reist, »um Möglichkeiten der ›Sammlung aller antifaschistischen Kräfte auf dem Gebiete der Literatur‹ zu erkunden. Die Bilanz ist vernichtend, die Kräfte sind zersplittert und in sich zerstritten.« (Dwars, 2003, S. 142f.) Dort ein Land, das einen Weltkrieg anzettelt, das jedwede oppositionelle Strömung im Keim erstickt und eliminiert und das er trotzdem liebt; in Becher selbst und in seiner unmittelbaren Umgebung wird eine ideologische, politische Überzeugung gepflegt, die – zerrüttet und gespalten – ihre Fehler im praktischen Leben grausam offenbart und in ihrer Hilflosigkeit Gewalt und Unterdrückung zu legitimieren sucht. Dennoch hält Becher beiden Seiten die Treue – dem fernen Vaterland und der politischen Ideologie. Aber nicht nur in sei-

---

57 Wie bereits das Kapitel zu den Dichtungen auf Deutschland anzudeuten versuchte.

nen Texten prallen die »zwei Herzen in seiner Brust« (ebd.) ungebremst aufeinander, die gesamte praktische Lebenshaltung wird ihm zur Qual.

Becher ist sich im Brief an Carossa durchaus darüber im Klaren, dass seine politische und künstlerische Position Vereinfachungen und Annehmlichkeiten mit sich brachte, die das Leben nicht nur tragbar hätten machen müssen, sondern ihn sogar privilegierten und den Alltag jedenfalls nicht unnötig verkomplizierten.[58]

Zwar sichert der Artikel 129 der sowjetischen Verfassung allen verfolgten Parteigängern und -kämpfern des Proletariats – was auch immer darunter verstanden werden soll – ein allgemeines Asylrecht zu.[59] Doch die Realität sah anders aus: »Humanitäre Erwägungen haben die Asylpraxis [...] wohl nur wenig beeinflusst, und die Solidarität mit im Klassenkampf Unterlegenen scheint ebenfalls taktischen Überlegungen untergeordnet worden zu sein« (Walter, 1972, S. 134). Selbst die unmittelbaren Parteiangehörigen wurden vor der Aufnahme in die Sowjetunion kritisch bewertet und nach den Bedürfnissen des Landes, des Fortschritts und der Politik ausgewählt: »[B]ei den Funktionsträgern der KPD hing die Asylgewährung mehr von den Erfordernissen der Parteiarbeit ab als von der Situation des je Betroffenen.« (Ebd.)

Frank Trommler betont noch einen anderen Sachverhalt, der eine weitere Form der Absurdität des sowjetischen Auswahlverfahrens in der Asylgewährung unterstreicht:

---

58   Wie Schäfer festhält, setzte diese Phase aber erst ab 1935 ein: »Bechers Anpassung an die offizielle Parteilinie zahlte sich aus: Im Herbst 1935 erhielt er endgültig das sowjetische Asylrecht, um von Moskau aus bis Kriegsende als Chefredakteur der Zeitschrift *Internationale Literatur. Deutsche Blätter* seine kulturpolitische Tätigkeit fortzusetzen. Er gehörte mit Friedrich Wolf, Erich Weinert, Willi Bredel und anderen zu der kleinen Gruppe deutscher Exilschriftsteller, die von der Sowjetunion für ihre Verdienste innerhalb der internationalen kommunistischen Bewegung mit einem Visum belohnt und finanziell unterstützt wurden.« (Schäfer, 1973, S. 359, Hervorhebung im Orig.)

59   »Die UdSSR gewährt Bürgern auswärtiger Staaten, die wegen Verfechtung der Interessen der Werktätigen oder wegen wissenschaftlicher Betätigung ... verfolgt werden, das Asylrecht.« (Grossmann, 1969, S. 105)

Angesichts [der Säuberungen und Schauprozesse] läßt sich die Feststellung nicht ohne Ironie anschließen, daß die Sowjetunion offensichtlich nur ungern Asyl gewährte. Das Privileg, hereingelassen zu werden, kam nicht jedem Beliebigen zu – was über die Gesamtzahl der liquidierten deutschen Genossen allerdings nichts aussagt. Die UdSSR bemühte sich darum, den Flüchtlingsstrom in die kapitalistischen Länder abzulenken, wo Emigranten der kommunistischen Politik sehr viel nützlicher sein konnten. Die für Betreuung, Unterbringung und notfalls auch Tarnung verfolgter Kommunisten zuständige ›Internationale Rote Hilfe‹ definierte in einem Rundschreiben der Moskauer Exekutive 1936 die sowjetische Haltung mit den Worten: »Die Hauptrichtlinie ist, daß die Emigranten in den kapitalistischen Ländern untergebracht werden müssen. Die Exekutive unterstreicht, daß die Emigration nach der Sowjetunion nur dann genehmigt werden darf, wenn Todesstrafe oder sehr lange Einkerkerung droht oder in Fällen, wo die Auslieferungsgefahr unmittelbar besteht und wo die Sowjetunion die allerletzte Möglichkeit der Asylgewährung darstellt.« [Fußnote: Zit. n. Peter Stahlberger, Der Zürcher Verleger Emil Oprecht und die deutsche politische Emigration 1933–1945. Zürich 1970, 30]. (Trommler, 1976, S. 623)

Auch an dieser Stelle sei noch einmal ausdrücklich auf die außerordentliche Sonderstellung der UdSSR für die sozialistisch-kommunistischen Flüchtlinge aus Deutschland hingewiesen (vgl. Kapitel 1.3.): »Man denke daran, daß die Sowjetunion ihnen ja mehr war als nur ein politischer Verbündeter, nämlich Vorbild und wahre, d.h. eigentliche politische Heimat. Sie konnte keinem beliebigen anderen Gastland gleichgesetzt werden, sie war mehr als nur ein Asyl.« (Walter, 1972, S. 345) Vermutlich deshalb stehen für Willmanns Beurteilung der Exilzeit vor allem die lehrreiche Einbindung der Exilanten in die sozialen Strukturen der Sowjetunion im Vordergrund:

Als Mitglieder der KPD führten wir in der Sowjetunion kein Parteileben in dem Sinne, wie wir das von früher her kannten. Aber wir hatten ständigen Kontakt zu den Mitgliedern unseres Zentralkomitees und den von ihnen beauftragten Genossen. Wir erhielten Informationen, die Möglichkeit zu Konsultationen und bestimmte Aufträge. Wir deutsche Genossen hatten auch an unseren Arbeitsplätzen gute Verbindungen zueinander. Ansonsten nahmen wir am gesellschaftlichen Leben der Sowjetunion teil.

[...] Wir besuchten Veranstaltungen und Vorträge [...], nahmen am Klubleben teil und hörten auch Abendvorlesungen an der Universität. (Willmann, 1987, S. 385)

Spätestens die Mitte der 1930er Jahre einsetzenden *großen Säuberungen* verstärkten die bittere Notlage der Exilanten zunehmend, wie sie auch Becher empfand.[60] »Stalins „Revolution von oben" [hatte] den Sowjetstaat weitaus gründlicher verändert als Lenins Oktoberumsturz. Die völlige Umgestaltung der gesellschaftlichen Struktur wurde von einem unvorstellbaren Terror der Sicherheitsorgane begleitet [...].« (Bundeszentrale, 1992, S. 30)

„Niemand konnte sich nach 1936 der Furcht entziehen am frühen Morgen abgeholt zu werden." (Trommler, 1976, S. 623) Ein Leben in großer Angst und Vorsicht war Normalität. Ständig mit dem Schlimmsten rechnend ergriffen die Zwänge und Angstzustände auch Becher, aber blitzen trotz aller Unterdrückung immer nur kurzzeitig auf.

Der Bruch in Bechers Dichtung datiert tatsächlich aus der Emigration. Aber es ist nicht, wie er glaubte, der Bruch zwischen Avantgardismus und Realismus, sondern zwischen Wahrheit und Lüge. Es ist kein literarischer, sondern ein politischer Bruch. Bei aller Unterschiedlichkeit im Gedanklichen und Formalen hatten die drei poetischen Grunderlebnisse Bechers: Verzweiflung – Revolution – Heimweh, doch das eine, Entscheidende gemeinsam: die Aufrichtigkeit. Diese Aufrichtigkeit wurde in der Mühle des Stalinismus zermahlen. (Rühle, 1988, S. 301)

Als Beweis führt Jürgen Rühle das Gedicht ›Angst‹ (Band V, S. 550) an, das zwar sicher noch unter den *frischen* Eindrücken des Exils gestanden hat, aber erst 1948 im

---

60 Natürlich betrafen die psychischen Zwangszustände nicht ausschließlich die in die Sowjetunion Geflohenen. Und ebenso ist ein Vergleich von Zwangssituationen vollkommen unangebracht, dennoch trafen die Auswirkungen und Methoden der stalinistischen Terrorherrschaft die aus dem nationalsozialistischen Deutschland emigrierten Linksintellektuellen im Besonderen, da sie vom Regen in die Traufe kamen: Der Gefahr des nationalsozialistischen Verfolgungsapparats entflohen, mussten sie nun im Land, das ihre Hoffnungen des sozialistischen Aufbaus verkörperte, einen vorgeblich notwendigen Terror tolerieren, der ihren eigenen politischen Reihen entsprang.

Band *Volk im Dunkel wandelnd* erschien, weshalb auch Möglichkeiten der Überlagerung in der Erinnerung relativierend zu berücksichtigen wären. Die vier Strophen des Gedichts beschreiben vielleicht einfach einen Sprecher in einer bedrängten, gepeinigten Lage, die keinen Ausweg zulässt oder gar zeigt. Von Mayenburg beobachtete, dass sich diese Hoffnungslosigkeit auch im Äußeren Bechers zeigte und worin sie schließlich gipfelte:

> Eine Tragödie menschlicher Art [...] hätte es in jenen Tagen, da das Warten auf eine Wendung im Kriegsgeschehen die Nerven zerflinselte, fast mit Johannes R. Becher gegeben. In einem »Lux«-Zimmer, wo er, aus der Evakuierung zurückgekehrt, vorübergehend mit seiner Frau eingezogen war, schnitt er sich die Pulsadern auf. Hätte Lilly ihn nicht rechtzeitig aufgefunden, wäre er verblutet. So aber konnte der Selbstmordversuch des Dichters vertuscht werden – ein Kommunist hat nicht das Recht, sein Leben, »das der Partei gehört«, freiwillig fortzuwerfen [...]. (Mayenburg, 1969, S. 297)

Mayenburg führt als Erklärung für die seelische Not Bechers, die ihn zu einigen Selbstmordversuchen trieb, lediglich die bereits erwähnte Evakuierung aus Moskau nach Taschkent in Kasachstan an. – In meinen Augen haben die Erfahrungen der chaotischen Reise[61] und die Entbehrungen in den provisorischen Unterkünften, die der vormaligen Privilegierung der Parteiangehörigen so gar nicht ent-

---

61 Harry Wilde gibt Theodor Plieviers Beschreibungen des Zugs zur ersten Zwischenstation in Kasan folgendermaßen wieder: »Es herrschte Selbstmordstimmung, und wenn einer begonnen hätte, sich den Tod zu geben, wäre es wahrscheinlich zu einer Epidemie gekommen. Man hatte Angst vor der deutschen Wehrmacht, vor der SS, aber auch vor der NKWD [Volkskommissariat für Innere Angelegenheiten, Sowjetische Geheimpolizei]. Die Männer und Frauen in diesem Zug wußten nur zu genau, was es heißt, einem System lästig zu fallen. Wer nicht zu verwerten war, lief in der Sowjetunion unter der Herrschaft Stalins Gefahr, ›liquidiert‹ zu werden wie Tausende ausländischer Parteigenossen, wie Zehntausende alter Bolschewiki [...]. Neben der Angst herrschte die Gier nach Sexualität, eine Erscheinung, die Plievier zu der Bemerkung veranlaße: ›Tod und Liebe wohnen dicht beieinander.‹ Die Nächte in dem Eisenbahnwagon wurden zu Liebesgelagen. [...] Je länger die Reise dauerte, desto mehr wuchs die Hoffnung, evakuiert und nicht deportiert zu werden.« (Wilde, 1965, S. 384f.)

sprachen,[62] die Verzweiflung Bechers bloß weiter verstärkt, ihn so letztlich dazu getrieben, einen drastischen Ausweg im Suizid zu suchen und auf diese Weise einen Hilferuf an die Außenwelt zu richten.

Wie rasch und wann in der Emigrationszeit ein gezwungenes, bedrängtes Gefühl von Becher Besitz ergriff und wodurch es besonders in der Anfangszeit des Exils zudem gefördert wurde, betont Schäfer:

> Das Gefühl der Isolation ist bei Becher seit seinen Anfängen thematisiert, durch die politischen Ereignisse bekam es 1933 plötzlich einen konkreten historischen Bezug. Becher war von seiner Gefühlsstruktur her vorbereitet, die Exilsituation stellvertretend für seine Schicksalsgefährten lyrisch auszudrücken. Die nicht für die Agitation bestimmten Gedichte der ersten Emigrationsphase (1933–35) sind mit wenigen euphorischen Ausnahmen im Ton resignativ. Becher ahnte, wie viele seiner Dichterkollegen, daß die Hoffnung auf eine baldige Rückkehr in die Heimat eine Illusion war. (Schäfer, 1973, S. 360)

Der Mann, der alles glaubte enthält dann auch einige dieser »im Ton resignativen« (ebd.) Gedichte. Stellvertretend sei das Sonett ›Freiheit‹ (Band III, S. 693) genannt, das ernüchternd die scheinbare Freiheit eines Lebens in ärmlichen Verhältnissen beklagt.

Das von Schäfer aufgegriffene Gedicht ›Nacht der Verzweiflung‹ (ebd., S. 643) bemüht – neben einem pessimistischen Grundton – gleichzeitig eine andere Metaphorik, die Becher oft verwendet: Im Band *Wiedergeburt* finden sich immer wieder Dichtungen, die die Eigenschaften der Nacht und die Zeit des Schlafs bemühen. Das Sonett ›Macbeth tötet den Schlaf‹ (Band IV, S. 397) beispielsweise beschreibt den inneren Monolog eines Getriebenen, eines verängstigten Opfers, das schlaflos die Bedränger wieder einmal nur unkonkret umschreibt. Auch die beiden Terzette eines nichterhaltenen Sonetts, die unter dem Titel ›Es ist ein Dunkel...‹ (ebd., S. 479) in *Wiedergeburt* aufgenommen wurden, liefern keinerlei Hin-

---

62 »Mindestens in dieser Phase des Krieges teilten [...] die Kominternfunktionäre weitgehend das Schicksal der russischen Bevölkerung.« (Walter, 1988, S. 269)

weis auf die Ursache der geschilderten Finsternis. Das abschließende Terzett wirft vielmehr Fragen auf, die unbeantwortet bleiben müssen. »O Nacht ist es …« (ebd., S. 480) bemüht nochmals die zwanghafte Bedrängnis der Dunkelheit, die keinerlei erhellende Klarheit zulässt und stattdessen *übermächtig* in einen Wahn treibt.

Eine andere Versinnbildlichung, die Becher verwendet, um seine Lage im Exil zu umschreiben und sie nicht konkret benennen zu müssen, ist »das verlorene Lachen«. Das Gedicht ›Der Glücksucher‹ (ebd., S. 71ff.) – man beachte auch in diesem Zusammenhang den sehr sprechenden Titel beschreibt eine verfahrene, freudlose Situation in einem Land, in dem ein jeder dem anderen seine Freuden neidet. Der Text grenzt das freudlose Land ab von einem »ewigen Freudenland«, das aber erst noch entdeckt werden muss.[63] Ebenso kritisch beleuchtet »Lachen« aus *Wiedergeburt* (ebd., S. 403) eine Situation, in der es doch eigentlich keinen Grund zur Freude gibt. Geprägt von *Geheimnis Angst. Was gibt es da zu lachen?* Entstellend, aufgesetzt wirkt alles Lachen angesichts der Misslagen und so scheint das Lachen dem Sprecher vergangen zu sein. Dagegen kann das Ich des Sonetts ›Lachen‹ aus dem Band *Gewißheit des Siegs und Sicht auf große Tage* (ebd., S. 261) angesichts einer misslich erscheinenden Realität immerhin noch lachen, auch wenn dieses Lachen falsch und unnatürlich klingt. Die beiden Zeilen des Endes präsentieren die Lösung, die zum unbeschwerten Lachen zurückführen kann: »Was mich wie früher wieder lachend macht?! / Wenn wieder Heimat mir im Herzen lacht.« (Ebd.)

Im Exil versucht Becher die Lücke, die ihm all sein Lachen verleidet hat, behelfsmäßig zu überbrücken. Er stürzt sich in Arbeit – in schriftstellerische, freitätige, in an die »Internationale Literatur« gebundene und in politische (für den Schriftstellerverband, für eine zu schaffende Volksfront): »Er warf sich mit bewundernswerter Energie in die Literaturbewegung und in die Parteiarbeit. Er arbeitete täglich 12 bis 14 Stunden. Arbeit als Therapie, um nicht in seiner Verzweiflung zu versinken, das hatte sich Becher schon mehrfach selbst verordnet.« (Dwars, 2003, S. 142)

---

63 Meint Becher damit vielleicht einen deutschen, sozialistischen Staat, etwa die spätere DDR?

Gansel sieht hierin wieder einmal eine verdrängende Realitätsflucht, die Becher über die Unzulänglichkeiten hinwegtröstet und ihm gleichzeitig in Gedanken seiner Heimat näher bringt, womit sich auch die vielen Dichtungen auf Deutschland, ein ideales, gereinigtes (und natürlich sozialistisches) Deutschland erklären ließen. »Im Exil war das Dichten für Becher eine Möglichkeit, das Trauma der Verhaftungen, Deportationen, Prozesse und Erschießungen zu überwinden. Im Dichten fand er Trost, und er träumte sich in ein harmonisches Deutschland«. (Gansel, 1991, S. 19)

Becher verrichtet ein unglaubliches Pensum:

> Jeden Tag steht er um fünf Uhr auf, schreibt, anfangs ohne Tisch im Sessel, mit einem Block auf den Knien, Gedichtentwürfe, und geht nach drei, vier Stunden zur Arbeit in die Redaktion der *Internationalen Literatur*, deren deutsche Ausgabe fortan unter seiner Leitung erscheint, auch wenn die Literaturinternationale längst aufgelöst wurde. Der Lyriker zieht sich in die Zeitschrift zurück, reorganisiert ihren Vertrieb in Westeuropa, gewinnt die Großen der Emigration von Heinrich Mann bis Anna Seghers als Mitarbeiter und geht mit sich selber ins Gericht.« (Dwars, 2003, S. 156, Hervorhebung im Orig.)

Die Kriegswirklichkeit holt Becher jedoch auch in der Arbeit ein:

Am 28.9.1939 schließen die Stalin-Sowjetunion und Hitler-Deutschland einen »Nichtangriffspakt« und den »deutschsowjetischen Grenz- und Freundschaftsvertrag« (vgl. Rohrwasser, 1991, S. 137). Die Bedrängung ist zusätzlich verstärkt. Gerade politisch motivierte Schriftsteller können ihren *wahren* Anliegen nicht mehr folgen. Der sogenannte Hitler-Stalin-Pakt bedeutete

> [...] den Rückzug vom dezidierten Antifaschismus auf sehr allgemeine Positionen des antikapitalistischen und antiimperialistischen Kampfes, wenn nicht überhaupt den Rückzug ins Autobiographisch-Private. [...] Adam Scharrer und Theodor Plivier [...] mußten – der langfristigen Verträge und des Überlebens willen – bei ihren Kindheits- und Jugenderlebnissen Zuflucht suchen, Willi Bredel beim Klassenkampf im Hamburg der Jahrhundertwende, Erich Weinert und andere bei Übersetzungen aus dem Kaukasischen oder Ukrainischen, und was dergleichen mehr war. Auch das waren literarische Aufgaben, gewiß, aber es ist doch wohl ein Unterschied, ob das Wichtigste im

Leben offen ausgesprochen oder ob es nur in der Stille gedacht werden kann. An den Exilierten in Moskau war es, diesen Unterschied voll kennenzulernen. Erst recht hatten sie die Fährnisse jenes Gesprächs über Bäume zu durchleiden, das laut Brecht unversehens zum Verbrechen wird, weil es ein Schweigen über so viele Untaten einschließt.« (Walter, 1988, S. 258)

Erst der Angriff des nationalsozialistischen Deutschlands auf die Sowjetunion vermochte das in Schieflage geratene politische Freund-/Feindverständnis in den Augen vieler wieder gerade zu rücken:

Ich fühle die Zähne zusammenbeißend: alea jacta est. Und die Klarheit ist wieder hergestellt. Hie Faschismus, hie Sozialismus. Eingestürzt ist die schwankende, zweifelhafte, an kleinliche Bedingnisse geknüpfte Hängebrücke, mit der man sich zwei Jahre lang über den Abgrund der Epoche hinweggesetzt hat. Dort das Nein, hier das Ja. Dazwischen ein Wenn und Aber, ein Als-Ob. Nun steht wieder einfach, überzeugend, werbend das Ja gegen das Nein: die stärkste Dialektik seit jeher. Ich fürchte nur die Folgen des zweijährigen Als-Ob. (Huppert, 1977, S. 649f.)

2.7 Stalinhymnen

Die vielleicht wichtigste, weil schwierigste Anforderung an die Arbeit ist die Suche nach versteckten, feinen Hinweisen auf Kritik an dem Einen, am für Sozialisten und Kommunisten des Zweiten Weltkrieges gleichermaßen unzweifelhaft großen Führers Jossif Wissarionowitsch Dshugaschwili, genannt Stalin. Die Suche soll vor allem in von vielen Interpreten ideologisch eindeutig als Glorifizierung auf Stalins Person gesehenen Lobeshymnen erfolgen. – Dass jene Gedichte und natürlich auch andere Texte durchaus Passagen enthalten, die eine andere Deutung implizieren könnten, lässt gerade die Bezeichnung als Lobeshymnen außer Acht, die gemeinhin Verwendung findet. Gewissermaßen will die Arbeit dadurch die These Adornos vom »richtigen Leben im Falschen« (Adorno, 1997, S. 43) im Komplex der Exilliteratur herausarbeiten. Und dabei Bechers Wissen um die Verbrechen, die dem Namen und der ganzen Person Josef Stalins anhafteten, betonen und eine Beurteilung in den Bereich der Spekulationen verweisen, die eine absolute Gewissheit in Frage stellt – egal, ob ein anderer Hintergedanke wahrscheinlicher wäre oder nicht.

Zensur und die Gefahren offensiver, repressiver Verfolgung[64], für deren gewaltige und Gewalt tätige Auswirkungen Becher genügend Beispiele kannte,[65] konnten nur zu Grundskepsis und unauffälliger, unscheinbarer Kritik führen, die auf einen ersten Blick nicht lesbar sein durfte. Dazu muss sie nicht einmal beabsichtigt gewesen, sondern kann durchaus dem Unterbewussten entsprungen sein. Allzu negative Umschreibungen Stalins und offene Angriffe auf ihn können – entweder aus diesem oder jenem Grund – in den Texten einer von Ambivalenz geprägten Person wie Becher[66] niemals überhand oder gar offensichtliche Formen annehmen. Sie wären sonst nicht nur von Terror- und Kontrollinstanzen leicht enttarnt worden und hätten unabschätzbare Konsequenzen nach sich gezogen, sondern hätten auch vor einem Teil des eigenen, widersprüchlichen Gewissens eines Kommunisten oder Sozialisten wenig Chancen auf Bestehen gehabt.

Das menschliche Defizit Bechers ist darin offenbar, dass er aus den antagonistischen und zermürbenden Kämpfen, die ihren Ausdruck in seiner zerrütteten Innenwelt hinterließen, niemals – oder nur äußerst selten – letzte Konsequenzen für sein Auftreten in der Öffentlichkeit gezogen hat.[67] Diese Feststellung soll aber

---

64 Gerade für den Exilanten und später auch für den Kulturpolitiker Becher.

65 Dass Becher die Missstände und Grausamkeiten des stalinistischen Terrors durchaus bemerkte und bedingt auch verurteilte, wurde und wird an anderer Stelle (im *Einschub* und im *Exkurs*) ausgeführt. An dieser Stelle der Materialsammlung ist daher nur der Verdacht wichtig, dass eine Existenz kritisch lesbarer Passagen, die auf ein Bewusstsein des Dichters für die furchtbaren Unzulänglichkeiten und Unmenschlichkeiten in Stalins Persönlichkeit und Apparat schließen lassen, festzuhalten.

66 Kapitel 1.3 hat bereits eine Dimension des Dilemmas vor allem der deutschen Kommunisten darzustellen versucht. Die Besonderheiten des Becherschen Zwiespalts – sollten sie noch nicht klar genug herausgearbeitet worden sein – wird hoffentlich im Folgenden klarer.

67 Man denke in diesem Zusammenhang etwa an seine unzähligen Suizid*versuche*. Im Gegensatz dazu sind aber die Unterstützung Theodor Plieviers und die ungenauen Aussagen während der

keine Verurteilung nahe legen, die aus einer sicheren Position heraus menschliche Defizite anprangert. Vielmehr soll festgehalten werden dürfen, dass es in Bechers gesamter Erscheinung einen Bruch gibt, der sich gerade in der Diskrepanz zwischen Theorie und Praxis äußert. Nicht zuletzt deshalb liegen selbstverständlich keinerlei offensiv-offensichtlichen Formen und Schriftstücke vor, die ein kritisches Verhältnis zu den sowjetischen Praktiken und ihrer Führungsriege vollständig beweisen und erschlössen. Das ermahnt aber nur umso mehr zu eingehender, hinterfragender Lektüre.

Trommler weist noch auf einen Aspekt hin, der einem Methoden-Konzept noch einen weiteren Anhaltspunkt hinzufügt und wieder einen Bezug zum Entwurf des literarischen Feldes herstellt. Indem er für seine Untersuchung auch unter den Besonderheiten des sowjetischen Exils eine Verstrickung und Beeinflussung der Position eines Autors in bzw. durch ein gesellschaftliches Netz berücksichtigt wissen will, mahnt er die Einbettung in den sozialen Raum eindringlich an:

Zunächst ist der Blick denjenigen literarisch-ästhetischen Entwicklungen zugewandt, die sich innerhalb des stalinschen Herkunftssystems abspielten, denn machte einen beträchtlichen Unterschied aus, ob ein sozialistischer Exilautor sich und sein Werk mit den Bedingungen in der Sowjetunion oder denen in den demokratischen Ländern in Einklang zu bringen hatte. Die Ergebenheitsadressen, die Lobpreisungen für Stalin und die UdSSR sowie die ›stalinistischen‹ Elemente in den Werken der meisten in die

---

Verhandlung des »Falls« Karl Schmückle in der geschlossenen Schriftstellersitzung 1936 bemerkenswert (vgl. Müller, 1991) – Die Äußerungen Bechers belasten in den geheimen Verhandlungen – wohl aus Motiven, die denen Rubaschows in Koestlers *Sonnenfinsternis* nicht unähnlich sein werden – vor allem sich selbst und seine Frau Lilly Korpus. Dahingegen sind seine Angaben zu Karl Schmückle vage und allgemein. Dass Becher auch später diese Züge von Hilfsbereitschaft offenbarte, betont Rühle: »Johannes R. Becher, der selber gefährdete Asylant in der Sowjetunion, holte Theodor Plievier 1941 aus einem Transport der Wolgadeutschen nach Sibirien, schickte der politischen Gefangenen Susanne Leonhard [...] Pakete in den Archipel Gulag und sorgte dafür, daß sie in die DDR entlassen wurde, holte Gründgens aus einem sowjetischen Internierungslager und Fallada aus einer Nervenheilanstalt – später, als Machthaber in der DDR, hat er viele gekränkt, aber auch manche [darunter auch Rühle] durch Fürsprache bei Ulbricht vor dem Zuchthaus bewahrt.« (Rühle, 1988, S. 311)

Sowjetunion emigrierten Autoren müssen von vorneherein in diesem Bezug gesehen werden. Eine Wertung kann nur im jeweiligen Fall erfolgen und ist nirgendwo einfach; es spielen persönlich-psychologische, politisch-taktische und ideologische Aspekte herein, die im nachhinein nur schwer zur Gänze zu rekonstruieren sind. (Trommler, 1976, S. 622)

Der Einstieg in die Überlegungen zum *Einzelfall* Johannes Robert Becher soll deshalb anhand des vielleicht *offensichtlichsten* und vielleicht *eindeutigsten* Beispiels, der ›Hymne auf einen Namen‹ (Band IV, S. 452–456) erfolgen – zeigt sie doch gleichsam exemplarisch einige meiner Grundthesen für die Überlegungen auf.

Im Anhang der Gesamtausgabe heißt es zu Entstehungsgeschichte, Textform, Zusammenstellung und Veröffentlichungspraxis:

Diese Hymne ist zusammen mit den folgenden »Hymne auf ein Schiff«, der »Hymne an die Nachwelt« und einem weiteren Gedicht »Hymne auf die zwei guten Wächter« (erschienen in dem Band »Die Bauern von Unterpreißenberg und andere Gedichte aus dem bäuerlichen Leben«, 1938) aus einer größeren Dichtung herausgelöst worden. Diese Dichtung trug gleichfalls den Titel »Hymne auf einen Namen«. Ihr erster Teil erschien in Heft 5/1937 der »Internationalen Literatur · Deutsche Blätter« mit folgender Vorbemerkung: »Die ›Hymne auf einen Namen‹ in 12 Gesängen wurde aus Anlaß des 20jährigen Bestehens der UdSSR geschrieben. Wir bringen hier die ersten fünf Gesänge.« Die fünf Gesänge waren ursprünglich in folgender Weise zusammengesetzt: Der erste Gesang begann mit den Worten, die jetzt die »Hymne an die Nachwelt« bilden; am Schluß des ersten Gesangs standen die sieben Anfangsverse der »Hymne auf einen Namen«. Der zweite Gesang bestand aus dem Teil der »Hymne auf einen Namen«, der mit den Worten beginnt: »Es ist ein Name...« und mit den Worten endet: »in dem frohen Lachen der Mutter ist sein Lachen...« Der dritte Gesang begann mit jenem Teil der »Hymne auf einen Namen«, den die Worte einleiten: »Grenzenlos ist er, der Name...« bis »um das Volk zu halten in dem Bann der Knechtschaft«. Daran schloß sich der gesamte Text der »Hymne an die zwei guten Wächter« an. Der vierte Gesang wurde mit dem kurzen Mittelstück der »Hymne auf einen Namen« eröffnet von »Es wär unmöglich...« bis »zustande kommen«. Danach folgte ein Abschnitt, der in keinem der erwähnten Gedichte enthalten geblieben ist. [...] Der fünfte Gesang enthält den [an »die Wellen rollen jetzt zurück und werfen sich empor zum Ufer«] anschließenden Text der

»Hymne auf ein Schiff«. Über das weitere Schicksal der folgenden sieben Gesänge ist nichts bekannt. Ein Teil davon ist in die Dichtung »Jalta« eingegangen, wie ein Abdruck in der Dichtung »Der Weltentdecker« (1938) beweist; dort stehen S. 198/199 unter der Überschrift: »Aus: ›Hymne auf einen Namen‹« jene Verse, die später die Strophen 27 bis 29 der Dichtung »Jalta« bilden. Vielleicht sind Teile der letzten sieben Gesänge auch noch in andere Blankversdichtungen Bechers eingegangen. (Band IV, S. 907)[68]

Dwars bemerkt, die Hymnen-Zusammenstellung sei,

> obgleich mit Zeichnungen von [Frans] Masereel versehen, von der Verlagsgenossenschaft ausländischer Arbeiter in der UdSSR (*VEEGAR*) »am Erscheinen verhindert« [worden], wie [Becher] 1938 auf einem Blatt über seine Arbeit der vergangenen zwei Jahre festhält, in denen nicht ein größerer Text von ihm erschien. [...] Möglich, daß die Verantwortlichen der *VEEGAR*, infolge besonders gründlicher, permanenter Säuberung des Verlages, ein genaues Gespür für die Ambivalenz des Textes entwickelt hatten. (Dwars, 1998, S. 441f., Hervorhebung im Original)

Becher selbst schreibt im Aufsatz ›Das Moskauer Tagebuch‹, der »in ›Kniga i proletarskaja revoluzija‹ Nr. 2/1937 abgedruckt« (Band XV, S. 817) wurde: »Der letzte Teil meines Buches [gemeint ist hier noch *Der Glücksucher und die sieben Lasten*, für das die ›Hymne auf einen Namen‹ offenbar ursprünglich mal vorgesehen war – Anm. d. Verf.], ›Hymne auf einen Namen‹, der dem Genossen Stalin gewidmet ist, erscheint mir immer noch bruchstückhaft und unvollendet.« (Ebd., S. 680) – Natürlich ist nicht sehr wahrscheinlich, dass Becher die Herausarbeitung eines janusköpfigen Charakters des politischen Systems und besonders der Person Josef Stalins für »bruchstückhaft und unvollendet« hielt. Die Zeilen können dies aber durchaus auch nahe legen.

Der Kunstgriff des ungenannten Namens in der ›Hymne auf einen Namen‹ nun ist – entgegen einer anderen These Dwars – in meinen Augen keineswegs

---

68 Eine Anmerkung zur Verschiebung des Lesekontextes durch die Veränderung der Textumgebung ist bereits oben erfolgt, sodass dieser Aspekt hier unerläutert bleibt.

unbedingt ein *unbewußt* von Becher angewandtes Mittel,[69] das unabdingbar auf die Glorifizierung und Erhebung Stalins zum unergründlichen, unaussprechlichen Beweger abzielt: »Der Name [...] ist [...] der gemeinsame Nenner, der Moment-aufnahmen zu einem Ganzen vereint, wie der Unaussprechliche, der in der Schöpfung sich offenbart.« (Dwars, 1998, S. 441)

Vielmehr kann der ungenannte Name auch auf das Gegenteil des Unergründlichen, Unaussprechlichen hinweisen:

> Nach altem Volksglauben kann man den Teufel durch bloßes Nennen seines Namens herbeizitieren (*Wie man den Teufel nennt, so kommt er g'rennt*). Deshalb fürchtet man sich, den Namen des Teufels zu nennen — er ist ein **Tabuwort** — und verwendet statt dessen ein Hüllwort bzw. einen Euphemismus [...]. In extremen Fällen führt das zum völligen Schweigen über jemand (z.B. Verstorbene) bzw. zur völligen Nichtnennung des Namens [...]. (Payer, 2000, S. 6.1, Hervorhebungen im Orig.)

Aber nicht nur der Brauch des Nichtgebrauchs bestimmter Tabuwörter, die Kontexte ansprechen könnten, die lieber nicht angedacht werden sollten, liefert einen Aspekt zum Hintergrund des ungenannten Namens. Bereits die Form und der Bedeutungsinhalt eines Namens beinhalten einen weiteren Verdachtsmoment für die Möglichkeit einer anderen Interpretation: Klaus Doblhammer erläutert die Bedeutung des Namens, indem er auf Sigmund Freud verweist:

> Weiters sei Freud zitiert, der in Totem und Tabu schreibt, daß in anderen Kulturen und bei Kindern der Name oft eine materielle Form annehmen kann: Wir werden durch das Namenstabu daran gemahnt, »...daß für die Wilden der Name ein wesentliches Stück und ein wichtiger Besitz der Persönlichkeit ist, daß sie dem Wort volle Dingbedeutung zuschreiben [...].« (Freud 1996, S. 71)

---

69 Dwars vermutet dies mit Verweis auf die dritte Strophe des ersten Gesangs der in der Internationalen Literatur veröffentlichten Version (siehe Anhang): »Becher hat die indirekte Enthüllung der Wahrheit in der Spiegelung zweier Terrorsysteme wohl kaum beabsichtigt, doch unbewußt um so dichter gestaltet.« (Dwars, 1998, S. 442)

Namen sind für die Primitiven – wie für die heutigen Wilden und selbst für unsere Kinder – nicht etwas Gleichgültiges oder Konventionelles, wie sie uns erscheinen, sondern etwas Bedeutungsvolles und Wesentliches. Der Name eines Menschen ist ein Hauptbestandteil seiner Person, vielleicht ein Stück seiner Seele. (Freud 1996, 136)

(beides zitiert in: Doblhammer, 1998, Abschnitt »Spracherwerb als pädagogisches Problem: 1. Eigennamen«)

Neben der Meidung eines Tabus kann Bechers Verschweigen des Namens Josef Stalins also auch eine bewusste (oder *unbewußte*, siehe oben und folgend, etwa S. 71/72) Ausblendung und damit vielleicht sogar eine gewollte Herabsetzung des vorgeblich Glorifizierten bedeuten. – Becher wird als Intellektueller, als gebildeter Mann um die eine, die andere oder sogar beide Traditionen gewusst haben und sie schwingen zumindest – ob bei der Niederschrift nun bewusst oder unbewusst eingesetzt – mit.

Das Motiv des ungenannten Namens verwendet Becher auch an verschiedenen anderen Stellen, sodass sich aus dem dortigen Verwendungskontexten ergänzende Muster für die Bedeutung des ungenannten Namens in der »Hymne auf einen Namen« gewinnen und Abweichungen vom Gebrauch erkennen lassen:

Das Sonett ›Auf einen Namen‹ (Bd. IV, S. 342) erschien 1939 nach Anlaufschwierigkeiten bei der Veröffentlichung[70] in *Gewißheit des Siegs und Sicht auf große Tage · Gesammelte Sonette 1935–1938*. Becher nennt auch hier den Namen nicht, von dem er sagt: »Du zogst im Volk für alle Zeiten ein. / Du bist im Volk. Du wirst unsterblich sein.« Vielmehr bleibt er auch hier unkonkret und abstrakt, da weder das Volk, das sich des kraftvollen, ungenannten Namens gewiss sein darf, konkretisiert wird, noch der Name, der den Grundstein für geistige Stärke liefert. Ein Namenloser wird »für alle Zeiten« das Denken irgendeines Volkes bestimmen, beeinflussen und lenken, er wird »unsterblich sein«.

---

70 U. a. durch die Änderungen der politischen Rahmenbedingungen durch den Hitler-Stalin-Pakt (vgl. »Einschub«)

In einer früheren Textpassage erwies sich Becher noch als »Spielverderber«: In dem Abschnitt »Ein Name bisher ungenannt« (Band VIII, S. 385), der 1931 im Epos *Der große Plan* erschien, verrät er den unaussprechbaren Namen am Ende schließlich doch noch: »STALIN.« Und auch der Entwurf »Wir nennen seinen Namen überall« (siehe Anhang) offenbart als Schlusswort den ungenannten Namen, »den ich nicht nenne, / Wenn ich ihn nenne«. Gerade diese letzten beiden Zeilen lassen aber auch Unsicherheit und Skepsis erkennen, ob man den Namen, an dem so schwerwiegende Verbrechen und Vergehen haften, vorbehaltlos und wenig reflektiert aussprechen kann und darf.

Besonders das erstgenannte offen gehaltene Gedicht, das nicht explizit Stalin als den guten, wahren Grund erkennen lässt, kann letztlich nur den Verdacht erhärten, aber nicht sichern, dass Becher einen ungenannten Namen – sei es zur Erhöhung oder aus ängstlicher Vorsicht, bewusst oder unbewusst – eingesetzt hat. Es war eine Botschaft, die vielleicht (etwa im Sinne des zeitgenössischen Codes Bourdieus) von linksintellektuellen Lesern der Exilzeit durchaus hätte verstanden werden können, da sie um die inneren Zwiespälte[71] wussten. Die vordergründige Heiligung Stalins bedeutet so vielleicht gerade ihr Gegenteil.

Auch die (wohl erst nach der endgültigen Emigration in die Sowjetunion – also nach 1935 – abgeschlossenen) Zeilen des Sonetts »General Mola« (Band IV, S. 134) könnten einen weiteren Verdachtsmoment für eine kritische Lesart bereithalten: »Wenn er so dasaß, ohne aufzuschaun, / Ein Urteil nach dem anderen unterschrieb: / Nichts Menschliches saß da – ein hageres Grauen, / Daran allein der Rock noch menschlich blieb.« Auffällig die Ambivalenz des Textes: Die ungenaue Beschreibung des Ausführenden – einmal war es sicherlich auch Hitler, der »Ein Urteil nach dem anderen unterschrieb«, andererseits kann auch Stalin gemeint sein. Einerseits war natürlich an Hitlers Erscheinung die (braune) Uniform auffällig, andererseits prägte der Waffenrock auch Stalins Erscheinungsbild. – Der Rock wird jedenfalls (überraschender- oder auffälligerweise) nicht eingehender farblich

---

71 Wie sie Koestler anhand der inneren Zerrissenheit Rubaschows deutlich macht.

beschrieben, die Hervorhebung des General-Rocks erfolgt im Weiteren noch durch seine ausführliche vermenschlichte Verselbstständigung – »aus feinem Tuch«, »So menschlich«, »Als könnte er auch weinen oder lachen«.

Es ist beinahe als selbstverständlich zu erachten, dass bei vielen anderen Autoren auch negative Einschätzungen der Leistungen und der ganzen Person Stalins vorliegen. Exemplarisch sei hier ein Urteil Roy Medwedews zitiert, einmal weil er in offener (wissenschaftlicher) Form seine Ansicht begründet, zweitens weil er Argumente liefert, die den Widerspruch zwischen der stalinistischen Staatsform und ihrer marxistischen Legitimation offenlegt und drittens weil Medwedew (als sowjetischer Staatsbürger) sein Urteil aus einer unmittelbaren Betroffenheit heraus rechtfertigt (Er wurde 1968 aufgrund eines Leserbriefs aus der Kommunistischen Partei ausgeschlossen.):

> Stalin hat zwar oft wie ein Marxist geschrieben und gesprochen, er konnte die Ideologie der Partei, konnte die marxistische Terminologie nicht ganz mißachten. Marxist im eigentlichen Sinne ist er aber nie gewesen, schon gar nicht während seiner letzten fünfundzwanzig Lebensjahre. Denn der Marxismus ist nicht nur ein bestimmtes System von Anschauungen, er ist auch ein System moralischer Grundsätze und Überzeugungen, und eines seiner grundlegenden Prinzipien heißt: man muß sich um das Wohl aller werktätigen Menschen bemühen. Und diese moralischen Grundsätze sind es, die Stalin fehlten. Anfangs sind seine politischen Anschauungen von Marx und Lenin beeinflußt worden, doch haben sich daraus keine Überzeugungen entwickelt, kein System kommunistischer Moralgrundsätze. Einmal an der Macht, ist es denn auch rasch entartet und hat schnell auch die oberflächlichen Merkmale des Marxisten und proletarischen Revolutionärs verloren. Wir sagen »oberflächlich«, denn als seinem Wesen nach revolutionär kann man Stalin zu keiner Zeit bezeichnen. Immer nur war er ein Mitläufer (*poputschik*) der Revolution.« (Medwedew, 1971, S. 369f., Hervorhebung im Orig.)

Becher könnte aber noch eine andere negative Konnotation Stalins durch eine offensichtliche Besetzung des Politikers mit väterlichen Zügen eingearbeitet haben.

Dwars sieht eine solche Interpretation in der 27. Strophe des Gedichts ›Jalta‹ (Band. IV, S. 510f.) begründet: »Gegen den leiblichen Vater, der ihn mit Angst martert, steht ›in einer Brandung von metallnem Jubel / ... er, der niemals ›ich‹ sagt, er, der Mann, / Der stets sagt: ›Die Partei‹ ... Stalin verkörpert die Partei und als solche den ersehnten Vater für einen ›verlorenen Sohn‹ [...].« (Dwars, 2000, S. 10f.) Doppeldeutig sind folglich auch die Anfangszeilen der 26. Strophe:

> Erstens steht ein Fragezeichen hinter dem Ausruf »Mein Vater!«, das Bechers Bekennt- nis in Zweifel zieht, das die Frage aufwirft, ob Stalin wirklich dieses ideale Vaterbild er- füllt, für das er in der Psyche Tausender, wenn nicht von Millionen stand. Zweitens fällt erst jetzt auf, daß der Gerühmte gar nicht bei seinem Namen genannt wird [!] – und wir ihn dennoch kennen. (Ebd., S. 509f.)

Bechers Vaterkomplex, seine Auflehnung gegen das Elternhaus und die beinahe zwanghafte Suche nach Kompensationsmöglichkeiten für einen Mangel an väter- licher Großmütigkeit, die er selbst vielleicht sogar als eine Art von Liebesentzug empfand, trugen sicher nicht zu einem positiven Urteil über patriarchische Kon- stellationen bei. Ständige Hinterfragung, Skepsis und Vorurteile gegenüber domi- nante Erscheinungen waren die Folge und doch suchte Becher aus demselben Grund gleichzeitig jene Leitfiguren. Er fand sie oft in sehr ähnlichen Zusammen- hängen: Politische *Väter* wurden zu Vorbildern stilisiert, die sie nur selten sein konnten und waren.

Neben der Schilderung einer von Ambivalenz und Widersprüchlichkeit ge- prägten Atmosphäre, die wohl auf die Situation in der Sowjetunion der Emigrati- onsjahre anspielt, legt besonders die Beschreibung des Direktors Förtsch des Jo- hannes-Pensionats in Öttingen[72] in den Kapiteln 28 und 29 des Romans *Abschied* (erschienen erstmals 1940 in Moskau, Band XI) eine Möglichkeit zur Tiefen- strukturanalyse nahe. Dwars weist auf Ähnlichkeiten zwischen den Merkmalen und Eigenheiten des Pädagogen mit Stalin hin, die 1969 durch die Beschreibun- gen zweier Mitschüler des Pensionats als »eigentliche Arbeit des Autors [und] des- sen Gestaltung« (Dwars, 2003, S. 170f.) enttarnt worden. Die einstigen Mitschüler

---

72 »Tatsächlich hat Dr. Heinrich Becher den Sohn 1902 in das ländliche Gymnasium von Öttin- gen verbannt, in eine Art von Erziehungsheim, da er selbst nicht mehr weiter wußte mit dem aufmüpfigen und versetzungsgefährdeten Jungen.« (Dwars, 2000, S. 17)

bestätigten weder die körperlichen Auffälligkeiten[73] des realen Deutschlehrers Förtsch noch die auf Schülerwunsch hin eingeführten Kriegsspiele – beides könnten also Erfindungen des Autors sein. Dwars kommt deshalb zu dem Urteil:

> Der Stählerne, dessen Name als der alleinende Geist des martialischen Sowjetaufbaus in Bechers Gedichten beschworen wird, hier erscheint er in leiblicher Gestalt: Ein armer, verkrüppelter Mensch, der seine Schwäche in Demonstrationen »männlicher« Stärke verkehrt, der die selbsterlittene Gewalt als Herr und oberster Diener einer neuen Ordnung aufhebt. Er prügelt die Söhne nicht wie sein Vater. Als aufgeklärter Mann erzieht er durch perfekte Einteilung der Zeit und des Raumes die Schützlinge [...]. (ebd., S. 171)

Becher belegt den Direktor aber nicht nur mit den ambivalenten Eigenheiten von (körperlicher) Gebrechlichkeit, (sadistischer) Brutalität und Strenge, sondern verleiht ihm gleichzeitig auch väterlich-gutmütige Züge, wodurch er sich von einem »gefürchtete[n] Tyrann[en]« in einen geliebten Anführer« (Dwars 2000, S. 18) etwa während der erwähnten Kriegsspiele wandelt.

Auf der einen Seite wurde eine derart subtile Verschleierung notwendig, wollte Becher in der UdSSR und außerhalb ihrer Landesgrenzen veröffentlicht und nicht von den Verfolgungsinstanzen der Staatsführung entdeckt werden. Auf der anderen Seite erfordern solche Übertragungstechniken einen komplexen Schaffensprozess.

> Es ist nicht entscheidend, ob Becher diese Entsprechungen gezielt in den Roman eingearbeitet hat. Viel wahrscheinlicher ist sie ihm unbewußt passiert, haben sich ihm die Erinnerungen an Schrecken seiner Kindheit unter dem Eindruck ihrer schockhaften Wiederkehr zu einem mehrschichtigen Psychogramm des Stalinschen Terrors verdichtet. Zu einem Bild, das gerade wegen seiner Vieldeutigkeit tiefer reicht als die heute gängigen Klischees vom verdienten Mörder seines Volkes. Solch zeitlose Bilder von Typen des menschlich-unmenschlichen Verhaltens zur Ausdeutung vorgefunde-

---

73 Eine verkrüppelte Hand und ein dichter rot-blonder Schnurrbart, hinter dem »jedes Zucken der Mundwinkel« (Band XI, S. 154) verborgen blieb und »den sich der Erzieher wohlgefällig strich« (ebd.).

ner Verhältnisse zu entwerfen ist aber das Privileg und die Aufgabe großer Kunst. (ebd. und S. 19)

Das Zitat legt – wie die vorherige Argumentation – durch Überlagerungen und Verbindungen eine Einbindung psychoanalytischer Techniken und Erklärungsmuster nahe, die an dieser Stelle aber übergangen werden sollen.

Gerade dieser vielschichtige und stellenweise komplizierte Schaffensprozess spricht dafür, dass Johannes R. Becher selbst die Widersprüche und Auffälligkeiten bezüglich der väterlichen Leitbilder in seinen Werken bemerkt und deshalb bewusst angelegt haben könnte oder zumindest bewusst in Kauf genommen hat.

In einem Brief zum Geburtstag Walter Ulbrichts (vom 29. Juni 1957) schreibt Becher:

> Ich wünsche mir, daß Du wie früher öfter für mich Zeit hast, wenn auch nur ganz kurz, denn ich sage Dir ganz offen, ich brauche von Zeit zu Zeit solch einen »Anstoß«, damit ich wieder in Schwung komme. Niemand in meinem Leben hat es so gut verstanden wie Du mir Energien einzugeben und auf diese Weise mich über mich selbst wachsen zu lassen. (Gansel, 1991, S. 186)

Aus diesen Zeilen wird die Bedeutung Ulbrichts für Becher ersichtlich, die den Stellenwert Stalins dahingehend übertraf, dass sie auf persönlichen Kontakten und Gesprächen beruhte. Besonders eindrücklich wird die Ähnlichkeit des Funktionärs Ulbrichts für Becher zur Persönlichkeit Stalin im Weiteren: »[...] es ist mir noch nicht klar, ob Deine Person [in einem Buch über Ulbrichts Leben – Anm. d. Autors] namentlich vorkommt oder in einer Personifikation, die von den Namen abstrahiert.« (Ebd. und S. 187)

Die große Darstellung Walter Ulbrichts, die Becher misslingt, sodass sie schließlich doch nicht gedruckt wird (Aufzeichnungen und Material im Becher-Archiv, Signatur 32), hätte also ebenfalls den Gebrauch des ungenannten Namens, wie er oben anhand der ›Hymne auf einen Namen‹ beschrieben wurde, aufgreifen sollen. Eventuell wollte Becher damit neben Stalin auch Ulbricht – bewusst oder unbewusst – einen negativen oder zumindest fraglichen Anschein verleihen.

In den gesamten Überlegungen spielte die Person Vladimir Iljitsch Lenins bislang keine Rolle, da sie anscheinend eine andere Position einnimmt als etwa Josef Stalin. Das sollen die folgenden Ausführungen korrigieren, indem sie einen unmittelbaren Vergleich zwischen den unterschiedlichen Stellenwerten in verschiedenen Texten Bechers herausarbeiten:

Augenfällig sind in erster Linie die Nachdichtungen auf die beiden Führer. Der eine, Lenin, erhält 1924 ein mit monumentaler, gewaltiger Breite ausgestattetes Gedicht ›Am Grabe Lenins‹ (Band VII, S. 7–35), das den künftigen Kampf des Proletariats im Namen des Toten schildert,[74] während Becher auf Stalins Tod nur einige kleinere Gedichte verfasst (beispielsweise die im Anhang abgedruckten ›Als Stalin starb …‹ und ›Stalin, du Welt im Licht‹). Dwars konstatiert aber auch für die Dichtung auf Lenin (oder vielmehr auf die Arbeiterrevolution in dessen Namen) altbekannte Muster:

> Das doppelte Schuldgefühl, von privilegierter Herkunft und ein Verräter zu sein, die Moral nötigt [Becher] zu einer Radikalität, in deren Schatten seine alte Schwäche neue Blüten treibt: seine ohnmächtige Rebellion gegen den Vater mit ihrer religiösen Sehnsucht nach einer erlösenden Macht sich auf das Proletariat und dessen Väter überträgt. Das Fatale an diesem Salto mortale ist, daß er auch damit niemandem zu helfen vermag, daß er erneut im Namen eines Abstraktums über die wirklichen Probleme hinwegredet. (Dwars, 2000, S. 16)[75]

Die ausführliche Beschreibung des Zuges hinter Lenins Sarg in *Sinn und Form* fällt dennoch weitaus prunkhafter und künstlerisch ausgeschmückter aus als im Gegensatzes die Schilderung zur trostlosen Wirklichkeit des ersten Quartetts im So-

---

74 Im Sonderheft *Sterne unendliches Glühen. Die Sowjetunion in meinem Gedicht 1917–1951* der Zeitschrift *Sinn und Form* erscheint 1951 eine umgearbeitete und gekürzte Version, die den Kontrast zu den Gedichten auf Stalins Tod stärker hervortreten lässt, da sie ausschließlich und eindringlich Totenwache und Leichenzug schildert.

75 Dwars' Zitat spricht auch die religiösen Züge der Verabsolutierung des Kommunismus und seiner Führer durch Becher an, die von mir aber (leider) übergangen wird.

nett ›Als Stalin starb …‹. Die Hoffnung kehrt dort erst im zweiten Quartett wieder, die die beiden Terzette schließlich als Status quo festhalten. Die letzte Zeile weist dem auferstandenen Stalin allerdings gleich wieder eine abgehobene, von jeglicher Lebenswelt abgetrennte, bloß inspirierende Rolle in der Massenbewegung der Partei zu, in der sein Geist aufzugehen hat.

Auch im Gedicht ›Stalin, du Welt im Licht‹ fällt der Gegenpol zur trostlosen, leeren Welt meines Erachtens weniger kontrastierend aus, als ein so großer Verlust geböte. Becher beschwört zwar Stillstände und Ungewöhnlichkeiten zur Kennzeichnung des erschütternden Todes Stalins. Sie bewirken aber keinerlei Umstürze und konkreten Veränderungen. Stalin wird als »bester Freund« und »fester Grund«, als »schlicht« und (wärmendes, erhellendes) »Feuer« beschworen, die Aufzählung der letzten Strophen kulminiert im »Stalin – du Welt im Licht«, sie liefert allerdings keine Hoffnung auf einen nun einsetzenden Wandel, auf einen beginnenden Prozess, der fortgesetzt werden könnte. Nur der Geist des Toten schwebt begleitend und schützend über allen künftigen Taten.

Zwei Gedichte ›Wer Lenin war‹ (Band V, S. 40–42) und ›Als Stalin sprach‹ (ebd., S. 43) ermöglichen 1942 einen unmittelbaren Vergleich, da sie beide im Band *Deutschland ruft* erschienen.[76]

Dwars vermerkt zum Sonett auf Josef Stalin: »Schon das gibt zu denken: Warum hat [Becher in der Folgezeit] elf Jahre lang zu Stalin geschwiegen? Warum hat er ihn nicht 1945 als Befreier Deutschlands besungen? Und warum den Geist des Toten so exzessiv beschworen?« (Dwars, 2000, S. 9) Lässt die Frage zur Lücke im Schaffensprozess wirklich schon eine kritische Position zu? »Stalin erscheint [im Gedicht] als gemeinschaftlicher Kraftgeber, als allvereinigende Stimme kollektiver Energien. Dabei sind die Verse selbst durchaus kraftvoll, zumindest frei von dem kitschigen Bilderballast der späteren Totenbeschwörung« (ebd., S. 10). Aber genau deswegen fallen sie längst nicht so überschäumend aus wie die Zeilen auf Lenin,

---

76   ›Als Stalin sprach‹ wurde schon 1941 in Heft 10 der Internationalen Literatur abgedruckt.

der »das Licht der Freiheit« (Band V, S. 42) gebracht hat. »Lenins Name wurde damals nicht einfach und ohne Zusatz genannt, wir hörten von ihm nur als den ›kommenden Mann‹.« (Ror, 1941, S. 86) Stalins Name hingegen wird von Becher (am prägnantesten sicherlich in der »Hymne auf einen Namen«) eben nicht nur mit keinem (vergrößernden, übersteigernden, verherrlichenden) Zusatz versehen, er wird vielmehr erst gar nicht genannt.

Insgesamt ermöglicht gerade der direkte Vergleich der Bedeutungen von Lenin und Stalin, dass in der exaltierten Erhöhung sehr wohl von einer Ähnlichkeit gesprochen werden kann. Gerade die Belegung Stalins mit väterlichen Zügen, die für Lenin nicht (oder wenn, dann nur im Sinne einer allgemein väterlichen Person, aber niemals konkret) in Anspruch genommen werden, lässt einen fragwürdigen Beigeschmack zurück.

Der Revolutionsführer Lenin liefert (sicherlich auch als väterliches Vorbild) einige der gedanklichen Grundlagen der kommunistischen Theorie, weshalb »[es] kaum möglich [ist], von Becher ernsthaft zu sprechen, ohne seine tiefe Beziehung zu Lenin in Betracht zu ziehen« (Deutscher Kulturbund, 1971, S. 31). Lenin erscheint jedoch niemals in ambivalentem Licht. Seine Erscheinung bleibt die eines Theorieschöpfers, Grundlagenlieferers und Heilsbringers.

Exkurs: Gewissensfrage

Abschnitt 24 von Bechers 1955 erschienen *Macht der Poesie*, dem zweiten Teil der *poetischen Konfession*, ist im Sachwortregister unter »Verdrängen« aufgeführt (Band XIV, S. 20). An diesem Prosatext lässt sich gut der Grundgedanke des folgenden Abschnitts nachvollziehen: Die Erfahrungen des sowjetischen Exils bilden gerade in einigen späteren Texten einen unmittelbaren Hintergrund, den Becher be- oder aber verurteilt, er geht mit sich ins Gericht – mancherorts. Ein ambivalentes Verhältnis, das nur sehr selten klare, eindeutige Urteile fällt, ermöglicht aber gerade hier keine endgültigen Bezüge, da auch jene Selbstanklagen stets Versäumnisse gegenüber dem nationalsozialistischen Regime einbeziehen.[77] Dennoch muss eingeräumt werden, »daß es kaum einen so selbstkritischen politischen Schriftsteller gab« (Trommler, 1976, S. 628). Becher ist trotzdem ein Schriftsteller, »der so vieles von dem Kritisierten weiterpflegte« (ebd.). Darum werden im Weiteren besonders diejenigen Passagen befragt, die im Sinne der Einleitung als eindeutig zu bezeichnen sind, obwohl sie natürlich immer auch umgedeutet in andere Zusammenhänge gestellt werden und dort ebenfalls Rückschlüsse zulassen könnten. Sie sind aber erst im Anschluss an das Exil entstanden und daher gewissermaßen aus nicht mehr unmittelbar betroffener Position heraus (Becher war ja nicht mehr unter stalinistischer Kontrolle ...) und dem Gefühl einer Sicherheit ...

Neben einigen erst nach Bechers Tod 1958 in *Sinn und Form* veröffentlichten Gedichten und Texten[78] führt auch die Zusammenstellung *Der gespaltene Dichter* Gedichte aus dem schon zu DDR-Zeiten veröffentlichten Gesamtwerk an. Entweder war das Bewusstsein für die Möglichkeit eines kritischen Standpunkts gegenüber den sozialistisch-kommunistischen Taten nicht so ausgeprägt – sie ist den Zensurinstanzen immerhin entgangen – oder die kritischen Momente waren wie in einigen der vorangegangenen Beispiele unauffällig – bewusst oder unbewusst – unterlaufen: Kommentarlos wird zum Beispiel der formal freie 14-Zeiler ›Abgrund des Widerspruchs‹ (Band VI, S. 532) unter der Überschrift ›Nachlese‹ in der Gesamtausgabe veröffentlicht. Das Ich des Gedichts zweifelt an seinen besten Freunden und gesteht den vermeintlichen Feinden jenes Verständnis zu, das den Freunden ab-

---

77 Alexander Abusch, Bechers Nachfolger im Kulturministerium, bezieht jedes Schuldeingeständnis (natürlich) auf Versäumnisse gegenüber dem Nationalsozialismus: »Der Heimkehrer, grau und leiderfahren, der ›als ein anderer wiederkam‹, zieht sich selbst der Mitschuld, weil er ›zu schlecht bekämpft das, was verdammenswert‹. Er nimmt seinen Teil der Schuld auf sich in der allgemeinen nationalen Selbstkritik, die er schon im Kriege, in seinem Werk ›Deutsche Sendung‹, zur nationalen Selbstverständigung gefordert hat.« (Abusch 1981, S. 69)

78 ›Gewisse Ereignisse in letzter Zeit‹ (S. 543), ›Diesen Mann habe ich damals verehrt wie keinen‹ (S. 543f), ›Der Grundirrtum meines Lebens‹ (S. 550f), alle in: *Sinn und Form 4 /1988,* und»Der Getreue‹ (S. 342), ›Der Berichter‹ (ebd.), ›Der Frakturist‹ (S. 344) alle in: *Sinn und Form 2/1990.*

geht. »Vielen meiner Freunde / Vermag ich nicht darzulegen, / Was ein Gedicht ist. / Aber mancher meiner Feinde / Kennt den Unterschied / Zwischen Dichtkunst und Versifikation ... // O Abgrund / Des Widerspruchs...« – Becher spricht von Nahestehenden, von Nächsten, die nicht verstehen. Ist die Dichtkunst eine Metapher, ein Platzhalter für das Poetische schlechthin, für eine poetische Lebensführung – was immer das heißen mag –, für den Humanismus, für die Form des Sonetts?

Die letztgenannte Möglichkeit gibt auch dem Format wieder einen Sinn. Der Dichter stellt »Versifikation« gegen Dichtkunst, formelhafte Vorgabenerfüllung gegen poetische Kunst: Liegt hinter diesem Gegensatzpaar der Wunsch nach Poesie aus einem Guss? Kann Becher im Rückblick die Widersprüche zwischen seiner (humanistischen) Konzeption und den »realexistierenden« Sozialismusformen erkennen, benennen und bemängeln?

Es gibt durchaus auch frühere, im Exil entstandene Text- und Gedichtstellen, die das Erkennen und die Aspekte einer zwanghaften und aussichtslosen Situation und Verstrickung von Becher selbst (reflexiv) offenbaren. Sie fördern Widersprüchlichkeiten zutage und liefern Muster für Taten, die im Nachhinein kritisch gesehen werden können. ›Die Mitschuldigen‹ (Band IV, S. 716) beispielsweise lässt den endgültigen Grund offen, aus welchem ein Bund besteht zwischen einem »ihr« »[m]it [einer] Gewalt, die ihr nicht selber seid.« Das Sonett zählt scheinbar wahllos verschiedene Bewegmöglichkeiten auf, die eine blinde Akzeptanz und Toleranz zu rechtfertigen versuchen: »... Weil es vielleicht / Das Gleichgewicht euch stört, und weil es gut / Zu wissen ist, daß man Erlaubtes tut, / Und weil man gern des höchsten Lohn erreicht – // Und weil es bequem sich macht und leicht, / Und weil man eben nichts zu tun geruht –.« Bequeme Einhaltung von Vorgaben[79] treiben in eine fatalistische Antriebslosigkeit, die dem in der Schriftstellerkongressrede geforderten Idealen des aktiven, revolutionären Humanismus behindern, entgegenstehen und zuwiderlaufen.

---

79 Von wem die Vorgaben stammen, bleibt offen – Gesetz, Gewalt, Vernunft, Staat, Regierung oder insgesamt Politik?

Warum Becher diesem Stillstand nicht idealistisch Aktionismus entgegensetzt, erläutert vielleicht das späte Sonett »Stein-Gesicht«.[80]

> Gute Literatur lügt nicht. Diese Aussage ist nicht so zu verstehen, daß die den Dichter inspirierende Realität unverfälscht in seinem Werk wiederkehrt oder daß die Fiktion sich auf überprüfbare Fakten reduzieren läßt – ganz im Gegenteil. Aber das gelungene Werk entlarvt die Irrtümer und Illusionen seines Autors, denn die Ästhetik ist unbestechlicher als die Moral. (Buch, 2001, S. 124)

Bechers Sonett zieht »eine deprimierende Bilanz« (ebd.), schildert einen versteinerten Stillstand in hoffnungsloser Starre. Hans Christoph Buch erkennt darin Züge »unfreiwilliger Komik« (ebd.). Das »Gedicht, das die Ideologie Lügen straft und hinter dem vermeintlichen Fortschritt den Stillstand sichtbar macht« (ebd.), offenbare versteinerte, »monolithische« Züge und weise deshalb Parallelen zum Mythos auf.[81] Damit sei zweifellos die Sowjetunion Stalins gemeint. Der abschließende Zweizeiler versöhne – so Buch – letztendlich auf dialektische Art und Weise durch eine poetische Transzendenz, »die nur noch im Medium der Kunst möglich ist« (ebd., S. 126).[82]

Das Bild des zu Stein gewordenen Gesichts, das jedweder Gefühlsregung entbehren muss, verwendet Becher auch bereits im unmittelbar im Exil entstandenen Gedicht »Unsere Augen« (Band V, S. 551f.): Aufgrund der Augen, die »Verwittert von dem tränenlosen Weinen« trüben, ist auch das Gesicht versteinert. »Und allerorts begegne ich den Steinen.« Nicht einmal der Sprung vom Ich auf ein Du

---

80 Wie ›Abgrund des Widerspruchs‹ ist das Gedicht erst 1958 in *Schritt zur Jahrhundertmitte* (Band VI, S. 418) erschienen.

81 Buch denkt dabei an die Medusa, die »jeden versteinerte, der ihr zu nahe kam, [wie deren Haupt] verwandelt die unpersönliche Sphäre der Macht deren Träger in totes Gestein« (ebd., S. 125).

82 Außer Acht lässt diese Interpretation der Schlusscoda, dass es sich um das Lächeln zweier Steine handelt, das einerseits versteinert-starr andererseits auch aufgesetzt, maskengleich wirken kann und so dann nicht eine versöhnende Geste, sondern die Verfahrenheit der Situation widerspiegelte. Die Gesichtszüge sind angesichts einer Leiderfahrung erstarrt. Es gibt keine Hoffnung mehr.

bringt eine Wende hin zu positiver Aussicht: »Da schlug die Bombe nebenan ins Haus. / O dieser Todesschrei, von Rauch erstickt! / Du *sahst* den Schrei. Er schrie sich in dir aus / Und hat aus deinem Auge uns angeblickt.« (Hervorhebung im Orig.) Die unmittelbare Grausamkeit des Krieges, ist sie vielleicht doch der Auslöser, der alleinige Grund für das Gedicht? Warum nennt Becher ihn dann nicht konkret am Beginn? Warum bleiben die Gründe für das Leid, die widersprüchliche Verstrickung, die Not hier wie andernorts offen?

Zwei weitere Kontexte sollen nur kurz angerissen werden, von denen zumindest der eine in der Forschung bisher nur eine untergeordnete Rolle gespielt hat.

Von unterschiedlichsten Seiten ist sich bis jetzt Bechers (Nicht-) Verhältnis zu seinem Sohn Hans Thomas – aus der 1928 geschlossenen zweiten Ehe mit Lotte Rotter – genähert worden. Durch einen Brief von Thomas – im Anschluss an einen Besuch aus England, wohin er und seine Mutter 1933 geflohen waren – an den Vater in der DDR lässt sich die ganze Ambivalenz dieser Beziehung, die eben keine (mehr) war, rekonstruieren.[83]

Weitgehend ungeklärt dagegen ist in seiner Gesamtheit Bechers Verhältnis zu den Frauen. Wie haben seine drei Ehefrauen, vor allem aber seine wechselnden Affären[84] sein Schreiben und seine theoretischen Konzepte beeinflusst? Gab es Wendepunkte, Einschnitte, Momente der persönlichen Krise, die bis in künstlerische Schaffensprozesse hineinwirkten? Das Gedicht ›Lilly‹ (Band IV, S. 633) bestimmt den Stellenwert, den Lilly Korpus ab 1934 (zumindest überwiegend) für Johannes Becher einnahm.[85] Vorwurfsvoll klingt dagegen der Titel »Selbst du, die

---

83 Der Brief ist abgedruckt in: Harder, 1993, Band 2, S. 397ff.

84 Dwars vermerkt u.a. etwa das in Moskau wieder erwachte Verhältnis zu Josefine Boss (Dwars 1998, S. 578).

85 Neben Stellen der Verabsolutierung der Person Lillys gibt es aber durchaus auch ambivalente Stellen, die im Sinne der Argumentation Fragen aufwerfen: »Wäre dem Dunkel erlegen, / Meiner Schwermut Gewicht –«. Spielt dies explizit auf die Selbstmordversuche Bechers in Moskau an, die Lilly vereitelte? »Was ich durchlitt und erstritt.« Die erlebte Grausamkeit kann die geliebte Person wohl nur nachträglich lindern, unmittelbar scheint kein Trösten möglich.

mich verstand« (ebd., S. 636), obwohl der Inhalt eigentlich *bloß* des Dichters Schaffensprozess als unverstanden offenbart. Allein die Überschrift hebt aber bedrohlich dröhnend an und lässt so tiefere Zweifel vermuten.

Im Zusammenhang der Gewissensfrage ist natürlich auch auf die *offizielle Abrechnung* mit den stalinistischen Verbrechen auf dem XX. Parteitag der KPdSU 1956 besonders durch die sogenannte Geheimrede Chruschtschows zumindest kurz einzugehen: In den Vorbemerkungen zur Zusammenstellung von Dokumenten aus dem Jahr 1956 unter dem Titel *SED und Stalinismus* heißt es zu den Tatbeständen des Personenkults, seiner Folgen und den »Abrechnungen« mit diesem:

> Hunderte deutsche Kommunisten und andere Antifaschisten, zum Teil auch deren Angehörige, die zu dieser Zeit in der Sowjetunion lebten und arbeiteten, dort Zuflucht vor dem Faschismus gesucht hatten, wurden unter gefälschten oder erfundenen Vorwänden mit und ohne Gerichtsurteil inhaftiert, an die Gestapo ausgeliefert oder ermordet. Die Wahrheit darüber brach sich tragischerweise erst viele Jahre später Bahn und auch das leider nicht umfassend. Die Möglichkeit zur Rehabilitierung entwickelte sich zäh und Schritt für Schritt nach dem Tode J. W. Stalins (5. März 1953), der Entlarvung der verbrecherischen partei- und staatsfeindlichen Tätigkeit L. P. Berijas (Juli-Plenum des ZK der KPdSU 1953) und insbesondere nach der Abrechnung mit dem Personenkult um Stalin und seiner Folgen auf dem XX. Parteitag der KPdSU (14.–25. Februar 1956). (Gabert & Prieß, 1990, S. 5)

Im Becher-Archiv der Akademie der Künste findet sich ein angestrichener Absatz eines Artikels Stephan Hermlins in der vierten Nummer 1956 der kulturpolitischen Monatsschrift *Aufbau*:

> In den Referaten Chruschtschows, Bulganins, Mikojans, Molotows, Kaganowitschs, Schelepins gibt es zahllose Dinge, die man nicht gewusst hat, die man mit Interesse, Freude, Überraschung liest. Jeder Leser der Berichte vom XX. Parteitag wird irgendwas nennen können, das ihn besonders berührt und gefesselt hat. (Hermlin, 1956, S. 291)

Es sind die einzigen Sätze des gesamten Artikels, in denen sich erahnen lässt, dass Ungeheuerlichkeiten und unmenschliche Verbrechen, die Stalin und seine Helfershelfer während der großen *Säuberungen* begingen, erstmals einer Öffentlichkeit eingeräumt, offenbart und überhaupt vermerkt wurden. Dennoch lässt Hermlin sie links liegen, begreift das Erschütternde nicht und ignoriert es so, wie es die *Realexistenz*, der Fortbestand eines *kommunistischen* Traumes verlangte. Warum markiert Becher gerade diese Zeilen? Will er Hermlin zustimmen? Will er widersprechen? Will er kenntlich machen, dass gerade hier sich die »*Wahrheit*« zeigt, die ansonsten unter den Tisch gekehrt wird?

Pjotr Grigorenko, der ebenso wie Roy Medwedew aufgrund eines unmittelbaren Einblicks in den sowjetischen Staatsapparat seine kritischen Urteile dezidiert begründet, hält das Phänomen der unvollständigen, unkonkreten Aufklärung über die Verbrechen Stalins durch den XX. Parteitag der KPdSU ebenfalls unbedingt für gegeben:

> Eine völlige Desavouierung Stalins findet man aber in diesen Dokumenten nicht. Das ist begreiflich, denn eine solche Aufgabe dürfen und müssen nur die marxistischen Historiker erfüllen, die von Parteibeschlüssen begleitet werden.
> Dies geschah aber nicht. Sei es aus der tiefverwurzelten Gewohnheit, spezielle, ausführliche Weisungen, in welchen auseinandergesetzt wird, wie dieses oder jenes Ereignis beurteilt werden soll, sei es aus Gründen anderer Art. (Girgorenko, 1969, S. 47f.)[86]

Das Lexikon sozialistischer Literatur betont die Bedeutung des XX. Parteitags der KPdSU für Becher konkret, und zeigt in welcher Weise die Vorgänge Spuren in Becher hinterlassen haben:

> Die Verbrechen der Stalinzeit, wie sie der XX. Parteitag der KPdSU offen legte und [Becher] sie im Exil miterlebt hatte, werden in Gedichten [...] und essayistischen Be-

---

86 Dem widerspricht Rohrwasser in gewisser Weise, wenn er schreibt: »Aber erst mit Chruschtschows ›Geheimrede‹ auf dem XX. Parteitag der KPdSU (25.2.1956) [...] war die Stalinsche Folterpraxis auch für Kommunisten zum historischen Faktum geworden.« (Rohrwasser, 1991, S. 146f.)

merkungen reflektiert, die der Dichter zu Lebzeiten nur zum Teil veröffentlichte. Seine eigenen Irrtümer und seine widerspruchsvolle Verwicklung in das realsozialistische System, das von seinen Idealen und Utopien immer erkennbarer abwich, ließen ihn den tragischen Charakter seiner eigenen Existenz und den der Epoche tief empfinden und führten zu einer stark spürbaren Unsicherheit. (Hase, 1994, S. 53)

Dass auch die Frage der Gewissensbisse und -ausprägung an dieser Stelle viel zu knapp und die allgemeine Bedeutung des XX. Parteitags unterbelichtet ausfallen, steht außer Frage. Eingehendere Untersuchungen sind hierzu sicherlich notwendig. Dennoch zeigt sich gerade in diesem Zusammenhang sehr schön, dass die Frage nach einem Erbe des Stalinismus, das natürlich nicht nur Becher zu tragen hatte, unterrepräsentiert bleiben muss. Der Exkurs kann lediglich ein Stadium der Verarbeitungen im Inneren Johannes Bechers anreißen

3 Abschluss

Auf der einen Seite mag es fahrlässig sein, nach Belegen für ambivalente oder kritische Haltungen Bechers gegenüber den Formen des Kommunismus', wie er sie vorfand, erlebte, wie und wo wir sie heute in seinen Exil-Texten finden können, vorrangig und überwiegend in diesen selber zu suchen: Durch einen dahingehenden Versuch kann keineswegs die gesamte Entwicklung nachvollzogen und beleuchtet werden, die über die Hymnen auf Stalin, die Sowjetunion und die gesamten Texte des Exils hinausgeht. Sie lässt auch nicht erahnen, was dieser Verarbeitung vorausgehen musste oder was zu dieser Form der Bewältigung erst führen konnte. Natürlich ignoriert die Argumentation weitestgehend die Zeichen aus anderen Schaffensperioden. Dennoch will sie gerade dadurch auf mögliche Leerstellen und Interpretationsfehler hinweisen, Muster in Frage stellen und zumindest – auch in einem rein spekulativen Sinne – Varianten als Motive in Erwägung ziehen, die letztlich vielleicht anderen Wurzeln entsprungen sind (oder zumindest sein könnten). Diese Ursprünge lassen sich oft besser erkennen, wenn sie in größter Assonanz zur Umgebung stehen, in die sie eingebunden sind.

Dadurch kann auf der anderen Seite hoffentlich – gerade durch die Wahl des Themas – die Problematik überspitzt werden, die natürlich auf anderen Wegen auch einfacher zugänglich sein mag. Sie offenbart in ihrer konzentrierten Fokussierung aber in besonderer Weise ihre Diffusität und Ambivalenz. Gerade dadurch setzt der Text einen anderen Fokus und liefert Ergebnisse, die bisher für sicher gehaltene Erkenntnisse in Zweifel ziehen könnten. Es klingt natürlich sehr vermessen, wenn ich von Ergebnissen spreche, die bisher für sicher gehaltene Erkenntnisse in Zweifel zögen. Es geht mir aber eher darum, auf Fragwürdigkeiten aufmerksam zu machen, die entweder schärfer herausgearbeitet oder gar nicht erst festgehalten oder verschwiegen werden sollten.

Eine mögliche Erklärung für die unglaubliche Ausblendung der grausamen Realität, wie sie die inhumanen Terrormechanismen des Stalinismus mit sich

brachte, zeigt sich in einem strikt dialektischen Erklärungs-Ansatz. Die Kerngedan-
ken sind genannt, sie verweisen nochmals auf die Überlegungen zu *Ästhetik des Widerstands* und *Sonnenfinsternis* aus Abschnitt 1.3: Einerseits verlangt die Berufung auf
humanistische Traditionen Handeln im Sinne des Menschen und der Menschheit,[87] andererseits sprechen die stalinistischen Verfolgungs- und Terrormethoden
eine ganz andere Sprache – sie unterwandern das Konzept des Humanismus sogar
und führen es ad absurdum, sie widersprechen ihm zutiefst. Wie war es daher für
einen intellektuellen, politisierten Menschen möglich, die Diskrepanz zu akzeptie-
ren, die Widersprüchlichkeiten zu übersehen oder gar zu beschönigen?

Eine plausible Erklärung beinhalten die sehr radikalen Schlussfolgerungen
Rubaschows: »Die Partei kann sich nicht irren« (Koestler, 1991, S. 44) und »Das
Grauen, das von [Stalin] ausging, bestand vor allem darin, daß er möglicherweise
recht hatte« (ebd., S. 18). Die Partei hat immer Recht, Stalin ist die Partei, er hat
(möglicherweise) Recht. Ohne Ironie, ohne doppelten Boden versteht sich diese
Logik, die an der Realität, an den Verfolgungsinstanzen und ihren Terrorpraktiken
scheiterte, scheitern musste.[88] Die Konsequenz dieses blind verfolgten Verständnisses konnte zwangsläufig nur einen Widerspruch zwischen Theorie und Praxis
erzeugen, wenn die Dinge derart aus dem Ruder liefen, wie es »der Aufbau des
Sozialismus in einem Lande« schließlich anscheinend nötig machte. Der Zwiespalt
war im Sinne der Revolution aber notwendig und hinzunehmen und gerade des-

---

87 Erläutert unter Abschnitt 2.5 am Beispiel der Schriftstellerkongressrede von 1935.

88 Milovan Djilas analysiert auch dieses Phänomen, wenn er schreibt: »Trotzdem kann man nicht
sagen, daß die Kommunisten das Volk betrogen, das heißt, daß sie absichtlich und bewußt etwas
anderes taten, als sie versprochen hatten. Tatsache ist einfach, daß sie nicht imstande waren, die
Ziele zu erreichen, an die sie so fanatisch glaubten. Das können sie aber nicht zugeben, selbst
wenn sie gezwungen sind, eine Politik zu betreiben, die allem widerspricht, was sie vor und
während der Revolution versprochen haben. Von ihrem Standpunkt aus wäre das ein Eingeständnis, daß sie selbst überflüssig geworden seien. Und das ist natürlich für sie unmöglich.«
(Djilas, 1963, S. 43) Die immer tiefere Verstrickung in Versprechen und Scheitern brachte eine
krasse Diskrepanz mit sich, die – gerade da es um Weltanschauung ging – unmöglich aufgege-
ben oder gar ironisch oder skeptisch betrachtet hätte werden können.

halb zu ignorieren, sollte ein Staat als Vorbild installiert werden. Die Widersinnigkeiten wurden – wie etwa in den (unglaublichen) Geständnissen der Schauprozesse[89] – als das notwendige, *kleinere* Übel billigend in Kauf genommen und sogar notdürftig vertuscht, geglättet oder bereinigt. Dass dabei Menschen und das humanistische Ideal auf der Strecke blieben, war in diesem Sinn erst einmal gleichgültig. Immerhin ließen sich die Widersprüche auf die Notwendigkeit zur Schaffung von Voraussetzungen für eine bessere Zukunft schieben.

An dieser Stelle sei auch nochmals auf das unter Abschnitt 2.7 angeführte Zitat Frank Trommlers verwiesen, das so eindringlich dazu appelliert, vom Einzelfall auszugehen und mit dem Aufstellen eines Schemas, wie es etwa das Konzept des literarischen Feldes doch auch herstellt, vorsichtig zu sein.[90] Nichtsdestotrotz lassen sich Parallelen in den literarischen Formen erkennen und auch festmachen. Sie dürfen allerdings der Mahnung Trommlers folgend nur als Einzelerscheinung betrachtet werden.

Das *Lexikon sozialistischer Literatur* (1994) beschreibt den Mechanismus der Ambivalenz nochmals eindringlich im konkreten Fall Johannes R. Bechers und betont die explizite Rolle, die der Exilsituation dabei zukam:

> Problematischster Teil von [Bechers] Schaffen im Moskauer Exil ist seine emphatische Apologie der Sowjetunion und Stalins. Seine poetische Methode, Wunschbilder erträumter Zukunft in die Gegenwart zu projizieren, kam solcher Haltung entgegen. Tief von der Befreierrolle der Sowjetunion überzeugt, dankbar für die Wirkungsmöglichkeiten, die ihm geboten wurden, verklärte er nicht nur den Alltag seines Asyllandes, das er als zweite Heimat sah, sondern übersteigerte sein Herrscherlob auf Stalin in eben dem Moment, als der Terror den emanzipatorischen Impulsen der Oktoberrevolution den Garaus machte und dogmatische Ideologien das intellektuelle Leben defor-

---

89 Siehe das Beispiel Rubaschows unter Abschnitt 1.3 (Koestler, 1991, S. 178f).

90 Obwohl dies im Letzten natürlich nicht beabsichtigt ist und verfolgt wird, schreibt das Raster eines literarischen Feldes jedem Literaten seinen besonderen, ausgezeichneten Platz zu, wodurch sein Einzelfall aber nicht nur festgeschrieben, sondern in seiner Einzigartigkeit bestimmt wird.

mierten. [Becher] hat diese Vorgänge weitgehend verdrängt; innerhalb seiner Dichtung klingen sie nur in wenigen metaphorischen Wendungen als Empfindung der Angst und Verzweiflung des selbst von Verfolgung bedrohten Dichters an, der mehrfach Selbstmordversuche unternahm. (Haase, 1994, S. 52)

Gerade die »metaphorischen Wendungen als Empfindung der Angst und Verzweifelung« (ebd.) stellen einen begründeten Verdacht auf Doppeldeutigkeiten dar, zu deren Verdeutlichung und Veranschaulichung Becher durchaus bewusst Mehrdeutigkeiten in einige seiner Texte eingebaut haben könnte.

Die Ausblendung stalinistischer Wirklichkeit durch Becher sieht Trommler jedenfalls als Form künstlerischer Stilisierung, die vom Leser in einer zusätzlichen Veränderung von Perspektive berücksichtigt werden sollte:

Jedoch konzentrierte sich Becher nach der, wie er zu erkennen gab, mißlungenen Entpersönlichung in der proletarischen Masse nur allzu bereitwillig auf die neuen (alten) Formen einer neuen (alten) Stilisierung. Die aktuelle »Gelegenheit«, das aktuelle Erlebnis gewannen dabei nur insofern Gewicht, als sie zur Repräsentanz des Subjektiven beitrugen. Das Subjektive verlor die Funktion des Gegenpols, mit dem sich vorgegebene Perspektiven und Ideologien überprüfen lassen, und wurde selbst zum symbolisch und repräsentativ Wirklichen stilisiert. (Trommler, 1976, S. 629f.)

Das ist die historisierende Aufgabe des Lesers und Interpreten.

Aus dem Grund der ambivalenten, gespaltenen Struktur hält Hans Mayer es für möglich, »dass Becher in Moskau, wie auch sonst bisweilen und in anderem Zusammenhang, ein Doppelleben geführt hat. Soldschreiber aus Angst. Hymnen an den Sowjetstern und tiefes inneres Misstrauen.« (Mayer, 1993, S. 167) Das ist sicherlich eine plausible und einfache Erklärung, sie konstatiert zwar die Zerrissenheit im Inneren des gläubigen Parteianhängers, erläutert sie aber nur unzureichend und oberflächlich. Es gilt sie daher noch weiter herauszuarbeiten.

Die Möglichkeit einer Doppeldeutigkeit des Herrscherlobs schließt Enzensberger aus. Die blanke formale Funktionalität des Herrscherlobs, wie er es von den griechischen Wurzeln her über die Verfeinerungstechniken der römischen Antike bis ins zwanzigste Jahrhundert hinein verfolgt, bestreitet die Möglichkeit der Ambivalenz als inhärentes Stilmittel vehement, da eine Lobeshymne nur in festgelegten Bahnen der Verewigung eines Herrschenden diene: »Die Technik des Herrscherlobs wurde zu einem schulmäßigen System von Topoi ausgebaut.« (Enzensberger, 1984, S. 116)

Die Stilmittel des Herrscherlobs unterliegen demnach strengen Regeln, die bloße Vorgaben bedienen. Will eine Hymne in der Tradition dieser Gedichtform gesehen werden, muss ihre Textform die Regeln erfüllen. Dennoch sollte auch in Erwägung gezogen werden, dass Johannes R. Becher die Topoi bloß eingesetzt hat, um ironisierend ihr Gegenteil auszudrücken und einen Missstand anzuprangern, zu fixieren, der gleichzeitig seinen tiefsten Überzeugungen zufolge doch notwendig und richtig war.

An dieser Stelle offenbart sich wieder eine bereits diskutierte Anbindung an das Konzept des literarischen Feldes: Die Mehrdeutigkeiten müssen immer in den Zusammenhängen des sozialen Raums des Exils gesehen und beurteilt werden – sowohl innerhalb der Gruppe der gesamten Exilanten, deren Mitglieder Urteile beeinflussten und veränderten, aber eben nicht ausschließlich künstlerische Interessen an der Literatur verfolgten, als auch in den Strukturen der Sowjetunion und ihrer politischen und intellektuellen Gruppen selbst, wenn man veröffentlicht werden wollte. Der Veröffentlichungsprozess unterlag zwangsweise besonders den politischen Direktiven[91] und blieb auch als Gegenstandspunkt immer – dann selbstverständlich als rein antagonistisches Moment – verstrickt.

Dwars entdeckt diese Form von ambivalenter Struktur selbst im Text der »Hymne auf einen Namen«, da sie Mechanismen der Verstrickung in politische Strukturen schildere und durch exaltierte, positive Darstellung vehement verteidige:[92]

---

91 Gleichwohl die politischen Weisungen etwa im Sinne einer Renegaten-Literatur von Autoren hätten übergangen werden können.

92 Dwars bezieht sich hier auf die dritte Strophe des ersten Gesangs der in der *Internationalen Literatur* veröffentlichten Version (siehe Anhang).

Das war gelogen und wahrhaftig zugleich. Ein Hohn auf den Schrecken, der ihn selbst niederbeugt, und doch ein adäquater Ausdruck der Metaphysik, als die der Marxismus geschichtsbildend gewirkt hat. Denn zweifellos waren dies die geistigen Antriebe, die nicht nur im Selbstverständnis von Kommunisten einer ganzen Epoche zu Grunde lagen. Indem Becher ungebrochen an solch idealer Perspektive festhält, verfährt er auf seine Art rücksichtslos gegenüber der realen Regierungspraxis, die als Bruch mit ihrer eigenen Ideologie kenntlich wird. (Dwars, 2000, S. 13)

Im Sinne der Argumentation ist es sicher folgerichtig, dass die Worte, die Becher wählt, auch andere Horizonte erschließen könnten. Ob sie diese wirklich berühren wollten, ob Becher sie *bewusst* eingesetzt hat, bleibt unergründlich. Allerdings ist es fahrlässig und der Diskussion am wenigsten förderlich, geht man davon aus, dass unendlich, unerschöpfend spekulative Annahmen jene Motive von vornherein ausschlössen. Wie die Einleitung bemerkte, können die Möglichkeiten niemals zu Fakten werden, ebenso gestaltet es sich aber auch andersherum: Nur weil Verblendungsmechanismen im Einzelfall bestätigt wurden, können sie nicht für die Allgemeinheit in Anspruch genommen werden.

Angesichts der unter Abschnitt 2.7 diskutierten Kapitel 28 und 29 aus Bechers Roman *Abschied* kam Dwars im Zitat zu dem Schluss, dass Becher die Ähnlichkeiten »viel wahrscheinlicher unbewußt passiert« (ebd.) seien. Es ist aber unerheblich, ob diese Entsprechungen zwischen einer realen Vorgabe und einer Fiktion, einer künstlerischen Verarbeitung, bewusst oder unbewusst eingearbeitet, billigend in Kauf genommen werden oder unbewusst unterlaufen, weil eine Situation Gefühle weckt, die gleich oder zumindest ähnlich gelagert sind. Sollte das der Fall sein, muss es auch erst bewiesen werden. Nur weil es näher liegt, weil es bequemer ist, weil es wahrscheinlicher scheint, ist es nicht richtig.

Es ist an der Zeit, seine Erwägungen dahingehend zu erweitern.

Ausgewählte Gedichte Bechers

Staatsmann und Dichter

Der Staatsmann und der Dichter
Starben am selben Tag.
So musste der Todestag des Dichters verlegt werden,
Um nicht das Staatsbegräbnis zu stören.
Aber die Trauerfeierlichkeiten liessen den Tod des Dichters
In Vergessenheit geraten.
Man konnte ihn nicht nachholen,
Eine nachträgliche Feier hätte unliebsame Fragen hervorgerufen,
So schien es unzweckmässig,
Von dem Tod des Dichters zu berichten.
Und so lebt er heute noch...

Johannes R. Becher-Archiv, Signatur 19/42

Wir nennen seinen Namen überall

Wo wir ihn auch nicht nennen.
Und so nennen wir ihn hier nicht
Und nennen ihn doch.
Sag, wie heisst die Strasse, die du ziehst,
Die namenlose,
Da sie nirgendwo ein Strassenschild trägt?
Und ist doch solch eine wunderbare Strasse,
Die steigt und ansteigt
Und jedem, der sie geht,
Mit sich hoch in die Zukunft trägt
Und ihn ahnen lässt
Ein fernes Glänzen.
Sie heisst wie er heisst
Und den ich nicht nenne,
Wenn ich ihn nenne
Stalin.

Johannes R. Becher-Archiv, Signatur 19/55

Stalin, du Welt im Licht

Es rauschte in den Massiven
Der Wälder ein Stürmen schwer,
Als ob seinen Namen sie riefen
Und aus den abgründigen Tiefen
Hob am Horizont sich das Meer.

Und Stille wieder und Trauer,
Ein Schritt, der zu Ende geht.
Es geht durch die Welt ein Schauer,
Ein Schatten entlang der Mauer,
Ein Atem, der leise verweht.

Es irrt auf den Feldern ein Bangen,
Die Ähren klagen im Wind.
Wohin ist er von uns gegangen?
Himmel, wolkenverhangen,
Fenster wie tränenblind.

Und wieder ein Schrei, ein schriller,
Und Sonnenfinsternis.
Er war unser Träume Erfüller.
Und wieder Stille, noch stiller
Und durch die Erde ein Riß.

Sie saßen beim Abendessen
Und jeder zu essen vergaß,
Sie saßen wie selbstvergessen
Und keiner konnt es ermessen
Und einer schluchzte und las.

Es knien nieder die Herden,
Die Vögel fallen im Flug.
Er hat gelehrt, daß auf Erden
Für alle um satt zu werden
Sei Speise und Trank genug.

STALIN, DU WELT IM LICHT

Es schoben die groben Steine,
Kam er des Wegs, sich zur Seit,
Er prüfte noch einmal die Weine,
Es war sein Weg in dem Scheine
Des Monds wie von Blüten beschneit.

Ströme wie ein Zerfließen
Und wie ein Abschiedsgesang.
In sich versunkene Wiesen –
Vor ihm, dem Gebirge, dem Riesen,
Sich neigend ein Felsenhang.

Im Weltraum spielt ein Orchester
Und Lieder sind und Geläut.
Er war unser Grund, unser fester,
Hat mit uns als Freund, unser bester,
Geweint und sich mit uns gefreut.

Und wieder ein Tag, ein neuer,
Wer war wie er so schlicht,
Wer war wie er so ein Treuer,
Wer war wie er solch ein Feuer:
Stalin – du Welt im Licht.

aus: *Du Welt im Licht. J. W. Stalin im Werk deutscher Schriftsteller.* Berlin (Ost) 1954.
    S. 353–355.

Als Stalin starb ...

Als Stalin starb, da lag wie weltverlassen
Die Stadt, durch die ich ging, mit mir allein,
Um all das Unausdenkbare zu fassen –
„Es kann nicht sein! Und was, und was wird sein?"

Da sah ich ihn vom Tode wiederkehren.
Er trat zu mir aus seinem fernen Land
Und hob die Hand, den Weg mir zu erklären,
Und legte seine Hand in meine Hand.

So ging ich meinen Weg, von ihm geleitet.
Und immer wieder bin ich ihm begegnet
In seinem Werk, sein Werk hat mich gesegnet –

Bis ins Unendliche hat sich geweitet
Der Weg und alle atmeten wir frei –
Und dort stand lächelnd er – er, die Partei!

Johannes R. Becher-Archiv, Signatur 19/1

Hymne auf einen Namen

Von JOHANNES R. BECHER
Die „Hymne auf einen Namen" in 12 Gesängen
wurde aus Anlaß des 20jährigen Bestehens der
UdSSR geschrieben. Wir bringen hier die ersten 5 Gesänge.

ERSTER GESANG
Wenn einmal es soweit ist, daß wir längst
Vergangen sind, und auch das letzte Stäubchen,
Zu dem wir wurden, ist vom Wind zerblasen –
Kein Mensch lebt mehr, der uns noch kannte, während
Die Sonne scheint und Wolken ziehn, auch Städte
Bestehen noch, durch die wir gingen, viel
Hat sich geändert, andere Namen tragen
Die Straßen, manches Haus, das uns vertraut,
Ist wie verschollen, alte graue Sage,
Denkmäler stehen auf den Plätzen, aber
Die Könige verließen ihren Sockel.
Sie machten Platz den Männern und den Frauen,
Die sich das Volk zu seinen Helden wählte.

Neubauten ringshin, Block an Block, und dort
Wohnt jetzt der Mensch in weiten lichten Räumen,
Die breiten Straßen sind gesäumt von Grün,
Die Wälder sind nah bei der Stadt, wie schnell
Sind sie erreicht, mit Gärten ist verbunden

Ein jedes Haus, und Stimmen aller Völker
Ertönen aus dem Radio:

         Denn der Mensch
Ist freigeworden und gehört sich selbst,
Er blüht empor, da wachsen die Gestalten,
Die wir im Traum nur ahnten oder die
Als Götter vormals lebten in Geschichten.
Wie anders ist das alles! Anders: gehen,
Das Lachen anders: guter froher Laut,
Gesichter: maskenlos, nichts zu verbergen
Ist vor dem andern, offen liegen da
Gefühle und Gedanken; warum soll
Noch ein Geheimnis sein, das andern schadet,
Da jeder jetzt genug hat. Anders ist
Das Wort, das nicht mehr lügt, und anders: Schweigen.
Die Speisen anders, ja die Zeiten sind
So sehr verändert, daß wir fremd und seltsam
Uns hier benehmen würden, mindestens
So angestaunt wie wir zu unseren Zeiten
Anstaunten Überbleibsel aus der Vorzeit –

Wenn einmal es soweit ist, wird es sich
Erst zeigen, wer ein Dichter war, und wer
Lebendig blieb. Wer von uns allen wird
Dann noch gepriesen sein, und wessen Strophe
Behielt noch ihren Klang, und sind die Taten
Der Helden ablesbar aus unseren Zeilen?
Wenn dann ein Mann sich hinsetzt, und er will
Rückschau'n in das Vergangene, wird er uns
Erblicken, unser Bild und jene Bilder,
Die wir entwarfen, oder wird die Stelle,
An der wir standen, leer sein, und der Blick
Des Manns wird, leeres Blatt, uns überschlagen?!

(Stell dein Gedicht so vor dich hin, damit
Der Blick der Nachwelt darauf fällt, du wirst
Dann besser sehen, was nicht standhält, was
Nicht durchgelassen wird als unzureichend!)

Wieviel blieb ungeschrieben! Vieles kann
Auch nicht geschrieben werden, denn die Zeit
Ist zu gewaltsam, und sie läßt nicht zu
Geruhsam alle Pläne auszuführen.
Drum kann auch hier nur von dem Wichtigsten
Die Rede sein, das andere aber soll
Zurückstehn, bis einmal ein großer Friede
Ist eingezogen, der uns Zeit läßt: alles
Zu bilden, deutlich, wahr und wahrhaft kunstvoll. –

Der Name hier, von dem wir sprechen, wird
Zwar ewig fortbestehen, ohne daß
Er ein Gedicht zu seinem Ruhm braucht. Denn
Er lächelt fern aus jedem Glück und strahlt

Aus allen guten Werken. Eine Art
Von Dank ist es, wenn, eingefaßt in Strophen,
Er hier erscheint. Denn viel ist ihm zu danken.

ZWEITER GESANG
Es ist ein Name, und der Name ist
Tief eingewirkt den Taten, auch das Kleinste
Ist mitbestimmt von ihm:
                so wenn ein Flieger
Aufbricht, das Unentdeckte zu erkunden,
Steigt mit der Name in die Einsamkeit
Der Stratosphäre, und es fliegt der Flieger,
In eisigen Höhen nicht allein. Gelenkt
Ist er von jenem Willen, den der Name
Ihm gibt, und brüderlich ist er verbunden,
Der Flieger, wenn er wagt den großen Flug

Los Angelos bis Moskau, oder wenn
Er überquert die Arktis – brüderlich
Ist er durch ihn, den Namen, mit dem Volk
Verbunden – täglich steigt er auf vom Flugplatz,
Erhebt sich über Berge, Meere, Wolken,
Eiszonen, Wüsten, und er zeichnet sich
Dem Weltraum ein. dort zieht er seine Schleifen,
Als trüge ihn das Voll: auf seinen Flügeln, Bewährt und sicher.
                    Gegenwärtig ist
Der Name auch, wenn in vieltausend Schulen
Die Schüler lernen (auch das ist ein Flug
In unentdeckte Höhen), an den Tafeln
Steht er unsichtbar, und das Denken treibt er
Nach vorwärts, läßt nicht zu; bis nicht zu Ende
Gedacht sind die Gedanken, und die Wahrheit
Erkannt ist ganz. Besessen von der Lust
Am Wissen sind die Schüler, denn das Glück
Des richtigen Denkens lernten sie von ihm.
Ermunternd winkt er ihnen, wenn schon müde
Die Köpfe sinken und erklärt geduldig
Das Durchgedachte nochmals, alle sollen
Es gründlich fassen. Das was Lenin lehrte,
Lehrt er nun weiter. Lenins Namen nahm
Er in den seinen auf und teilt das Erbe
An alle aus.
                    Wenn Arbeiter beraten,
Wie zu verbessern sei der Arbeitsgang, damit
Das Land es besser habe, wenn die Leistung
Tagtäglich übertroffen wird, die Zahlen
Des Plans erreicht sind, wenn die Güterzüge
Mit ihren Frachten pünktlich die Stationen
Passieren, wenn die Läden ihre Fülle
Ausbreiten, und die Käufer sind befriedigt,
Wenn ein Stachanow Hunderttausende,
Ein Heer Stachanows zeugt, so daß die Normen

121

Hinfällig werden, die bisher gesetzten,
Und was ein Wunder war noch gestern, heut
Gewohnt erscheint – wenn eine Weberin
Auftritt auf dem Kongreß, und sie berichtet
Zuerst noch stockend, während ihrer Rede
Sieht man sie wachsen – von der Last der Armut
Des alten Dorfes berichtet sie, und jetzt
Klatscht sie vor Freude in die Hände, weil
Ihr Dorf in Wohlstand lebt, und gleich darauf
Tritt auf ein Bauer, schildert breit die Aussaat,
Wie auf die Felder stürmen die Traktoren,
Und „eine Ernte wird wie nie zuvor –"

Wann solches hier geschieht und noch viel mehr,
Viel mehr als Worte jemals können sagen:
Geschiehts in seinem Namen, denn sein Name
Ist Leistung, Nahrung, Glück –
                       auch wenn die Mutter
Dem Rind zulächelt und von neuen Städten
Erzählt, die in der Steppe sich erbauen,
Von den Kanälen, drauf die großen Schiffe
Das Land durchwandern –
                       in dem frohen Lachen
Der Mutter ist *sein* Lachen,

DRITTER GESANG
                     Grenzenlos
Ist er, der Name, so wie grenzenlos
Die Lehre ist, die ihm den Namen gab.

Es reicht der Name durch die Kontinente,
Er riß die Grenzen auf und überschreitet
Meer und Gebirg, er klopft an überall,
Wo Arme sind, dort kehrt er ein und setzt
Sich unter sie mit seinem Wort, das hellt
Die Köpfe auf und läßt das Herz sich wärmen:

„O ja, er weiß, er weiß viel mehr als wir,
Wieviel hat er gelesen, und befreundet
War er mit Lenin, viel hat er erfahren,
Kennt alle Völker, kennt die ganze Welt
Inwendigl Und doch spricht er so zu uns
Wie unseresgleichen, hat uns nicht vergessen,
Als weg er ging von seinem Dorf, für uns
Hat er sein Dorf verlassen, litt und lernte –"

So sprechen sie, die Armen, die ihn hören
Und schaun sich um, ob auch die Fenster gut
Verschlossen sind. Die Herrschenden verbieten
Mit ihm zu sprechen, denn sie wissen wohl,
Daß er die Wahrheit sagt, und daß die Dummheit
Dort, wo er auftritt, nichtig wird, die aber
Benötigen sie, so wie die Lüge, um
Das Volk zu halten in dem Bann der, Knechtschaft.

In Unterpeissenberg, in einem Dorf
Im Süden Bayerns, waren aufgestellt
Vom Bürgermeister, um darauf zu achten,
Daß niemand in dem Dorf dadurch Verrat
Begehe, daß er Moskau hört: zwei Wächter.
(Unruhe käm von dort und schlimmer Brand,
Denn ausgetrocknet von der Not war'n viele
Und leicht entzündbar.) „Hast du nicht gehört –",
So fragte einer eines Nachts den andern:
„Hör, hör nur hin, mir ist's, als wär die Luft.
Erfüllt mit Worten, wie noch nie gehört –
Da hör, ein Mann spricht, spricht aus weiter Ferne,
Vom Frieden spricht er und vom Bund der Völker,
Erzählt von seinem eigenen Volk, das sich
Befreit hat. Frei ist dieses Volk, dem wir
Den Krieg ankündigen..." Und beide hörten
Hin in die nächtige Luft, darin von fern
Es flüsternd sprach und dann am Schluß ein Lied
Ertönen ließ, die „Internationale".

123

„Den können wir nicht gut bewachen", meinte
Der eine Wächter und der andere: „Du,
Mir ists heut wie an Heiligabend – so,
So feierlich, wie „Friede sei auf Erden!"
War diese Stimme, und sie sahn hinauf,
Er [sic] glänzten dort die Sterne, Wind ging leicht,
Verhängte sich in Bäumen, wie das Rascheln
Von Beifall wars aus fernen großen Sälen.

So standen horchend sie und blieben stehn
Noch lange dort, in Unterpeissenberg,
In einem Dorf, das liegt im Süden Bayerns,
Dort standen die zwei Männer, die zu Wächtern
Erkoren waren, und sie sollten melden,
Wenn wo in einer Hütte sich ein Rauer
Das, was aus Moskau kommt, im Radio anhört – ja,
Dort standen sie jetzt jede Nacht und horchten,
Und kam die Stimme, flüsterten sie: „Ja,
Ja, das ist Moskau, Moskau, rotes, fernes..."
Und sogen offnen Munds in sich die Botschaft.

Gar viel geschehn war hier in diesem Dorf,
Was sie nur wußten, vor den anderen Bauern
Hielt sorgsam mans versteckt. So warn verschwunden
Der Sepp und der Andreas. „Ach, die haben
Sich wohl im Moor verirrt und liegen drunten
Tief in den dumpfen Wassern; die oft plötzlich
Hervorgesprudelt kommen..." Also ließ
Der Bürgermeister kundtun. Doch die Wächter,
Die wußtens besser, daß man sie im Holz
Erschossen hat, weil sie sich gegen Steuer
Und Armut wehrten, und die beiden Wächter,
Sie waren selbst dabei, als man die Toten
Herunterstopfte in das Moor, damit
Nur kein Verdacht aufkommt, so stopfte man
Sie tief und tiefer, bis das Moor darüber
Zusammenwuchs...

124

Und auch das wußten sie,
Daß in dem nahen Bergwerk viele Kumpels
Verhaftet waren, und man trieb nach Dachau
Bei München sie ins Lager. Krumm und lahm
Geschlagen kehrte einer heim, der Mund
War ihm verschlossen, stumm blieb er, so sehr
War er verhetzt von Angst, daß keinem Menschen
Er mehr begegnen wollte, selbst das Vieh
Mied er, er meinte, auch das Vieh errate
Das Schreckliche, was er erlebt im Lager.

Und mehr noch wußten sie, die beiden, was
Gestreng verheimlicht wurde: in der Nähe
Des Bergwerks wurden unterirdische Hallen
Gebaut, Flugzeuge fanden darin Platz,
In Aufzügen versenkbar von dem Flugplatz,
Denn alles ging auf Krieg. Wohin man sah,
Lag Krieg gestapelt, Krieg in Schuppen, Krieg
Zog um die Wälder Stacheldrahtverhaue,
Blockhütten wurden angelegt, ganz harmlos
Nach außen hin, doch wenn die Holzverschalung
Herunterfiel, so stand ein Panzerturm
Mit zwei Geschützen drohend da. Es war
Dem Wald, es war dem Hügel, war den Wiesen
Der Krieg ins Innere gebaut. Kulisse
War die Natur, dahinter sich gespenstisch
Der Tod versteckt hielt, jeden Augenblick
Bereit mit Gift und Gas hervorzubrechen.
Es war kein Wunder, daß es überall
An allem fehlte, unersättlich war
Der Krieg, und von dem Übermaß der Reden
Ward keiner satt.

So standen sie und spähten,
Die beiden ,Wächter, jede Nacht, bis einer
Zum andern sagte (auch der andere
Wollt es grad sagen): „Du, ich glaub, 's wir richtig,
Daß alle wissen, was wir wissen, denn
Wahrheit ist nicht, was nur ganz wenige wissen,
Und was dem Volk verheimlicht wird, die Wahrheit
Muß offen liegen, wie ein offenes Buch
Für alle. So wie offen ist die Stimme,
Die wir aus Moskau hören. Das was die
Uns sagt, muß kundgetan sein ebenfalls
Dem ganzen Dorf!"

Mit klug verstellter Schrift
Begannen sie nun alles aufzuschreiben,
Sie schrieben eine Woche lang, da hatten
Die Wahrheit sie beisammen. Jede Nacht
Verteilten sie die Schreiben. und dazu
Sprach aus der Ferne jene Stimme, sang
Am Ende leis die „Internationale"...
Die beiden Toten, hieß es, gehen um,
Die man im Moor verscharrte, daß die Mörder
Aufschreien nachts im Schlafe, denn die Toten
In mooriger Tracht erscheinen ihnen, gräßlich
Ist ihr Gesicht, es gluckst aus hohlen Augen,
Schwarz wird, was sie berühren, schwarzer Hände
Abdruck sieht morgens man an jenen Häusern,
Darin die Mörder wohnen, offenkundig
Ward aller Welt der Mord – sie haben auch
Geschrieben diese Schrift hier eigenhändig,
Darin die Wahrheit steht – so sprachs im Dorf.
Die Wächter wachten weiter, und das Dorf,
Das sie bewachten, wurde wach. Von da
Ging ein Erwachen aus. „Wann kommt wie dort
In jenem Land bei uns das große Wachsein?!"

VIERTER GESANG

Es wär unmöglich, und es würde nicht
Zu einem Ende führen – immer wieder
Fehlt' noch ein Stück, es wär leicht nachweisbar,
Noch immer fehlte eines – wollte man
Versuchen alles aufzuzählen, was
Verknüpft ist mit dem Namen: wem er alles
Ein Vorbild wurde, wie er wirkt, wie Hoffnung
Und Freude er vermittelt, wie tagtäglich
Er überall beschert mit seiner Stärke
Die, die schon weichen wollten, und die Starken
Noch stärker macht, wie seine ruhige Antwort,
Die er erteilt dem drohenden Geschwätz,
Den Haßgesängen und den Kriegsgelüsten,
Wie diese Ruhe seiner Antwort selbst
Den Gegner bannt, daß ihm das Wort im Mund
Hilflos zu lallen anfängt – vor der Wahrheit
Gestellt, gibt es nur zweierlei: bescheiden
Sie anzunehmen oder aber wüst
Sie zu beschimpfen –

        Also 's wär nicht möglich
Das aufzuzählen, nur ein wirres Bild
Das stets neu zu ergänzen wäre, würde
Zustande kommen.
        Darum fahren wir
Jetzt mit dem Dampfer NEWA von Odessa
Nach Alicante. Wenn der Sowjetdampfer
Auch NEWA heißt, trägt er doch jenen Namen,
Denn jener Name und das Volk sind eins,
So fest verwoben miteinander, daß
Wenn man vom Sowjetvolk spricht, auch zugleich
An jenen Namen denkt.

Der Sowjetdampfer
Liegt rotbewimpelt noch im Hafen. Tausend
Und Abertausend sind gekommen um
Abschied zu nehmen. Unser Dampfer fährt
Nach Spanien, wo das Volk für seine Freiheit
Auf Barrikaden stieg. Doch die Milizen
Sind hart bedrängt, denn auf der anderen Seite
Sind Waffen zahllos. Die Granaten tragen
Das Zeichen „Reinsdorf", italienische Tanks
Sind eingetroffen in dem Hauptquartier
Des Meuterergenerals, der dafür zahlt
Mit Land und Volk, das er verschachert. Über
Madrid erscheinen die Capronis, Junkers,
Und schütten ihre Bombenlasten aus
Auf dicht bewohnte Viertel. Marokkaner
Und Legionäre morden durch das Land,
Doch unbesiegbar ist das Volk, weicht aus
Und greift von neuem wieder an –

Dorthin
Fährt heute unsere NEWA, Lebensmittel
Zu bringen als den Gruß, den weither
schickt Ein freies Volk.
                              Es steht auf der Tribüne
Ein Arbeiter und spricht: „Mit diesem Schiffe
Ziehn unsere Herzen, mit dem Schiffe gehn
Die Wünsche von Millionen ab, die besten!"
Dann tritt an seine Stelle eine Frau,
Arbeiterin der Konfektionsfabrik
„Worowski": „Kleider schicken wir und Mäntel
Das nächste Mal, als Zeichen: unsere Liebe
Umhüllt Euch warm!" Es ruft ein Pionier
Empor zum hohen Schiff: „Euch Kindern Spaniens
Die Kinder einer freien Welt! Allzeit
Bereit!"

128

Als ob die Hymne – feierlich
Schwingt mit das Meer, – das Schiff in Fahrt setzt, schiebt
Es sanft sich von dem Ufer weg, der Streifen
Von Wasser wächst, der es vom Landungssteg
Abtrennt, und wie der Streifen wächst und schon
Das Schiff zu schwinden anfängt, kommt von drüben
Und kommt von hüben hell der Ruf: „Es lebe –
Es lebe unser –" Mächtig schallt der Name
Herüber und hinüber. Draußen tanzen
Delphine, und die Wellen rollen jetzt
Zurück und werfen sich empor zum Ufer.

FÜNFTER GESANG
„Fahr wohl, du Schiff! Fahr wohl, du rote Fahne!"
So grüßt der Posten an den Dardanellen,
Und Fischerboote halten still und winken
Mit bunten Segeln nach: „Oh, wär es möglich
Dorthin zu ziehn in jenes Land, wo sich
Der Mensch hat freigemacht, und nicht für andere
Schleppt er die zentnerschweren Lasten Fische
Das Meer herauf…"

Von Wolkendampf umhüllt,
Gezackte Felsenkrone, die ganz oben
Versilbert ist von ewigem Schnee, so rückt
Der Athos an, doch bleibt er schnell zurück,
Es eilt das Schiff um noch vor Nacht zu landen
Heut in Piräus.
„Seht, es fährt nach Spanien,
Wie tief liegt es im Wasser, vollgeladen
Bis obenauf. So wie ein Freund den Freunden
Geschenke bringt, kommt da der Sowjetdampfer,
Und wo er anlegt, sind versammelt Freunde,
Die ihn erwarten, Arbeiter sind Freunde,
Und Freunde sind die Bauern, sind Matrosen
Und Freunde alle Armen."

Stummer Gruß

Empfängt die NEWA in dem Hafen. Streng
Wacht hier die Polizei, daß keiner sich
Dem Dampfer nähert, es genügt das Rot
Der Fahne, das gefährliche. An Säulen
Gelagert schaun die Händler von den Körben
Zum Schiffe hin,
                              und als das Schiff am Morgen
Die Anker wieder lichtet, haften viele
Erfreute Augen an der Fahne.

                    Wie
Kristallgewächse seltsam, die samt Hügeln
Im Meer versinken, gehn die Tempel unter,
Wenn man nach rückwärts schaut vom Schiff und vorn
Steigt auf das Meer, das, wie aus Erz gegossen,
Und leichtgewölbt die ganze Weite einnimmt. –

Die Götter lächeln vom Olymp: „Da kommt
Ein Schiff gefahren aus dem Land, darin
Ein Volk aufwächst – uns Göttern ähnlich? nein
Uns Göttern weitaus überlegen an
Allmacht und Wissen. Auf die Götter hat
Es klug verzichtet, und kein Schicksal duldet
Es über sich, als ob was Fremdes wäre,

Was Rätselhaftes, das dem Menschen sein
Gesetz vorschreibt, dem blindlings er muß folgen,
Und Furcht hält ihn in Zittern… Was vordem
Als unsere Tugenden wir priesen, hat
Dies Volk verwirklicht: schön ist es und gut,
Erfinderisch, und nicht ein Dädalus,
Ein ganz Geschlecht von solchen Flügelhelden
Grüßt täglich zu uns her aus dem Gewölk,
Und der ideenreiche Plato würde
Wohl staunen, wenn er sähe, wie in Schulen

Ein ganzes Volk gelehrt wird, was bei uns
Nur wenigen gegeben war, die reich
Und edler Herkunft waren: hier ergreift
Das ganze Volk das Wissen. Hat Homer
Nicht eine bessere Heimat dort gefunden
Als in dem eigenen Land, und Sophokles
Und Äschylus und Pindar: sie erheben
Verjüngt die alten Stimmen wieder, würde
Nicht Sokrates, der Zweifler, auch erglühen
Begeistert, wenn, an Geist und Körper gleich
Geschult, die Jugend ihm erschiene, die
Sich Komsomolzen nennt – O Hellas trauere
Nicht deinem Untergange nach, und lächle
Wie wir, die alten Götter lächeln: schöner
Und besser als dein „schön und gut" war, ist
Die Welt geworden dort, woher das Schiff kommt!"

                    Als ob sich eine Stadt
Zusammenzieht, und alles, was sie ist,
Das zieht zum Ufer hin: steht Alicante
Und wartet. Und dann plötzlich steht das Schiff
Am Horizont auf, und es fängt die Stadt
Zu singen an. Als würde der Gesang
Die Fahrt beschleunigen, so eilt das Schiff,
Umringt ist es von Booten, in den Hafen
Zieht es nun ein, die ganze Stadt umschließt
Es mit den Armen, in den Armen liegen
Sich Stadt und Schiff – es tragen auf den Schultern
Arbeiter die Matrosen, Tore mit
Girlanden sind errichtet, und es geht
Ein Tag voll Jubel rasch zu Ende, bunt
Entzündet sich die Nacht, in allen Sälen
Spricht man von ihm, als wär er angekommen
Zusammen mit dem Schiff, sein Bild hängt groß
Vorn auf der Bühne, Mützen fliegen hoch,
Ein Wald gereckter Fäuste, die Gewehre

Umjubeln ihn, den großen Freund der Völker ...
Das Schiff zog weiter, wenn es auch im Hafen
Verankert blieb. Es zog weithin die Kunde
Vom roten Schiff. Es zog das rote Schiff
Durch Städte, Dörfer, zog hinauf die Berge,
Es brachte seine Grüße überall
Dorthin, wo kämpfend Spaniens Volk stand, dort
Erschien das Schiff mit seiner Fracht und lud
Sie ab. Wie schmeckte dieser Schinken, schmeckte
Der Tee, wie schmeckten Fleisch und schmeckten Fische,
Welch ein Geschmack, als ging von den Geschenken
Noch eine Kraft aus, eine wunderbare:
Warm wird es innen, weit und brüderlich,
Und fröhlich machte dieses Essen, sicher,
Daß unvergänglich ist das Volk.

Es kam
Ein Kistchen auch hinauf ins höchste Felsnest
Zu den Milizen, die dort Wache hielten
Steil über einem Engpaß. Als das Kistchen
Sich auftat, und die Schachteln Zigaretten
Darin geordnet lagen, jede Schachtel
Geschmückt mit einem Bild vom Roten Platz:
Die Kreml-Mauer, Lenins Mausoleum,
Auf einem spitzen Turme fünfgezackt
Ein goldener Stern – als alles so dalag
Vor ihren Blicken, drückten manche Männer
Mit einem Zwinkern aus die Tränen. Lange
Betrachteten sie schweigend, was das Kistchen
Enthielt, bis einer oben eine Schachtel
Herausnahm und er sagte: „So, und jetzt
Verteilen wir die Zigaretten, laßt uns
Zusammen rauchen!"

HYMNE AUF EINEN NAMEN

Jeder sog den Rauch
Tief in sich ein und blies ihn in die Luft
Und folgte seinem Wehen, sah dazwischen
Auch auf den Roten Platz, der da als Bild
Vor jedem lag. Andächtig rauchten sie,
Die Männer, in den hohen Felsen, bis
Sich einer aufhob aus der Gruppe und,
Als wie verwachsen mit dem Gipfel, stand er
Vor ihnen da und sprach, er sprach zu allen
Den Tälern auch, die unten eingezwängt
Von Bergen lagen:
                    „Männer, Ihr! Genossen!
Er, der uns dieses hier geschickt hat, er
Der gut um uns Bescheid weiß, er, sein Volk
Die eins sind, eins geworden dadurch, daß
Gemeinsam sie ertrugen alles, bis
Gemeinsam sie den Sieg errangen: er
Scheint uns auch diesen Gruß zu schicken:

                    Leicht
Ist es „Dafür" zu sein. wie leicht, wenn alles
Sich leicht anläßt, und alles geht nach Wunsch
Und nach Berechnung. Aber erst, wenn sich
Das Schwere um uns anhäuft, daß die Schwachen
Anfangen schon zu wimmern, und Entsetzen
Verbreiten sie: „Weh! Alles ist verloren!" –
Dann erst wird es sich zeigen, wer von ihm
Gelernt hat, wer von uns wie er hartnäckig
Den Bann sprengt!"
                    Und die Männer standen alle
Jetzt auf, und wie sie standen, gingen alle
Sie in Gedanken an dem Mann vorüber,
Der grüßend stand fern auf dem Roten Platz.
aus: *Internationale Literatur Nr. 5/1937,* S. 35–45.

Utopie und Totalitarismus

Deutsche Schriftsteller im sowjetischen Exil

in der Zeit des Nationalsozialismus

Zerreißproben und Kollisionen[1]

Die Positionen der Schriftsteller Samuel Glesel und Hans Günther im Stalinismus

Einführung und Motivation

Durch die Analyse der Exil-Texte Johannes R. Bechers in meiner Magisterarbeit bin ich auf das bisher wenig bearbeitete Forschungsgebiet der deutschen Literatur des ›sowjetischen Exils‹ gestoßen.

Genau genommen sind dieser und analoge Ausdrücke (wie ›stalinistisches Exil‹) nicht ganz zutreffend, da es um das Exil deutscher (und gegebenenfalls erweitert: deutschsprachiger) Schriftstellerinnen und Schriftsteller in der Sowjetunion (SU) unter der Führerschaft Josef Stalins während der Zeit der nationalsozialistischen Herrschaft in Deutschland geht. Ich werde dennoch weitgehend diese verknappten Formen der Begriffe zur leichteren und schnelleren Lesbarkeit der Arbeit verwenden.

In der Sekundärliteratur zum literarischen Exil in der SU wird immer noch die 1981 erschienene Studie von David Pike als grundlegend angeführt, die aus heutiger Sicht gravierende Mängel hat, die nun dringend durch Ergänzungen behoben werden sollten.

Zunächst wollte ich für den Beweis meiner Hauptthese, dass eine *Kollision von* politischer *Utopie und* totalitärer *Lebenswirklichkeit* im stalinistischen Exil zu Widersprüchen unterschiedlicher Interessen führten, allgemeine Forschungsbeispiele betrachten. Sie sollten einen repräsentativen Ausschnitt der meisten Schriftstelle-

---

1   Diese Arbeit beruht auf der Dissertation von 2006 in Germanistik, an der Philologischen Fakultät der Universität Leipzig.

rinnen und Schriftsteller im sowjetischen Exil während des Nationalsozialismus in Deutschland darstellen. Allerdings stieß ich immer wieder an Grenzen der Bearbeitungsmöglichkeit ob der Vielzahl der vielen Forschungsschwerpunkte, sodass ich mich schließlich extrem beschränkt habe. Übrig von meinen anfänglichen Überlegungen zu beispielhafter Darstellung der deutschsprachigen Literatur des sowjetischen Exils im Allgemeinen ist die eingehende Betrachtung zweier *Fälle* geblieben, die im Exil endeten, weil ihre Protagonisten im stalinistischen Lagersystem vernichtet wurden: Sowohl für Hans Günther als auch für Samuel Glesel lassen sich die genauen Todesumstände nicht mehr vollständig rekonstruieren.

1 Die aktuelle Unübersichtlichkeit: Zum Forschungsstand[2]

Ein Wort geht um, es geistert durch alle Medien: […] Schwarzbücher rechnen mit dem Kommunismus ab, als habe es ihn je gegeben [...]. (Dwars, 2002, 299)

Anhand der Betrachtung des Zusammenhangs von Leben und Werk der Schriftsteller S. Gles[3] und Hans Günther[4] wird in dieser Arbeit die Literatur des sowjetischen Exils betrachtet. Genau genommen ist diese Bezeichnung für die deutschen Schriftsteller, die in die Sowjetunion geflohen sind – wie »deutsche Literatur unter der stalinistischen Herrschaft« oder andere – nicht ganz zutreffend, da es um das Exil bzw. die Organisation deutscher (und erweitert: deutschsprachiger) Schriftstellerinnen und Schriftsteller in der UdSSR während der Herrschaft Josef Stalins in der Zeit des nationalsozialistischen Regimes in Deutschland geht. In der Arbeit werde ich diese Wortkombinationen – gewissermaßen behelfsmäßig – verwenden, um anzuzeigen, dass es in besonderem Maße um ideologisch aufgela-

---

2   Die Umschrift russischer Begriffe, Namen und Bezeichnungen erfolgt gemäß den Regeln der wissenschaftlichen Transliteration des Duden, soweit eine abweichende Schreibung in der deutschen Sprache und im Schriftbild nicht schon sehr üblich und gebräuchlich ist.

3   Samuel Glesel veröffentlichte alle seine Texte unter dem Pseudonym »S. Gles«. Um eine Gleichwertigkeit der Personen bzw. Personennamen der beiden Schriftsteller, die im Mittelpunkt dieser Arbeit stehen, herzustellen, verwende ich überwiegend den bürgerlichen Namen; wenn es explizit um den Schriftsteller S. Gles geht, wird auch die Verknappung des Vollnamens verwendet. Zur allgemeinen Orientierung hier die wesentlichen Eckdaten der Biographie Glesels: Geburt im Juli 1910 im heutigen Polen, ab 1929 Mitgliedschaft im BPRS und ab 1930 in der KPD, 1932 Flucht in die UdSSR, September 1937 Verhaftung, Oktober 1937 Verurteilung zum Tod, November 1937, Erschießung bei Leningrad.

4   Biographische Daten: Geboren im September 1899 in Deutschland, 1930 KPD-und BPRS-Mitglied, ab 1932 Aufenthalt im Ausland (überwiegend in der UdSSR), November 1936 Verhaftung, Januar 1937 Ausschluss aus der KPD, Oktober 1937 Verurteilung zu fünf Jahren Lagerhaft, Oktober 1938 Tod in einem Durchgangslager.

dene, sehr nuanciert zu betrachtende Erscheinungen politischer Praxis geht, die die Phänomene des Sowjetkommunismus übersteigt und differenziert untersucht werden muss. Ausgewählte Texte von Glesel und Günther werden vor dem Hintergrund des existenziellen Zwiespalts und ideologischer Vorstellungen, Vorgaben und repressiver Kontrollmaßnahmen im Stalinismus[5] während des zweiten Weltkrieges analysiert. Mein vorrangiges Erkenntnisinteresse gilt hierbei Hinweisen auf politische und ideologische Einflussnahme durch hierarchische Instanzen, die sich in der Produktion von und in den Texten selbst nachweisen lassen. Die literarischen Texte und die damit zusammenhängenden Entstehungs- und Entscheidungsprozesse werden auf Korrelationen von Politik und (geistiges) Denken hin untersucht und Zusammenhänge zwischen kulturellen Formen (Texten) und Macht (Politik) verdeutlicht.

Meine Hauptthese ist, dass Kollisionen von politisch-utopischen Vorstellungen über den Sozialismus mit einer Lebenswirklichkeit im totalitaristischen sowjetischen Exil zu fundamentalen Widersprüchen von persönlichen Motiven und politischen Interessen führten. Diese manifestierten sich in unterschiedlichen Bereichen und hatten für Glesel durch die Hinrichtung (Tötung) und für Günther durch seinen Tod im Lager unumkehrbare Konsequenzen. Die vorliegende Arbeit

---

5   Eine allgemein anwendbare kurze Eingrenzung des Phänomens, auf die ich im Folgenden Bezug nehmen werde, liefert der Artikel im *Kritischen Wörterbuch des Marxismus*: »Der Stalinismus-Begriff hat mehrere Dimensionen und bezieht sich auf verschiedene Disziplinen: auf ein *philosophisches Denken*, das sich in erster Linie durch eine *Ideologie* hindurch formiert hat; eine *politische Praxis*, die in einem Regierungssystem und einer bestimmten Organisation des Parteiapparats zum Ausdruck kam; ein *ökonomisches Experiment*, das in einer extrem zentralisierten Planung und einer vollständigen Kollektivierung der Landwirtschaft Gestalt annahm; ein *psychologisches Klima*, das sich in einer *Moral* und einem *Menschentyp* darstellte; eine *Kultur* – Literatur, Kunst, Architektur usw. –, die auf eine bestimmte Methode, den sozialistischen Realismus, gegründet war; schließlich eine *Mythologie*, die sich an die Person Stalins als den Dreh- und Angelpunkt des Phänomens knüpfte.« (Haug, 1988, S. 1259, Hervorhebungen im Orig.)

ist dennoch keine erneute Analyse oder Abrechnung mit dem *Realsozialismus*[6] in der Interpretation Stalins; es geht auch nicht darum, Ereignisse und Fakten einer Epoche zu werten und in einen unmittelbaren Zusammenhang zu bringen. Vielmehr ist es an der Zeit, Bekanntes nochmals zu sichten, zu systematisieren und neu zu ordnen, damit eine Differenzierung von Forschungspositionen vorgenommen werden kann; zumal sich an den herausgearbeiteten Orientierungspunkten der wissenschaftlichen Einordnung nichts mehr fundamental ändern dürfte (vgl. Schlögel, 2011, S. 22).

Ziel ist die Erarbeitung von grundsätzlichen Parametern, mittels derer es möglich ist, die Vorstellung von einem literarischen Feld des sowjetischen Exils herauszuarbeiten. Durch Determinanten des Feldkonzeptes Pierre Bourdieus wird exemplarisch die Einordnung der Positionen von Glesel und Günther in das literarische Feld des sowjetischen Exils vorgenommen, da sie einem signifikanten Bereich zuzurechnen sind, der elementare Orientierungspunkte markiert. Die Positionen der beiden Schriftsteller sind nicht nur von unterschiedlichen individuellen Verhaltensmustern und politischen Handlungen gekennzeichnet, sondern manifestierten sich in einer signifikanten Differenz ihrer literarischen Werke. Eine Erschließung des literarischen Feldes des sowjetischen Exils ausgehend von diesen beiden Positionen scheint deshalb ergiebig und aussagekräftig: Am Beispiel Hans Günthers können Auswirkungen von Bewertungsänderungen durch die stalinistischen Ideologen bzw. Dogmatiker nachvollzogen werden. Für Samuel Glesel

---

6   Den Terminus prägte der Philosophieprofessor Gerd Irrlitz u.a. in einem wesentlichen Artikel zur Bewertung des sozialistischen Gesellschaftssystems in der DDR schon 1990 in Abgrenzung zum abwertenden Begriff des »real existierenden Sozialismus" (vgl. Irrlitz, 1990). Obwohl sich der Terminus von Irrlitz ausdrücklich auf die Gesellschaft der DDR bezieht, halte ich diesen Ausdruck auch zur Beschreibung gesellschaftspolitischer Prozesse in der UdSSR für zulässig, da diesen Entwicklungsprozessen ebenfalls ideologisch geprägte Motive zugrunde lagen, die zumindest in derselben politischen Tradition gesehen werden müssen. Es ist allerdings zu berücksichtigen, dass in der Sowjetunion ökonomische Faktoren größere Bedeutung hatten, da mit der politischen Systementwicklung industrielle Prozesse einhergehen mussten, die weltweit noch keine Vorbilder hatten.

lassen sich Strategien beim Umgang mit Personen, die außerhalb des politisch-kulturellen Zentrums Moskau blieben, darstellen.

Wladislaw Hedeler (2002), Historiker, Übersetzer und Publizist bemerkt (ähnlich wie der Osteuropa-Historiker und Publizist Karl Schlögel), dass die aktuelle Quellen- und Archivlage nur noch wenig neue Ansätze liefern könne, da durch die Öffnung der russischen Archive, eine gewisse Materialflut zur Einsicht entstanden sei. Aufgrund der neuerlichen Beschränkung des Zugriffs auf die russischen Archivalien durch die Behörden habe sich mittlerweile eine Ratlosigkeit bei der Bewertung der aufgefundenen Materialien ergeben, weshalb er eine fundierte Analyse der verfügbaren Dokumente dringend für angezeigt hält.[7] Dieser Empfehlung folgend werde ich mich auf bekanntes und vorhandenes Textmaterial beschränken, das – abgesehen von der Komintern-Akte Samuel Glesels[8] – ausschließlich in deutschen Bibliotheken und Archiven zugänglich ist.

In der Sekundärliteratur zum literarischen Exil in der UdSSR wird immer noch die bereits 1981 auf Deutsch und 1982 auf Englisch erschienene Studie von David Pike als grundlegend angeführt. Pike beschreibt in seiner Arbeit den Zusammenhang zwischen Lebenswegen und Schicksalen deutscher und deutschsprachiger Schriftstellerinnen und Schriftsteller, kultureller Formen und der Einflussnahme von sowjetischen bzw. stalinistischen Machtinstanzen. Vor dem Hintergrund des *kalten Krieges* ist gerade diese wissenschaftliche Leistung nicht hoch genug einzuschätzen.

---

7 Diese Einschätzung teilt der Historiker Peter Huber speziell bezüglich des Archivs der Komintern: »Die überraschende Öffnung des Archivs der Komintern hat mancherorts die Illusion genährt, wir würden nun bald wissen, «wie es wirklich war». Die enorme Materialfülle und der Charakter der Dokumente selbst schaffen jedoch eine neue Unübersichtlichkeit und verlangen vom Historiker quellenkritische Ansätze, um hinter die Buchstaben zu sehen. Die Binsenwahrheit, daß Archive nicht sprechen, trifft vor allem auf das Kominternarchiv zu.« (in: Hedeler, 2002, S. 179)

8 Über fast alle kommunistischen Parteigänger, die in Organisationen auftraten, wurden im Namen der Kommunistischen Internationale (Komintern) Unterlagen gesammelt und in Akten gebündelt.

Die Monographie von Pike dient in der vorliegenden Untersuchung als wichtiger Ausgangspunkt, als fundamentale Referenzgröße meiner Überlegungen und Untersuchungen: Sie liefert wesentliche Hinweise auf Ambivalenzen und Lücken in der Forschung zur deutschsprachigen Exilliteratur in der UdSSR, die bearbeitet und ausgeräumt werden sollten, zumal Pike in seiner Untersuchung Situationen und Texte auflistet und beschreibt, ohne ihre Kontexte im Einzelnen differenzieren zu können. Für Samuel Glesel und Hans Günther werden in der Arbeit diese Rahmenbedingungen berücksichtigt.

> [Zum literarischen Exil in der Sowjetunion] legte der Amerikaner David Pike eine umfangreiche Studie vor, die 1981 auf deutsch erschien, […] in ihr spielen die Rahmenbedingungen des Exils eine untergeordnete Rolle. Vor allem werden von ihm die in die Sowjetunion emigrierten deutschen Schriftsteller und ihre Werke, die künstlerischen und persönlichen Auseinandersetzungen zwischen ihnen und die in dieser Zeit ausgetragene Literaturdebatte dargelegt. (Tischler, 1996, S. 8f., Hervorhebung vom Autor.)[9]

Die an der Expressionismusdebatte durch die Veröffentlichung von Beiträgen beteiligten Zeitschriften *IL*[10] und *Das Wort* untersucht Angela Huß-Michel in zwei Arbeiten: In ihrer Dissertation (1987a) setzt sie sich dezidiert mit den beiden Zeitschriften auseinander, während sie in einer im gleichen Jahr erschienenen literaturgeschichtlichen Arbeit (1987b) auch andere Zeitschriften und Zeitungen in die Untersuchungen einbezieht. Die Auswertung von Erkenntnissen solcher Forsche-

---

9   Eine ausführliche Diskussion der »Literaturdebatte«, die Tischler anführt, ist im Einzelnen in dieser Arbeit vernachlässigbar, da die in der sogenannten Expressionismusdebatte explizit angesprochenen Parameter für die Literatur des sowjetischen Exils aus Sicht der stalinistischen Dogmatiker sowieso grundlegend waren und somit an den entsprechenden Stellen diskutiert werden. Verwiesen sei deshalb zur weitergehenden Information auf die Darstellungen der Diskussionspositionen in: Schmitt und Schramm, 1974 und Schmitt, 1976.
10 Abkürzung für die zwischen Juni 1931 und Dezember 1945 in Moskau erschienene Monatszeitschrift *Internationale Literatur*.

rinnen und Forscher, die vor 1989/90 wissenschaftliche Arbeiten herausgaben,[11] liefern in einem weiteren Schritt Grundlagen für eine Betrachtung der komplexen Struktur des sowjetischen Exils. Diese Arbeitsergebnisse werden durch neuere Forschungen ergänzt, damit Ergebnisse, die im Forschungsverlauf vor Ende des *kalten Krieges* präsentiert wurden, differenziert und erweitert werden können:

David Pike berichtet in seiner Monographie über Texte von S. Gles [sic], analysiert diese, liefert aber keine qualitativen Wertungen zu Inhalt und formaler Gestaltung. Er berücksichtigt nicht, welche Motivationen den Erzählungen vorausgingen und welche Folgen sie für Glesel und seine Familie hatten, obwohl Pike an anderen Stellen in seiner Arbeit solche Zusammenhänge sehr wohl anführt (u. a. S. 323f.). Es ist Pike selbstverständlich zugute zu halten, dass die Hintergründe der Ereignisse und Verstrickungen gerade im »Fall Gles« zum Zeitpunkt der Entstehung seiner Arbeit nur sehr schwer und vielleicht gar nicht ermittelt werden konnten.

Konstitutiv für das Thema des Exils in der UdSSR sind sicherlich die Studien Hans-Albert Walters[12], die generelle Schwierigkeiten des Alltags im Exil und in der Publikationspraxis schildern. Eine Aufsatzsammlung Manfred Durzacks (1973), dort vor allem der Aufsatz von Krystyna Kudlinska über für das Leben im sowjetischen Exil (S. 159–174) liefert ebenfalls wichtige Orientierungspunkte. Außerdem sind für das politische Exil der deutschen Kommunisten die Arbeiten Hermann Webers von großer Bedeutung. Ein Ausgangspunkt für weitere Forschungen im sowjetischen Zusammenhang ist besonders seine auf Memoirenliteratur gestützte Studie (1990) zu deutschen Opfern des stalinistischen Terrors.[13]

Ein Aufsatz Anne Hartmanns (2003) in einer Publikation von Dagmar Herrmann und Astrid Volpert und Arbeiten des Historikers Jörg Baberowski (u. a. Ba-

---

11 Hervorgehoben sei die Literaturwissenschaftlerin und Historikerin Simone Barck, deren Veröffentlichungen in der DDR zudem im politischen Kontext der DDR gesehen werden müssen.

12 Walter 1972 und 1974 sowie ders. 1978 und 1988.

13 Auch die Veröffentlichungen, an denen Weber als Herausgeber beteiligt ist, befassen sich besonders unter parteipolitischen Blickwinkeln mit dem sowjetischen und stalinistischen Exil (2007, gemeinsam mit Dieter Staritz, 1993).

berowski, 2005) stellen die Situation der Exilantinnen und Exilanten[14] in einem »Sozialismus mit unmenschlichem Antlitz« (Bourdieu, 2005, S. 161) detailliert dar. Für einzelne und allgemeine Schwierigkeiten in der Stalinismusforschung sind Arbeiten des Briten Robert Conquest (1998) und eine des Österreichers Hans Kalt (2010) substanziell. Aufschlussreich ist im Blick auf den Hintergrund der politischen Praxis die Monographie Alexander Ambergers (2010) und eine von Stefan Plaggenborg (1998) herausgegebene Aufsatzsammlung.

Grundlegend für die Problematisierung des Staatssozialismus sind sicherlich das *Schwarzbuch des Kommunismus* von Courtois (et al, 1998), eine Veröffentlichung Hans-Georg Glaser (2009) sowie Monographien Jegorows (1991) und Koenens (2000). Folgende Arbeiten setzen sich gezielt mit einzelnen Problemen des Stalinismus auseinander: Hedeler (zum 3. Moskauer Schauprozess und dem gesamten stalinistischen Terror) (1998, 2002) und die gemeinsame Publikation mit Meinhard Stark (zur Geschichte der sowjetischen »Besserungsarbeitslager«) (2008), Anne Applebaum (zu den stalinistischen Lagern insgesamt) (2003) und Schlögel (2008) (»Geschichtszeichen Moskau 1937«).

Über Repression und Verfolgung betroffener Österreicher liegen schon seit einigen Jahren ausführliche Studien vor: Karl Stadler (1974) beschäftigt sich mit dem Schicksal der sogenannten Schutzbündler[15], die nach der Niederschlagung bewaffneter Auseinandersetzungen durch die Regierung von Engelbert Dollfuß (auf diese Hintergründe bezieht sich S. Gles im Gedicht ›Münichreiter vor dem Galgen‹) über die Tschechoslowakei in die UdSSR flohen. Eine Aufzeichnung von

---

14 Zur Erklärung für die ausschließliche Verwendung von Termini aus dem Bereich *Exil* in dieser Arbeit: »In der die Zeit des Nationalsozialismus behandelnden Literatur wird der Begriff Emigration für die Auswanderung aus »rassischen" Gründen verwendet, mit Exil verbindet man aktives politisches Exil. In diesem Kontext wird den EmigrantInnen eher die Bereitschaft zu Assimilation im Aufnahmeland zugeschrieben, während die ExilantInnen eine Rückkehr in die Heimat anstreben.« (Universität Wien 2012, S. 4)

15 Der republikanische Schutzbund war bis zu seiner Zerschlagung nach den sogenannten Februarkämpfen 1934 der paramilitärische Arm der österreichischen sozialdemokratischen Arbeiterpartei (SDAP)

Biographien einzelner österreichischer Opfer des Stalinismus leisten Hans Schafranek in seiner 1991 erschienen Studie und Barry McLoughlin (S. 199). Im Archiv des Auswärtigen Amtes in Bonn ist Schafranek zudem auf bislang unbeachtete Aktenvermerke zur Übergabe von deutschen und österreichischen Gefangenen durch den NKWD[16] an die nationalsozialistische Geheimpolizei aufmerksam geworden, deren Auswertung er 1991 veröffentlichte. Von Verfolgten und Opfern aus der Schweiz berichtet Huber in seiner Studie (1994), die auf in Moskau verfügbaren Akten basiert. Die Strukturen, Mechanismen und Auswüchse der stalinistischen Verfolgung betrachtet Reinhard Müller in allen seinen Veröffentlichungen.[17] Sein Hauptaugenmerk liegt auf einer *Inquisitionsartigkeit* des stalinistischen Terrors, die systematische und willkürliche Repressionen zur Folge hatte.[18]

Auf Erinnerungen von Zeitzeugen basieren die Arbeiten Starks[19] und diejenige von Oleg Dehl (2000). Erinnerungstexte sind insgesamt wichtige Quellen für die Erschließung des Themas.[20] Allerdings spielt gerade bei solchen Texten der subjektive Blick eine Rolle. Die Komintern-Akte Samuel Glesels, deren Kopie mir Reinhard Müller dankenswerterweise zur Verfügung stellte, bildet insofern eine Ausnahme, da sie mehrere Lebensläufe und aufeinander bezugnehmende Eingaben enthält, die einen Ver- und Abgleich ermöglichen. Ein wichtiges Verzeichnis für primäre Literaturquellen ist eine Veröffentlichung der (Ost-)Deut-

---

16 Народный Комиссариат Внутренних Дел (НКВД) [Narodnyj Komissariat Vnutrennyh Del (NKVD): Volkskommissariat für innere Angelegenheiten].

17 Müller 2001, ders. 2004 sowie diverse Aufsätze in der Zeitschrift *Exil* und in: Weber, 1993 und 2007.

18 Dieser Eindruck verschärft sich eindringlich in dem von Müller veröffentlichten Stenogramm einer Versammlung deutscher und deutschsprachiger, emigrierter Schriftstellerinnen und Schriftsteller von 1936: Lukács et al. 1991.

19 Zusätzlich liegt sein Hauptaugenmerk hierbei auf den Erfahrungen von Frauen im stalinistischen Lagersystem. Stark, 1991, 1999.

20 Sowohl unzählige autobiographische als auch fiktionalisierte Darstellungen finden sich in diesem Bereich: u. a. Buber-Neumann, 2000, 2002, Ginsburg, 1992, Heym, 2000, Huppert, 1977, Koestler, 1991, Susanne Leonhard, 1988, Wolfgang Leonhard, 2005, Mayenburg, 1981, Solschenizyn 1963, ,1968, ,1974, Quittner, 1971.

schen Akademie der Künste zu Berlin aus dem Jahr 1969, in der viele der für das Thema relevanten Primärtexte aufgeführt sind. Zusätzlich existiert über Hans Günther die bereits erwähnte Sammlung seiner wichtigsten Werke in dem von Werner Röhr herausgegebenen Band *Der Herren eigener Geist* (Günther, 1981). Durch die Betrachtung der Korrelationen von Personen, der punktuellen Analyse von Texten, den Auswirkungen und Gründen stalinistischer Repressionen werden hier einige markante Strukturen für ein literarisches Feld des sowjetischen Exils erarbeitet, die neue Ansatzpunkte für weitere Überlegungen, Fragestellungen und Forschungen liefern könnten.[21] Die Verknüpfung menschlichen Lebens, die künstlerische oder politische Motivation des Handelns und Schreibens steht im Mittelpunkt meiner Analysen. Die Positionen der beiden Schriftsteller Glesel und Günther im literarischen Feld des sowjetischen Exils werden ausgeleuchtet und untersucht. Sie wurden bewusst für die Untersuchung ausgewählt, da sie nicht im Zentrum der öffentlichen Aufmerksamkeit während und nach dem Exil standen und keinen von zusätzlichen Einflussfaktoren überladenen Status innehaben.

Ausgewählte Aspekte zum Stalinismus

[Die] Symbiose von Kulturrevolution [der Traum vom neuen Menschen] und [terroristischer] Gewalt heißt Stalinismus. (Baberowski, 2007, S. 113)

Der Terminus *Stalinismus* soll im Folgenden zunächst von verwandten Phänomenen abgegrenzt werden.[22] Grundsätzlich ist Stalinismus in einem Kontext von

---

21 Grundlegend für die Theorie des literarischen Feldes ist Bourdieu, 2001; sehr hilfreich für das Verständnis des Modells ist Jurt, 1995.

22 Der Wirtschaftswissenschaftler und Journalist Hans Kalt benennt in seiner Bilanz des Stalinismus die grundsätzliche Schwierigkeit bei der Annäherung an den Begriff, die eine Bestimmung des Phänomens von vornherein erschwert: »Schon die Definition dieses Begriffes [Stalinismus] fällt schwer. Offensichtlich reicht es nicht, auf die in den Fraktionskämpfen der 20er-und 30er-Jahre damit verbundene Bedeutung zurückzugreifen. Damals wurde einfach jeder Anhänger bestimmter Ansichten Stalins zu einem ›Stalinisten‹, so wie Stalins Gegner als ›Trotzkisten‹, ›Bucharinisten‹ usw. bezeichnet wurden, je nachdem, wessen Meinung sie unterstützten.« (Kalt, 2010, S. 9)

»totale[m] Anspruch« und »Strukturlosigkeit« einer autoritären Herrschaft«
(Kershaw, 1999, S. 217) zu sehen, womit die Herrschaftssysteme, die allgemein unter dem Begriff *Totalitarismus* zusammengefasst werden, im Kern gekennzeichnet
sind.[23] Wesentlich scheint mir die Herleitung des Phänomens *Stalinismus* aus jenen Gewaltexzessen, deren Wurzeln Baberowski (2007) in den Gewaltausbrüchen
des Bürgerkriegs rund um die Oktoberrevolution 1917 manifestiert:

> Der stalinistische Terror ist ohne die Gewaltkultur, aus der die Täter kamen, nicht ver-
> stehbar Die bolschewistischen Täter hielten, was sie anderen zufügten, für einen un-
> umgänglichen chirurgischen Eingriff in die Gesellschaft. Ohne den Anstoß des euro-
> päischen Marxismus wären die utopischen Konzepte der Bolschewiki nicht denkbar
> gewesen. Nur brachte sich die Gewalt, mit der das bolschewistische Projekt in die
> Wirklichkeit trat, nicht aus den Texten der marxistischen Klassiker hervor. (S. 204,
> vergl. auch S. 52f.)

Es kann an dieser Stelle keine exakte Definition geliefert werden, was *der* Stalinismus
genau war. Es geht um Erscheinungsphänomene wie z. B. Repressionen oder Zensur in Verbindung mit dem literarischen Exil in der Zeit des Nationalsozialismus in
Deutschland. Dieses Vorgehen ist wichtig, um eine Einordnung von Schriftstellerinnen, Schriftstellern und insbesondere ihrer Texte in ein theoretisches Gesamtkonzept für das sowjetische Exil vornehmen zu können. Denn literarische Texte erscheinen erst durch die Einbindung in ein theoretisches, wissenschaftliches Konzept,
das politische Motive offenlegt, in einem Licht, das gleichzeitig auch die unmittelbaren Entstehungszusammenhänge der Formen zu erhellen vermag.

Durch die Begrenzung der politischen systematischen Rahmenstruktur auf
die stalinistische Staatspraxis will ich mich des Verdachts unzulässiger Identifikation und Gleichsetzung der stalinistischen Herrschaftspraktiken einerseits mit sol-

---

23 Vgl. auch Vollnhals 2006: o. S. In den Beiträgen von Kershaw und Vollnhals werden einerseits
    mit nachdrücklichem Verweis auf Hannah Arendt Wesensmerkmale totalitärer Herrschaftssys-
    teme benannt und eine Differenzierung von Nationalsozialismus und Stalinismus vorgenom-
    men, andererseits aber signifikante Ähnlichkeiten hervorgehoben, deren strukturelle Nähe ei-
    nen Vergleich nicht unmöglich und marginal erscheinen lässt.

chen des Nationalsozialismus andererseits von Anfang an entziehen. Dass die Vermengung sowjetischer, stalinistischer und faschistischer Staatssysteme gerade vor dem Hintergrund geistesgeschichtlicher Traditionen – etwa des abendländischen Humanismus –, auf die sich die Exilantinnen und Exilanten immer wieder beriefen,[24] unangebracht ist, betont schon Hans-Ulrich Wehler in seiner Zusammenfassung der Diskussionen des sogenannten Historikerstreits um die Vergleichbarkeit der nationalsozialistischen Verbrechen:

> Von Eberhard Jäckel über Hans Mommsen, Jürgen Kocka, Heinrich Winkler u. a. bis zu Christian Meier ist auf der historischen Angemessenheit der Vergleichsgrößen [für den Nationalsozialismus] bestanden worden. Deshalb sind die west-, nord-und südeuropäischen, die nordamerikanischen Staaten als Mitglieder des okzidentalen Kulturkreises für den tragfähigen Vergleich die in erster Linie zu berücksichtigenden Referenzgesellschaften. Die zivilisationsgeschichtlichen Unterschiede zwischen ihnen und Ländern mit den Neandertalerpraktiken Pol Pots oder den exzessiv übersteigerten Stammesfehden Idi Amins dürfen nicht kurzerhand eingeebnet werden – *genauso wenig wie der riesige Abstand, der die okzidentalen Staaten von der relativen Rückständigkeit Rußlands, insbesondere während des Bürgerkriegs und der Stalinära, trennte, stillschweigend minimiert werden darf, um einen korrekten Vergleich fingieren zu können.* (Wehler, 1988, S. 131, Hervorhebung vom Autor)[25]

Der Historiker Stefan Plaggenborg sieht den Begriff *Stalinismus* grundsätzlich kritisch und will den Terminus eingrenzen. Einleitend beschreibt er in einem Artikel zum Thema Stalinismus das grundlegende Dilemma des Terminus, das eine – hier noch folgende und über die im *Kritischen Wörterbuch des Marxismus* genannten Ka-

---

24 Johannes R. Becher beansprucht etwa in der Rede, die er 1935 auf dem Internationalen Schriftstellerkongress »Zur Verteidigung der Kultur« in Paris hielt, ein solches kulturelles Erbe. (Becher, 1977, S. 451– 463)

25 Der Maßstab für eine derartige Wertung der »relativen Rückständigkeit Rußlands« scheint mir nur hinsichtlich quantitativ und qualitativ messbarer Wirtschaftsleistung möglich. Eine abschließende Beurteilung ist dennoch nicht relevant und nicht möglich.

tegorien hinausgehende – Diskussion von Aspekten und Dimensionen des Begriffs erforderlich macht:

> Die Stalinismusforschung befaßt sich mit einem Gegenstand, für den die zeitgenössische Sprache keinen Begriff hatte. Stalinismus ist – das steht vor jeder Überlegung zu diesem Phänomen – ein Konstrukt späterer Forschung, bei der die Person, die dieser Periode der sowjetischen Geschichte den Stempel aufprägte, im Zentrum des Begriffsfeldes steht. Da es keine Selbstbezeichnung des Regimes als Stalinismus gab, mußte die westliche Forschung zuerst ein analytisches Instrumentarium entwickeln, das die Spezifika der von Stalin geprägten Epoche zu beschreiben im Stande war. Als Etikett für diese Epoche hat sich ›Stalinismus‹ eingebürgert, obwohl es kaum einen unklareren -ismus gibt als diesen.« (Plaggenborg, 1998, S. 13)

Hedeler schlägt hierzu die prinzipielle Kontextualisierung und Manifestation der Erscheinungsphänomene des Stalinismus in Einzelsituationen vor und liefert dadurch einige wichtige Anhaltspunkte zur Einbindung in zeitgenössische Geschichtsstrukturen:

> Wer meint, alles sei gesagt und die linken Utopien könnten bruchlos weitergesponnen werden, irrt. Die Kenntnisse über den Stalinismus oder gar Ansätze seiner historischen Erklärung stehen in einem umgekehrten Verhältnis zu seiner Bedeutung in der neueren Geschichte. (Hedeler, 2002, S. 7)

Das heißt, dass die bisherigen Forschungsergebnisse dem Phänomen »Stalinismus« nicht annähernd gerecht geworden sind, weil es als stringente Fortführung »linke[r] Utopien« gesehen wurde. Ergänzend seien zwei weitere Überlegungen zur Annäherung an den Begriff angeführt: Der auch als Politiker tätige Kalt hält den Dualismus von »abstrakt Gutem und Bösem, letzteres verkörpert im ›Ungeheuer Stalinismus‹ (Kalt, 2010, S. 12), für zu unreflektiert, da die Differenzierung lediglich im Rahmen eurozentristischer Totalitarismustheorie verharren würde. Es kann bei der Benennung der Zeitepoche aber nicht um Dämonisierung und (pauschalisierende) Schematisierung gehen. Vielmehr stehen andere Mechanismen im Vordergrund, die eine Gesellschafts- und Wirtschaftsform förderten, indem sich die handelnden Personen auf Grundlagen beriefen, die sie niemals verwirklichen konnten.

> Eine zweite Möglichkeit der Sichtweise geht von der Charakterisierung des unter dem Einfluß Stalins als Folge der Oktoberrevolution entstandenen Gesellschaftssystems aus.
>
> »Stalinismus« wäre aus solcher Sicht ein – unter fälschlicher Berufung auf den Sieg der Arbeiterklasse und den Marxismus-Leninismus entstandenes – System terroristischer Diktatur. Ökonomische Basis wie das [gesellschaftspolitische] Leben seien von einer bürokratischen Oberschicht beherrscht worden, an deren Spitze nach dem Tod Stalins nur ein insgesamt ebenso allmächtiges »Politbüro« getreten sei. (Ebd., S. 13)

Besonders die Untersuchung jener Machtelite, die in der Stalin'schen Gefolgschaft nach dem Tod Stalins zur bruchlosen Fortsetzung des stalinistischen Systems in der Lage war, scheint ein wichtiger Teilaspekt für das Verständnis zu sein.[26] Im Folgenden beziehe ich mich auf die von Michael Voslensky in seinem programmatischen Buch entwickelte *Nomenklatura*: Voslensky bezeichnet die verwaltende Gesellschaftsschicht als die tragende Kraft in der Sowjetunion und besonders im Stalinismus. Sie sei »die herrschende Klasse der sowjetischen Gesellschaft«, die nicht nur in einem Kampf gegen Beeinflussung von außen stünde, sondern auch untereinander einen Wettstreit um Macht und Herrschaft austrage, dessen Karrierismus das Hauptmerkmal einer »expansionistischen und aggressiven« Herrschaftsclique sei.[27]

Sehr wichtiges Kennzeichen des gesamten Politsystems, das Stalin installierte, war ein auf Misstrauen basierender Kampf um Macht, der sich willkürlich gegen

---

26 Hans-Georg Glaser hält die gemeinhin als Bruch mit dem Stalinismus geltende »Geheimrede« Nikita Chruschtschows in diesem Sinn für unzureichend und benennt das achte Kapitel seiner Argumentation: Die »relative Entstalinisierung« Chruschtschows nach seiner Anti-Stalin-Rede auf dem XX. Parteitag der KPdSU vom Februar 1956«. Die Kritik Glasers ist insofern zu relativieren, dass nach Stalins Tod in Politik, Wirtschaft und Bildung sehr wohl neue Formen entwickelt wurden. Stalin ist allerdings auch als Sieger über den Nationalsozialismus (Hitler) zum Mythos erstarrt mit vielen geduldeten Ausschweifungen in der Politik.

27 Vgl. auch alle vorstehenden Zitate: Amberger, 2010, S. 52.

die Protagonisten selbst richten konnte, wenn sie nicht zum Erhalt der politischen Vorherrschaft beitrugen. Diese Tatsache erfasst Amberger in einer Kapitel-Überschrift: ›Die stalinistischen Eliten als Opfer‹ (Amberger, 2010, S. 89).

Die Folge war eine von Angst getriebene und deformierte Gesellschaft, die Misstrauen zur Grundlage allen mitmenschlichen Handelns werden ließ, da für repressive Gewalt stets die Entwicklung der Ökonomie entscheidend war. Die Machtausübung diente der Erhaltung und Durchsetzung wirtschaftlicher Pläne, ohne weitere Zusammenhänge und Folgen zu berücksichtigen. Die Politiker hegten Argwohn gegenüber den Unpolitischen, die Eliten misstrauten ihren Zuarbeitern und die Jungen verdächtigten die Alten:

> Alle sozialen Beziehungen, soweit sie sich auf Vertrauen gründen, wurden absichtsvoll zerstört. Es entstand eine Gesellschaft der Gleichheit, allerdings einer Gleichheit in Unfreiheit, einer Gleichheit in der Angst, einer Gleichheit in der Bindungslosigkeit – letztlich eine Nichtgesellschaft, der alle Insignien einer Zivilgesellschaft fehlten, allen voran die politischen Freiheiten, beschützt durch einen Rechtsstaat. Hier herrschte der Maßnahmenstaat – in seiner totalen Entfesselung. Die Nachwachsenden, vom bisherigen Leben »unbeschmutzt«, sollten die »neuen Menschen« stellen – um die »Alten« war es nicht schade. (Schütrumpf, 2010, S. 32)

Die sozialen Umstände verlangten im Stalinismus ein Verhalten, das Konsequenzen nach sich gezogen hätte, die gleichzeitig schon jene Bedingungen voraussetzten, die durch sie erst erzeugt werden sollten. Für eine Schriftstellerin oder einen Schriftsteller bedeutete das, dass sie/er dem von den Machthabern proklamierten Menschenbild immer einen Schritt voraus sein musste/n. Blickten sie/er zu weit voraus, hielten sie/er am Status quo fest oder blickten gar verklärend zurück, waren sie von Repression und Vernichtung bedroht, weil sie Entwicklungen beschrieben, die niemals eintraten bzw. für die stalinistischen Ideologen anders zu bewerten waren. Das System des Kampfes nach Innen und Außen veränderte sich nach Stalins Tod 1953 insofern, dass es nicht mehr mit den tödlichen Auswirkungen endete und grundsätzliche Prinzipien verändert wurden, die politische, wirtschaftliche und kulturelle Strukturen prägten.

In diesem Kontext sind noch zwei weitere Aspekte relevant: Erstens hatten die Beteiligten keinen Blick von *Außen*, keine historische Distanz und keine Vergleichsgrößen, um ihr Handeln zu bewerten oder zu rechtfertigen, zumal es in der Menschheitsgeschichte kein Beispiel für vergesellschaftete Produktionsmittel gab. Die Teilnehmerinnen und Teilnehmer waren fest in einem System verankert, das ihnen nicht nur Handlungs- und Verhaltensschemata vorgab, sondern gleichzeitig auch ihre Vorstellungsmöglichkeiten eingrenzte. Zum anderen verfügen erst heutige Wissenschaftlerinnen und Wissenschaftler über Unterscheidungs-, Differenzierungs- und Analysemöglichkeiten. Die historische Distanz muss deshalb stets berücksichtigt und relativierend reflektiert werden.

Die Kommunistinnen und Kommunisten, die eine Flucht in die Sowjetunion erwogen, konnten Anfang der 1930er Jahre noch nicht wissen und ahnen, dass die Schauprozesse, die Massenverhaftungen, Verurteilungen und Todesurteile kommen würden. Sie gingen in die Sowjetunion, weil dort als einziges Land der Welt der Sozialismus als Utopie, als zu verwirklichendes Ziel angestrebt, als kommunistisches Projekt umgesetzt wurde. Deshalb flohen Kommunistinnen und Kommunisten gezielt in die Sowjetunion. Schließlich war damals unter den linken Europäern der Besuch der Sowjetunion ein gewünschtes Pflichtprogramm, das erst andere Färbungen bekam, als die notwendig gewordene Massenflucht der deutschen und europäischen Linken, Kommunistinnen und Kommunisten durch die Ausbreitung des nationalsozialistischen Regimes Mitte der 1930er Jahre notwendig wurde.[28]

---

28 Dass und inwiefern viele deutsche und europäische Kommunistinnen und Kommunisten vom KPdSU-Kurs unter Stalin enttäuscht und geschockt waren, heißt nicht, dass nicht ebenfalls viele die Propaganda glaubten und die *Maßnahmen* gegen die vermeintlichen Gegner des Kommunismus für richtig hielten. Die Revolution und alles, was unter diesem Aspekt subsumiert wurde, war von den kommunistischen Linken weitgehend akzeptiert – also auch die Gewalt der Revolution und ihre angenommene Notwendigkeit. Dass sie sich schließlich so willkürlich gegen die eigenen Reihen in einem solch großen Ausmaß erstrecken könnte, ahnte man 1932 ff. noch nicht, aber zimperlich dachte wohl keiner der revolutionären Kommunistinnen und Kommunisten. (Die GULAGs gab es schon und die Staudämme und anderen Groß- und Umbauprojekte wurden *bekanntermaßen* mithilfe der Gefangenenheere errichtet.)

Es ist [in der totalitarismustheoretisch geleiteten Forschung zum Thema Stalinismus] nicht klargeworden, was das Spezifische am stalinistischen Totalitarismus sei, wenn man feststellt, daß es – unstrittig – Einparteiensystem, Führerschaft, Ideologie, Beherrschung und politische Polizei gegeben habe. [...] Das, was Historiker vor allem interessiert, *das Prozeßhafte historischer Phänomene*, wird mit der Totalitarismustheorie – sofern sie sich normativ versteht – nicht beschrieben. […] Außerdem reichte es nicht aus, den Stalinismus als Herrschaftsform darzustellen, sondern »als *ein sozioökonomisches System,* das im Kontext von Kollektivierung und forcierter Industrialisierung geschaffen wurde«. [Fußnote dort: Hans-Henning Schröder: Der »Stalinismus« – ein totalitäres Regime? Zur Erklärungskraft des politischen Begriffs. In: Osteuropa 46 (1996), H. 2, S. 150–163, hier 160.] (Plaggenborg, 1998, S. 18, Hervorhebung vom Autor)[29]

Jene Unschärfe zwischen den Kategorien Täter und Opfer bildet – wie zuvor im Zusammenhang der *Nomenklatura* bereits erörtert – eine der zentralen Schwierigkeiten bei der Bewertung stalinistischer Gewaltstrukturen. Sie führt zu einer verfänglichen Vermengung der gesellschaftlichen Gruppen, die letztlich sogar die Umsetzung sozialistischer Utopien verunmöglichte:[30]

Der »Sozialismus in einem Land« funktionierte nur als »Sozialismus der Galgen«, um ein Wort [Albert Camus'] aufzunehmen. Die Abschaffung aller Klassenmerkmale durch die Beseitigung ihrer Träger – sei es per Lager, sei es per Exekution – wurde zur Grundbedingung von Herrschaft. Es fand nicht die Emanzipation vom Klassendasein und von Klassenherrschaft statt – wie sie einem Karl Marx, einer Rosa Luxemburg und bis zu einem gewissen Grade auch einem Lenin vorgeschwebt hatte –, hier wurde Gesellschaft ersetzt durch ein Oben und Unten, vielleicht besser sogar, durch ein Drinnen und Draußen, zwischen dem der einzelne willkürlich hin- und hergeworfen werden konnte: heute Wärter, morgen Sklave, heute Sklave, morgen General; gestern

---

29 Besonders jene wirtschaftliche Situation ist für den Stalinismus zu beachten: Einerseits gab es in der UdSSR keineswegs eine industrialisierte, *proletarische* Gesellschaftsstruktur und andererseits wurden marxistische Vorstellungen umgesetzt.

30 Dieses Vermischen der gesellschaftlichen Kategorien in Bezug auf Verstaatlichung und gleichzeitig notwendigen Wirtschaftsaufbau ist ein Prozess, der stalinistische Herrschaftspraxis charakterisiert.

Chef der Politischen Polizei, morgen Folteropfer. Die Rollen waren austauschbar und wurden getauscht. (Schütrumpf, 2010, S. 32f.)[31]

Elementar für die Bewertung des stalinistischen Terrors ist – wie Baberowski betont, von wem die Gewaltexzesse ausgingen, wer sie zumindest billigend bewilligte:

Nach der Öffnung der zentralen Archive in Moskau besteht kein Zweifel mehr an der Urheberschaft des Terrors. Stalin setzte seine Unterschrift unter die Terrorbefehle, mit denen das Regime Millionen Menschen ins Verderben schickte. Er trieb seine Gefolgsleute und Schergen zu Höchstleistungen bei der Verfolgung vermeintlicher Feinde an, er schonte nicht einmal Freunde und Verwandte. Es lag in der Logik des stalinistischen Terrors, daß er alle Grenzen überschritt. Erst mit dem Tod des Diktators kam die Terrormaschine wirklich zum Stillstand. Deshalb ist Stalins Ende auch das Ende des Stalinismus. (Baberowski, 2007, S. 16)[32]

In diesem Kontext ist es wichtig zu berücksichtigen, dass erst durch Hitlers Machtantritt und durch die folgenden Repressionen in Deutschland die massenhafte Flucht vieler Kommunistinnen und Kommunisten in die Sowjetunion einsetzte. So wurden unkontrolliert Tötungen forciert und ermöglicht, was das Vorgehen aber

---

31 Dass dies ein grundsätzliches Kennzeichen totalitaristischer Herrschaft ist, soll an dieser Stelle betont werden, denn auch der Nationalsozialismus *funktionierte* keineswegs als emanzipiertes und emanzipierendes System, sondern forcierte und manifestierte die Abhängigkeiten zusätzlich, die gesellschaftlich und politisch bereits existierten.
Die Anspielung Schütrumpfs und die Willkür von Gewalt werden im Speziellen durch die Zuspitzung in einem Zitat Plaggenborgs noch deutlicher: »Täter waren vor der Opferrolle nicht gefeit, wie sich am krassen Beispiel Nikolay Ežovs, des NKWD--Chefs während des Höhepunktes des Terrors zeigt. Wir wissen nicht, wieviele Täter umkamen, die von den Historikern fälschlicherweise zu den ›guten‹ Opfern gezählt werden. Stalinismus als Gewaltkultur bedeutet, [...] die Ubiquität der Gewalt, vor der namenlose Kulaken ebenso wenig sicher waren wie bürgerliche Spezialisten, Priester und Religionsanhänger, Volkskommissare, Generäle, Parteisekretäre und NKWD-Mörder. (Plaggenborg, 1998, S. 112)

32 Der letztgenannten These Baberowskis ist im Sinne der auf den Seiten 16f. thematisierten Funktion einer *Nomenklatura* zu widersprechen, obwohl der massenhafte und willkürliche Terror tatsächlich mit Stalins Tod endete.

keineswegs in seinen unmenschlichen und willkürlichen Dimensionen relativiert oder entschuldigt.

Durch die folgenden Aspekte werden die Merkmale und Kontexte aufgezählt, in denen der *Stalinismus* in dieser Arbeit verstanden wird. Für die Stalinisten und v. a. für Stalin selbst waren bei ihrem machtpolitischen und willkürlichen Vorgehen die Anbindung an die politischen Konzepte von Marx (bzw. Engels) und insbesondere Lenins zentral. Das wird deutlich, berücksichtigt man die Zusammenhänge der grundlegenden problematischen Interpretationen und Missdeutungen.

➤ Symbiose von Kulturrevolution und terroristischer Gewalt
➤ sozioökonomisches Gesellschaftssystem »im Kontext von Kollektivierung und forcierter Industrialisierung« (Schröder, 1998, S. 18) durch Kollektiveigentum (Volkseigentum) und staatliche Produktionsmittel
➤ Willkür von Gewalt durch Gewaltdiktatur und Ubiquität der Gewalt
➤ resultierend hieraus ein eingeschränktes Auftreten in der Öffentlichkeit
➤ Fortsetzung stalinistischer Herrschaftspraxis durch eine Nomenklatura

Bemerkenswert ist, wie dominant und übermächtig der Kontext »*Gewaltstruktur*« im Stalinismus ausgeprägt war. Die Inszenierung des Diktators Stalin ist die maßgebliche Voraussetzung für die Bündelung und Zentrierung von willkürlicher Gewalt, die die sozialistisch-stalinistische Gesellschaft gegen den Klassenfeind Hitler strukturierte. Diese Fakten berücksichtigt Jens-Fietje Dwars und stellt hierdurch eine Bewertung der Rolle Josef Stalins infrage, die in der heutigen Forschung einseitig vorherrscht und dadurch andere Erklärungsansätze a priori verdeckt:

> War das Ganze [… die] fehlgelaufene Geschichte ein Resultat des Terrors einer Handvoll verdorbener Subjekte? Man könnte dies das moralische – oder besser: moralisierende – Deutungsmuster nennen. Es macht heute das Gros populärwissenschaftlicher Darstellungen in Presse, Funk und Fernsehen aus. (Dwars, 2002, S. 307)

Durch solche vereinfachenden, psychologisierenden Erklärungsansätze wird intendiert, dass der Stalinismus lediglich als übersteigender Auswuchs eines Einzelnen einzuordnen war oder ist. Gleichzeitig ist aber zu bedenken, dass es nicht darum gehen kann, politisch-diktatorische Erklärungsvorgaben und Gesellschaftsstrukturen einseitig zu bewerten und entweder zu begrüßen wie auf dem Pariser Schriftstellerkongress 1935 oder als »sowjetfeindliche Intrigen« (ebd. S. 300, 301) undiskutiert abzutun. Hierbei läuft man allzu schnell Gefahr, das marxistische Konzept der »Diktatur des Proletariats« und die diktatorischen Prinzipien des Stalinismus in moralisierenden Urteilen zu vermischen.

Überhaupt erschwert die allgegenwärtige Doppelbödigkeit von Handlungsmotiven die Einordnung und Bewertung von Zusammenhängen, v. a. im Hinblick auf die Wahrnehmung von »Freund« vs. »Feind« und der Unsicherheit hinsichtlich einer Umkehrung der Einschätzungsgrundlagen sowie eines damit verbundenen permanenten Misstrauens. Dwars bekräftigt, dass die Moskauer Exilantinnen und Exilanten diesem Muster verfielen und »innere Unsicherheit«, die »doppelbödige Strategie und Taktik« auf politische Gegner und andere Personen ihres Umfelds übertrugen (siehe Kapitel 3.2.3 zu »Kritik und Selbstkritik« und Dwars, in Hedeler, 2002, S. 307). Daraus ist allerdings für heutige Untersuchungen kein moralisches Urteil abzuleiten; zudem ist auch keine Bewertung der Handlungsstrategien möglich. Die Materiallage historischer Ereignisse ist zu vielschichtig und im Nachhinein hinsichtlich moralischer Aspekte nur schwer einzuordnen.

Im ersten Nachkriegsjahrzehnt seien der Krieg von den Menschen zunächst als Opfer des gesamten Volkes für die Befreiung des Vaterlandes verstanden worden. Gegen diese Lesart habe sich jedoch die offizielle stalinistische Kriegsnarration gestellt, die die Härten des Krieges ausblendete und den Erfahrungen der russischen Bevölkerung keinen Platz im offiziellen Gedächtnis zugestand. Nach dem Tod Stalins verschob sich der Fokus des Diskurses vom »glorreichen Sieg« auf die leidvolle Kriegserfahrung. In dieser Phase seien eine Vielzahl von künstlerisch verarbeitenden Erinnerungszeugnissen entstanden, die vor allem die Erfahrungen derjenigen integrierten, die vorher ausgeschlossen worden bzw. gewesen waren, Scherbakowa konstatiert, dass »im Jahrzehnt des Tauwetters die schwere Arbeit des Gedächtnisses« begann, (S. 31 Quelle: http://lernen-aus-der-geschichte.de/sites/default/files/attach /lag_magazin_moralisches_lernen_im_unterricht.pdf Zugriff: 25.03.2017)

Der Umbau der Volksgemeinschaft hin zur klassenlosen Gesellschaft wurde unter streng rationalistischen Aspekten gesehen, ohne menschliche und moralische Handlungsmuster zuzulassen. Die stalinistische Auffassung von Tugenden orientierte sich an Disziplin, blindem Gehorsam und Hingabebereitschaft, die die Grundlage für eine funktionierende Gesellschaft bildeten. Die Mechanismen von Macht und Machterhalt waren bestimmend und für die Strategien entscheidend, sodass humane Denkweisen modernistischem Zieldenken untergeordnet wurden und keine Rolle spielten. Die hierfür notwendige Gewalt verselbstständigte sich und führte zu systematischen, blinden Terror. Laut Dwars sei dies eine charakteristische eigendynamische, nihilistische Gewalt gewesen, die heute wieder die Intellektuellen aus ihren Träumen reiße (2002, S. 309).

Der Soziologe Klaus-Georg Riegel unternimmt in diesem Kontext den Versuch, solche destruktiven Strategien in Verbindung mit Prozessen religiöser Sozialisation einer »Virtuosengemeinschaft« zu setzen. Dabei betont er, dass die strengen Verhaltensanforderungen eine »Virtuosenmoral« erzeugt, die für die stalinistische Gemeinschaft prägend war und von den Protagonistinnen und Protagonisten für das Überleben verinnerlicht werden musste. Diese moralischen Vorstellungen standen im krassen Gegensatz zur im Alltag gelebten Moral, da ständig der Verfall des noch nicht abgeschlossenen gesellschaftlichen Umbaus befürchtet wurde. Durch eine »Methodik weitgehend rationalisierter Exerzitien« (Riegel, 1993, S. 3322) wurde das Ziel verfolgt, die Unsicherheiten, Zweifel und Schwankungen, die bei einigen Personen der Gemeinschaft vorhanden waren, zu beseitigen. Das einzelne Individuum trat infolge dieses kollektiven Gruppenzwangs in den Hintergrund, nur die Gruppenmitglieder als Beteiligte am Gesellschaftsprozess waren solidarisch untereinander.

Anne Hartmann hebt in den Zusammenhängen von ritualisierten »Bekenntnissen« einen weiteren wichtigen Aspekt hervor: Sie sieht eine Verschränkung von

»subjektiver Konstruktion« und einer »Konstruktion des Subjekts« (Hartmann, 2003, S. 374) in der Erklärung der persönlichen und konkreten Handlungsstrategien sowohl in mündlichen Aussagen etwa von »Kritik und Selbstkritik« als auch in fiktionalisierten Texten sowie in der Rückschau und nachträglichen Rechtfertigung. Bei der Beschreibung von Überlebensstrategien wurden die äußeren Umstände von Gewalt, Terror und GULAG in Erzählungen eingebettet, die die sozialistischen Denkweisen fortsetzten und Widersprüche ausblendeten. Dies wird besonders deutlich im Verhalten der Schriftstellerinnen und Schriftsteller, die nach Ende des Krieges in der neu gegründeten DDR lebten.

Explizit nennt Hartmann die Schriftstellerin Trude Richter, die noch 1990 in ihren Erinnerungen nicht den hingenommenen Tod ihres Lebensgefährten Hans Günther thematisierte, sondern das Versprechen der bedingungslosen Treue »zur Sache«, das sie ihm bei der Verhaftung gegeben hatte – egal was mit ihnen beiden geschehen möge. In diesem Kontext wird deutlich, dass die sozialistischen Ideale über den Interessen des Einzelnen standen und diese dadurch in den Hintergrund drängten. Wodurch ethische und moralische Urteile bei der Betrachtung dieser Zeitepoche erschwert und nur vorsichtig angewandt werden sollten, zumal erst die retrospektive Zusammenschau ein umfassenderes Bild der vielschichtigen Zusammenhänge erzeugen kann.

Gleichzeitig wird an dieser Stelle betont, dass die Darstellung politischer Entwicklungen in der Regel auf ein Ziel hin erfolgen sollte: Von den Schriftstellerinnen und Schriftstellern wurde erwartet, dass sie die Verwirklichung der »Diktatur des Proletariats« als konsequente Entwicklung beschrieben. Schon dadurch erfolgte eine erste Auswahl von *Flüchtlingen* nach intensiver Überprüfung durch die Parteivertretung bzw. den Parteiapparat und vor- oder zwischengeschalteten Instanzen oder Organen. Es entstand von Vornherein eine Atmosphäre, die die Beteiligten dazu nötigte, jedwede Beziehung auf ihren Nutzen hin zu bewerten. Das wurde durch die ausbleibende Solidarität der sowjetischen Exil-Gewährer verstärkt: Die Exilantinnen und Exilanten erfuhren häufig Misstrauen und Ablehnung. Die negativen Entwicklungen – etwa die eingeschränkten Arbeitsbedingungen sowie materielle Mängel und insbesondere die maßlosen *Säuberungen* in der IRH oder der Redaktion der *DZZ* – wurden (zumindest in einigen nachträglichen Darstellungen) ausgeblendet (s. Hartmann, 2003, S. 405–410).

Im Gesellschaftssystem des Stalinismus war es wegen dogmatischer Erstarrung und einer Intoleranz gegenüber Andersdenkenden unmöglich, Entwicklungen kritisch zu diskutieren und unbrauchbare Annahmen hinsichtlich theoretischer Ansätze und freiheitlichem Denken infrage zu stellen.

Die Dominanz von Gewaltstrukturen ermöglicht nicht nur die Herleitung des Stalinismus aus dem Staatsverständnis Lenins, sondern ergibt sich auch aus den Kennzeichen »totalen Anspruch[s]« (Kershaw, 1999, S. 215). Benennungen der wesentlichen Aspekte totalitärer Herrschaft stammen, neben jenen fundamental wichtigen von der Philosophin Hannah Arendt, vom deutsch-amerikanischen Politikwissenschaftler Carl Joachim Friedrich (vgl. Vollnhals, 2006, o. S.), der totalitäre Regime allgemein als Autokratien charakterisiert,[33] während Arendt die Bezeichnung »totalitäre Herrschaft« auf den Nationalsozialismus in Deutschland und den Stalinismus in der UdSSR begrenzt (s. Vollnhals, 2006, o. S.).

Zusammenfassend ist festzuhalten, dass das stalinistische System einen entscheidenden Einfluss auf all diejenigen Schriftsteller hatte, die im sowjetischen Exil waren. Die gewaltsamen Repressionen hatten sowohl physisch als auch psychisch große Auswirkungen, die beachtet werden müssen, betrachtet man das Verhalten Einzelner in dieser extremen Situation. Insbesondere sind hier die Rahmenbedingungen für und das Vorgehen gegen Schriftstellerinnen zu berücksichtigen, wie beispielsweise im sehr markanten *Fall* von Maria Osten, die ebenso wie Günther nach einer gewissen ideologischen Unterstützung und Anerkennung eleminiert wurde. Insofern sind Samuel Glesel und Hans Günther typische Opfer des stalinistischen Apparates geworden, gleichwohl der unterschiedlichen Umstände ihres (gewaltsamen oder in Kauf genommenen) Todes.

---

33   Z. B. Carl Joachim Friedrich und Zbigniew Brzezinski, 1999, S. 225–236.

2 Theorie: Methodologie, Konzepte, Modelle, Ziele

Im Bezugsrahmen mit dem sowjetischen Exil gehe ich davon aus, dass scheinbar geschlossene Zeiträume, wie sie die Lebenszeit der beiden Schriftsteller Glesel und Günther darstellen, nicht als endgültig beendet betrachtet werden können. Persönliche und gesellschaftliche Entwicklungen, die zu biographischen Ereignissen und künstlerischen Texten führten, müssten hierfür von einem Endpunkt her betrachtet werden, den es durch den Tod der beiden Schriftsteller nur vordergründig, im Endeffekt aber nicht gibt bzw. geben kann.[34] Es ist daher äußerst schwierig, die Lebensmuster, Handlungsschemata und Texte, die sich im sowjetischen Exil aufgrund des Nationalsozialismus in Deutschland ergaben, zu beurteilen,

> denn es machte einen beträchtlichen Unterschied, ob ein sozialistischer Exilautor sich und sein Werk mit den Bedingungen in der Sowjetunion oder denen in den demokratischen Ländern in Einklang zu bringen hatte. Die Ergebenheitsadressen, die Lobpreisungen für Stalin und die UdSSR sowie die »stalinistischen« Elemente in den Werken der meisten in die Sowjetunion emigrierten Autoren müssen von vornherein in diesem Bezug gesehen werden. (Trommler, 1976, S. 622)

Die Abgrenzung theoretischer Begriffe erscheint mir deshalb für eine vorläufige Einordnung der Schriftstellerinnen und Schriftsteller in den Kontext des gesamten literarischen Feldes des sowjetischen Exils notwendig. Denn es ist, wie das Zitat

---

34 Gesellschaftliche Prozesse, die zu biografischen Ereignissen führen und durch welche künstlerische Texte von Schriftstellerinnen und Schriftstellern beeinflusst werden, zeigen Wirkungen über einen Endpunkt hinaus (hier bei Glesel und Günther über ihren Tod als biografischen Schlusspunkt). Bewertungen biografischer Verläufe entwickeln sich stets in der Interaktion der sie begleitenden (wenn nicht sogar bestimmenden) gesellschaftlichen Prozesse. Da diese im wahrsten Sinne über unsere Endpunkte hinausgehen, sind sie in der Bewertung von Entwicklungen, Ursachen und Strukturen (auch u. U. in der Retrospektion) leitend im Denken und Deuten von Vergangenem bei der Deutung von Gegebenem.

Trommlers nahelegt, gerade unter künstlerischen Gesichtspunkten sehr schwierig, Texte und Lebenswege im sowjetischen Exil zu werten. Hierbei überlagern sich sowohl ästhetische Strategien und politische Kategorien als auch Wertungen[35], die Methodenvielfalt verlangen.

Es geht hierbei vor allem um Fragen nach Methoden, die bei der Kulturproduktion von der deutschen und der sowjetischen kommunistischen Partei verlangt wurden. Explizit sollte etwa ein Bezug zum sozialistischen Realismus hergestellt werden. Im Zusammenhang müssen aber auch persönliche Motive, die nur punktuell aufscheinen können, da sie wiederum im sehr komplexen Kontext von Zensur und Selbstzensur gesehen werden müssen, beachtet werden. Neben hermeneutischen[36] werde ich deshalb auch ideologiekritische und literatursoziologische Analysetechniken aufgreifen und anwenden.

Zunächst wird das auf der Theorie des sozialen Raumes basierende Konzept des literarischen Feldes nach Pierre Bourdieu diskutiert, da es mir als Grundstruktur für mein Verständnis der Literatur im sowjetischen Exil am geeignetsten erscheint. Den praktischen Vorteil der »Theorie des sozialen Raumes des französischen Soziologen Pierre Bourdieu« im Vergleich mit anderen Erklärungsmodellen betont schon Gregor Ohlerich in seiner Dissertation über das Modell eines literarischen Feldes der SBZ/ DDR 1945 bis 1953:

> Um [dem] methodischen Dilemma [der Ungültigkeit eines Modells aufgrund redundanter struktureller Kopplungen] zu entgehen, ist es notwendig, den theoretischen Bezugsrahmen zu wechseln. [… Die] Theorie des sozialen Raumes des französischen

---

35 Etwa solche der deutschen und der sowjetischen kommunistischen Parteien (u. a. Bezug nehmend auf den sozialistischen Realismus) sowie persönliche, die nur punktuell aufscheinen können, da sie im sehr komplexen Kontext von Zensur und Selbstzensur gesehen werden müssen.

36 Dagfinn Føllesdal folgend soll Hermeneutik hier in einem sehr »weiten Sinne […] als allgemeine Interpretation menschlicher Handlungen sowie der Produkte menschlicher Handlungen« (Bühler, 2003, S. 157) verstanden werden.

Soziologen Pierre Bourdieu kann an dieser Stelle weiterhelfen, da sie es ermöglicht, Binnendifferenzierungsprozesse deutlicher zu erfassen. (Ohlerich, 2005, S. 60)[37]

Dass diese Prozesse von Differenzierung auch in Staaten des »Realsozialismus« stattfanden, betont ebenfalls Ohlerich. Er geht davon aus, dass auch hier durch »Kämpfe« von Vertretern unterschiedlicher Positionen und durch Anhäufungen von kulturellem Kapital Hierarchien entstanden, die in einem eigenständigen Modell, einem autarken Feld, erfasst werden können:

> Auf der Basis der Theorie einer funktionalen Differenzierung kann von der Ausbildung eines eigenständigen, autonomen Systems ‚Kultur' ausgegangen werden, das sich ebenso in sozialistischen Staaten wiederfindet. Grundoperation dieses Vorgangs ist die Kommunikation, die ein selbstständiges Regelwerk produziert. Das bedeutet anzuerkennen, dass es, entgegen vieler Theorien der Moderne, auch in sozialistischen Staatsgebilden Modernisierungsprozesse im Sinne gesellschaftlicher Ausdifferenzierungsprozesse gab, die als solche wahrgenommen werden müssen. (Ohlerich, 2005, S. 47)

Es geht um die Frage, welche verbindenden Elemente zwischen den Texten und den Lebenswegen speziell dieser Schriftsteller gab es. Ist die physische Auslöschung beider Leben in einem Zusammenhang mit *vergeblicher Bemühung* um ideologische Sichtweisen zu sehen?

Durch die Fokussierung auf die Texte und die Lebenswege von Glesel und Günther im sowjetischen Exil entstehen in der vorliegenden Arbeit einseitige Betonungen der jeweiligen Entstehungszusammenhänge von Texten und scheinbar unausgewogene Betrachtungen von Kontexten, die zunächst ungerechtfertigt sind

---

37 Holger Dauer hebt in einem Aufsatz die Möglichkeiten einer solchen »Binnendifferenzierung« hervor: »Im Sinne Bourdieus ist der Feldbegriff [zur Kennzeichnung der Position eines Akteurs in den sozialen Räumen] als Differenzierungs- und Abgrenzungsbegriff aufzufassen, der sich auf die Herausbildung, auf die Autonomisierung einzelner Handlungsbereiche (Religion, Kunst, Wirtschaft, Politik, Recht, Literatur) bezieht. Innerhalb eines Feldes, das als weitgehend autonomer sozialer Raum zu kennzeichnen ist, beziehen sich die einzelnen ›Feldmitglieder‹ (als Teilmenge der Gesamtgesellschaft) durch die Art und die Institutionalisierung ihrer jeweiligen Praxis aufeinander.« (Dauer, 2002, o. S.)

und erst relativiert werden können, indem einzelne ausgewählte Rahmenbedingungen analysiert werden. Für eine Darstellung und Beschreibung von Positionen außerhalb des Fokus meiner bisherigen subjektiven Forschungen zum sowjetischen Exil werden gleichzeitig Benennungen der individuellen Beschränkungen und Hintergründe notwendig sein, die systemkonforme Schriftstellerinnen und Schriftsteller einschließen.

Aufgrund der Vorarbeiten in meiner Magisterarbeit wird mir für einen solchen Vergleich vorrangig der Fall Johannes R. Becher dienen. Seine inneren Zwiespälte lassen die bedrängte Situation der Exilantinnen und Exilanten angesichts der erlebten stalinistischen Exilpraxis signifikant erkennen. Wichtig ist in diesem Zusammenhang die Berücksichtigung eines doppelten Loyalitätskonflikts für sie. Dieser Loyalitätskonflikt ist einer der Ausgangspunkte, von denen aus ich das Erklärungsmuster *Kollision* in Kapitel 2.2 entwickle: In Deutschland entstand vor der Flucht in die Sowjetunion ein zwiespältiges Spannungsverhältnis von Deutschland vs. Nationalsozialismus (Hitler) und im sowjetischen Exil Sozialismus vs. Stalinismus (Stalin).

Es bietet sich an, Texte zu recherchieren, in denen sich politische Positionen zeigen, die Rückschlüsse auf die Stellung einer Schriftstellerin oder eines Schriftstellers im sozialen Raum des sowjetischen Exils ermöglichen, um einen Zusammenhang zwischen literarischen Formen und den politischen Folgen herzustellen.

Es kommt aber nicht nur auf die Erwähnung linientreuer Schriftstellerinnen und Schriftsteller an, sondern auch auf die eindeutige Bestimmung gegenläufiger nonkonformer Positionen und ihrer Manifestationen in Texten. Daher können ihre *Rand*-Positionen im literarischen Feld des sowjetischen Exils als Ausgangspunkt für die Untersuchung dienen. Glesel und Günther hatten extreme Positionen im literarischen Feld des sowjetischen Exils inne. Bei Günther ist der Tatbestand dieser »spezifischen Stellung [des Außenseiters] in der Gesellschaft« (Fischer, 2005, S. 184) nicht so ersichtlich: Gewissermaßen nahm er zunächst die Position eines Chefideologen aufgrund seiner zahlreichen Veröffentlichungen und der

Chefredaktion der *IL* ein, um sie wegen unbedeutender Umstände, die Johannes R. Becher nicht zum Verhängnis wurden, zu verlieren.[38]

Grundsätzlich stimme ich zur Bewertung schriftstellerischer Strategien mit der These des Germanisten Michael Rohrwasser überein, dass der Schreibakt eine Art von Schutzfunktion hatte und gewissermaßen die Schreibenden abschirmte vor der politischen und alltäglichen Realität. In dieser Arbeit wird dies allerdings nicht – wie von Rohrwasser erläutert – auf eine nachträglich dissidente Beurteilung von politischen Kontexten durch die Schriftstellerinnen und Schriftsteller bezogen, sondern generell auf die Verarbeitung von *Wirklichkeit*[39]. Rohrwasser ist der Meinung,

> daß sich im Schreiben eine Rettungsbewegung der Linksintellektuellen darstellte. Der Schreibakt führte sie zurück zum universalen Zeichensystem, das die Intellektuellen als Repräsentanten gelten ließ, als Vertreter der »Unterdrückten« oder des »Proletariats«, die jenes Bürgertum bedrohten, das den Schreibenden jene Repräsentationsrolle versagt hatte und nur die Wege zu Lebensreform, Seelenadel und Innerlichkeit offen ließ. Das Schreiben diente über die universalistische Sinngebung dazu, sich einen Stützpanzer zu schaffen, den ich mir als angeschriebenen vorstellte: danach lagerte sich die Schrift um den Schreibenden, sie stellte einen Kommunikationsakt mit der Außenwelt dar, der mit definitorischer Kraft ein Verständigungssystem postulierte, welches dem Schreibenden einen Namen als Autor verlieh, als Sprecher und Handelndem. Das Schreiben war vorstellbar als Ausfluß, als Ventil, das Gleichgewichtssysteme schuf; und mit der trocknenden Tinte erstarrte die Schrift zum Schreibpanzer, der wie ein Korsett den Schreibenden stützte: als Universalisten, Sinngebenden und Dichter. (Rohrwasser, 1980, S. 10f.)

---

38 Vgl. Riegel, 1993, S. 340–342, besonders: S. 341. Zur spezifischen Bedeutung der gesellschaftlichen Position, ihrer Bewertung und der Einordnung der Positionen von Außenseitern in soziologischen Prozessen siehe die Dissertation des Soziologen Bernhard Fischer (2005).

39 Eine Wertung der Kategorie Wirklichkeit und deren grundsätzliche Bestimmung ist für das sowjetische Exil im Besonderen sehr kompliziert und nur unter Vorbehalt möglich. Werden in diesem Zusammenhang Vorgaben des sozialistischen Realismus berücksichtigt, verschieben sich Maßstäbe. Dadurch würde ein abschließendes Urteil zumindest infrage gestellt.

Wie sind solche »Rettungsbewegungen« für die beiden »Außenseiter« Glesel und Günther zu bewerten? Müssen ihre Texte vielleicht stärker als bisher vor dem Hintergrund der Auslöschung beider Existenzen als Schriftstücke eines Verfolgungsprozesses betrachtet werden, der unter den stalinistischen Bedingungen nicht aufzuhalten war? Sind im Umkehrschluss die gravierenden Zwänge durch Gewalt bzw. Repressionen und selbstauferlegten Beschränkungen im sowjetischen Exils als unmittelbare Auslöser, Motive und Zusammenhänge solcher kultureller Formen zu sehen, die es im Besonderen zu erforschen gilt?

Um die Strukturen dieser Zusammenhänge ersichtlich darzustellen, wird im Folgenden ein theoretisches Modell erörtert.

2.1 Das Konzept des literarischen Feldes

> Die Kategorie »Feld« erweist sich als wesentlich geeigneter, um die »sozialen Räume«
> zu bezeichnen, in denen die Gruppierungen der Gesellschaftsmitglieder ihre Positio-
> nen einnehmen, als es etwa der herkömmliche Klassenbegriff erlaubt. [...] Das »Feld«
> bezeichnet einen in der sozialen Praxis und im Bewußtsein der Gesellschaftsmitglie-
> der abgegrenzten, d. h. »relativ autonomen« sozialen Raum, in dem sich Gruppierun-
> gen von Gesellschaftsmitgliedern [...] durch Art und Institutionalisierung ihrer Praxis
> aufeinander beziehen [...]. (Fischer & Jarchow, 1987, S. 166)

Den Vorzug des Feld-Begriffs gegenüber anderen soziologischen Größen bringen Fischer und Jarchow in ihrem Artikel auf den Punkt: Indem sie die Chancen einer möglichen Binnendifferenzierung hervorheben, unterstreichen sie, dass die Feld-Theorie die Darstellung von Personen und Positionen in einem Gesamtmodell zulässt, gleichzeitig aber auch deren gezielte Betrachtung im Hinblick auf bestimmte Determinanten ermöglicht.

Eckhard Lobsien betont 1988 in seiner Monographie zum Thema des literarischen Feldes eine sammelnde Funktion des Feld-Konzepts: »Der umfassendste Strukturbegriff der Lebenswelt ist der des Feldes.« (Ebd., S. 37) Mit dem Begriff *Feld* lassen sich Beziehungen und Bezüge betrachten und zusammenhängend erklären, die eine Position in der Gesellschaft beeinflussen oder sie als solche überhaupt zulassen, da sie ansonsten unbeachtet bleiben würden, weil ihnen inhaltlich eine untergeordnete Erklärungsrelevanz zukommt. Gleichzeitig bietet der Begriff des Feldes die Möglichkeit der Differenzierung einzelner Positionen voneinander: »[Denn] der Feld-Begriff ermöglicht, die Besonderheit in der Allgemeinheit, die Allgemeinheit in der Besonderheit zu erfassen.« (Bourdieu, 1992, S. 156).

Der Feldbegriff geht auf Kurt Lewin (1890–1947) zurück und wurde konzipiert als dynamisches Modell zur Analyse individuellen und sozialen Verhaltens. Er geht von der Grundannahme aus, dass Verhalten zielgerichtet sei und eine Funktion im Lebensraum zu einem bestimmten Zeitraum eines jeden Individuums hat. Er hebt die Bedeutung der Situationswahrnehmung und deren Bewertung hervor (Lück, 1996).

Einem Feld und dessen Akteurinnen und Akteuren können durch die Lage im sozialen Raum der gesellschaftlichen Zusammenhänge insgesamt, durch Bezüge, Nicht-Bezüge und eine Nähe oder Distanz zu anderen Teilbereichen des sozialen Raumes Eigenschaften zugeordnet werden, die nur für dieses Untersystem gelten, also nur auf dieses Feld und seine Mitglieder zutreffen. Zugleich gestattet der Feld-Begriff eine systematische Ausdifferenzierung der internen Strukturen des betrachteten Teilsystems, die eine Zuordnung von Parametern zu bestimmten Positionen erlaubt und diese gleichzeitig voneinander trennt. Das Modell ermöglicht die Betrachtung von Kontexten und Differenzen, von Verbindungen und Trennungen und die Manifestation eines Netzwerks, das die Positionen von Einzelpersonen erfasst und durch Kontextualisierung ihre Handlungen in einen gesellschaftlichen, auch den nicht offensichtlichen Zusammenhang einbindet und dadurch erklärt: »Der Feld-Begriff ist ein Modell, das (unsichtbare) Strukturen und Relationen erkennbar macht.« (Jurt, 2008, o. S.)[40]

---

40 Ein Zitat Bourdieus betont diese Möglichkeit der Einbindung einer Einzelerscheinung in ein Konglomerat von unterschiedlichen Bestandteilen eines Feldkontextes ausdrücklich: »Jedes der ›ethnographischen‹ [also auch der literarisch-künstlerischen, F.S.] Elemente gewinnt seinen

Für (literarische) Texte bedeutet das besonders die Berücksichtigung einer Intertextualität, da Texte niemals ohne Bezug zu anderen Werken, sei es in Abgrenzung oder in Anlehnung, stehen können:

> Um ein [literarisches] Werk in der Singularität seiner Textualität angemessen lesen bzw. interpretieren zu können, muß es bewußt oder unbewußt in seiner Intertextualität gelesen werden, das heißt vermittels des Systems der Unterschiede, durch das es im Raum der mit ihm zeitgenössischen Werke lokalisiert wird; diese dialektische Lektüre ist nun aber nicht zu trennen von einer strukturellen Erfassung des entsprechenden Autors, der in seinen Dispositionen und Stellungnahmen definiert ist durch die objektiven Beziehungen, die seine Stellung im Produktionsraum definieren und bestimmen und die sowohl seine Konkurrenzbeziehungen zu den anderen Autoren bestimmen oder festlegen als auch das Gesamt der – vor allem formalen – Strategien, die aus ihm einen wirklichen Künstler oder Schriftsteller machen [...]. (Bourdieu, 1992, S. 163f.)

Im Folgenden werde ich die Grundzüge von Bourdieus Feld-Modell und im Anschluss daran praktische Schwierigkeiten des Feld-Begriffs skizzieren und erläutern. Danach werden die konkreten Probleme, die sich bei der Anwendung von Bourdieus Theorie auf das literarische Feld des sowjetischen Exils im Besonderen ergeben, analysiert und diese durch entsprechende Modifikationen, soweit als möglich ergänzt.

Sinn aus dem Kontext des Werkes, in das es eingebunden ist, sowie der Gesamtheit der gegenwärtigen und zuvor entstandenen Werke, zu denen das Werk (mithin sein Autor, der selbst in Beziehung steht zu anderen Autoren) einen expliziten oder impliziten Bezug aufweist.« (Bourdieu, 1992, S. 130) Prägend für eine Form (zumal eine künstlerische) ist immer der »Kontext eines Werkes«, dessen Einzelelemente gleichfalls berücksichtigt und untersucht werden müssen, will man sie einer künstlerischen Form zuordnen.

2.1.1 Bourdieus Konzept des Feldes

Für das Verständnis des Feld-Modells nach Bourdieu ist es wichtig, sich zunächst der Kontexte von Phänomenen bewusst zu werden, die untersucht werden sollen. Es geht Bourdieu nicht um die Beschreibung eines stringenten Gesamtmodells, sondern um die Relationalisierungen unterschiedlicher Teilbereiche einer Gesellschaft, die im Konkreten untersucht werden (müssen).

Entsprechend

> ließ sich [Bourdieu] bei seinem Feld-Modell vom relationalen Denken leiten. Die Feldtheorie unterscheidet sich vor allem dadurch von anderen [soziologischen] Positionen, daß sie nicht auf einer allgemeinen Theorie der Gesellschaft beruht. Zentraler Gegenstand der Theorie ist nicht »die« Gesellschaft, sondern das Soziale, dessen Dimensionen über empirische Untersuchungen in Teilbereichen ermittelt werden. (Jurt, 1995, S. 75)

Bourdieus Ansatz ist eine allgemeine Analyse kultureller Produktionsprozesse und wird hier spezifisch auf den Bereich der Literaturwissenschaften angewendet.

Für die Betrachtung und Analyse von Texten bedeutet die Verwendung des Modells zunächst einmal, dass zwar präzise Differenzierungen zwischen Schriftstellerinnen und Schriftstellern möglich sind, es entsteht allerdings grundsätzlich die Schwierigkeit des Transfers soziologischer Kategorien in literaturwissenschaftliche Zusammenhänge:

> Die Theorie des literarischen Feldes ist sicher zunächst eine soziologische Betrachtungsweise. Es geht darum aufzuzeigen, daß das literarische Schaffen nicht ein einsamer rein individueller Prozeß ist, aber auch nicht die Epiphanie einer substanzialisierten sozialen Klasse im Medium eines Textes, sondern ein Zusammenwirken von Dispositionen, von Akteuren und strukturellen Vorgaben eines Feldes, das als *literarisches* Feld ein ganz spezifisches Profil aufweist. (Ebd., 1995, S. 96, Hervorhebung im Orig.)

Joseph Jurt verdeutlicht in seiner Monographie, dass gerade Bourdieus Konzept durch dieses Vorgehen das Erfassen von Kategorien ermöglicht, die andere Analysestrategien (etwa in der marxistischen Tradition) unberücksichtigt lassen. Sie tendieren dazu, die Einflüsse ökonomischer Faktoren überzubetonen. Bourdieu enthüllt und behebt den Mangel des einseitigen Erklärungsansatzes, indem sein Konzept die ökonomischen Eigenschaften zwar benennt und als Einflussfaktoren übernimmt, sie aber in ein Netzwerk von Bedingungen einbindet und dadurch relativiert.

> Gängige literatursoziologische Ansätze versuchten wohl, die Werke einer umfassenden Struktur zuzuordnen, indem sie diese in Beziehung zu den ökonomischen, sozialen und kulturellen Bedingungen des künstlerischen Schaffens brachten. Dieser nicht-dialektische Ansatz, der das Werk als unmittelbare Widerspiegelung [...] einer gegebenen sozioökonomischen Situation betrachtete, [übersieht aber] die Existenz der zahlreichen Vermittlungsebenen zwischen der Infrastruktur und dem kulturellen Produkt. (Ebd., S. 74)

Jurt verweist in diesem Zusammenhang auf Jean Paul Sartre, der schon früh eine heuristische Schwäche der marxistischen Methode kritisiert habe, da sie lediglich das Ökonomische als Determinante der kulturellen Produktion annehme und dabei eine ganze Hierarchie von konkreten Vermittlungsebenen übersehe, wie Familie, Wohngruppe oder das Leben des Individuums innerhalb der allgemeinen Widersprüche der Produktivkräfte.[41]

Durch eine charakteristische *Flächigkeit*[42] gestattet Bourdieus Ansatz, die Analyse der Entstehung eines Textes weit zu fassen:

> Die Feld-Theorie führt tatsächlich zur Ablehnung des Ansatzes, der von einem direkten Zusammenhang zwischen Individualbiographie und Werk (oder sozialer Herkunftsklasse und Werk) ausgeht, als auch der immanenten Werkinterpretation und der ein Ensemble von Werken in Beziehung setzenden intertextuellen Analyse: Denn das alles zusammen ist zu tun! (Bourdieu, 1992, S. 163)

---

41 Vgl. ebd., 1995, S. 74f. Verweis dort auf: Jean-Paul Sartre, *Questions de méthode,* Paris, 1967, S. 80–81.

42 »Das Modell des Feldes evoziert die Fläche in ihrer horizontalen Dimension; es dient dazu, Positionen anzuzeigen, die zunächst nicht werthaltig sind.« (Ebd., S. 75)

Faktoren, die augenscheinlich ausschließlich institutionelle oder formelle Bedeutung von außen für einen Text haben – etwa Faktoren der Produktion (z. B. Verlag und Auflagenhöhe) und – besonders in diesem Zusammenhang – immer auch die Einflussnahme der Politik durch theoretische Vorgaben (etwa den sozialistischen Realismus) oder explizite gewaltsame Repressionen –, sollen ebenso Berücksichtigung in der Analyse eines Textes finden wie ein eindeutig Interpretation forderndes inhaltliches »Projektionsfeld« (Rohrwasser, 1980, S. 14), das die Künstlerin oder der Künstler im Text verwendeten (verwiesen sei auf Johannes R. »Bechers [Begriff von] Proletariat«.

Bourdieu will mit der Feldtheorie möglichst alle Beziehungen eines Feldes zu anderen Feldern darstellen, die vordergründig einen untergeordneten Einfluss auf einen Text haben, die etwa ausschließlich seine Produktion betreffen, jedenfalls nicht unmittelbar im Text erfahr- und belegbar sind: Für das literarische Feld des sowjetischen Exils bedeutet dies die Betrachtung der Bezüge und Einflussnahmen des politischen Feldes auf Literatur. Hierbei sind sowohl persönliche Motive als auch künstlerische Möglichkeiten (etwa die Veröffentlichungspraxis) wichtig, da sie ihrerseits der Einflussnahme von Politik ausgesetzt waren, sodass in dieser Hinsicht ebenfalls von einer Verschränkung ausgegangen werden muss, die die Dominanz des politischen Feldes zusätzlich unterstreicht. In der Kulturpolitik stalinistischer Herrschaftspraxis manifestierte sich dies durch die dominante Bedeutung des sozialistischen Realismus als Methode für jede Kunstform.

»Soziale Daten sind komplex und erfordern daher komplexe Analysemethoden«. (Schaffler, o. J., Folie 8) Die Einordnung von Phänomenen wird erst durch eine zusammenfassende Benennung möglich. Dadurch können Zusammenhänge zwischen einzelnen Phänomenen dargestellt werden, die komplexe Strukturen erzeugen. Dabei entsteht eine ordnende Struktur auf einem abstrahierenden Niveau:

»Eine **Kategorie** ist ein auf einer höheren Ebene angesiedeltes bzw. ein abstrakteres **Konzept**« (ebd., Folie 13, Hervorhebungen im Orig.). Die Benennung einer Kategorie bzw. eines Erklärungsmodells erlaubt nicht nur die Zusammenfassung von Erscheinungen, sondern sie überträgt die Grundlagen einer Theorie durch die Abstraktion eines Gesamtkonzeptes auf Untersuchungsgegenstände. Diese können erst erfasst werden, wenn sie eindeutig benannt worden sind, weil sie ansonsten weitere theoretische Methoden erfordern würden. Für Texte, die im sowjetischen Exil entstanden, reicht es eben nicht aus, sie allein unter literaturwissenschaftlichen Gesichtspunkten zu betrachten, will man die Textinhalte nachvollziehen. Um der Komplexität der Textformen und -inhalte gerecht zu werden, müssen vielmehr auch politische, soziologische, psychologische und weitere Methoden berücksichtigt werden, die erst in einer Gesamtschau der einzelnen Forschungsschwerpunkte die Spezifika eines untersuchten Textes aufzeigen können.

Für die Feldtheorie nach Bourdieu ist es gerade unter dem Aspekt einer möglichen Binnendifferenzierung ratsam, Bereiche voneinander abzugrenzen, deren Objekte lediglich eine oberflächliche Gemeinsamkeit – etwa die Vernichtung von ihren Protagonistinnen und Protagonisten in der stalinistischen Sowjetunion – aufweisen. Nur hierdurch wird in weiteren Untersuchungsschritten die Suche nach Unterschieden und Differenzen innerhalb dieser Unterfelder möglich, da sie in einem sehr komplexen Zusammenhang Positionen und Hierarchien erzeugen. Gleichzeitig kann durch die Benennung gemeinsamer Faktoren und durch den Begriff eines Erklärungsmodells die Untersuchung der Verhältnisse zu anderen Bereichen hinsichtlich dieser Mechanismen vorangetrieben werden.[43]

Ausgehend vom schöpferischen Akt der Kunst entsteht – jenseits der künstlerischen Darstellung und der politischen Interpretation – ein weiteres subjektives Element, da es durch die Rezeption eines Ausschnitts bearbeiteter Wirklichkeit eine Irritation seitens der Rezipienten (hier vor allem: Lesenden) gibt. Ihre Wahrnehmung wird konfrontiert mit anderen Interpretationen von *Wirklichkeit*, die wiederum durch spezifische Codierungen und Decodierungen unterschiedliche »Wahrnehmungsmuster« von *Wirklichkeit* anbietet.

---

43 Sehr eindeutig wird dies bei Veröffentlichungszahlen und Auflagenhöhen im Vorlauf der Verhaftung von Personen des hier betrachteten Feldbereichs im Gegensatz zu systemkonformen Schriftstellerinnen und Schriftstellern.

> Kunst, und ebenso Literatur, ist […] ein Spezialmedium, in dessen Werken andere Versionen, Interpretationen und Formen von Welt oder Gesellschaft symbolisch aufscheinen können. Sie wird so utopieschaffend. (Ohlerich, 2005, S. 45)

Daraus ergibt sich beinahe zwangsläufig die explizite Frage nach der Stellung der Leserin und des Lesers, die bzw. der in diesem Netzwerk einen distinguierten Platz einnimmt, der wiederum einen gewichtigen Einfluss auf andere Faktoren hat.

> Tatsächlich ist es am Leser, darüber zu entscheiden, ob es stimmt, daß […] die wissenschaftliche Analyse der gesellschaftlichen Bedingungen der Produktion und Rezeption des Kunstwerks die literarische Erfahrung keinesfalls reduziert und destruiert, sondern vielmehr noch steigert. (Bourdieu, 2001, S. 14)

Eine wissenschaftliche Untersuchung relativiert die Sonderstellung der Produzentin bzw. des Produzenten einer kulturellen Form zunächst, indem sie den Schöpfungsakt in Beziehung zu einer gesellschaftlichen Erscheinung, einem sozialen Raum, stellt, dem auch die Künstlerin bzw. der Künstler als Schnittpunkt bestimmter Determinanten angehört. Die Benennung und Kenntnis dieses Punktes ermöglicht eine Interpretation, sowohl Informationen zum Werk und dessen Position im Raum sowie zu seinen Besonderheiten zu treffen. Gleiches gilt für die- bzw. denjenigen, die oder der diese Aussagen, Standorte und Merkmale verkörpert (siehe Bourdieu, 2001, S. 14).

Gleichzeitig erzeugen sowohl Kunst als auch Literatur eine Utopie und die dafür konstitutive subjektive Perspektive, die nicht nur eine sehr wichtige Kategorie zur Strukturierung des Feldes ist, sondern durch die sich ein Grad der möglichen autonomen Äußerungen für eine Position im Feld erst bestimmen lässt. Schließlich muss Literatur, damit sie jene genannten Perspektiven von *Wirklichkeit* entwerfen und evozieren kann,

> eine autonome Position in der Gesellschaft innehaben, die diese Differenzbildung erst ermöglicht. Künstlerische Autonomie ist demnach kein Selbstzweck [...]. Sie ist vielmehr grundsätzliche Voraussetzung, um in einem eigenen Freiraum ästhetische Wahr-

nehmungsmuster produzieren zu können, aus denen heraus kulturelle Güter wie Literatur entstehen. (Ohlerich, 2005, S. 45)[44]

Jurt stellt in seiner Untersuchung jene Autonomie als allgemein notwendiges Differenzkriterium dar, grenzt sie von einem Feldbereich der Heteronomie ab und macht sie zu einem Maßstab und Pol jedes literarischen Feldes:

> Das intellektuelle Feld [und damit auch das literarische, F.S.] definiert sich durch den Grad der Autonomie gegenüber dem Feld der Macht. [...] Autonomie und Heteronomie sind die entscheidenden Differenzkriterien innerhalb des literarischen Feldes. (Jurt, 1995, S. 90)

Diesem Gedankengang folgend werde ich ausschließlich an den beiden Polen Autonomie und Heteronomie ausgerichtete theoretische Orientierungspunkte installieren, die sich grundsätzlich an der Ferne oder Nähe der Position einer Schriftstellerin und eines Schriftstellers vom Feld der Macht[45] orientiert. Diese grundsätzliche Bipolarität halte ich nicht nur für konstitutiv, sondern auch für die notwendige Präzision eines komplexen Sachverhalts, der erweiterbar bleibt.

> Diese Analyse der Beziehungen zwischen literarischem Feld und Macht-Feld, welche die – offenen oder verdeckten – Formen sowie die – direkten oder verqueren – Auswirkungen der Abhängigkeit betont, darf nicht vergessen machen, worin einer der Haupteffekte der Funktionsweise der literarischen Welt als Feld beruht. (Bourdieu, 2001, S. 103)

---

44 Verwiesen sei hierbei auf kulturelle, schriftstellerisch-schöpferische Vorgaben des sozialistischen Realismus, die auch eine mögliche *objektive* Darstellung von *Wirklichkeit* immer wieder einfordern.

45 »In seinen späteren Arbeiten zieht Bourdieu es vor, statt von der herrschenden Klasse [...] vom Feld der Macht und den in diesem angelegten Machtstrukturen zu sprechen. [Verweis auf Pierre Bourdieu, La noblesse d'État, Paris, 1989, S. 374 ff.]« (Schwingel, 2005, S. 180 (Fußnote 83)) Deshalb halte ich es – gerade im Hinblick auf die zentrale Stellung der Person Josef Stalins – für sinnvoll, im Zusammenhang des sowjetischen Exils nicht nur von einem politischen Feld oder einem Feld der Politik zu sprechen, sondern auch von einem Feld der Macht.

Bourdieu betont, dass für eine autonome Haltung nicht nur Ablehnung von konformem Verhalten und profitablen Karrierismus entscheidend ist, sondern dass gerade beim Überwinden heteronomer Denkstrukturen »der ethische Bruch immer auch [...] eine grundlegende Dimension eines jeden ästhetischen Buchs darstellt« (ebd.).

Daraus folgt, dass das literarische Feld nicht statisch sein und innerhalb seiner Grenzen ein Status quo für beteiligte Interessengruppen nur durch den Einsatz einer großen Menge von bestimmten Krafteinheiten bewahrt werden kann:

> Ich sage, daß das literarische Feld ein Kräftefeld ist und zugleich ein Feld von Kämpfen, in denen es um Wahrung oder Veränderung des herrschenden Kräfteverhältnisses geht. (Bourdieu, 1992, S. 158)

Diese »Veränderung des herrschenden Kräfteverhältnisses« kann nur mittels einer Größe geschehen, die quantitativ und qualitativ messbar ist:

> Jeder der Akteure setzt die Kraft (das Kapital) ein, die er in vorausgegangenen Kämpfen erworben hat; setzt sie ein in Strategien, deren Richtung abhängt von seiner Position innerhalb der Kräfteverhältnisse, das heißt von seinem spezifischen Kapital. (Ebd.)

Neben der Benennung als »Feld«, das grundsätzlich die Eigenschaften und Verortungen des untersuchten Ausschnitts kennzeichnet, ist der Terminus »Kapital« der zentrale Begriff der Feldtheorie Bourdieus: Durch die Menge und Art von Kapital kann die Werthaltigkeit einer Position in einem Feld und darüber hinaus auch in anderen Feldern bestimmt werden, da für andere Felder spezifische Arten unter bestimmten Bedingungen auch gültig sein können (s. Schwingel, 2005, S. 85f.).

Gleich Trümpfen in einem Kartenspiel, determiniert eine bestimmte Kapitalsorte die Profitchancen im entsprechenden Feld (faktisch korrespondiert jedem Feld oder Teilfeld die Kapitalsorte, die in ihm als Machtmittel und Einsatz im Spiel ist). (Ebd., S. 86)

Bourdieu misst dem Kapital einerseits eine Funktion für die Ausgänge von Kämpfen im jeweiligen Feld bei, da es die Stärke der beteiligten Akteure bestimm- und vergleichbar macht. Andererseits ermöglicht eben dieses Kapital im betreffenden Feld erst eine Strukturierung, indem es Positionen ihrer Kapitalakkumulation gemäß gewichtet:

> Die Struktur des Feldes gibt den *Stand* der Machtverhältnisse zwischen den am Kampf beteiligten Akteuren bzw. Institutionen wieder bzw. [...] den *Stand* der Verteilung des spezifischen Kapitals, das im Verlauf früherer Kämpfe akkumuliert wurde und den Verlauf späterer Kämpfe bestimmt. (Ebd., S. 100, Hervorhebung im Orig.)

Für eine autonome, unabhängige Position ist die Akkumulation von und das Verfügen über Kapital von entscheidender Bedeutung. Schwingel hält gewisse Beschränkungen kapitaler Ressourcen nicht nur durch »feldspezifische Spielregeln« bedingt, sondern auch durch deren Knappheit und Begrenzung. Der Ausgang von »Wettkampfspielen« nach der Theorie des Feldmodells hänge allerdings weniger als Glücks- oder Kartenspiele vom Zufall ab, sondern v. a. von der Fähigkeit einer Akteurin oder eines Akteurs die verfügbaren Mittel strategisch sinnvoll einzusetzen (vgl. ebd., S. 85).

Für das sowjetische Exil bedeutet das, dass die Nähe oder Ferne der Position einer Schriftstellerin oder eines Schriftstellers zum bzw. vom Feld der Macht eine zusätzliche Bedeutung zukommt, die allerdings willkürlich konterkariert werden konnte – ausgehend von welcher bürokratischen Ebene der Entscheidungsgewalt auch immer. Auf diese Weise lassen sich jedenfalls keine eindeutigen Verfahrensmuster rekonstruieren.[46]

---

46 Wie sich am Beispiel Bertolt Brechts ablesen lässt, ist keine Generalisierung für staatssozialistische Systeme möglich: Auch das Verfügen über eine relevante Form von einer Art politischen Kapitals konnte der Position einer Akteurin oder eines Akteurs in anderen Staatssystemen als dem Stalinismus Geltung verleihen, die sie nicht zusätzlich herauf- oder abwertete. Vgl. Mittenzwei, 1997b, S. 356–383 (besonders S. 356–360).

2.1.2 Ambivalenzen des Feld-Begriffs

Jurt sieht eine der Stärken des Bourdieu'schen Feld-Modells darin, dass Einflüsse (etwa ökonomische oder politische) keinen Alleinerklärungsanspruch erheben können, da sie immer durch ein Konglomerat aus anderen Einflussfaktoren relativiert werden können. Hierin zeigt sich ein essenzielles Problem für die Anwendung der Theorie des literarischen Feldes auf komplexe Zusammenhänge – bei Weitem nicht nur in den Strukturen des sowjetischen Exils! –, da einzelne Faktoren von Anfang an unterschiedliche Gültigkeit für eine Position haben. Eine Gewichtung und Hierarchisierung von Geltungen ist daher a priori sinnvoll, dadurch erscheint das Feld generell verformt oder es muss anderen Feldern eine vorherrschende Stellung zuerkannt werden. Im sowjetischen Exil gilt dies selbstverständlich für das Feld der politischen Macht, da alle wesentlichen Entscheidungen beinahe ausschließlich von der Relevanz einer Akteurin oder eines Akteurs im politischen Bereich abhingen. Das polarisiert den gesamten sozialen Raum, sodass eine eindeutige Bestimmung durch grundsätzliche Verkrümmungen des jeweiligen Feldes die Schematisierung von Positionen erschwert und überlagert.

Diese Schwierigkeit fängt Bourdieu durch die Verankerung eines Konstrukts in seiner Theorie auf: den Raum der Möglichkeiten, der alle denkbaren Elemente und Strategien, die einer Akteurin und einem Akteur des jeweiligen Feldes zur Verfügung stehen, bereithält. Das bedeutet, dass in diesem Raum für eine Schriftstellerin bzw. einen Schriftsteller alle für einen Text zu einem bestimmten Zeitpunkt anwendbaren Mittel künstlerischer Gestaltungsmöglichkeiten, auf die zurückgegriffen werden können, katalogisiert sind. Sie sind zudem geordnet und im Hinblick auf ihren Wert in *Kämpfen* innerhalb und außerhalb des entsprechenden Feldes gewichtet.

> Eine der Grunddimensionen des Raums der Möglichkeiten ist die Hierarchie der Gattungen und innerhalb jeder einzelnen von ihnen die relative Legitimität der Stile und Autoren. Obwohl zu jedem Zeitpunkt Gegenstand von Auseinandersetzungen, stellt sie sich wie eine Gegebenheit dar, mit der zu rechnen ist, auch wenn man sich von ihr abzusetzen und sie zu verändern gedenkt. (Bourdieu, 2001, S. 147)

Offensichtlich tritt der Austausch einzelner Positionseigenschaften von Feldmitgliedern in den literarischen Salons zutage, die in Bourdieus Untersuchung *Die Regeln der Kunst* (2001) zum literarischen Feld der französischen Literatur des 19. Jahrhunderts eine wichtige Rolle bei der Vermittlung zwischen den grundsätzlichen Positionen im betrachteten Feld spielen:

> Die Gesellschaft der Künstler ist jedoch nicht nur das Labor, in dem jene ganz besondere Lebensweise entwickelt wird, der künstlerische Lebensstil, eine fundamentale Dimension des künstlerischen Schaffensprozesses. Eine ihrer Hauptfunktionen, die dennoch immer wieder ignoriert wird, besteht vielmehr darin, daß sie selbst ihr eigener Markt ist. Sie nimmt die Waghalsigkeiten und Überschreitungen, die die Schriftsteller und Künstler nicht nur in ihren Werken, sondern auch in ihrem seinerseits als Kunstwerk begriffenen Dasein zelebrieren, auf nachsichtigste, verständnisvollste Weise auf. (Ebd., S. 99)

Die Bedingungen, unter denen im Feldbereich Verhaltensweisen und kulturelle Formen entwickelt werden, zeigen sich zwar nicht unbedingt in finanziellem Reichtum, sie tragen aber zu allgemeiner gesellschaftlicher Anerkennung bei, die in anderen Bereichen als Verstöße gegen gültige Regeln aufgefasst werden können.

> Erfolgreich konnte die Kulturrevolution, aus der diese verkehrte Welt – das literarisch-künstlerische Feld – hervorging, nur sein, weil die bedeutenden Häretiker bei ihrem Versuch der Unterminierung der Prinzipien von Vision und Division wenn nicht mit der Unterstützung, so doch der Aufmerksamkeit all derer rechnen konnten, die beim Eintritt in dieses sich konstituierende Universum der Kunst stillschweigend die Möglichkeit anerkannt hatten, dass darin alles möglich sei. (Ebd., S. 99f.)[47]

---

47 Bourdieu zeigt im Zusammenhang auch auf, wie in den französischen literarischen Salons die Einflussnahme von Politik auf Literatur durch eine Art Verschränkung erfolgte: »Die Salons bilden auch, über die vielfältigen Formen des darin sich vollziehenden Austauschs, regelrechte Mittlerinstanzen zwischen den Feldern: Die Inhaber der politischen Macht wollen ihre Sicht den Künstlern aufzwingen und sich deren Konsekrations- und Legitimationsmacht [...] zu eigen machen; die Schriftsteller und Künstler wiederum, die als Bittsteller und Fürsprecher, zuweilen sogar als regelrechte *pressure group* auftreten, sind darauf aus, eine mittelbare Kontrolle über die verschiedenen vom Staat verteilten materiellen und symbolischen Gratifikationen zu gewinnen.« (Ebd., S. 88f., Hervorhebung im Orig.)

Anhand des Schriftstellers Gustave Flaubert macht Bourdieu deutlich, was dies im konkreten Einzelfall für die Wahl der Textsorte bedeuten kann:

> Mit der Entscheidung, Romane zu schreiben, ließ sich Flaubert darauf ein, Merkmale jenes Inferioritätsstatus aufzuweisen, der mit der Zugehörigkeit zu einer niederen Gattung verknüpft ist. (Ebd., S. 147)

Aus dieser Beobachtung leitet Rohrwasser ab, dass es schwierig ist, angemessene Interpretationsinstrumente auszuwählen. In seiner Dissertation (1980) am Beispiel Johannes R. Bechers will er bei der Lektüre der Texte die polit-taktischen Inhalte der Texte genau dort untersuchen, wo sie explizit Politik thematisieren. Die entstehenden Probleme, wenn soziologische Analyseinstrumente auf vorrangig literarische Formen angewandt werden, können möglicherweise durch eine Änderung bei der Bewertung der Untersuchungsergebnisse umgangen werden.

> [Soziologische] Untersuchungen von außen [sind] unfruchtbar, weil sie bestätigen, daß Bechers Proletariat keine soziologische Größe, sondern Projektionsfeld ist. (Ebd., S. 14)[48]

Eine unmittelbare Übertragung vereinfacht zunächst die Erfassung und Kategorisierung von Forschungsgegenständen, indem durch bekannte Größen Erscheinungen – wie Bechers Begriff von Proletariat – ermittelt werden. Diese Schematisierungen können allerdings Eigenschaften überlagern, die in anderen Zusammenhängen eine wichtige Rolle spielen. Die Untersuchung von Größen, die zunächst nicht eindeutig bestimmt und erfasst werden können, offenbart eine Schwäche des Feld-Modells, die nur im Einzelfall umgangen werden kann und sollte. So müssen Aufenthaltsorte und Umstände der Entstehung von Texten (besonders im Zusammenhang von politischem Exil) unbedingt berücksichtigt werden.

---

48 Den Auftrag zur Suche und Analyse der Politik von Texten, »wo sie nicht von Politik sprechen wollen, und dort, wo sie von ›großer Politik‹ handeln, auch ihre ›Mikro-Politik‹ zu lesen«, lasse ich an dieser Stelle (trotz seiner besonderen Wichtigkeit) außer Acht.

Das macht für eine Interpretin bzw. einen Interpreten nicht nur die Beachtung des unmittelbaren künstlerischen Kontextes und des lokalen Umfeldes, in denen ein literarischer Text entstanden ist bzw. eingeordnet werden kann, möglich; es eröffnet vielmehr auch die Chance auf die Annäherung an eine präzise Bestimmung von historischen Zusammenhängen und konkreten Einflüssen, die jede kleinste Spur von Bezug verfolgt. Hierdurch kann allerdings eine Art *Überfrachtung* entstehen, die Texte künstlich mit Interpretationsmöglichkeiten überlädt und Verwirrung erzeugt. Gerade in einem politischen Kontext wie dem Exil in der Zeit des Nationalsozialismus ist das unbedingt zu vermeiden, da Vermengungen unterschiedlicher Ursachen entstehen könnten, die wichtige Sachverhalte überlagern oder sogar völlig ausblenden würden.

2.1.3 Differenzierungen des Feld-Begriffs

Neben der erörterten allgemeinen Schwierigkeit der Übertragung von soziologischen Kategorien auf literarische Sachverhalte entstehen bei der konkreten Anwendung des Feld-Modells auf das literarische Feld des sowjetischen Exils gesondert Probleme, die im Folgenden diskutiert werden. Wie bereits betont, ist es gerade im Zusammenhang des sowjetischen Exils unbedingt notwendig, von der Dominanz des Feldes der Macht auszugehen und die Positionen von Akteurinnen und Akteuren auch in anderen Feldern hiernach zu bestimmen. Jost Müller etwa spricht von einer »bolschewistische[n] Fixierung auf den Staat«, denn die »Herrschaft der stalinistischen Bürokratie ist durchgehend vom Hang zu staatlich-administrativen Maßnahmen gekennzeichnet« [Müller, 2000, S. 44]. Dadurch bietet sich an, dass die Polarisierung des literarischen Feldes des sowjetischen Exils mittels dieser Sphäre des Politischen erfolgt, zumal es im Falle von Literatur auch um die Nutzung und Schaffung von Utopie geht, die gleichzeitig das Politische betrifft. So entstehen Rückkopplungseffekte, die in einer theoretischen Konzeption berücksichtigt werden sollten.

Das rechtfertigt die Annahme einer grundsätzlich bipolaren Gliederung, die Fischer und Jarchow prinzipiell schon in der dualen Struktur von Habitus und Feld sehen, wie durch die Erweiterung des einleitend zum Unterkapitel angeführten Zitats deutlich wird:[49]

> Die Verbindung der empiriebezogenen Theoriekonstituierung mit der zentralen Bedeutung der sozialen Strukturierungen und dem nicht minder wesentlichen Element der Relationalität bestimmt auch den Gehalt von zwei entscheidenden Begriffen im Forschungskonzept Bourdieus: »Feld« und »Habitus«. Die Kategorie »Feld« erweist sich als wesentlich geeigneter, um die »sozialen Räume« zu bezeichnen, in denen die Gruppierungen der Gesellschaftsmitglieder ihre Positionen einnehmen, als es etwa der herkömmliche Klassenbegriff erlaubt. [...] Das »Feld« bezeichnet einen in der sozialen Praxis und im Bewußtsein der Gesellschaftsmitglieder abgegrenzten, d.h. »relativ autonomen« sozialen Raum, in dem sich Gruppierungen von Gesellschaftsmitgliedern – ob nun bewußt oder unbewußt, direkt oder indirekt – durch Art und Institutionalisierung ihrer Praxis aufeinander beziehen, und zwar mittels der Verfügung über, der Orientierung an, dem Streben nach oder dem Operieren mit verschiedenen »Kapitalsorten« (»im« und »am« sozialen Akteur eben als inkorporierte und korporierte Kapitalsummen, dem »Habitus«). »Felder« sind also strukturiert durch Positionsbildungen, »Pole«, an denen sich die unterschiedlichen Kapitalien konzentrieren. [...] Literatur – als eine zunächst pragmatisch abgegrenzte gesellschaftliche Praxis - läßt sich als deren Objektivierung in einem Feld beschreiben, dessen extreme »Pole« vom l'art pour l'art auf der einen und der nur noch profitorientierten Literatur auf der anderen Seite markiert werden. Dieses Feld aber ist in sich homolog zu anderen Feldern strukturiert, und für die Felder der Agierenden werden daher auch die Bezüge der Felder untereinander wirksam. (Fischer & Jarchow, 1987, S. 166)

Jurt betont bei der zeitlichen Einordnung autonomer Bestrebungen im literarischen Feld mit einem Verweis auf Bourdieu, dass die Gewichtung zwischen einem heteronomen und einem autonomen Pol zusätzlich zeitlich und systembedingt

---

49 Fischer und Jarchow sehen die Bipolarität des literarischen Feldes allerdings vorrangig an ökonomischen Interessen manifestiert, die im Zusammenhang des literarischen Feldes im sowjetischen Exil zu vernachlässigen sind.

starken Verschiebungen unterliegt (vgl. Jurt, 1997, S. 174f. Im Zusammenhang des sowjetischen Exils ist diese Abhängigkeit unbedingt zu beachten).

> Die Tendenz zur Autonomie von Kunst und Literatur setzt […] ein, wenn der Künstler/Schriftsteller beginnt, sein Werk zu signieren, es als Ausdruck seines [eigenen] Stil- und Formwillens mit seinem Namen bezeugt und somit aus der Determinierung durch religiöse und gesellschaftliche Zweckverbindungen löst. (Ebd. S. 174)

Dass das Prinzip der Autonomisierung nicht ausschließlich von gesellschaftspolitischen Determinanten und einer bloßen Alternative Autonomie vs. Heteronomie abhängen kann, betont Jurt mit Verweis auf Bourdieu:

> Das literarische oder künstlerische Feld ist der Ort der Auseinandersetzung zwischen den beiden Prinzipien der Hierarchisierung, dem heteronomen Prinzip, das denen zuneigt, die das Feld wirtschaftlich und politisch beherrschen, und dem autonomen Prinzip […]. Der Grad der Autonomie variiert beträchtlich je nach Epoche und nach den nationalen Traditionen, die die gesamte Struktur des Feldes bestimmen. [Fußnote: Pierre Bourdieu: Le champ littéraire. Préalables critiques et principes de méthode. In: lendemains 36 (1984), S. 13 (übersetzt von Joseph Jurt], (ebd., S. 175)

Die enge Verbindung zwischen literarischem und politischem Feld erschwert die Erschließung autonomer Positionen für die Angehörigen des erst genannten Feldes, weil sie stets der Dominanz des zweiten ausgesetzt sind. Deshalb müssen zur Konstruktion eines autonomen Pols (im Gegensatz zu einem heteronomen Pol) des literarischen Feldes im sowjetischen Exil mitunter schon sehr unscheinbare und hintergründige Anzeichen ausreichen, die einen Widerspruch zum Feld der Macht lediglich erahnen lassen, weil sie – deutlicher ausgesprochen – Konflikte mit den Instanzen der politischen Macht heraufbeschworen hätten.[50]

---

50   Deshalb ist es angebracht, kleine Zeichen von Autonomie zu suchen: Wie verhält es sich in Texten mit subtiler Kritik, die nur über einen Umweg zu verstehen ist? (Kann man etwa Lobeshymnen Bechers auf den Diktator Josef Stalin auch gegenteilig interpretieren, wenn er dessen Namen an keiner Stelle explizit nennt? Was bedeuten angewandte literarische Formen und aufgegriffene Traditionen für das Schreiben politisch motivierter Texte? (Wie ist etwa die überwiegende Verwendung der Kurzgeschichte durch S. Gles zu bewerten? Wie Günthers theoretische Abhandlung

Um die Momente von lediglich angenommener Kritik und von nicht offensichtlichen Motiven in Texten zu erkennen, ist es unumgänglich, Einzelpersonen nicht nur als Akteure in ein Theoriemodell einzuordnen, sondern gezielt auch ihre Handlungen zum Forschungsgegenstand zu machen. Die konkrete Ein- und Anbindung des Individuums in und an ein Feld-Modell gelingt Bourdieu mittels der Kategorie des Habitus, die durch »empirische Untersuchungen in [gesellschaftlichen] Teilbereichen« (Jurt, 1995, S. 75) bestimmt werden kann:

> Mit seinem Begriff des »Habitus« versucht [Bourdieu], den Gegensatz zwischen Subjekt und Struktur zu überwinden. Die Opposition zwischen »Individuum« und »Gesellschaft« ist in seinen Augen nicht relevant. Das Soziale ist überall. Es ist im Einzelnen als inkarniertes Soziales präsent über die Kategorie des Habitus. (Jurt, 2008, o. S.)[51]

Im Habitus[52] zeigt sich nichts anderes als *das grundsätzlich Soziale* in einem konkreten Subjekt, das gleichzeitig durch die Felder selbst im sozialen Raum repräsentiert wird.

> In jedem Fall müssen »Habitus« und »Feld« theoretisch immer zusammen gedacht und in der empirischen Analyse aufeinander bezogen werden [, schließlich handelt es sich] um zwei Theoriekomponenten, welche die Opposition von Individuum und Gesellschaft […] überwinden wollen. (Schwingel, 2005, S. 81)

---

zum Nationalsozialismus, *Der Herren eigener Geist?* Zeigt die wissenschaftliche Betrachtung des Phänomens Nationalsozialismus eine Lücke in der Argumentationsführung stalinistischer Dogmatik an, die Günther aufzufüllen versucht?)

51 Jurt betont im Aufsatz ebenfalls, inwieweit dadurch die Konstruktion des Habitus über andere Theorien hinausgeht: »Bourdieu versuchte […] den Strukturalismus zu überwinden, indem er wieder die lebendigen Akteure einbrachte, die von den Strukturalisten bloß als Epiphänomene betrachtet wurden. Er tat dies über den Begriff des ‚Habitus', ohne dabei zu den Thesen der Subjektphilosophie à la Sartre zurückzufallen.« (Ebd.)

52 Zur Eingrenzung des Begriffs findet sich im Internet die schlichte Definition: »Verinnerlichte Denk-, Handlungs- und Wahrnehmungsschemata«. Und weiter: »Habitus […] stellt die Verbindung zwischen dem physiologischen Körper und der Kultur einer Gesellschaft her: ist also verinnerlichte Gesellschaft« [beide Zitate: Uni-Köln, 2005, Folien 3 und 9).

183

Diese Doppelung und Verschränkung des Gegenstandes ermöglicht einerseits die Benennung und Untersuchung jenes Sozialen, seiner Prozesse und der Einbindungen und Auswirkungen in den bzw. auf die Strukturen eines Feldes. Andererseits findet die abstrakte Makro-Struktur eines Feldes im Habitus einen individuellen Ausdruck, der sie handhabbar macht.[53]

Der Literaturwissenschaftler Jurt erläutert, dass im bereits erörterten Kapital der abstrakte Begriff des Sozialen in Bourdieus Modell für ein Individuum konkret wird, weil es Rückwirkungen auf den Habitus eines Individuums hat. Die Quantität der kapitalen Qualitäten bestimmt die internen Feldstrukturen. Die in vergangenen *Kämpfen* erworbenen Kapitalien entscheiden über den Ausgang weiterer Konflikte zwischen Positionen eines Feldes, da Güte und Menge des vorhandenen Kapitals verglichen und bewertet werden. Kapital ist zunächst nur in einem bestimmten Feld gültig, kann allerdings unter gewissen Umständen gewandelt und in weiteren Feldern zum Einsatz kommen.

> Forschungspraktisch steht man hier in einem gewissen Sinne vor einer Art hermeneutischem Zirkel: »Um das Feld zu konstruieren, muss man die Formen des spezifischen Kapitals bestimmen, die in ihm wirksam sind, und um diese Formen des spezifischen Kapitals zu konstruieren, muss man die spezifische Logik des Feldes kennen.« (Jurt, 2008, o. S., Verweis auf: Bourdieu & Wacquant: *Reflexive Anthropologie*. Frankfurt am Main, 1996, S. 139)

---

53 Wie Bourdieu in diesem Zusammenhang mit den »Gegensatzpaare[n] Individuum und Gesellschaft, Lebenswelt und System, Interaktionismus und Funktionalismus, Phänomenologie und Strukturalismus, Verstehen und Erklären, Mikro- und Makrosoziologie, interpretatives und normatives Paradigma u. a. m.« (Schwingel, 2005, S. 42) umgeht und wie er sie in sein Modell einordnet, siehe ebd., S. 41–59. Abschließend heißt es dort: »[D]er bourdieusche Strukturalismus [bietet] eine wissenschaftstheoretische Alternative jenseits des Dualismus von (subjektive Sinnbeziehungen rekonstruierender) Hermeneutik und (objektive Funktionen analysierendem) Funktionalismus.« (Ebd., S. 57)

Entsprechend dem jeweiligen Besitz an Kapital tragen Feldmitglieder zu Erhalt oder Umsturz der Verteilung von Kapital bei und sammeln sich auch aus diesem Grund am autonomen oder heteronomen Pol.

Generell werden durch Akkumulation von feldrelevanten Kapitalsorten für eine Teilnehmerin bzw. einem Teilnehmer somit die Kategorien eines Feldes im Konkreten erfahrbar, weil sie ihre bzw. seine Position im Feld bestimmen. Andererseits prägen die Kapitalsorten erst die Struktur des jeweiligen Feldes und bilden nicht nur seine Wirkungen[54], sondern seine Grundpositionen im gesamten sozialen Raum, die auch das System erst differenzieren. Das setzt die Betrachtung einer »strukturierenden Struktur«[55] voraus, ohne deren Eigenschaften zu kennen und macht es gleichzeitig notwendig, jene Eigenschaften losgelöst von den Strukturen, die sie erst ermöglichen, zu betrachten.

Deshalb war es sinnvoll den Begriff des Kapitals in die Argumentation einzuführen und seine Eigenschaften zu betrachten; zumal das Kapital nicht nur (konvertiert) aus anderen Feldern entstammen kann: Im *Fall Günther* wirkte sich seine Stellung und die damit verbundene Kapitalakkumulation im politischen Feld konkret auf seine Position und die damit einhergehende Behandlung im literarischen Feld aus: Bis zu seiner Verhaftung am 4. November 1936 nahmen die Zahlen seiner veröffentlichten Texte stetig zu, um dann durch seine Verhaftung abrupt abzubrechen.

Das Konzept des Habitus manifestiert die Parameter des Feldes, indem es Bereiche einem Individuum zuordnet, das als Handelnder im sozialen Raum erfahr-, be-

---

54 Das Kapital besitzt schließlich auch in anderen Feldern einen Wert und dadurch Einfluss, denn die spezifischen Kapitalien sind (zwar »nur schwer« [Jurt, 2008, o. S.], aber immerhin) konvertierbar.

55 Dauer fasst diesen Sachverhalt noch weiter: »Demgemäß ist der Habitus als ›reproduktives Prinzip‹, somit als ›strukturierte Struktur‹ (›opus operatum‹) zu interpretieren, da die individuellen Formen der Praxis gemäß den sozial strukturierten Dispositionen gewählt werden. Er ist als ›generatives Prinzip‹ aber auch zugleich ›strukturierende Struktur‹ (›opus operandi‹).« (Dauer, 2002, o. S.)

nenn- und verortbar ist. Die abstrakten Kategorien eines Feldes erhalten somit durch den Habitus ein konkretes Gesicht, das gleichzeitig eine Position im sozialen Raum einnimmt. Die Gegebenheiten diverser Attribute werden wiederum selbst durch weitere Faktoren gekennzeichnet, die in ihrer Konstellation nur hier zutreffen, sodass die Position singulär im Feld stehen muss.

Gerade die im politischen Feld gültigen Regeln können im sozialen Raum des sowjetischen Exils deshalb keine autonomen Positionen erzeugen, wie sie an den extremen Außenstellen eines autonomen Pols üblicherweise zu finden sind. Die Positionen werden vielmehr entweder von Verhaltensmustern des Selbstschutzes gekennzeichnet oder münden in der Verfolgung bis hin zur Tötung solcher, die sich kritisch hinterfragender Strategien bedienten.[56] Eine Hierarchisierung der Einflüsse auf Positionen ist von vornherein gerade für das sowjetische Exil zu berücksichtigen, zumal diese auch für Motive von persönlichen Entscheidungen und Wegen unterschiedliche Bedeutungen haben, wie schon bei der Motivation für die Wahl eines Exillandes deutlich wird.

---

56 Ohlerich verweist in seiner Dissertation in diesem Zusammenhang auf die von Müller aufgezeichnete Parteiversammlung deutscher Schriftstellerinnen und Schriftsteller in Moskau, »in der Feigheit und Denunziation die Stimmung beherrschten. Für die Teilnehmenden, u. a. Johannes R. Becher, Willi Bredel, Hugo Huppert, Alfred Kurella, Georg Lukács, Gustav Regler, Erich Weinert [...] und Friedrich Wolf, bedeuteten diese Treffen, ebenso wie die noch folgenden Säuberungen, oftmals im wahrsten Sinne des Wortes einen Kampf um Leben und Tod. Wer das sowjetische Exil und seinen Terror überlebt hatte und nach dem Krieg in den Ostteil Deutschlands zurückkehrte, hatte vollständig das Denken in Machtstrukturen inkorporiert. [...] Literatur konnte von ihnen nur noch in Kategorien von Machterhalt sowie dem Dogma einer reinen Lehre gesehen werden. Darüber wandten sich diese Autorinnen und Autoren gegen jegliche Autonomisierungstendenz des literarischen Feldes. Sie versuchten im Gegenteil das Feld fester an die Kulturpolitik der SED zu binden. Diese Gruppe brachte ein autoritätshöriges und damit höchst fragwürdiges Kapital in das literarische Feld [der DDR/SBZ] mit ein [...].« (Ohlerich, 2005, S. 131) Der Zusammenhang von »Autonomisierungstendenz des literarischen Feldes« und am »Denken in Machtstrukturen« ausgerichteten Tendenzen muss deshalb im Einzelnen bei der Untersuchung der Einflüsse des politischen Feldes auf die Positionen im literarischen Feld des sowjetischen Exils eine wichtige Rolle spielen.

Nicht nur die Abstufung und Bewertung unterschiedlicher Einflüsse von *Außen* ist im Kontext des literarischen Feldes problematisch. Besonders jener Begriff der Intertextualität ermöglicht lediglich vorsichtige Annäherungen an solche Mechanismen, da die Einbettung und Verankerung von Texten spekulativ bleiben müssen: Einerseits haben Bezüge und Parallelität zu zeitgenössischen Werken – seien sie nun unmittelbar im sowjetischen Exil oder anderswo[57] entstanden – einen hingenommenen oder gewollten Einfluss; andererseits verschwimmen und verblassen diese ambivalenten Bedeutungen durch die Dominanz des Politischen. Eine Ordnung und Gewichtung der unterschiedlichen Kategorien im Hinblick ihres Einflusses auf die literarischen Texte des sowjetischen Exils ist immer zu berücksichtigen und erschwert dadurch die abschließende Bewertung. Vielmehr scheint es sinnvoll, mögliche Hintergründe von Texten lediglich spekulativ zu benennen, sie nebulös und verschwommen zu belassen, weil sie aufgrund der zeitlichen Distanz nicht definitiv geklärt werden können.

Ein Zusammenhang des thematischen Fokus' der Prosa bzw. Lyrik von Glesel und Günther und den Parteitagsbeschlüssen zur Kulturpolitik in der UdSSR kann nicht direkt hergestellt werden. Das könnte möglicherweise durch (literartur-)historische Forschungen nachgewiesen werden. Diese Überlegungen münden schließlich in der Frage nach Kopplungseffekten zwischen politischen, ideologischen und literarischen Machtstrukturen. Wann dominiert welcher Bereich und lässt sich eine Übermacht der einen Struktur über die anderen überhaupt im Text nachweisen?

---

57 Prominente deutschsprachige Schriftstellerinnen und Schriftsteller lassen sich unzählige finden, die aus dem Exil in anderen Ländern u. a. politisch in Texten und auf Texte wirken: z. B. Bertolt Brecht (aus skandinavischem bzw. amerikanischem Exil), Lion Feuchtwanger (Frankreich bzw. Vereinigte Staaten von Amerika), Thomas und Heinrich Mann (Schweiz bzw. Frankreich und Vereinigte Staaten von Amerika) und Anna Seghers (aus dem mexikanischen Exil).

2.1.4 Eine kontextuelle Ergänzung

Um den genannten Schwierigkeiten bei der Anwendung der Feldtheorie auf das literarische Feld des sowjetischen Exils zu entgehen, scheint mir die Betonung der Ganzheitlichkeit – bei aller Schwierigkeit dieses Begriffes, denn »[d]as Ganze ist das Unwahre« (Adorno, 1997e, S. 55) – des Feld-Modells durch die Hinzunahme der Theorie »der Identität des Nichtidentischen« von Theodor W. Adorno sinnvoll. Die Verknüpfung der beiden Theorien wird in dieser Arbeit die Betrachtung gesellschaftlicher Prozesse ausgehend vom individuellen Kunstwerk (Text) vertiefen. Adorno zeigt in seiner Theorie vorrangig, dass eine Erscheinung oder ein Sachverhalt mehr ist als das, was wir im ersten Moment mit oberflächlichem Blick erfassen können.

> Aber nichts ist ausschließlich das, was es ist; keine Bestimmung erschöpft es, und insofern weicht es von sich ab. […] Verschiedenheit gibt es immer nur vom Identifizieren her, als Überschuß oder Abweichung. (Ette et al., 2004, S. 16f.)

Es geht den Theorien des Nichtidentischen vordergründig und ausschließlich nicht darum zu bemängeln, dass komplexe, widersprüchliche Zusammenhänge zu einer Entfremdung eines Sachverhalts von sich selbst führen. Vielmehr soll es zum Ausdruck bringen: »Was ist, ist mehr, als es ist.« (Adorno 1997b, S. 164) Das heißt:

> Etwas selbst ist mehr als es selbst; es ist aus und in Zusammenhängen, die nicht es selbst sind, aber sich von ihm aus erkunden lassen, so daß es sich in dem, was es ist, aus diesen als aus seiner »Genealogie« ergibt. (Ette et al., 2004, S. 19f.)

Den treffenden Begriff hierfür entnimmt Adorno dem Werk Walter Benjamins: »Konstellation« (Adorno, 1997b, S. 165).

Das Nichtidentische vermittelt den Blick auf den Text als Erscheinung von *Wirklichkeit*, die mehr ist als der bloße Text, weil dieser gleichzeitig auf Zusammenhänge verweist, die auf den ersten, flüchtigen Blick nicht wahrgenommen werden können.

Ein Text ist, wie die Theorie Bourdieus impliziert, als Produkt bestimmter Umstände anzusehen, sodass die Strukturen, in denen er entsteht, in ihm wahrnehmbar sein müssen. Adornos These von der Identität des Nichtidentischen betont die Möglichkeit der Interpretation eines Textes vor dem Hintergrund seiner unmittelbaren Entstehungszusammenhänge, weshalb sie mir als Ergänzung zu Bourdieus Feld-Modell sinnvoll scheint. Zumal durch sie nahegelegt ist, die Querverbindungen schon im Text zu suchen, die als literarische Figuren Motivationen der Schriftstellerinnen oder Schriftsteller zutage treten lassen.[58].

2.2 Hinzunahme von *Kollision* als Erklärungsmuster

> Für diese Ansätze ist die Auffassung der Kategorie als Element des Denkens und Sprechens über »Dinge« charakteristisch. (Ritter & Gründer, 1976, Sp. 775)

Im Folgenden werde ich versuchen, den Begriff eines theoretischen Modells zu entwickeln, um das Erklärungsmodell zur Analyse des Phänomens heranzuziehen, das im Mittelpunkt der Arbeit steht. Der Kategorienbegriff wird sowohl die unterschiedlichen Texte als auch die Lebenswege von Schriftstellerinnen und Schriftstellern erfassen, die nicht mehr aus dem sowjetischen Exil zurückkehrten, weil sie dort getötet wurden – sei es gezielt durch Hinrichtung wie im »Fall Gles« oder als Folge unmenschlicher Haft- und Transportbedingungen wie bei Günther. Diese Bezeichnung soll es letztlich ermöglichen, dass die Betroffenen als Gruppe

---

58 Diesen Sachverhalt formuliert auch Hans Günther, indem er sich auf Lenin beruft: »Für uns ist ein Gegenstand dann total erfasst, wenn man ›alle seine Seiten, alle Verbindungen und Vermittlungen erforscht‹ (Lenin), wenn man ihn als Teil des Ganzen, also im richtigen Zusammenhang mit dem Gesamtprozeß darstellt. Insofern läßt sich in beinahe jedem beliebigen Wirklichkeits-*ausschnitt* im kleinsten Teil auch das Ganze erfassen, und in diesem Sinne kann selbstverständlich ein Lied oder ein Sonett nicht minder Anspruch auf Totalität erheben als ein dicker Roman.« (Günther, 1981, S. 695, Hervorhebung im Orig.)

zusammengefasst in einem Feldmodell betrachtet werden können. Anfangs muss betont werden, dass diese Klassifikation lediglich ein Teilaspekt ist, den es unter bestimmten Umständen abzuschwächen oder aufzuweichen gilt, weil der Begriff der Klassifizierung keineswegs das alleinige Kriterium darstellt.[59]

Allerdings bin ich der Auffassung, dass es grundsätzlich problematisch ist, die Leben, die durch die stalinistischen Befehlsvollstrecker ausgelöscht wurden, einheitlich zu bewerten, indem zur Kategorisierung der betreffenden Positionen ein einzelner Tatbestand – etwa die gewaltsame Vernichtung der Existenz in der UdSSR – hervorgehoben wird. Die Entwicklungen, die im jeweiligen *Fall*[60] den Ausschlag für die Tötung gaben, sind sehr unterschiedlich, weisen aber dennoch eine Gesetzmäßigkeit im Zerstörungswillen auf, die neben aller Willkür eine Ordnung erkennen lässt.[61] Die Motive, die für die Begründung der Verurteilungen herhalten mussten,[62] divergieren derartig stark, dass sich lediglich ein systematisches Vorgehen bei der Beseitigung unliebsam gewordener Personen,[63] jedenfalls keine zu Grunde liegende, offensichtliche Gemeinsamkeit zwischen allen Getöteten erkennen lässt.

Durch die differenzierte Betrachtung eines einzelnen Phänomens werden – wie in den *Fällen* von Glesel und Günther – Merkmale sichtbar, die wiederum

---

59 Ich denke hier an lediglich *gebrochene* Existenzen von Schriftstellerinnen und Schriftstellern, die entweder bereits im sowjetischen Exil an den *Rand der Gesellschaft* gedrängt wurden (etwa Theodor Plivier) oder erst nach einer Rückkehr in die DDR ein Leben außerhalb des gesellschaftlichen Fokus fristen mussten (z. B. Willi Bredel), deren Leben also nicht im eigentlichen Sinn in der UdSSR vernichtet wurde.

60 Zur »kriminalisierenden Sprache normativer Literaturpolitik« (Lukács et al., 1991, S. 83 (Fußnote 4)) vgl. ebd., S. 83–126.

61 Hierfür steht beispielsweise das »Geschichtszeichen«, die Chiffre, »Moskau 1937« wie Schlögel betont, vgl. Schlögel, 2011, S. 21. Zur Bedeutung des Jahres 1937 siehe auch: Baberowski, 2007, S. 140.

62 Exemplarisch vgl. die fiktiven und doch durchaus möglichen *Geständnisse* des Kommunisten Rubaschow in Koestler, 1991.

63 An dieser Stelle verwende ich diesen neutralen Ausdruck bewusst, weil mir das jargonhafte *Element* gerade in diesem Zusammenhang beinahe schon zu perfide und unangebracht scheint.

Kennzeichen der übergeordneten Struktur sind und somit Phänomene eines Gesamtbildes darstellen. Nach Bourdieus Konzept wird schließlich die Betrachtung des sozialen Raumes – etwa des gesamten sowjetischen Exils – möglich, da die benannten Strukturen auch in anderen Feldern gültig sind und lediglich übertragen werden müssen. Hierzu sind im Einzelnen Systemveränderungen nötig, die dann erläutert werden sollten, damit Strukturen auch in anderen Feldern als dem literarischen Feld Gültigkeit erhalten.

Ausgehend von den dargelegten Überlegungen und besonders wegen der thematisierten Unschärfe bei der Einordnung von Beteiligten in die Mechanismen des Stalinismus, ist es sinnvoll, das *Motiv der Verschränkung* auf andere Bereiche und in andere Zusammenhänge zu übertragen. Hierzu wird nun als wichtiges Analyseinstrument das Erklärungsmuster, das ich bisher lediglich fragmentarisch in den Erläuterungen erwähnt habe, installiert, um es für Glesel und Günther konkret zu verwenden.

Kennzeichnend für die Positionen der zwei Schriftsteller ist zuallererst, dass sie beide nicht aus dem Exil zurückkamen. Hierfür ist die Erörterung des Grundes wichtig. Die Vermutung liegt nahe, dass ein Dissenz mit den Dogmen und Forderungen der sozialistischen – und in diesem Fall speziell der stalinistischen – Anforderungen entstanden ist.

In vielen literarischen Texten dieses Exils treten Kollisionen von theoretischer sozialistischer Utopie und der stalinistischen Praxis in sehr unterschiedlichen Be- und Zuschreibungen zutage und legen die These einer möglichen Manifestation in (literarischen) Texten nahe.[64] Die Ungewissheiten halte ich für produktiv, deshalb wird die zusammenfassende Erklärung im Folgenden grundlegend diskutiert.

---

[64] Für Hans Günther entstehen ungelöste Probleme bezüglich des Zusammenhangs zwischen seinen politischen Konzeptionen und den Erwartungen stalinistischer Dogmatiker. Bei Glesel ergeben sich im Besonderen Fragen, wenn er Situationen, in denen er im sowjetischen Exil lebte, nicht beschreibt. Und kann in diesem »Fall Gles« (ähnlich wie bei Becher) von gesichtslosen *Tätern* abstrahiert werden, wenn lediglich die *Opfer* benannt werden?

Der Begriff Kollision bezeichnet bei der grundsätzlichen Einordnung einerseits die Umstände der widersprüchlichen Atmosphäre, denen sozialistische Schriftstellerinnen und Schriftsteller zweifellos durch die Erfahrungen im stalinistischen Alltag ausgesetzt waren. Andererseits dient der Begriff der basalen Klassifikation der Verfolgten als *Opfer* zur generellen Beschreibung des von Gewalt geprägten Stalinismus, die auf einem fundamentalen Widerspruch basiert:

> [S]tatt der Symmetrie wird die Polarität von Subjekt und Gesellschaft zum entscheidenden Problem (siehe Rousseau), das Individuelle läßt sich nicht ohne Not (oder Gewalt) unter das Allgemeine zwingen. (Voßkamp, 1982, S. 5f.)

Das Originäre dieser Arbeit liegt in der Betrachtung dieses Problems und dessen Einbindung in ein Theoriemodell, das weitere Forschungsschritte ermöglicht. Zur Vermittlung zwischen Individuum und Gesellschaft im totalitär praktizierten Stalinismus ist die Umsetzung marxistischer Idealvorstellungen grundsätzlich nicht möglich, da Abhängigkeiten von politischen Entscheidungsträgern bestanden und handelnde Individuen u. a. von Gewalt bedroht waren. Die Zusammenfassung utopischer Idealvorstellung und der Wirklichkeit des stalinistischen Exils gestattet die Konstruktion einer Struktur, die die Grundlage für das literarische Feld dieses sozialen Raumes bildet. Es geht darum, in den hier diskutierten *Fällen*, nämlich der stalinistischen Verfolgung Glesels und Günthers, von einem am Parameter der genannten Allgemeingültigkeit orientierten Begriff auszugehen. Der Begriff eignet sich, ebenfalls ähnlich gelagerte *Fälle* zu erfassen.

Zum Beweis der These mussten und müssen einerseits Vorstellungen von Politik, wie sie in Texten von Schriftstellerinnen und Schriftstellern im sowjetischen Exil formuliert wurden, herangezogen und betrachtet werden; andererseits waren diese Wunschbilder von Sozialismus mit einer stalinistischen Politik konfrontiert, deren Dogmatiker Gegenentwürfe und Widersprüche nicht duldeten und deshalb zumeist Verfolgung und gar Vernichtung der Ideen-Urheber betrieben. Auf diese Weise kollidierten hier grundsätzliche Positionen und Phänomene, die Auswirkungen auf den individuellen Verlauf und die allgemeine Struktur des sowjetischen Exils hatten. Es ist davon auszugehen, dass die endgültige Bezeichnung dieser Merkmale, die im Speziellen die Umstände des Exils von Glesel und Günther kennzeichnen, Konstellationen mit ähnlichem Ausgang erklären können. Beinahe alle Strukturen, die die Positionen der von Repression oder Verfolgung betroffenen Schriftstellerinnen und Schriftsteller kennzeichnen, weisen ähnliche Kontexte auf, deren Differenzierung erst in der Beschreibung des jeweiligen Einzelfalls erfolgen kann und muss.[65]

---

65 Die Installierung eines Erklärungsmodells, das über solche vorgegebenen Konstellationen hinausweist, erfordert jedoch die eindeutige Benennung und Betonung der Strukturen, in denen *Kollisionen* entstehen konnten oder entstanden sind.

3 Handlungsräume im sowjetischen Exil

Unter welchen Bedingungen die Emigranten damals in der Sowjetunion tatsächlich lebten und schrieben, wie sich der Traum von der Sowjetunion in ein Trauma verwandelte und mit welchen Strategien man das Erlebte zu bewältigen suchte, das ist erst heute – allmählich, mühsam, behutsam – zu rekonstruieren.

(Hartmann, 2003, S. 200)

In diesem Kapitel werden die zwei Schriftsteller Glesel und Günther im Einzelnen vorgestellt und die Institutionen sowjetischer Kulturpolitik beschrieben. Damit soll die Atmosphäre im sowjetischen Exil skizziert werden. Beispielhaft werden hierzu die Umsetzung und die Vorgaben der Theorie des sozialistischen Realismus herangezogen, um zum einen die Anwendungsstrategien bei der Durchsetzung theoretischer Vorgaben an die Produktion kultureller Formen – wie sie im Stalinismus angewandt wurden – zu charakterisieren. Zum anderen werden dabei die ästhetischen Kriterien im Konkreten sichtbar, die an Texte angelegt wurden und die als Grundlage für Verurteilungen im stalinistischen Staatssystem herhalten mussten.

Eine allgemeine zahlenmäßige Einordnung des Phänomens, von dem in der Arbeit die Rede ist, unternimmt aus nationaler Perspektive Hans Schafranek (zu beachten ist, dass Schafranek sich auf die Gesamtzahl der deutschen Exilantinnen und Exilanten bezieht):

Die deutsche Vertretung beim Exekutivkomitee der Kommunistischen Internationale (EKKI) schätzte die *Anzahl der deutschen, fast ausschließlich kommunistischen Polit-Emigranten Anfang 1936 auf 4600 Personen*. (Schafranek, 1998, Sp. 384, Hervorhebung vom Autor)

Die Atmosphäre, in der die Exilantinnen und Exilanten in der UdSSR lebten, trug nicht die Zeichen von politischer Freiheit im Land der kommunistischen und sozialistischen Hoffnung. Es ging um andere Aufgaben, die der Verwirklichung von Sozialismus und Kommunismus im Wege standen.

Die kommunistische Bewegung zeichnete sich durch eine herausragende Besonderheit gegenüber allen anderen historischen Bewegungen aus: In den sogenannten Säuberungen wurden mehr Mitglieder kommunistischer Parteien umgebracht als von den Gegnern des Kommunismus. Diese blutige Verfolgung von Kommunisten durch den Terror des Stalinismus erfolgte insbesondere in den dreißiger Jahren, vor allem zwischen 1936 und 1938, in der Sowjetunion. Die fürchterliche Atmosphäre der Säuberungen bestimmte auch das Leben der Emigranten. Das waren vor allem die Führungen und zahlreiche Funktionäre derjenigen Kommunistischen Parteien, die in ihren Ländern illegal waren und verfolgt wurden. (Weber,1996, S. 29)

Besonders in der diskutierten Praxis von »Kritik und Selbstkritik« zeigen sich die Mechanismen der Verfolgungsstrategien, die eine »fürchterliche Atmosphäre der Säuberungen« beförderten: Für die unmittelbar Betroffenen verstärkte sie die Zwangssituation zusätzlich, aus der sich die Exilantinnen und Exilanten mit hilf- und erfolglosen Entschuldigungen zu befreien versuchten (vgl. Müller, 1998, S. 127). Dadurch verengte sich der Handlungsspielraum für sie entscheidend, sodass diese Grundstruktur berücksichtigt werden muss.

3.1 Kurzbiographien

Wie die Emigration im einzelnen vor sich ging, kann zum größten Teil nur vermutet werden. Die deutschen Kommunisten, die in die UdSSR flohen, müssen von der Partei entsprechende Weisung erhalten haben; in diesen Fällen kümmerte sich die Komintern um Visa und Einreiseformalitäten. Auch die Schriftsteller müssen für ihre Flucht in die Sowjetunion die Zustimmung der Partei gehabt haben, obwohl das nur in wenigen Fällen belegt werden kann. (Pike, 1992, S. 88)

Für die Einordnung konkreter Texte des sowjetischen Exils ist es wichtig zu betrachten, was das tägliche Leben im Exilland Sowjetunion für die deutschen Schriftstellerinnen und Schriftsteller bedeutete. Inwieweit hierbei z. B. dem konkreten Aufenthaltsort in der UdSSR eine fundamentale Bedeutung zukam, wird am Beispiel Glesels erörtert werden. Allgemein wirkten sich auf den Alltag im Exil grundsätzliche Schwierigkeiten aus, die auch große Teile der Gesamtbevölkerung der UdSSR betrafen, allerdings gab es beträchtliche Unterschiede:

> Für die täglichen Bedürfnisse der prominenten Emigranten war während der dreißiger Jahre in der Sowjetunion im allgemeinen ausreichend gesorgt – soweit man das Problem des Terrors außer acht läßt –, obwohl von der allgemeinen Unsicherheit der Lebensbedingungen, der Wohnungsknappheit vor allem, auch die Schriftsteller betroffen waren. (Pike, 1992, S. 95)

Das fundamentale »Problem des Terrors« traf »die deutschen Opfer« ungeachtet ihrer sozialen Stellung, weshalb die genaue Bestimmung der Zahl in dieser Bevölkerungsgruppe schwierig ist:

> Wie hoch die Zahl der deutschen Opfer bei den Säuberungen war, muß erst noch festgestellt werden. Nach meiner Schätzung sind von den etwa 130 Deutschen, die dem »kulturellen« Bereich der deutschen Emigration zugerechnet werden können – einschließlich der Journalisten und Redakteure etwa der *DZZ* und der deutschsprachigen Verlage – etwa 70 % im Zuge der Säuberungen verhaftet worden. Der Prozentsatz ist noch höher, wenn von den 130 diejenigen abgezogen werden, die während der Jahre 1936–1939 zeitweilig oder überhaupt nicht in der UdSSR waren, wie etwa [Willi] Bredel, [Erich] Weinert, [Friedrich] Wolf, [Erwin] Piscator, Ernst Busch, Otto Heller, Hermann Greid, Peter Kast. [...] Sollten jemals weitere Fakten bekannt werden, so wird sicherlich die Zahl der Deutschen noch steigen, die im sowjetischen Exil lebten und ihr Leben in der *Jeshowtschina* verloren. (Pike, 1992, S. 471f., Hervorhebungen im Orig.)

Als erstes prominentes deutsches Opfer der Säuberungen wird in der Forschungsliteratur Max Hölz genannt. (Siehe etwa Pike, 1992, S. 417f., hier auch zu den genauen Todesumständen von Hölz, die nicht dem späteren Vorgehen in den Säuberungsaktionen entsprachen.)

3.1.1 Samuel Glesel (1910–1937)

Samuel Glesel[66] wurde am 10.7.1910 in Chrzanów im heutigen Polen geboren. Nach dem Abschluss der Volksschule in Gotha zog die Familie nach Berlin, dort arbeitete er als ungelernter Arbeiter in Metall- und Holzverarbeitungsbetrieben; 1930 schloss er die Leipziger »Volksheimhochschule«[67] ab. Glesel floh 1932 noch vor der Machtübergabe an Adolf Hitler[68] aufgrund der sich zuspitzenden politischen Zwänge in die UdSSR, zunächst in die Hauptstadt der Autonomen Sozialistischen Sowjetrepublik der Wolgadeutschen (ASSRdWD) (zwischen 6. Januar 1924 und 28. August 1941 Teilrepublik der UdSSR), in die Stadt Engels, wo seine Lebensgefährtin Elisabeth Wellnitz[69] aufgrund einer Einladung durch die Behörden der UdSSR bereits als Deutschlehrerin am pädagogischen Institut unterrichtete. Anschließend

---

66 Der alttestamentarische Vorname lässt die jüdische Abstammung Glesels erahnen, sie wurde von ihm allerdings durch die Abkürzung im Pseudonym S. Gles bei allen öffentlichen Interaktionen verschleiert, trat auch sonst nie signifikant zutage und spielt daher für die Arbeit keine besondere Rolle, obwohl sie beachtet werden muss.

67 So wird die Hochschule in der Komintern-Akte von S. Gles in einigen Lebensläufen (u. a. auf Blatt 6) bezeichnet. Gabriele Gerhard-Sonnenberg verweist allerdings im Zusammenhang der Bildungsarbeit der KPD auf eine »sozialistische *Heimvolkshochschule* Gera-Tinz« [Gerhard-Sonnenberg, 1976, S. 184 (Fußnote 157)], sodass mir die Bezeichnung »Heimvolkshochschule« wahrscheinlicher scheint.

68 Der Terminus Machtübergabe scheint aufgrund der geschichtlichen Umstände und Geschehnisse angemessen, adäquat und treffend, obgleich ein anderer (»Machtergreifung« – etwa bei Pike [u. a. Pike, 1992, S. 75]) in der wissenschaftlichen Diskussion häufig gebräuchlicher ist. Durch die Bezeichnung Machtübergabe wird der nicht unerhebliche Tatbestand hervorgehoben, dass aktive Mitwirkung durch die politischen und wirtschaftlichen Instanzen in der Weimarer Republik zu Hitlers Herrschaft beitrugen. (Der u. a. von Hans G. Helms verwendete Ausdruck »Machtübernahme« [Helms, 1977, S. 243] ist aus dieser Sicht ebenfalls unzureichend.) Auf diesen Mangel in der wissenschaftlichen Terminologie hat Prof. Dr. Jost Hermand in seinen Vorträgen mehrfach hingewiesen (u. a. in einer Veranstaltung im ver.di-Gebäude in Berlin am 18. September 2008 [Hermand, 2008, S. 2]). Er wird daher auch in dieser Arbeit verwendet, weil sie mir unbedingt angebracht scheint.

69 Entgegen der Vermutung, die aus einigen biographischen Angaben hervorgeht (etwa die Erinnerungstexte in den Publikationen von Elfriede Brüning), waren Elisabeth Wellnitz und Samuel

zog das Paar wegen einer Malaria-Infektion von Glesel für kurze Zeit in ein Erho-
lungsheim bei Moskau;[70] es folgten die Übersiedlung nach Leningrad in ein Wohn-
heimzimmer, wo das erste Kind, das kurze Zeit nach der Flucht aus Deutschland
zur Welt gekommen war, 1933 an Scharlach starb. Am 10.7.1935 brachte Elisabeth
Wellnitz den Sohn Alex zur Welt, Glesel veröffentlichte im selben Jahr drei Bücher
und Wellnitz arbeitete an der Leningrader Hochschule für Fremdsprachen als Lehrerin, weshalb es den Flüchtlingen finanziell recht gut ging.[71]

Elisabeth Wellnitz hatte zur gleichen Zeit mit ganz anderen Schwierigkeiten
zu kämpfen: Ihr deutscher Pass war 1935 abgelaufen.[72] Aufgrund der Ereignisse in
Deutschland wollte sie – wie so viele, die vom gleichen Umstand betroffen waren
– aber nicht in die »Nazi-Botschaft«, um den Ausweis zu verlängern,[73] sodass sie

---

Glesel nicht verheiratet, sodass das Paar zu jedem Zeitpunkt des Exils seine jeweils eigenen
Nachnamen führte. (Persönliche Information von Inge und Alex Glesel.)

70   In ihrer Selbstkritik in der »geschlossenen Parteiversammlung« am 8.9.1936 bemerkt Olga Hal-
pern, dass Gles [sic!] sich nur kurzzeitig (vor seiner Abreise nach Leningrad) an Arbeitsgemeinschaften der deutschen Sektion der IVRS in Moskau beteiligte (vgl. Lukács et al., 1991, S. 522.).
Zu diesen Arbeitsgemeinschaften heißt es in derselben Arbeit: »In der Deutschen Sektion der
›Internationalen Vereinigung Revolutionärer Schriftsteller‹ wurden seit 1933 mehrere ›Arbeitsgemeinschaften‹ eingeführt […]. Diese literaturpolitischen Arbeitsgemeinschaften wurden
Mitte 1936 ebenso wie die politischen Arbeitskreise der KPD eingestellt. Solche Organisations-
formen waren mit den Moskauer Prozessen durch den permanenten Verdacht von ›Verbindungen‹ obsolet geworden.« (Ebd., 92, Fußnote 20)

71   Betont sei an dieser Stelle die Tatsache, dass Glesel (bis auf den kurzen Krankenaufenthalt) die
Hauptstadt der UdSSR konsequent gemieden hat. Inwieweit diesem Sachverhalt Bedeutung
eingeräumt werden muss, wird unter Einbeziehung der Position von Schafranek in dem auf
S. 87–89 erörterten Artikel dargestellt.

72   Zu der alternativen Möglichkeit einer »Aufenthaltsgenehmigung ohne Staatsangehörigkeit«
und den damit verbundenen Problemen vgl. Pike, 1992, S. 92.

73   Hartmann berichtet von den Konsequenzen, die der Passerwerb in der zuständigen Botschaft
für die deutschen Exilantinnen und Exilanten haben konnte, weshalb sie lieber ein Leben ohne
Ausweis mit dem Risiko der drohenden Abschiebung in Kauf nahmen: »[Es] lebten viele der
Emigranten in beständiger Furcht vor der Ausweisung, die besonders akut wurde, wenn der
deutsche Paß abgelaufen und in der deutschen, der ›Nazibotschaft‹ zu verlängern war: Denn
wer die Aufforderung, seinen Paß dort verlängern zu lassen, befolgte, wurde in der Regel nach
Verlassen der Botschaft sofort verhaftet.« (Hartmann, 2003, S. 174)

zur Entscheidung für oder gegen einen Antrag auf die sowjetische Staatsbürgerschaft gezwungen war. Im Gegensatz zu Samuel Glesel erhielt sie sie unter vagen Versprechungen und fadenscheinigen Ausreden allerdings nicht, sodass sie staatenlos blieb. (Dass sich dies als Vorteil entpuppte, zeigten die folgenden Entwicklungen.) Am 4.9.1937 verhafteten Mitarbeiter des NKWD Glesel, am 26.10.1937 wurde er aufgrund der sowjetischen Staatsangehörigkeit zur Höchststrafe verurteilt und am 5.11.1937 bei Leningrad hingerichtet. Die sowjetische Staatsbürgerschaft war die Voraussetzung für die Verhängung der Todesstrafe. Denn auch in der stalinistischen Sowjetunion durfte die Höchststrafe aus rechtlichen Gründen nur bei Staatsbürgerinnen und -bürgern angewandt werden.

Glesels politisch-schriftstellerische Tätigkeiten

Seit 1930 veröffentlichte Glesel in Berlin unter dem Pseudonym »S. Gles« in politisch *linken* Zeitschriften und Zeitungen mehrere Texte, nachdem er 1929 in den BPRS[74] eingetreten war. Nach dem erfolgreichen Abschluss der »Heimvolkshochschule« trat Glesel vermutlich aufgrund der eigenen Erfahrungen bei einer vergeblichen sechsmonatigen Arbeitssuche in Frankreich am 1.10.1930 in die KPD ein (vgl. u. a. Komintern-Akte S. Gles: Bl. 8). Auf die erste Veröffentlichung *Karlchen* im Juni 1930 folgten in einem Abstand von einem Jahr weitere Artikel in unterschiedlichen Zeitungen und Zeitschriften, in denen S. Gles Missstände des kapitalistischen Gesellschaftssystems beschreibt. Den Protagonisten ist jedwede Handlungsfreiheit genommen, sodass die Erzählungen meist in einseitig eingesetzter Gewalt enden.

Nach der Flucht aus Deutschland erschienen 1935 in sowjetischen Verlagen seine Hauptwerke,[75] in denen jeweils soziale Missstände in ähnlichen Varianten

---

74 In Deutschland auch zu Beginn der nationalsozialistischen Herrschaft bestehender Bund proletarisch- revolutionärer Schriftsteller.

75 Im Deutschen Staatsverlag, Engels: *Deutschland erwacht!* und jeweils im Staatsverlag der nationalen Minderheiten der USSR, Kiew und Charkow: *Verboten* und *Deutschland gestern und heute*.

beschrieben werden.[76] Die Bürokratie-Instanzen der stalinistischen »Apparate-Herrschaft«[77] erließen 1936 aufgrund zweier Rezensionen in der *DZZ* (Bork 1935 und Weinert 1936.) ein Publikationsverbot für S. Gles und sorgten darüber hinaus, wegen seiner politischen Ansichten für seinen Ausschluss aus dem Leningrader Schriftstellerverband. Es folgten die im Stalinismus übliche Verhaftung, Verurteilung und Hinrichtung durch den NKWD. Im Einzelnen bleiben die Zusammenhänge und Motive allerdings unklar.

3.1.2 Hans Günther (1899–1938)

Willy Fritz Hans Günther wurde am 8.9.1899 in Bernburg an der Saale in Sachsen-Anhalt geboren. Günther absolvierte nach dem Abschluss des Gymnasiums zunächst im Betrieb seines Vaters eine Lehre zum Tischler, anschließend studierte er in Frankfurt am Main Volkswirtschaft und Jura, 1923 promovierte er in beiden Wissenschaften. Bis 1929 war Günther Geschäftsführer in einer Aktiengesellschaft, der auch das väterliche Unternehmen angehörte. 1930 arbeitete er am Institut für Sozialforschung in Frankfurt am Main, »[s]eit dem Sommer 1931 lebte Hans Günther in Berlin« (vgl. und siehe Günther, 1981, S. 762–767). Aufgrund von ideologischen Tätigkeiten für den BPRS und die Internationale Vereinigung Revolutionärer Schriftsteller (IVRS) hielt sich Günther ab 1932 in der UdSSR,

---

76 S. Gles beschreibt nach seiner Flucht in allen Texten Situationen, die in Deutschland und anderen faschistischen Staaten spielen, niemals die Umwelt in der Sowjetunion. Nahm er Widersprüche zwischen seinem Ideal von Sozialismus und der sowjetischen Wirklichkeit im Exil nicht wahr? Blendete er sie aus, weil er diese nicht sehen wollte oder sah er sie als *notwendige Übel* für das *große* Ziel?

77 Den Begriff einer für den Stalinismus konstitutiven Bürokratie prägt David North in seinem Vorwort zu Leo Trotzkis Buch *Verratene Revolution* (2009). Ferner betont er, dass die UdSSR nach Meinung Stalins durch »administratives Planwesen« (North, 2009, S. 29) »nicht eine Bastion und Etappe der sozialistischen Weltrevolution war, sondern die nationale Grundlage für ihre Einkünfte und Privilegien.« (Ebd., S. 18) Der Historiker Jörg Schütrumpf nennt die Staatsform »Apparate-Herrschaft« (Schütrumpf, 2010, S. 28).

überwiegend in Moskau und kurzfristig in Prag (zur Vorbereitung der Herausgabe der Zeitschrift *Neue Deutsche Blätter* NDP) auf. Am 25.07.1936 wurde Günther offiziell von den Nationalsozialisten ausgebürgert,[78] am 4.11.1936 zusammen mit seiner Lebensgefährtin Trude Richter (bürgerlicher Name Erna Barnick) durch den NKWD verhaftet (vgl. Richter, 1990, S. 286f.), am 28.01.1937 aus der KPD ausgeschlossen und am 16.10.1937 durch ein Sondergericht des NKWD zu fünf Jahren Lagerhaft verurteilt. Am 10.10.1938 starb Günther in einem sowjetischen Lager.[79]

Richter schildert sehr eindringlich in ihrer Autobiographie die letzte Begegnung:

> Als ich kurz vor der Abreise mit einer Frauengruppe die Pflichtuntersuchung im Ambulatorium hinter mir hatte und als letzte auf den öden Vorplatz hinaustrat – den männlichen Gefangenen war streng untersagt, sich zu dieser Zeit dort aufzuhalten –, da tauchte plötzlich vor mir so ein langes Gesicht auf, umschlottert von einer weißen Drillichhose, in einem groben offenen Hemd, das die Rippen des Brustkorbes sehen ließ. Das Skelett trug eine Hornbrille, und seine Augen blickten mich an aus tiefen Höhlen wie aus einem Totenschädel. Es öffnete weit die Arme gleich einem Gekreuzigten und wollte mir entgegengehen. Doch der Wachsoldat trat mit gefälltem Bajonett zwischen uns beide. Niemand sprach ein Wort. So langsam wie möglich schritt ich rückwärts zum Lagertor der Männerzone. Den Blick fest auf [Hans Günther] gerichtet, bis mich der Soldat hinaustrieb. (Richter, 1990, S. 302f.)

---

78 Die Ausbürgerungsliste vom 22. Juli 1936, in der sein Name an achter Stelle aufgeführt wurde, erschien in: *Deutscher Reichs- und Preußischer Staatsanzeiger* Nr. 171 (vgl. ebd., S. 820, Fußnote 35).

79 Richter berichtet, dass dies in einem Durchgangslager in Wladiwostok geschehen sei (Richter, 1990, S.335).

Günthers politisch-schriftstellerische Tätigkeiten

Hans Günther wurde 1930 KPD- und BPRS-Mitglied und übernahm sofort für beide Organisationen Verlagstätigkeiten[80], ab Herbst 1931 war er vorrangig für die Agitprop-Abteilung beim Zentralkomitee (ZK) der KPD in Berlin tätig.[81] Im Rahmen seiner Funktionen im BPRS wurde Günther am 5.10.1932 (wie Glesel noch vor der Machtübergabe!) als Vertreter zur IVRS nach Moskau abkommandiert und arbeitete dort letztlich als Redakteur der deutschen Ausgabe der *IL* und Gutachter für die Verlagsgenossenschaft ausländischer Arbeiter in der UdSSR (VEGAAR). 1933 ging er als BPRS-Vertreter nach Prag zur Vorbereitung der Herausgabe der *NDB*, ab 1934 war Günther Mitglied im sowjetischen Schriftstellerverband (vgl. Trude-Richter-Archiv Akte 30: Bl. 38), 1935 erschien *Der Herren eigener Geist* und 1936 die Erzählung *In Sachen gegen Bertram*.

Fragen stellen sich bezüglich des Zusammenhangs mit den politisch geprägten Veröffentlichungen (besonders der Analyse des nationalsozialistischen Regimes *Der Herren eigener Geist*) und der gegen Günther angewendeten Repressionen. Günther vertritt gerade in seiner Monographie zum Nationalsozialismus nicht ausschließlich die zu dieser Zeit dominante Interpretationslinie der stalinistischen Dogmatiker. Aus diesem Blickwinkel sind Verfolgung und Verurteilung eventuell erklärbar, da er austromarxistische bzw. sozialdemokratische Erklärungsmuster in seine politische Theorie einfließen ließ, die nicht von den Dogmatikern unterstützt wurden.

---

80 Zu Günthers Entschluss politisch aktiv zu werden, heißt es im Nachwort zu *Der Herren eigener Geist*: »Seine Entscheidung [zur Mitgliedschaft in der Kommunistischen Partei Deutschlands] war aus der theoretischen Beschäftigung mit dem Marxismus und seiner Sympathie für die Arbeiterklasse erwachsen. In einem langen und komplizierten Entwicklungsprozeß war Günther zur kommunistischen Parteilichkeit vorgedrungen. Ernst und gründlich hatte er alle Argumente geprüft, um sich dann entschieden und vorbehaltlos für die revolutionäre Arbeiterbewegung einzusetzen.« (Günther, 1981, S. 764)

81 Das heißt im Besonderen: Günther hielt Vorlesungen an der Berliner MASCH und veröffentlichte zu Propagandazwecken Texte in unterschiedlichen kommunistischen Zeitungen und Zeitschriften.

3.2 Kulturfunktionen bei der Formierung sozialistischer Bewusstseinsbildungsprozesse

Die folgenden Erläuterungen beziehen sich auf institutionelle Einrichtungen, die schon vor der Machtübergabe im Deutschland der Weimarer Republik und auch noch zu Beginn der nationalsozialistischen Herrschaft vor dem systematischen Verbot kommunistischer und sozialistischer Organisationen bestanden. Darüber hinaus werden Organe und Institutionen, die speziell Belange im Exil in der UdSSR be- und verhandelten, vorgestellt. Einem Ausblick auf Institutionen, die erst kurz vor Ende des Weltkrieges in Erscheinung traten (z. B. der NKFD) oder sogar erst nach der Kapitulation Deutschlands installiert wurden (etwa der »Kulturbund zur demokratischen Erneuerung Deutschlands«), sind für das konkrete Untersuchungsfeld dieser Arbeit zeitlich nachgeordnet und somit nicht relevant.

Folgende Fragen leiten mein Erkenntnisinteresse: Wurden etwa – gerade im »Fall Gles« – Vorgaben des sozialistischen Realismus derartig überbetont und als zwingend angesehen, dass sie die Berücksichtigung anderer Aspekte grundsätzlich ausschlossen? Ergab sich hierdurch im Besonderen die Möglichkeit, von der Schriftstellerin oder vom Schriftsteller – bewusst oder unbewusst – verfehlte oder ausgelassene Vorgaben als vorgeschobene Gründe für Verfolgung und Vernichtung zu instrumentalisieren? Welche Auswirkungen hatten solche Mechanismen für die Einordnung von Tätern und Opfern? Ist etwa gerade der *Fall Günther* ein Beispiel für die Überlagerung der Kategorien Täter und Opfer, da Günther vom ideologischen Funktionär zum Opfer wurde?

3.2.1 Institutionelle Einrichtungen

Durch die folgenden Darstellungen einzelner Organisationen werden Überschneidungen und Komplexität von Arbeitsstrukturen und -inhalten einzelner Institutionen im Zusammenhang des sowjetischen Exils dargestellt. Durch Verweise auf ausführlichere Untersuchungen werden zudem Wechselwirkungen der einzelnen Aufgabenbereiche angezeigt.

BPRS

Der Bund proletarisch-revolutionärer Schriftsteller (BPRS) wurde am 19.10. 1928 gegründet.[82] In den von Richter aufgeführten »zehn sofort zu ergreifende[n] Maßnahmen« des Gründungsstatuts werden Selbstverständnis und die umfangreichen Aufgaben des »Bundes« formuliert:

1) Einleitung von und Beteiligung an allen Aktionen, die geeignet erscheinen, die proletarische revolutionäre Literatur und Kunst zu fördern. 2) Veranstaltung von Schulungs- und Diskutierabenden. 3) Veranstaltung von Autorenabenden, Vorlesungen und dergl. 4) Erwirkung von Rundfunkvorträgen. 5) Herausgabe und Ausbau eines Organs. 6) Unterstützung aller Organisationen, die dem proletarisch-revolutionären Schrifttum sympathisierend gegenüberstehen, vornehmlich der Arbeitertheater, Arbeiterradio- und der Arbeiterkorrespondentenbewegung. 7) Beschaffung von Propagandamaterial zu bestimmten Kampagnen. 8) Vermittlung von Referenten, Lehrern und Spezialaufträgen für proletarisch-revolutionäre Veranstaltungen. 9) Wahrnehmung der wirtschaftlichen Interessen proletarisch-revolutionärer Schriftsteller, insbesondere durch Einwirkung auf Zeitungen, Verleger und andere als Auftraggeber in Erscheinung tretende Körperschaften; Vermittlung diesen gegenüber bei Streitigkeiten. 10) Aufnahme und Ausbau der Verbindungen mit dem proletarisch-revolutionären Schrifttum des Auslands, besonders Sowjetrußland gegenüber. (Trude-Richter-Archiv, Akte 30, Bl. 6f.)[83]

Neben anderen Programmpunkten waren die genannten Abende im Wesentlichen Treffen und Foren zur Diskussion literarischer Texte. Die Arbeiten wurden von der Autorin oder dem Autor einem Kreis anderer Schriftstellerinnen und Schrift-

---

82 Vgl. Trude-Richter-Archiv, Akte 30, Blatt 1 und Gerhard-Sonnenberg, 1976, S. 83 (Fußnote 90). Siehe auch: Pike, 1992, S. 52.

83 Zu Punkt 5 ergänzt Richter in einem Manuskript für ein Referat: »Seit August 1929 besaß der Bund ein eigenes Organ: ›Die Linkskurve‹, die von nun an bis Ende 1932 allmonatlich erschien. Das Herausgeber-Kollektiv bestand aus [Johannes R.] Becher, [Andor] Gabor, [Kurt] Kläber, [Erich] Weinert und [Ludwig] Renn.« (Ebd.,, Bl. 9)

steller vorgestellt und im Plenum diskutiert. In Arbeitsgemeinschaften wurden »Grundfragen der wissenschaftlichen Weltanschauung der Arbeiterklasse« erörtert und Möglichkeiten sozialistischer Zusammenarbeit speziell für Literatur entwickelt (Diersen et al., 1963, S. 132). Mitglieder im »Bund« waren neben den Herausgebern von *Die Linkskurve* u. a. Willi Bredel, Elfriede Brüning, Egon Erwin Kisch, Berta Lask, Hans Marchwitza, Erwin Piscator, Anna Seghers, Franz Carl Weiskopf und Friedrich Wolf.

> 1932 zählte der Bund rund 500 Mitglieder, die in 23 Ortsgruppen zusammengefaßt waren; sie bestanden in Berlin (in Untergruppen), Bochum, Braunschweig, Bremen, Breslau, Dortmund, Dresden, Düsseldorf, Duisburg, Erfurt, Essen, Frankfurt a. M., Hamborn [sic!], Hannover, Hindenburg, Halle, Krefeld, Leipzig, München, Oldenburg, Stuttgart, Wiesbaden. Diese Ortsgruppen arbeiteten relativ selbständig; einige besaßen eigene Spieltrupps, gaben von ihren Mitgliedern gestaltete Zeitschriften heraus, führten örtliche Veranstaltungen und Demonstrationen durch. Die wichtigste und bestimmende Rolle spielte der Bezirksverband Berlin. (Ebd., S. 131)

MASCH

Der selbst gesteckte Bildungsauftrag des BPRS zeigte sich u. a. in Vorlesungen, die die Mitglieder an der 1926 von Prof. Dr. phil. Dr. h. c. Hermann Ludwig Rudolf Duncker und anderen in Berlin gegründeten Marxistischen Arbeiterschule (MASCH) hielten.[84]

---

84 Vgl. Universität Rostock, o. J. Aus der Arbeit von Gerhard-Sonnenberg, auf die ich mich im Folgenden hauptsächlich beziehe, geht allerdings hervor, dass ein Gründungsdatum keineswegs eindeutig bestimmbar ist: »Der Leiter der Berliner MASCH, Johann-Lorenz Schmidt, berichtet: ›Die Vorgeschichte der Marxistischen Arbeiterschule läßt sich auf einen kleinen Raum im Dachgeschoß des Karl-Liebknecht-Hauses [Fußnote: Im Karl-Liebknecht-Haus war das Zentralkomitee der KPD untergebracht.] zurückführen…‹ […], der als Schulraum eingerichtet war. Hier fanden im Frühjahr 1924 wöchentlich zwei Vorträge ›über verschiedene Grundprobleme und über aktuelle Fragen‹ statt, ›die wir Marxistische Arbeiterschule nannten.‹ [Fußnote: Tonbandprotokoll Schmidt, S. 28] Diese Vorträge wurden zum Anknüpfungspunkt für eine breite und systematische Bildungsarbeit. […] Dies nahmen einige KPD-Mitglieder, die mit der Abteilung Agitprop […] in Verbindung standen [darunter auch Duncker], zum Anlaß, eine allen

> Die MASCH, als proletarische Hochschule, verstand sich ganz in der Tradition der so-
> zialistischen Arbeiterbildung, die mit den Namen Wilhelm Liebknecht, Clara Zetkin,
> Rosa Luxemburg verbunden und ohne Marx und Engels, die Frühsozialisten, sowie die
> Arbeiterbildungsvereine gar nicht zu denken ist. [Gerhard-Sonnenberg, 1976, S. 189]

Gerhard-Sonnenberg konstatiert eine Traditionslinie, die ein umfassendes Selbstverständnis anzeigt, da der gemeinsame Nenner eine mit dem Proletariat sympa-
thisierende Grundeinstellung war:

> Die MASCH wurde im Zuge der Massenschulungsarbeit der KPD gegründet. Das
> Neue war, daß sie als Schule für *alle* Werktätigen eingerichtet wurde. Zwar waren es
> Mitglieder der kommunistischen Partei, die die Gründung der MASCH anregten und
> sie auch in ihrer ideologischen Grundeinstellung beeinflußten; die MASCH war je-
> doch nie von der KPD abhängig. Sie wurde weder organisatorisch noch finanziell von
> der Partei unterstützt, sondern war durch ihre Hörergebühren eine selbsttragende In-
> stitution. (Ebd., S. 190, Hervorhebung im Orig.)

Dabei blieb die MASCH nicht auf Berlin beschränkt, »sondern war Ausgangspunkt für eine regelrechte Arbeiterschulbewegung mit über dreißig Schulen in
Deutschland« (ebd., S. 190)

In den Kursen wurden nicht ausschließlich Probleme des Marx'schen Denk-
bildes in Bezug auf Literatur erörtert und diskutiert, da die Beteiligten nicht nur
aus dem Kreis des BPRS kamen (zur engen Verknüpfung von MASCH und
BPRS siehe ebd., S. 83). Es gab u. a. »Arbeitsgemeinschaften über das theoretische
und praktische Grundwissen des Arbeitsfotografen«, an dem die Mitglieder des
»Bundes« lediglich als Zuarbeiter beteiligt waren. Daneben sprachen auch Vortra-
gende anderer Disziplinen: U. a. hielt der jüdische Arzt und Kommunist Otto Josef Schlein Vorlesungen über Medizin.[85]

Werktätigen zugängliche Bildungsstätte zu schaffen. Daraufhin beschloß die Berliner Bezirkslei-
tung der KPD von Groß-Berlin Ende 1925, in verschiedenen Orten Berlins eine Marxistische
Arbeiterschule einzurichten.« [Gerhard-Sonnenberg, 1976, S. 71]

85 Vgl. http://de.wikipedia.org/wiki/Otto_Josef_Schlein (Zugriff: 15.05.2012).

> Zu den Lehrern der MASCH zählten viele bekannte Künstler, Wissenschaftler und Politiker, die alle der Arbeiterbewegung nahestanden. (Ebd., S. 79)

Zu den Teilnehmern an der MASCH gehörten neben Hermann Duncker unter anderem dessen Frau Käte, Fritz Ausländer, Franz Dalehm, Hanns Eisler, Walter Gropius, John Heartfield, Edwin Hoernle, Egon Erwin Kisch, Jürgen Kuczynski, Alfred Kurella, Willi Münzenberg, Erwin Piscator, Wilhelm und Annie Reich, Ludwig Renn, Ernst Schneller und Gustav Sobottka. Mit dem Vortrag »Was der Arbeiter von der Relativitätstheorie wissen muß« eröffnete Albert Einstein am 26. Oktober 1931 das 6. Schuljahr der MASCH (ebd.).

Einer der wichtigsten Theoretiker der MASCH war Hans Günther: Neben seinen Lehrtätigkeiten schrieb er einige theoretische Aufsätze zur Wissensvermittlung an der MASCH (ebd., S. 114). Die Lehrer leiteten die Kurse unentgeltlich oder hielten Vorträge aus idealistischen Gründen; es ging ihnen um die Mitwirkung an und die Unterstützung von einer Aufgabe, deren institutionelle Organisation in ihrer Satzung nichts Geringeres als die Weiterbildung von Arbeitskräften zum Ziel setzte:

> »1. in Berlin sowie in anderen Städten Deutschlands Unterrichtskurse aller Art für die werktätige Bevölkerung zu veranstalten, um ihre Bildung zu fördern,
> 2. durch Errichtung von Leihbibliotheken unter dem Namen ›Marxistische Arbeiterbibliothek‹ den Hörern der Kurse die Möglichkeit zu geben, ihr in den Kursen erworbenes Wissen weiter zu vervollkommnen,
> durch Herausgabe einer Zeitschrift und anderer Druckschriften den Hörern der Schulen die Selbstbildung zu erleichtern. (Ebd., S. 120)

Das siebte Schuljahr, das am 25. Oktober 1932 begann, war das letzte der MASCH (ebd., S. 136).

IRH (MOPR)

Die Internationale Rote Hilfe (MOPR) hatte eine
»Abteilung für Politische Emigranten« und übte eine wichtige – wenn auch wenig
bekannte – Funktion bei der Überwachung der deutschen
Emigranten in der UdSSR aus.
(Pike, 1992 S. 104, Fußnote 39)

Die Internationale Rote Hilfe (IRH bzw. russisch: MOPR) war ein wichtiges Bindeglied zwischen den deutschen Exilsuchenden und den sowjetischen Exilgebern,[86] sie wurde 1922 als politisches Gegenstück zum Roten Kreuz in Moskau gegründet und verstand sich als Hilfsorganisation für Inhaftierte, Kämpferinnen und Kämpfer für die proletarisch-kommunistische Idee.[87]

> Der Beitrag der Roten Hilfe beschränkte sich nicht auf materielle Unterstützung, sondern umfaßte auch moralische und politische Hilfe, z. B. Kundgebungen für die Freilassung kommunistischer Persönlichkeiten wie Ernst Thälmann und Georgi [Dimitrow] usw. (Schilde, 2001, S. 9)

1941 wurde die IRH in ihrer bestehenden Form aufgelöst, weil sie den polit-taktischen Maßnahmen der sowjetischen Führungsriege nicht mehr angemessen schien. Die politische Orientierung sollte nur noch von Moskau bestimmt und an Moskau orientiert werden. Dies war einerseits dem Kriegsausbruch geschuldet und andererseits einer deshalb notwendigen Internationalisierung.

> Die Rote Hilfe war zentralistisch organisiert. In Deutschland zum Beispiel gab es 1932 etwa 20 Bezirkskomitees und ca. 3.300 Bezirksgruppen, die über 370.000 Einzelmit-

---

86 Dass allerdings nicht nur die IRH bei der sowjetischen Asylvergabepraxis eine wichtige Rolle spielte, betont Müller in einem Aufsatz: »Vor allem 1933 und 1934 wurde die Einreise in die Sowjetunion von [der Zustimmung der jeweiligen Parteileitung] abhängig gemacht. Nach der Ankunft in Moskau wurden die Emigranten erneut formalisierten Selektionsprozessen unterworfen, um den Status des anerkannten ›Politemigranten‹ zu erhalten.« (Müller, 1993, S. 257)

87 Vgl. den Aufsatz von Carola Tischler, S. 292–302, besonders S. 292.

glieder erfassten. [Hinzuzurechnen] sind 650.000 Kollektivmitglieder, d. h. beigetretene Belegschaften, Genossenschaften, Sportvereine usw. (Ebd., S. 5)

Das Selbstverständnis der IRH als Hilfsorganisation kollidierte im sowjetischen Exil mit der von den Stalinisten eingeforderten »Wachsamkeit unter den Emigranten«, da durch die Mitarbeiterinnen und Mitarbeiter lediglich Bedingungen hergestellt wurden, unter denen das Leben im sowjetischen Exil möglich sein sollte. Jedoch blieb auch die IRH »von den Verfolgungen nicht verschont […]« (beide Zitate: Tischler, 1993, S. 299). Bis zu ihrer Auflösung 1941 hatte die MOPR (bzw. die IRH) wesentlichen Einfluss auf die Praxis der Asylvergabe durch die Sowjetunion und Kontrolle der Exilantinnen und Exilanten vor allem mittels der Organisation und Verteilung von Visa.

IVRS (MORP)

[Johannes R.] Becher schrieb im Juni 1931 dem MBRL [88], das sich seit [dem zweiten Weltkongress für revolutionäre Literatur in] Charkow »Internationale Vereinigung Revolutionärer Schriftsteller (IVRS oder russisch MORP) nannte […].
(Pike, 1992, S. 61)

Aufgabe der IVRS war die Koordination der Tätigkeiten antifaschistischer Schriftstellerinnen und Schriftsteller in allen Ländern. Hierbei gingen die Initiativen zumeist von Moskau aus und wurden von dort im Sinne sowjetischer Politinteressen gesteuert. Beispielsweise reiste im Juli 1933

Johannes R. Becher, der Vorsitzende des Bundes proletarisch-revolutionärer Schriftsteller Deutschlands (BPRS), im Auftrag der Leitung der Internationalen Vereinigung revolutionärer Schriftsteller (IVRS) aus Moskau in die westlichen Emigrationszentren [etwa nach Paris]. […] Becher wollte das zentrale Führungsproblem der Schriftstellerorgani-

---

88 Pike verweist im Anhang seiner Monographie auf die deutsche Übersetzung: Internationales Verbindungsbüro für Proletarische Literatur (IBPL) (Pike, 1992, S. 585).

sation [in Paris] durch Errichtung eines Stützpunkts im Westen lösen, ein operatives Zentrum der IVRS, das die antifaschistischen Aktionen der nationalen Sektionen und somit auch des BPRS zu koordinieren imstande war. (Schiller, 1999, S. 1 und 6)

Ebenso wie der polit-taktische Einsatz der IVRS ist auch ihr Ende im Dezember 1935 politischen Machtinteressen untergeordnet und in diesem Kontext zu sehen:

> Die Auflösung erfolgte plötzlich und ohne jede Publizität am 19. Dezember 1935. […] Die Zeitschrift *Internationale Literatur* beispielsweise erwähnte den Auflösungsbeschluß [gefasst vermutlich in der Komintern] nicht, der vielmehr erst daran erkennbar war, daß die *IL* in ihrem Dezemberheft (das wahrscheinlich erst im Lauf des Januars in Druck ging) den Untertitel »Organ der Internationalen Vereinigung revolutionärer Schriftsteller« fallenließ. (Pike, 1992, S. 170, Hervorhebungen im Orig.)

3.2.2 Journalistische Quellen

Wichtige Informationen – sowohl bezüglich theoretischer Konzeptionen kulturreller Darstellungsformen als auch betreffs praktischer Umsetzungen – finden sich für die Literatur des Exils in Zeitungen und Zeitschriften. Hier sind viele Texte auch heute noch greifbar, obwohl einige in den Kriegswirren durch gezielte Vernichtung als auch durch zufällige Zerstörung (etwa bei Luftangriffen) verloren gegangen sind. Ihre Funktion für die Zeitgenossen[89] erschließt sich durch die Berücksichtigung ihrer Aufgabe: Durch die Veröffentlichungen in Periodika ist es den Schriftstellerinnen und Schriftstellern möglich, Texte einer Öffentlichkeit zugänglich zu machen, ohne für den gesamten Inhalt der Publikation verantwortlich zu sein und trotzdem einen in sich geschlossenen und zusammenhängenden Text zu publizieren.

---

89 Vgl. Wilpert, 1989, S. 1044 (Artikel »Zeitschrift«) und 1046 (Artikel »Zeitung«).

Für das Forschungsgebiet des sowjetischen Exils sind in erster Linie zwei Publikationen von Bedeutung: Einerseits im Vorfeld des Exils *Die Rote Fahne*, die zwischen 1919 und 1945 als Zentralorgan der KPD erschien (s. Diersen et al., 1963, S. 418–428), und andererseits die in Moskau zwischen 1927 und 1945 im Verlag **Международная книга** (Meždunarodnaja Kniga: Internationales Buch) publizierte Tageszeitung *Deutsche Zentral-Zeitung* (*DZZ*). Eine für die Erörterung der Texte Hans Günthers wichtige Quelle ist die ebenfalls in Moskau zwischen 1932 und 1945 herausgegebene *Internationale Literatur* (*IL*), denn Günther war von 1932 bis zur Nr. 3/1933 Redakteur der deutschen Ausgabe. Die *IL* erschien daneben auch auf Französisch und Englisch (vgl. ebd., S. 244).

Darüber hinaus ist für die Betrachtung *kommunistisch* orientierter Verlagspraxis die sogenannte Münzenberg-Presse wegen ihrer Bedeutung beachtenswert: Zum unter der Leitung von Wilhelm Münzenberg stehenden Verlags-Trust zählten neben einigen Verlagsgruppen die Zeitschriften *Magazin für alle*, *Der rote Aufbau*[90], deren Nachfolgezeitschrift *Unsere Zeit* (Untertitel: *Halbmonatsschrift für Politik, Literatur, Wirtschaft, Sozialpolitik und Arbeiterbewegung*), *Die Arbeiter-Illustrierte-Zeitung aller Länder: AIZ* sowie die Zeitung *Die Welt am Abend*. Gerhard-Sonnenberg berichtet, dass Münzenberg schon in der Weimarer Republik bedeutsame Texte veröffentlichte:

> Wilhelm Münzenberg war seit 1927 ZK-Mitglied der KPD, seit 1924 Inhaber und Leiter des Neuen Deutschland Verlags, der u. a. die Arbeiterillustrierte Zeitung (AIZ) und die Welt am Abend herausgab. Vgl. dazu Friedjung, Leo, Kommunistisches Verlagswesen in Deutschland, in: Sozialistische Bildung, Jg. 30, Heft 9, S. 263, 267ff. (Gerhard-Sonnenberg, 1976, S. 99, Fußnote 168)

---

90   Der Untertitel lautet: »Halbmonatsschrift für Politik, Literatur, Wirtschaft, Sozialpolitik und Arbeiterbewegung«.

Daneben erschienen noch einige andere Zeitschriften im Exil, die es zu beachten gilt, da in ihnen auch Arbeiten von Glesel und Günther veröffentlicht wurden: U. a. *Neue Deutsche Blätter* (*NDB*), *Das Wort*, *Die Sammlung* und *Zwei Welten*.[91]

3.2.3 »Kritik und Selbstkritik« als Zeitphänomen in der stalinistischen Gesellschaft

> In der Selbstkritik vollzog der Delinquent ein Selbstreinigungsritual. Sie diente dazu, Feinde zu entlarven und Reumütige in die Gemeinschaft zu reintegrieren.
> (Baberowski, 2007, S. 93)

Wie alle Exilanten waren auch Glesel und Günther von Angst und Schrecken, die die stalinistische Gesellschaftsordnung verbreitete, unmittelbar betroffen. Die »Wechselrede von Kritik und Selbstkritik« ist allerdings weit mehr als ein »Selbstreinigungsritual« und mehr »als eine Methode, den Feind zu entlarven« gewesen, wie Berthold Unfried in einem Aufsatz betont:

> Die Jagd auf den Feind erfolgte [in der Sowjetunion] in der Form, daß ihn das Kollektiv selbst vermittels der Wechselrede von Kritik und Selbstkritik ausfindig machen sollte. Diese Prozedur stand vor dem Problem, aus der Masse der Parteimitglieder die «Feinde» herauszufiltern, die dieselbe Sprache wie die guten Genossen sprachen. Wer ist wer, wer ist Freund und wer ist Feind? Das wurde Mitte der 30er Jahre zu der entscheidenden Frage, zu deren Beantwortung nun Kritik und Selbstkritik die Methode sein sollte. (Unfried, 2002, S. 173f.)

Denunziation und Demütigung durch öffentliche Bekenntnisse von tatsächlichen oder erfundenen Fehlern mussten vor einer Kommission offen ausgesprochen werden, wodurch Verfolgungsprozesse in Gang kamen, deren Ausgang für die Be-

---

91 Die Zeitschrift »zum Studium der deutschen Sprache, für internationale Erziehung und Verbindung« wurde monatlich im Moskauer Staatsverlag für Lehrbücher von 1932 bis Juni 1935 publiziert.

teiligten nicht absehbar war. Es entwickelte sich ein von Misstrauen geprägtes Handeln bzw. Schreiben in der Öffentlichkeit, das die Grundstimmung der sowjetischen Gesellschaft bestimmte, man überbot sich förmlich in kritischer Haltung (vgl. Erren, 2008, etwa S. 130f.).

Die Öffentlichkeit wurde zu einer Kontroll- und Bewährungszone, die sich ähnlich auswirkte wie das panoptische Gefängnis, das seit Michel Foucaults Essay »Überwachen und Strafen« als Metapher neuzeitlicher Herrschaftsmethoden gilt. Repressive Strafandrohungen und positive Identitätsangebote nötigten die Untertanen dazu, die Befolgung formaler Befehle um den vorauseilenden Gehorsam zu ergänzen. […] Die Konstruktion dieser Öffentlichkeit bewirkte, daß vordergründig das »Kollektiv« gegen ein »Individuum«, tatsächlich aber alle Untertanen wechselseitig gegeneinander ausgespielt wurden. (Ebd., S. 179)

In welchem Maß sich das auf die Exilantinnen und Exilanten auswirkte, untersucht insbesondere Müller in den meisten seiner Veröffentlichungen. In einem Aufsatz benennt er einzelne Stichworte, in deren Kontext die Atmosphäre des sowjetischen Exils durch das Verfahren von »‚Kritik und Selbstkritik« gesehen werden muss: »paranoide Besetzung [von] Verschwörungsnetze[n]«, »Feindphantasmagorien«, »Einkreisungsängste«, »traditionelle Xenophobien« und andere mehr (Müller, 1998, S. 145f.). In dem von Müller herausgegebenen Stenogramm einer geschlossenen Parteiversammlung heißt es auf Seite 20 zur systemischen Funktion des Verfahrens von »Kritik und Selbstkritik«:

Unterwerfungs- und Bestrafungsritual, die dem System des Terrors vorgängige innerparteiliche »Reinigung« [...], die eigene Depersonalisation, die Auslöschung des »Individualismus« durch das mythologisierte »Kollektiv« [...]. (Lukács et al., 1991, S. 20)

Folgt man der Argumentation des Historikers Lorenz Erren, so ist

»Selbstkritik« und Schuldbekenntnisse nur noch als Teil eines komplexen Mechanismus anzusehen, der einen konstitutiven Teil stalinistischer Öffentlichkeit bildete. (Erren, 2008, S. 179)

Inwieweit sich die Argumentation darüber hinaus verfolgen und untermauern lässt und sich mögliche Beweggründe im Einzelnen überhaupt rekonstruieren lassen, ist sehr fraglich und nur durch gründliche Recherche und Funde in Archiven zu belegen. Für Samuel Glesel lässt sich durch die Vermerke in der Komintern-Akte und den anderen Veröffentlichungen ein Zusammenhang zwischen Aussagen und Repression nachvollziehen, der eine Annäherung insofern ermöglicht, dass hier Widersprüche erkennbar sind und eine Überprüfung unterschiedlicher Vermerke möglich ist (vgl. Kapitel 4.1.3). Der *Fall Günther* lässt einige Fragen unbeantwortet. Die Auswirkungen auf die Atmosphäre unter den Exilantinnen und Exilanten ist problematisch: Jeder und jede musste Angst vor der Denunziation durch jede und jeden haben. Durch die Kombination von Kritik und Selbstkritik wurden gesellschaftliche Mechanismen sichtbar, die auf menschliche Instinkte abzielten:

> Erstens das dynamische Element von [diesen Praktiken] – eine solide Selbstkritik konnte eine Kette von Personen implizieren. Damit konnten »«Seilschaften« aufgerollt und Milieus aufgebrochen werden. Das war eine wichtige Funktion von Kritik und Selbstkritik als Instrument des Terrors in seiner antibürokratischen und populistischen Phase. »Kritik von unten«, »Feuer auf die Kader« und »Gegen Unterdrückung von Kritik und Selbstkritik« waren die entsprechenden Schlagworte. In dieser Perspektive zeigt sich Kritik und Selbstkritik als ein Instrument, die Bürokratie terroristisch in Bewegung zu halten. Das dürfte auch ein Hauptgrund dafür sein, daß Kritik und Selbstkritik in nachstalinistischer Zeit, als sich die Herrschaft der Bürokratie verfestigte, zu einem leeren und weitgehend folgenlosen Ritual wurde. (Unfried, 2002, S. 175)

Originär sollte das »Ritual von Kritik und Selbstkritik« unterstützend anderen Mechanismen dienen, die die Parteiarbeit beförderten und in diesem Sinn einen Dienst für die Gesellschaft leisten sollten:

Tatsächlich bezeichnete der Begriff »Selbstkritik« in der offiziellen Sprache ursprünglich eben gerade nicht das individuelle Schuldbekenntnis, sondern die legitime und konstruktive Kritik an öffentlichen Mißständen. (Erren, 2008, S. 11)[92]

Auch willkürliches und quotiertes Vorgehen bei Säuberungsaktionen und Gewaltmissbrauch während der Inhaftierungen ermöglichten nicht das Vordringen in die innere Gedankenwelt eines Menschen, wie es die stalinistischen Dogmatiker erhofften. Letztlich »verkam« Selbstkritik zu einem Instrument des Terrors, das die angewendeten Techniken nur zusätzlich verstärkte:

> Der Terror als blinde Dezimierung nach vorgegebenen Quoten erscheint [...] mehr als ein Ausdruck des Scheiterns des Anspruchs, anhand von Kritik und Selbstkritik die Menschen zu erziehen, zu reformieren, denn als Endpunkt einer der Form der Selbstkritik innewohnenden Logik. Die Förderung von Kritik und Selbstkritik im Terror lief darauf hinaus, die Menschen aufeinander loszulassen. (Unfried, 2002, S. 178)

Zu betonen ist die Routine des »folgenlosen Rituals« (ebd.) von »Kritik und Selbstkritik«, dessen Funktion für das System einzig die Kontrolle und Unterwerfung von Beteiligten unter eine Befehlsgewalt war. Durch Misstrauen und »Depersonalisation« (Müller, 1998) wurde eine Gesellschaft erzeugt, die Grundlagen für eine hemmungs- und maßlose Repression gegen jedes Gesellschaftsmitglied ermöglichte und ein Milieu schuf, in dem solche *Maßnahmen* ohne große Widerstände hingenommen wurden.

---

92 Aus der Monographie von Erren ergibt sich ebenfalls, dass im Stalinismus die *Methode Kritik und Selbstkritik* derart instrumentalisiert und verformt wurde, dass sie als Handlungsschema zur Verfolgung genutzt werden konnte: »Ein ›bolschewistisches Ritual‹ des Widerrufens oder Abschwörens war dem alten Mitstreiter Lenins [hier gemeint: Lew Borissowitsch Kamenew] völlig unbekannt.« (Ebd., S. 61) Und: »Erst in den dreißiger Jahren verfestigte sich die ›Selbstkritik‹ schließlich zu einer Art höfischen Verhaltenskodex, der Funktionsträgern vorschrieb, auf resoluten Tadel von oben mit vorbehaltlosen persönlichen Schuldbekenntnissen zu antworten.« (Ebd., S. 130)

3.2.4 Annäherungen an den sozialistischen Realismus

Der sozialistische Realismus ist eine Darstellungsform und erweitert als künstlerische Methode deren politische Instrumentalisierung:

> Dem Formalismus wurde der sozialistische Realismus gegenübergestellt, welcher fortan die Linie für die Kunst sein sollte. Als offizielle Aufgabe galt – mittels einer bewußt parteilichen Darstellung – die Begleitung des sozialistischen Aufbaus, was eigenständige, nonkonformistische Formenexperimente natürlich ausschloß. Mit anderen Worten: Indem die Kunst nun der Politik untergeordnet war, sollte sie als Vehikel des revolutionären, gesellschaftlichen Entwicklungsprozesses dienen. (Radvan, 2000, S. 213)

Der sozialistische Realismus ist eine künstlerische Gestaltungsmethode, innerhalb derer es einer Künstlerin oder einem Künstler möglich ist, die Wirklichkeit realitätsnah widerzuspiegeln, immer in der Absicht der Darstellung ihrer revolutionären Entwicklung. Dabei ist allerdings einschränkend zu berücksichtigen, dass die Suche nach einer anwendbaren Gestaltungsmethode ziel- und planlos endete.

> Es ist keineswegs übertrieben, wenn wir behaupten, daß die Geschichte des Sozialistischen Realismus ein ununterbrochenes, aber auch erfolgloses Bemühen gewesen ist, den Begriff der künstlerischen Methode näher zu bestimmen. (Mozejko, 1977, S. 61)

Wassili Iwanow benennt 1965 die entstehenden Probleme der Überlagerung der Kunst (Literatur) durch Ideologie (Politik) und konstatiert daraus resultierende Folgen für den künstlerischen Produktionsprozess (Methode), wie sie besonders kennzeichnend für den sozialistischen Realismus sind:

> [...] Identifiziert man jedoch Methode und Weltanschauung, so geht die Spezifik des sozialistischen Realismus als einer künstlerischen Methode verloren. Auch ein modernistischer Künstler kann über Elemente der sozialistischen Weltanschauung verfügen, und dennoch ist er weit davon entfernt, ein Realist zu sein. Wesentlichste Ausgangsposition des sozialistischen Realismus ist die realistische Darstellung der Wirklichkeit. Ebenso kann man auch sagen, daß ein Künstler, der zwar sozialistische Lebensauffassun-

gen vertritt, in der Form aber zum Modernismus tendiert, inkonsequent in seiner sozialistischen Weltanschauung ist. Eine konsequente sozialistische Weltanschauung führt, da sie stets materialistisch ist, gesetzmäßig zum Realismus. (Iwanow, 1965, S. 21)

Mozejko betont, dass gerade im künstlerischen Realismus wesentliche Wurzeln des sozialistischen Realismus liegen, indem er Gestaltungselemente der Poetik des 19. Jahrhunderts verwende. Für die Anforderungen an künstlerische Gestaltung bedeutete dies:

> [Der Künstler] verwirft also die Phantastik, das Fabulieren, die Allegorie, die Symbolik und den Zufall und stellt die Wirklichkeit als eine Kette von in einem Kausalzusammenhang stehenden Ereignissen dar. (Mozejko, 1977, S. 41)

Thomas Christ verweist auf andere Wurzeln des sozialistischen Realismus: Vor allem für die bildende Kunst im sowjetischen Gesellschaftsmodell hält er avantgardistische Stilelemente – etwa die Negation von Tradition und Bestehendem – für entscheidend. Er sieht hierbei einen »Streit um die Vorherrschaft« als Ausgangspunkt für die Fehlentwicklungen des Verhältnisses von Macht und Kunst. Gerade der Anspruch, den Ideologie im Stalinismus an Kunst stellte, führte zu einer fatalen Vermengung:

> [Die russische Avantgarde] verneinte nicht nur alles, was vorher war, sondern inszenierte einen Neubeginn, der in seiner bisweilen intoleranten und puristischen Grundsätzlichkeit alle Lebensbereiche in Frage stellte – selbst die Staatsmacht sollte sich dem avantgardistischen Kunstkonzept unterordnen. Doch der Streit um die Vorherrschaft von Macht und Kunst führte bald zu jener unheilvollen Verbindung von stalinistischem Kunstdiktat und staatlichem Mäzenatentum, die weit über Stalins Tod hinaus eine für die russische Kunst des 20. Jahrhunderts einzigartige und spannungsvolle Vielschichtigkeit zur Folge haben sollte. (Christ, 1999, S. 7)

Die künstlerische Methode des sozialistischen Realismus

In dieser Art von Kontrast [gemeint: die in Kapitel 1 (S. 7) erörterte durch Kontrast-
mittel erzeugte Unterscheidung] lagen die großen Möglichkeiten eines echten ‹sozialistischen Realismus› – im Aussprechen dessen, was ist, ohne apologetische Agitation und wohlfeilen Optimismus, und hinter der Unzulänglichkeit, der Deformation
des Erreichten das mögliche Anderssein. (Fischer, 1968, S. 48)

Was sind »künstlerische Methoden«? Wie wurden sie in Texten umgesetzt? In der
Forschungsliteratur werden vier Komponenten genannt, um die *Wirklichkeit* angemessen in einem sozialistischen Sinn zu beschreiben: Parteilichkeit, Volkstümlichkeit, Darstellungen des Typischen und des Romantischen sowie das Beispiel eines
positiven Helden.[93]

Definition von Wirklichkeit

Mozejko stellt fest, dass die Attitüde von Objektivität eine Haltung aus einer rein
subjektiven Position heraus umgehe, ja verunmögliche, weil sie vorgebe, sich stets
um Objektivität zu bemühen. Er zählt die – bereits erwähnten – ästhetischen Kategorien, die für das Erkennen von solchen *objektiven* Zusammenhängen notwendig sind, nochmals auf:

[Der] Begriff des Sozialistischen Realismus [setzt sich] aus einer Reihe ideologischer
und ästhetischer Kategorien zusammen[...], die seitens der offiziellen Kritik häufigen
interpretatorischen Eingriffen unterliegen. Der Zweck dieser Eingriffe besteht darin,
dieser »schöpferischen Methode« eine den jeweils aktuellen Forderungen der auf staatlicher Ebene durchgeführten Kulturpolitik entsprechende Bedeutung zu verleihen.
Solche Kategorien sind z. B. »Parteilichkeit« (»partijnost«), das Typische (»tipi nost«), das

---

93   In diesem letzten Punkt steht die Auffassung des zeitweise dominanten Theoretikers Lukács an-
      deren sozialistischen Kunsttheoretikern entgegen, da er eine *Brechung* in der Darstellung des *hel-
      denhaften* Charakters für notwendig hält: »Lukács' Konzeption des positiven Helden weicht in
      einem Maße von den Forderungen der sowjetischen Dogmatiker ab, daß sie geradezu eine Ne-
      gation des Begriffes selbst und eine Rückkehr zur Personenauffassung des kritischen Realismus
      darstellt.« (Mozejko, 1977, S. 200)

Problem des positiven Helden, das Romantische und »Volkstümlichkeit« (»narodnost«). [...D]er Sozialistische Realismus als Methode gewinnt erst dann seine volle Bedeutung, wenn man diese Kategorien in Betracht zieht und ihre Bedeutung erklärt. (Mozejko, 1977, S. 85f.)

Den Einfluss, den die Kategorien Parteilichkeit, das Typische, die Darstellung des positiven Helden und Volkstümlichkeit auf den sozialistischen Realismus und seine künstlerischen Formen im Einzelnen hatten, gilt es in einer allgemeinen Darstellung des sozialistischen Realismus besonders zu berücksichtigen. Das wirkte sich auf die künstlerische Abbildung von Wirklichkeit aus: Anderen Einflussfaktoren sollte eine Deutungshoheit zuerkannt werden, die eine Annäherung an ein »heutiges, wirkliches, greifbares Leben« (Seghers) erschwerte und sogar gänzlich unmöglich machte.

Explizit sind damit im Zusammenhang stalinistischer Wirklichkeitsdeutung selbstverständlich politische Faktoren gemeint, da deren Auslegung von Wirklichkeit bzw. deren Ablehnung und Annahme oftmals gerade im Stalinismus über Leben und Tod entschied.

Es stellt sich die Frage nach der Definition dieser *Wirklichkeit*, die nach Anna Seghers viele Dimensionen umfasst:

»Was ist Wirklichkeit?« Nicht nur was man begreifen und schmecken kann, auch Phantasie und Träume gehören zur Wirklichkeit. Unser heutiges, wirkliches, greifbares Leben wurde einmal erahnt. Das war damals für trockene, ja feindselige Menschen eine Traumwelt. Ich meine, daß Träume ein Bestandteil der Wirklichkeit sein können. Richtig gebraucht, erweitern sie die Literatur, die sozialistische Literatur (Seghers, 1985, S. 5).

Der Begriff »vermeintliche Wirklichkeit« des Kunstwissenschaftlers Boris Groys und des Kunstgeschichtlers Max Hollein (2003, S. 10) ist in diesen Zusammenhängen und Abhängigkeiten wichtig. Zumal jedwede Darstellung von »vermeintlicher Wirklichkeit« entweder persönlichen oder dem Postulat politischer

Interessen unterliegt.[94] Den nicht unerheblichen Tatbestand, dass die Wirklichkeit in der Sowjetunion bestimmt, verformt und instrumentalisiert wurde, hebt eine Bezeichnung von Lorenz Erren hervor: »die von Stalin kontrollierte Wirklichkeitsproduktion« (Erren, 2008, S. 367).

Welche Auswirkungen solche Deutungsmuster von »vermeintlicher Wirklichkeit« auf die Literatur des stalinistischen Exils bezüglich der Darstellung der deutschen Heimat hatten, beschreibt Pike:

> Mit wenigen Ausnahmen verrät die von den deutschen Exilschriftstellern zwischen 1941 und 1945 produzierte Belletristik ein eklatantes Defizit an Wirklichkeitssinn, ein Defizit, das anzeigt, wie sehr die Schriftsteller Gefangene ihrer eigenen rhetorischen Beschwörung der »zweierlei Deutschland« geworden waren. Bei der Verarbeitung dieser Theorie in ihrer Belletristik präsentierten sie ein Deutschland-Bild, das weder die Heimat noch die Front in getreuer Weise widerspiegelte; sie führten einfach unter neuen Bedingungen die Legenden der in den Jahren 1933–1939 publizierten Erzählungen weiter. (Pike, 1992, S. 523)

Georg Lukács

> Über den Einfluß von Lukács innerhalb der Deutschen Sektion des sowjetischen Schriftstellerverbandes gibt es keinen Zweifel: in allen literaturtheoretischen Fragen war er ihr Sprachrohr. (Ebd., S. 408)

Lukács besaß nicht nur als »Sprachrohr« der deutschen Gruppe im sowjetischen Schriftstellerverband eine gewichtige Stimme, er verfügte auch über ein beträchtliches Maß an politischem Kapital, was der Meinung Pikes zufolge an der Bedeutung kulturpolitischer Fragen, die vor allem Lukács thematisierte, gelegen habe (vgl. ebd., S. 416, Fußnote 105).

---

94 Hans Günther nennt in *Der Herren eigener Geist* ebenfalls beachtenswerte Termini der Erkenntnistheoretiker und Friedrich Nietzsches: »wirkliche Welt« bzw. »Welt der »Phänomene« (Günther, 1981, S.181) und »konkrete Realität« (ebd., S. 184).

Lukács' Position stimmte nicht immer konsequent mit den von der stalinistischen Politik geförderten und geforderten theoretischen Grundlagen von Kunst überein. Wegen der Ambivalenzen und ihrer konkreten Bedeutung ist eine nähere Betrachtung für die Diskussion besonders fruchtbar, da die Texte von Lukács in den Ländern des ehemaligen Ostblocks als Beispiele mit »inspirierender Wirkung« oder »als Manifestation des zeitgenössischen Revisionismus« in den Bereichen von Literaturtheorie und Philosophie behandelt wurden (s. Mozejko, 1977, S. 183).

Mozejko betont in seiner Untersuchung des sozialistischen Realismus, inwieweit Lukács über die allgemeingültigen Kunsttheorien zur Zeit und im Vorlauf des Stalinismus hinausgeht, indem er die Bewertungen durch Lukács in einen Zusammenhang mit dessen eigenem Verständnis von Realismus stellt:

> [E]rstens unterscheidet sich die Lukácssche Version des Sozialistischen Realismus von der sowjetischen; zweitens - wann immer Lukács über Theorie und Praxis des Sozialistischen Realismus spricht, dann in Verbindung mit Betrachtungen über den »kritischen Realismus«. (Ebd., S. 184)

Dieses Interesse für die Untersuchung des kritischen Realismus des 19. Jahrhunderts habe in den Betrachtungen von Lukács Änderungen erfahren, da sich die Schwerpunkte in den einzelnen Entwicklungsabschnitten seiner literaturtheoretischen Arbeiten verschoben und es immer wieder zu unterschiedlichen Bewertungen kam. Hierbei spielen die Anforderungen, die Lukács an einen Künstler stellt, der in der Tradition des sozialistischen Realismus arbeiten will, eine entscheidende Rolle. Er hält Darstellungen von »vermeintlicher Wirklichkeit« nicht an eine (durch die Partei) vorgegebene Leitidee gebunden, sondern – trotz der notwendigen Darstellung politischer Ereignisse – *frei* entwickelt und eben nicht parteipolitisch instrumentalisiert:

> Es wird klar, daß für Lukács' Konzeption des Sozialistischen Realismus die Überzeugung kennzeichnend ist, daß der Soz-Realist [sic!] notwendig die dramatischen Perioden, die Perioden des Umbruchs in der sowjetischen Gesellschaft darstellen müsse. Die Revolution selbst wie auch die Jahre des Stalinismus, vor allem aber die Demas-

kierung des Stalinismus waren eben solche Perioden gesellschaftlicher und moralischer Erschütterungen. (Ebd., S. 197)

Grundsätzlich gehe es um die Frage, ob eine Schriftstellerin oder ein Schriftsteller,
die oder der mit den Methoden des sozialistischen Realismus arbeite,[95] einer
ideologischen »Version, die sich gehorsam nach den politischen Direktiven der
Partei« richte, oder einem »Diktat der Wirklichkeit«, also der »Wahrheit des Lebens« verpflichtet sei. Das Problem löst Lukács zugunsten der »Komplexität und
Vielschichtigkeit menschlicher Beziehungen« (ebd., s. 197f), die sich losgelöst von
politischen Interessen in der dargestellten *Wirklichkeit* widerspiegeln sollten. Das
heißt, dass die künstlerische Methode des Realismus nach Meinung von Lukács
dazu beitragen soll, die vorgefundene *objektive Wirklichkeit* subjektiv im Kunstwerk
zu bearbeiten, sodass eine Rezipientin oder ein Rezipient durch dieses Kunstwerk
die vermittelte *Wirklichkeit* erkennen und verarbeiten kann. Mit einem Verweis auf
die in jener Zeit dem Lukács'schen Denken verpflichteten Arbeiten des polni-
schen Literaturwissenschaftlers Jan Kott legt Mozejko nahe, dass Lukács in der rea-
listischen Kunstproduktion eine Erkenntnismöglichkeit sieht:

> Kott erklärt [in] seinen Aufsätzen, die 1945 regelmäßig in der *Ku nica* erschienen, […]
> den Realismus als eine Betrachtungsweise, die den Menschen nicht nur durch seine
> biologischen Instinkte oder durch seine psychologischen Merkmale bedingtes Wesen,
> sondern als ein geschichtliches Wesen auffaßt. Über den Realismus eines literarischen
> Werkes entscheide hauptsächlich die Wahl »treffender, kausaler Zusammenhänge, die
> das Handeln des Menschen erklären«, oder genauer: »… die Konstruktion eines
> menschlichen Schicksals ist nicht als das Studium einer Leidenschaft, eines krankhaften
> Zustandes oder der Einwirkung einer höheren Gnade zu verstehen […], sondern als die
> Analyse einer gesellschaftlichen Gruppe«. (Ebd., S. 170, Hervorhebung im Orig.)

Nicht erst im Stalinismus fand eine kleine, aber wichtige Verschiebung statt, die
hier verstärkt und übersteigert wurde: Politischen Maßstäben wurden Richtlini-

---

95 Mozejko betont, dass Lukács den Terminus »Methode« konsequent meide und stattdessen etwa
    von »Stil« spreche, vgl. ebd., S. 198.

enkompetenzen verliehen, sodass Fehlentwicklungen im Verhältnis von Literatur und Politik unumgänglich wurden. Das hätte nur durch die Umkehrung der Vorgaben der Politik korrigiert werden können, um den subjektiven Zugang eines Künstlers zur »vermeintlichen Wirklichkeit« zu ermöglichen. Das »Verhältnis von Forschung, Propaganda und Agitation« wurde durch die Instrumentalisierung und Verzerrung von »Tatsachen und Erscheinungen der Wirklichkeit« zu einem »nützlichen Instrument der Agitation«, das die Unterordnung der schöpferischen Literatur unter das Diktat der Politik zur Folge hatte.

> [Der Schriftsteller wurde] zum Illustrator, nicht zum Erforscher. Um diesem krankhaften Zustand abzuhelfen, wurde die sogenannte revolutionäre Romantik zum Bestandteil des Sozialistischen Realismus erklärt, die Lukács als Äquivalent zum ökonomischen Subjektivismus betrachtet. (Auch alle voranstehenden Zitate: ebd., S. 189)[96]

Hierfür griffen sozialistische Kunsttheorien auf die vor allem von Lenin geprägte Widerspiegelungstheorie zur Darstellung der Wirklichkeit im sozialistischen Sinne zurück:

> Die Grundlage einer jeden richtigen Erkenntnis der Wirklichkeit, gleichviel ob es sich um Natur oder Gesellschaft handle, ist die Anerkennung der Objektivität der Außenwelt, d. h. ihrer Existenz unabhängig vom menschlichen Bewußtsein. Jede Auffassung der Außenwelt ist nichts anderes als eine Widerspiegelung der unabhängig vom Bewußtsein existierenden Welt durch das menschliche Bewußtsein. Diese grundlegende Tatsache der Beziehung des Bewußtseins zum Sein gilt selbstverständlich auch für die künstlerische Widerspiegelung der Wirklichkeit.

Die Theorie der Widerspiegelung ist die gemeinsame Grundlage für *sämtliche* Formen der theoretischen und praktischen Bewältigung der Wirklichkeit durch das menschliche Bewußtsein. (Lukács, 1977, S. 63, Hervorhebung im Orig.)

---

96 Vgl. Lukács: »Der kritische Realismus in der sozialistischen Gesellschaft«, in: Lukács, 1958, S. 140.

Der Theater- und Literaturwissenschaftler Werner Mittenzwei betont in seinem Vorwort zum zitierten Buch von Georg Lukács, dass gerade dieser sich aus-
giebig der Frage der Widerspiegelung gewidmet hätte. Lukács komme der Ver-
dienst zu, die Bedeutungen und Auswirkungen auf Probleme der Ästhetik in der
Theorie der Widerspiegelung für den Marxismus erörtert zu haben; immer wieder habe Lukács in seinen Texten Schwierigkeiten betrachtet und die zentrale
Rolle der Abbildfrage erörtert.[97] Wie Widerspiegelung konkret aussehen sollte
und dass diese nur von der Darstellung des Einzelnen ausgehen könne, betont Lukács in einem Aufsatz des Buches:[98]

> [Das Ziel, die Widerspiegelung der Wirklichkeit] ist in jeder großen Kunst: ein Bild der
> Wirklichkeit zu geben, in welchem der Gegensatz von Erscheinung und Wesen, von
> Einzelfall und Gesetz, von Unmittelbarkeit und Begriff usw. so aufgelöst wird, daß beide
> im unmittelbaren Eindruck des Kunstwerkes zur spontanen Einheit zusammenfallen,
> daß sie für den Rezeptiven eine unzertrennbare Einheit bilden. (Lukács, 1977, S. 73)

Die Darstellung von *Wirklichkeit* unterliegt der Entscheidung zwischen einer Darstellung um *ihrer selbst Willen* oder einem Primat der politischen Ideologie, die die
Darstellerin oder der Darsteller der Wirklichkeit vertritt. Eine Schriftstellerin oder
ein Schriftsteller müssen grundsätzlich entscheiden, ob sie in einem Text die *Wirklichkeit* abbilden oder im Sinne ihres ideologischen Verständnisses gemäß »formen«
und »korrigieren« wollten oder sollten (vgl. Mozejko, 1977, S. 71).

Im politischen Feld der Sowjetunion führte dies zu einer Dominanz von Ideologie, die bei der Betrachtung eines Kunstwerkes von Anfang an berücksichtigt
werden musste. Mozejko ist der Ansicht, dass losgelöst von Bemühungen und Entwicklungen zu »Modernisierung« und der »Aneignung der neuen formalen Expe-

---

97 Vgl. Mittenzwei, 1977, S. 8f. Und auch Mozejko benennt diesen Tatbestand: »Ferner sind – für
Lukács – Theorie und Praxis des Sozialistischen Realismus eng verbunden mit der Forderung
die Widerspiegelungstheorie in der Literatur anzuwenden.« (Mozejko, 1977, S. 197f.)

98 Auch hierin zeigt sich im Übrigen ein wesentlicher Unterschied zur allgemeingültigen sozialistischen Kunstauffassung, für die die Herleitung allgemeiner Gesetze und nicht die (ausführliche) Darstellung einer einzelnen Erscheinung maßgebend war.

rimente des 20. Jahrhunderts« der sozialistische Realismus die einzige Methode zur Bildung einer literarischen Theorie gewesen sei, die »die Berücksichtigung bestimmter, festgelegter, politischer, gesellschaftlicher, moralischer und philosophischer Werte fordere«. Wichtig sei in diesem Zusammenhang die Beachtung der dominierenden Ideologie, die u. a. in den gestalterischen Komponenten Parteilichkeit und Volkstümlichkeit zum Ausdruck kommen sollte (vgl., auch die voranstehenden Zitate ebd., S. 107f). Im Unterschied zu anderen Bereichen stellten Kunst und Literatur im Stalinismus keine eigenständigen Felder dar, auf denen unabhängig gehandelt werden konnte. Die politische An- und Verwendung von Resultaten war immer vorrangiges Ziel.

Grundsätzlich kulminiert das einmal mehr in der Frage des Verhältnisses von Politik (Macht) und Kunst (Literatur), wobei die Entscheidungszwänge in die Künstlerin oder den Künstler verlagert werden, sodass die Position schon vor der Rezeption des Kunstwerks in der Tradition des sozialistischen Realismus geklärt sein sollte. Das verlieh den Organen der stalinistischen Staatsgewalt nicht nur unbeschränkte Interpretationshoheit und Interventionsmöglichkeiten, sondern »erleichterte« im Gegenzug auch deren Akzeptanz durch Künstlerinnen und Künstler (ebd., S. 34f.). Mozejko kommt zu dem Urteil, grundsätzlich sei das »ästhetische Merkmal« des sozialistischen Realismus die Verdeutlichung der Relevanz des politischen Aspekts für das Leben eines modernen Menschen. Es komme hier auf »die Umsetzung dieses Faktors in einen künstlerischen Akt« an (ebd., S. 45). Besonders in Hinsicht auf die Funktion von Kulturpolitik ist diese Instrumentalisierung von Kulturproduktion beachtlich.

Dass dieses Primat der Politik gerade für das sozialistische Gesellschaftssystem der stalinistischen Herrschaft einen Modellcharakter hatte, betont Frank Trommler, indem er die Ausgangslage und Konsequenz dieser Denkstruktur benennt:

> Die von Stalin bewirkte Änderung lief auf den Anspruch hinaus, die sozialistische Literatur müsse sich an der Sowjetunion ausrichten, und das hieß in Stalins Einflußbereich zumeist: Abkehr von der proletarischen Bekenntnisaussage zugunsten der Erhöhung und Mythisierung der sowjetischen Wirklichkeit. Literatur bekam eine spezifische

Funktion im Zusammenhang des ideologischen und politischen Systems zugewiesen, mit dem die Sowjetunion nach der Durchsetzung des »Sozialismus in einem Lande« ihre Legitimation als sozialistischer Staat begründete. (Trommler, 1976, S. 597f.)

Das Todesurteil gegen Glesel kann als ein Beispiel gelten, das die These Trommlers bestätigt. Ähnlich mag es bezüglich Hans Günther sein, dessen Faschismus-Analyse, *Der Herren eigener Geist*, weder zur Genüge »der Erhöhung und Mythisierung der sowjetischen Wirklichkeit« beitrug, noch deren Deutungsmuster des Faschismus aufgriff.

Der sozialistische Realismus muss insgesamt als eine Suche nach der Darstellung einer Wirklichkeit verstanden werden, die es noch nicht gab. Für ein grundsätzliches Verständnis sind daneben zwei weitere Aspekte zu berücksichtigen: Zum einen ist die Erarbeitung eines Begriffs von sozialistischer Utopie unerlässlich, die die Divergenz zwischen der Utopie, die Karl Marx vorschwebte, und den »Realsozialismen«, die sich explizit auf Marx beriefen, untersucht.[99] Als zweiter wesentlicher Gesichtspunkt ist die Auffassung von »Kunst als Waffe« zu beachten: Friedrich Wolf legt in einem programmatischen Text die Anforderungen an eine Auffassung von Kunst dar, die die schonungslose Darstellung von wirtschaftlichen Hindernissen und Zwängen beinhaltet (vgl. Wolf, 1928).

Um an dieser Stelle ein bekanntes Beispiel zu nennen, setzt sich Bertolt Brecht ganz im Sinn von »Kunst als Waffe« in *Aufstieg und Fall der Stadt Mahagonny* dezidiert mit dem zentralen Gegensatz zwischen Individuum und einwirkenden Anforderungen auseinander: Der einzelne Mensch wird mit den Ansprüchen einer Gemeinschaft, gesellschaftlichen Zwängen und den Gewalten der Natur konfrontiert und zerbricht schließlich an ihnen.

---

99 Ansatzweise hat dies der Ökonom Prof. Dr. Bernd Senf in einem Text versucht.

3.3 Das Erklärungsmuster *Kollision* als Teil des literarischen Feldes

In den Erläuterungen zum Modell des literarischen Feldes wurde bereits beschrieben, dass ich davon ausgehe, dass sich das literarische Feld des sowjetischen Exils im Wesentlichen an den Polen Autonomie und Heteronomie ausrichtet. Jurt betont mit einem Verweis auf Jacques Dubois, dass gerade Bourdieus Feld-Modell autonome Strukturen markiert, die für die wissenschaftlich-systematische Untersuchung von Literatur relevant sind:

> Wenn Sartre und Barthes [das] Phänomen der Autonomisierung der Literatur durchaus sahen, so findet man, nach J. Dubois, doch erst bei Bourdieu »die erste systematische Theorie der Autonomie des künstlerischen Feldes« [Fußnote: Jacques Dubois, L'institution de la littérature. Bruxelles, 1978, 26]. (Jurt, 1981, S. 457)[100]

Die grundsätzlich bipolare Struktur des literarischen Feldes ermöglicht eine wichtige Binnendifferenzierung, die »Fraktionierungen, Generationenbildung, die Integrations- und Ausschlusskämpfe der Akteure« »plausibel« abbildet (beide Zitate: Wrage, 2005, S. 54). In einem Aufsatz erörtert der Germanist und Philosoph Henning Wrage, inwiefern diese strukturellen Erscheinungen Auswirkungen auf die Differenzierung von Positionen in einem Feld haben:[101]

> Gerade die Klärung solcher Schreibanlässe [i. e. »Integrations- und Ausschlussbemühungen von Schriftstellern und Schriftstellerinnen in sich emanzipierenden, ‚modernen‘ Texten«] machen die Applikation der Feldtheorie plausibel; ohne sie sind Phäno-

---

100 Auch mir scheint es im Fall der Literatur des sowjetischen Exils angebracht, das Phänomen der Autonomie zu betonen, dessen bloße Existenz zu einem Pol des diskutierten Feldes führt, der einem heteronomen, von einer politischen Macht-Position abhängigen Pol gegenübersteht.

101 Die Erörterungen Wrages beziehen sich explizit auf das literarische Feld der DDR. Die Übertragung der Parameter und strukturellen Phänomene auf das Feld des sowjetischen Exils halte ich für durchaus möglich und legitim, da es Wurzeln und viele Strukturen des nachfolgenden literarischen Feldes der DDR bereits ausbildete.

mene wie Gruppenbildungen, Fraktionierungen und innerliterarische Debatten, aber auch der Bezug von Literatur auf Literatur in Prozessen von Traditionsbildung oder die innerorganischen Kämpfe um Ausschluss und Integration beispielsweise im Schriftstellerverband kaum zu erklären. (Wrage, 2005, S. 57)[102]

Diese Ausdifferenzierung eines (literarischen) Feldes wird ermöglicht durch die Hierarchisierung der einzelnen Einflussfaktoren auf Texte[103], die keine endgültige Rangordnung abbildet, sondern bei der bloßen Beschreibung von wissenschaftlichen Ergebnissen bleiben kann. Dies rechtfertigt wiederum eine grundsätzlich bipolare Struktur, wie Bourdieu anmerkt. Das literarische Feld richte sich an zwei Differenzierungsprinzipien aus – einer »reinen« Produktion, die sich mit einem beschränkten Verbreitungsraum von »Eingeweihten« begnüge, und einer an Profit orientierten Kunstproduktion, die einem Markt zuarbeite, der den Erwartungen eines breiten Publikums unterliege (vgl. auch Bourdieu, 2001, S. 198). Die bipolare Struktur des literarischen Feldes des Exils in der Sowjetunion kann sich aber in diesem Fall – wie schon betont – nicht beinahe ausschließlich am ökonomischen Feld orientieren, wie es Bourdieu im Text nahelegt, sondern muss sich hier am politischen Feld ausrichten, sodass die Abhängigkeiten, die er konstatiert, ausschließlich vom Feld der Macht bestehen.

Wrage hält diese Bipolarität für potenziert, da eine Ausrichtung an einem Pol auch immer die »Kommunikation von« diesem selbst impliziert. Aus diesem Blickwinkel ist das Modell des Feldes ein Erklärungsversuch, der einerseits viele Möglichkeiten bietet, die in einer Unübersichtlichkeit münden kann, andererseits werden durch die Theorie Strukturen angezeigt, die sonst verborgen bleiben würden:

---

102 Im Weitergang der Textstelle beruft sich Wrage explizit auf Bourdieu, der der Meinung sei, eine Kontrolle, die wegen eines »egalitären Anspruchs« die »äußeren Manifestationen des Unterschieds« kontrolliere, verhindere dennoch nicht die Ausbildung und Spezifizierung eines literarischen Feldes von DDR-Literatur.

103 Sowohl *externen* Ursprungs (beispielsweise durch Zensurvorgaben aus dem Feld der Macht) als auch *internen* (wie literarische Stilelemente).

> Wenn man sich in der Theorie des literarischen Feldes bewegt, ist also immer von zwei »Autonomien« die Rede: einerseits von der Ausbildung eines relativ eigenständigen sozialen Raumes, der durch die Eigenlogik der Handlungen seiner Akteure entsteht, andererseits von der *Kommunikation* von Autonomie durch diese Akteure. (Wrage, 2005, S. 55, Hervorhebungen im Orig.)

Ein Zwischenfazit ziehend erläutert Wrage die Möglichkeiten, die eine feldanalytische Binnendifferenzierung gerade für sozialistische Gesellschaften bietet:

> Das Bisherige zusammenfassend, kann man sagen, dass (erstens) [sozialistische Literatur im Allgemeinen] nicht auf bloße Instrumentalisiertheit reduzierbar ist. Sie ist (zweitens) in sich differenziert und das nach Kriterien, die sich mit Bourdieu gut erklären lassen. Um die [‚sozialistische‘ Literatur] jedoch (drittens) als literarisches Feld bezeichnen zu können, bräuchte es neben der Binnendifferenzierung noch ein weiteres Moment, nämlich die externe Autonomisierung des literarischen Feldes als Entkopplung vom politischen Feld. (Ebd., S. 59)[104]

Um eine Untersuchung signifikanter Eigenschaften und Strategien einzelner Mitglieder eines Feldes, die gleichzeitig einem abgegrenzten Teilbereich einer Gesamtgesellschaft zuzuordnen sind, vornehmen zu können, ist eine strukturelle Beziehung zwischen jenen herauszuarbeiten. Die Verbindung von Glesel und Günther ist leicht und schnell herstellbar, da es eine offensichtliche Verbindung gibt. In der »geschlossenen Parteiversammlung« bekennt letzterer:

> Ihr habt alle das Gutachten aus dem Jahre 1933 gehört. Selbstverständlich will ich das Gutachten in keiner Weise in Schutz nehmen. *Es ist ein Fehler gewesen, daß ich damals das Gutachten gegeben habe. Ich habe Gles für keinen Unbegabten gehalten und die Entwicklung nicht vorausgesehen.* Wie das Gutachten im einzelnen zustande gekommen ist, ist nicht mehr interessant. Ich könnte erwähnen, daß ich erst 3–4 Monate in der Sow-

---

104 Nochmals sei betont, dass die Übertragung der strukturellen Prinzipien im Einzelnen sicherlich fraglich und problematisch ist, da es sich beim literarischen Feld des sowjetischen Exils um einen Vorläufer für das Feld der DDR-Literatur handelte, die Mechanismen aber häufig unverändert übernommen wurden.

jetunion war, und ich bemerke, (daß ich) bis zu dem Augenblick mit Literatur nicht mehr zu (tun) hatte, sondern rein politische Aufgaben zu erledigen hatte, so daß mein kritisches Urteil nicht so war, wie es heute ist. Das hat mit dazu beigetragen, daß ich *kein richtiges Urteil über das Drama von Gles gehabt* habe. (Lukács et al., 1991, S. 84, Hervorhebungen vom Autor)

Im Zitat zeigt sich nicht nur, dass Günther den »Fall Gles« kannte, dass ihm Auslöser und Reaktionen bekannt waren und dass er um die Notwendigkeit wusste, in der Vergangenheit erstellte Gutachten zu relativieren und sich in Kritik und Selbstkritik zu üben. Diese Art opportunistischen Verhaltens und Mitmachens verweist auf Angst und Hoffnung, nicht selbst von staatlicher Repression getroffen zu werden. Auch hier könnte sich eine erfolglose »Rettungsbewegung« (Rohrwasser) zeigen. Darüber hinaus ist ausgehend von den bereits diskutierten Überlagerungen der kategorialen Gruppen *Täter* und *Opfer* für die Gliederung eines Gesellschaftsausschnitts nicht nur die Benennung des Phänomens, das im Mittelpunkt steht, wichtig, sondern auch dessen Untersuchung in einem gesellschaftlichen Gesamtzusammenhang. Hierbei geht es einerseits um die terminologische Eingrenzung der Erscheinung, als auch um deren Verknüpfung mit Schemata, die nicht ausschließlich bezüglich des betrachteten Bereichs hergestellt werden können. Eine grundsätzliche Systematisierung könnte auch in anderen Ausschnitten der entsprechenden Gesellschaft anwendbar sein.

Die Figur eines Dualismus aufgreifend werde ich im Folgenden nochmals auf Differenzen zwischen den Theorien Adornos und Bourdieus eingehen, deren Verknüpfung für diese Arbeit konstitutiv ist, und eine Verbindung erörtern, die über die in Kapitel 2.1.4 vorgeschlagene Ergänzung hinausgeht. Diese Verbindung ist für mich zentral und wird daher nochmals eingehend erörtert. Eine wesentliche Leerstelle, die im Modell Bourdieus besteht, beschreibt auf einer Internetseite Ueli Raz:

Trotz des riesigen Aufwandes bleibt auffällig, wie sich der Soziologe Bourdieu auf die Analyse des sozialen Feldes beschränkt, auch in Fragen des Bildungs- und des kulturellen Kapitals. Insbesondere scheinen Analyseansätze unterdrückt zu werden, die die strukturelle, das heißt innere Beschaffenheit von Werken mit derjenigen der Rezipienten vergleichen würde, weil das Risiko offenbar zu hoch erscheint, rationale Strukturen hervorheben zu müssen, die sich nicht aus Gesellschaftlich-Kulturellem ableiten ließen [...]. (Raz, 1994, o. S.)

Raz schlägt daher eine Verbindung der negativen Dialektik Adornos und der strukturalistischen Theorie Bourdieus vor, da es nicht – wie Bourdieus Theorie nahelege – um eine einseitige Betonung der strukturellen, demokratischen Funktion der Kulturindustrie gehe, mit der Adorno sich sowieso nicht dezidiert auseinandergesetzt habe, sondern um die Formulierung strukturalistischer Erklärungen jenseits strikt realistischer Sprechakttheorien (Ebd.).

Um eine hieraus resultierende Überbetonung strukturalistischer Prozesse durch Bourdieus Modell zu relativieren, regt Raz die Berücksichtigung der Theorien Adornos an, die über »rationale bzw. dynamische Verhältnisse« hinausgehen. Besonders die zentrale Stellung des »relationalen und praxeologischen« Strukturbegriffes könne mit Adornos Theorie kritisiert werden, weil aufgrund einer »Verdinglichung« nicht alles strukturell und in dynamischen Beziehungen zueinander dargestellt werden könne (vgl. ebd.).[105]

An welchen Punkten in diesem Sinn eine Ergänzung der Theorie von Bourdieu durch analytische Ansätze Adornos vorgenommen werden können, erörtert Raz folgend: Es sei notwendig, die von Bourdieu entwickelten Darstellungen struktureller Umgebungen von Begriffen mit Adornos »kritisch-begrifflicher Deutung« zu verbinden und hierdurch eine Rezeption sozialer Zusammenhänge

---

105 Ausdrücklich bezieht sich Raz auf die folgende Textstelle bei Adorno: »Konkreter heißt Dynamik, in der Geschichte bis heute, zunehmende Beherrschung äußerer und innerer Natur. Ihr Zug ist eindimensional, geht zu Lasten der Möglichkeiten, die der Naturbeherrschung zuliebe nicht entwickelt werden; stur, manisch das Eine verfolgend, verschlingt die losgelassene Dynamik alles andere. Indem sie das Viele reduziert, potentiell dem beherrschenden Subjekt gleichmacht und dem, was ihm an gesellschaftlichen Instanzen entspricht, verkehrt Dynamik sich selbst ins Immergleiche.« (Adorno: »Über Statik und Dynamik als soziologische Kategorien«, in: Adorno ²1997d, S. 217–237, hier: S. 235.

zu ermöglichen. Hieraus folgt einerseits die bipolare Struktur gesellschaftlicher Prozesse, die der Philosoph Gerhard Schweppenhäuser in seiner Einführung in das Werk Adornos ebenfalls vornimmt:

> Zwischen den Polen Freiheit und Ordnung wird in der Sozialphilosophie der Neuzeit die Entfaltung oder der Untergang des Individuums angesiedelt […]. Das Gegenbild der gelungenen Vermittlung von individuellem und allgemeinem Interesse ist bei Adorno die total vergesellschaftete Gesellschaft. (Schweppenhäuser, 1996, S. 80)

Andererseits ergibt sich aus den Untersuchungen Adornos, die dem »Scheitern [der] Vermittlungsversuche« zwischen »Freiheit der Entfaltung und Bedürfnisbefriedigung der einzelnen Menschen mit der rationalen […] Ordnung des gesellschaftlichen Ganzen«[106] (ebd., S. 80f.) gelten, zentrale Themenfelder diskursiver Bereiche: Individuum und Gesellschaft, individuelle Freiheit und gesellschaftliche Ordnung.

Den Schriftstellern Glesel und Günther ist die *Heldenlosigkeit* ihrer Texte gemeinsam,[107] die nicht nur eine Differenz zwischen stalinistischen Vorgaben von (*guter*) sozialistischer Textproduktion anzeigt, sondern gleichzeitig eine eindeutige Manifestation im jeweiligen Textkorpus erschwert. Die Beschreibung eines fundamentalen Konflikts zwischen Individuum und gesellschaftlichen Strukturen lässt diese grundsätzliche Tendenz aber erkennen. Schon kleinste Anzeichen für eine von stalinistischen Vorgaben abweichende Kulturproduktion ermöglichen es, den verhängnisvollen Ausgang von Verstrickungen im sowjetischen Exil aus heutiger Sicht vorauszusehen. Die ausgelösten Verfolgungsabläufe waren im Zusammenhang stalinistischer Herrschaftspraxis konsequent – wie in dieser Arbeit exemplarisch für Glesel und Günther gezeigt wird. Die Verantwortung für die Tötungen ist

---

106 Dass die »Ordnung des gesellschaftlichen Ganzen« im sowjetischen Exil nicht – wie die Auslassung im Zitat vermerken würde – »repressionslos« war, folgt aus dem politischen Gesellschaftssystem Stalinismus.

107 Diese Tatsache wird später in den Textanalysen ausführlich begründet.

somit in diesen *Fällen* eindeutig auf Seiten der politischen Macht zu suchen und nicht innerhalb der Strukturen des literarischen Feldes!

Die Darstellung einer zusammenfassenden Benennung des Phänomens bringt daher zum Ausdruck, dass es einerseits um Utopien geht, die von den kommunistisch geprägten Schriftstellerinnen und Schriftstellern mit dem Aufbau der UdSSR verbunden und die durch den Sozialismus stalinistischer Art enttäuscht wurden. Relevant und interessant sind in diesem Zusammenhang die grundsätzlichen Begriffe Utopie und Ideologie, die im Einzelnen untersucht werden könnten. Andererseits ist ein signifikantes Merkmal dieses Erklärungsmodells *Kollision* jene Dominanz von Gewalt, die für den Stalinismus konstitutiv war und somit ebenfalls betonend berücksichtigt werden muss.

Zudem ist wichtig zu beachten, dass der fundamentale Zusammenstoß zweier Sachverhalte, Individuum und Gesellschaft, Kunst und Politik oder Utopie und Ideologie, Spuren in literarischen Texten und im alltäglichen Leben von Schriftstellerinnen und Schriftstellern hinterlassen hat. Das geschieht exemplarisch an den Lebens- und Textgeschichten der Schriftsteller Samuel Glesel und Hans Günther, weil sie durch die stalinistischen Verurteilungen und den Tod im Exil bezeichnende Extrem- und (diesen Ausschnitt begrenzende) Endpunkte des Feldes der Literatur des sowjetischen Exils abbilden.

Dass dieser historische Zeitabschnitt noch längst nicht endgültig bewertet werden kann, ergibt sich nicht nur aus den unzähligen Querverbindungen, die in dieser Arbeit thematisiert wurden und werden. Die politische Absicht, die die Theoretiker von Sozialismus umsetzen wollten, weist auf eine utopische Zielsetzung hin, die über einen Ausschnitt wie das Exil in der Zeit nationalsozialistischer Gewaltherrschaft in Deutschland hinausgeht, aber durch diese Epoche eine Ausrichtung erfuhr, deren Schieflage nicht mehr korrigiert werden konnte. (In diesen Zusammenhängen sei nochmals explizit auf den Strategie-Begriff und die Bedeutung der Dimensionen bezüglich der Utopie-Vorstellungen hingewiesen.)

234

So ist die Geschichte im Moskau der dreißiger Jahre nicht wirklich zum Stillstand gekommen. Die Forderungen und Hoffnungen, deren Botin die neue Bewegung ist, sowie vor allem die gewaltigen, uns von dieser scheintoten Zeit der Geschichte hinterlassenen Widersprüche können ein wirklich befreiendes Denken und eine befreiende Politik in Bewegung setzen. (Bourdieu, 2005, S. 164)

Die Einbettung des Themenbereiches »Literatur des sowjetischen Exils« in heutige Vorstellungen von historisch-politischen Prozessen ist notwendig. Bei Betrachtungen bezüglich eines abgegrenzten, spezifischen Bereichs geht es zuvorderst nicht um die Bewertung politischer oder künstlerischer Handlungsstrategien, sondern vielmehr um die Erkenntnis der Folgen ihrer Ergebnisse. Es werden Strukturen und Hintergründe beleuchtet und in das heutige Verständnis von Gesellschaft einbezogen, um die »scheintote Zeit« aus- und bewerten zu können.

4 Leben in der Fremde: Untersuchungen zu Texten von Samuel Glesel und Hans Günther

[Es] ist unerläßlich, daß man den Prozeßcharakter in soziologische und andere Theorien, die sich auf Menschen beziehen, miteinschließt. Wie sich in den folgenden Untersuchungen zeigt, läßt sich auch das Problem der Beziehung von Individualstrukturen und Gesellschaftsstrukturen gerade erst dadurch erhellen, daß man beide als sich wandelnd, als werdend und geworden untersucht.

(Elias, 1989a, S. XVIIIf.)[108]

Was dieser »Prozeßcharakter« im Zusammenhang ästhetischer Darstellung von Wirklichkeit für subjektive Erwartungen an künstlerische Gestaltungsmaßstäbe bedeutet, erläutert Ernst Fischer:

[In] die Kunst ist stets das Unberechenbare, das Spontane, das Unerschöpfliche einbezogen: der Mensch. Kunst ist weder Statistik noch Soziologie, noch Anthropologie; sie beschreibt nicht, spiegelt nicht wider, sie *produziert*. [...]
Der Künstler habe ein *Instrument* zu sein? Er *ist* es – nicht der Götter und des Kosmos und nicht einer herrschenden Institution, sondern der menschlichen, also gesellschaftlichen *Erfahrung,* welche fern zurückreicht. (Fischer, 1968, S. 53f., Hervorhebungen im Orig.)

Es wurde dargestellt, dass Kollisionen politisch-utopischer Vorstellungen von Sozialismus mit einer totalitären Lebenswirklichkeit im sowjetischen Exil zu Ambi-

---

108 Die Aussagekraft des »Prozeßcharakters« hebt Fischer bezugnehmend auf die Darstellung von *Wirklichkeit,* die im Zusammenhang des sozialistischen Realismus, – wie in Kapitel 3.2.4 erörtert – eine gewichtige Stelle einnimmt, ebenfalls hervor: »Denn Wirklichkeit ist nicht ein Aggregat von Fakten, sondern ein Prozeß, in dem sowohl die Herkunft wie auch die Zukunft relevant sind. Weil wir *nicht* dabei waren, wissen wir mehr, *sehen* wir das Damals in einem Kontext, und dieses Anders-Sehen ist nicht subjektiv, sondern die damals fragmentarische Wirklichkeit ist objektiv anders geworden, komplexer, entfalteter. Was in Wirklichkeit war, Alternative, ist als Entscheidung in die Geschichte eingegangen und wirkt als solche auf das nur scheinbar Entschwundene und Unabänderliche zurück.« (Fischer, 1968, S. 60, Hervorhebungen im Orig.)

valenzen zwischen persönlichen Motiven und politischen Interessen führten. Während der Vorbereitungen zu dieser Arbeit habe ich unterschiedliche Forschungsbeispiele herangezogen, die einen repräsentativen Ausschnitt der meisten deutschen Schriftstellerinnen und Schriftsteller im sowjetischen Exil während der Zeit des Nationalsozialismus in Deutschland dokumentieren sollten. Allerdings bin ich dabei – wie schon am Anfang festgestellt, immer wieder an Grenzen der Bearbeitungsmöglichkeit angesichts einer Vielzahl von möglichen Forschungsschwerpunkten gestoßen. Etwa bezüglich einer Geschlechtsspezifik bei Schwere und Ablauf von stalinistischer Verfolgung, nach Auswirkungen und Einsatz von Gewalt während repressiver Aktionen oder bezüglich der Auswirkungen von politischem Engagement auf künstlerisch-kreative Prozesse. Dass grundsätzlich die politische Einstellung eine Grundlage für das sowjetische Exil bedeutete, wird nicht erörtert, da sie schon die Voraussetzung für die Gewährung des Exils in der Sowjetunion war (vgl. u. a. Tischler, 1993, S. 292–302).

Hier werden deshalb zur Betrachtung der *Kollisionen*, die ich als Grundmotiv den konkreten Untersuchungen zu Grunde lege, die Texte und Lebenssituation zweier Schriftsteller zur Erörterung des Themas analysiert. In diesem Sinn sind die *Fälle* von Glesel und Günther signifikante Extrempunkte des literarischen Felds, die eine Begrenzung des Bereiches, um den es in dieser Arbeit geht, ermöglichen und die noch weitere Betrachtungen nach sich ziehen könnten. Für die beiden Fälle sind schon zum Einstieg vorbereitende Untersuchungsschritte notwendig, die die Schwierigkeiten zuspitzen: Sowohl für Hans Günther als auch für Samuel Glesel lassen sich die genauen Zusammenhänge der Todesumstände nicht mehr vollständig rekonstruieren (vgl. die Kurzbiographien in Kapitel 3.1), da bezüglich ihres Weges ins und im stalinistischen Lagersystem[109] viele Fragen unbeantwortet bleiben.

---

109 An dieser Stelle will ich wie Hedeler und Stark in ihrer gemeinsamen Publikation betonen, dass die in der wissenschaftlichen Diskussion gemeinhin verwendeten Begriffe des GULAG bzw. Gulag genau genommen lediglich Varianten des akronymisierten Terminus GULag für die *Hauptverwaltung* der sowjetischen Straf-, Gefangenen-und Arbeitslager sind: **Главное управление**

Die Theorie des literarischen Feldes von Bourdieu ist für diese Untersuchung in doppelter Hinsicht von Vorteil: Einmal erlaubt sie es, Schriftstellerinnen und Schriftsteller einem spezifischen Bereich des literarischen Feldes und damit auch einem Teilbereich des gesamten sozialen Raumes einer Gesellschaft zuzuordnen, gleichzeitig lässt die oben diskutierte Binnendifferenzierung die Analyse der einzelnen Texte innerhalb des Modells unter den dort angeführten Gesichtspunkten zu (Kann etwa im sowjetischen Exil ein Zusammenhang zwischen Veröffentlichungszahlen und der Härte und Geschwindigkeit stalinistischer Repressionen hergestellt werden? Wie ist in diesem Zusammenhang der künstlerische Akt des Schreibens zu bewerten? Als hilflose, vergebliche »Rettungsbewegung«? Als Ausdruck einer »Repräsentationsrolle« (beide Zitate: Rohrwasser, 1980, S. 10f.)?). Gewissermaßen ist es auf diese Weise möglich die Parameter, die die *externe* Struktur des Feldes erzeugen, auch *intern* anzuwenden und die jeweiligen Texte auf diese hin zu untersuchen. Wo lassen sich diese Binnendifferenzierungsprozesse zur Einordnung von Schriftstellerinnen und Schriftstellern in ihren Texten im Einzelnen verorten? Gibt es eindeutige Hinweise auf solche *Funktionen* von Texten?

Durch die Erörterung inhärenter Strukturen ist es möglich, eine Schwachstelle des Feldmodells zu beheben, die Ohlerich in seiner Dissertation beschreibt: Durch Darstellung, Bestimmung und Manifestation der exakten Position einer Schriftstellerin oder eines Schriftstellers in einem literarischen Feld könnten nicht alle Aspekte kultureller Produktion von Vornherein erschlossen werden. Erkenntnisse über Organisation und Gliederung von Schaffensmethoden sage nichts über deren Möglichkeiten aus, sondern mehr über deren strategischen Einsatz.

Psychologische Beweggründe wie Schaffenskrisen o. ä. geraten dabei ebenso aus dem Blickfeld wie die notwendige individuelle Veranlagung sowohl zum Schreiben als auch

---

исправительно-трудовых лагерей [Glawnoe uprawlenie isprawitel'no-trudowyh lagerej]. Vom bekannten Buch Solschenizyns (»Der Archipel GULAG«) wurde das Akronym in den alltäglichen Sprachgebrauch kritiklos übernommen, als fester Ausdruck installiert und auch von der Forschung adaptiert, vgl. Hedeler und Stark 2008, S. 11f.

zur Bereitschaft sich auf die Auseinandersetzungen im Feld einzulassen. (Ohlerich, 2005, S. 299)

Bourdieu entgeht dieser Gefahr, dem bloßen Schaffensprozess einen Alleinerklärungsanspruch für künstlerische Produktion zuzugestehen, indem er den Habitus als »Vermittler zwischen Struktur und Praxis« hervorhebt.

Das Verhältnis von »Struktur und Praxis« beinhaltet eine Überlagerung von politischen Vorgaben und ihrer künstlerischen Manifestationen, die weitere Fragen zu Produktionsbedingungen und zensorischen Eingriffen aufwirft, die zu berücksichtigen sind: Es lassen sich Rückschlüsse von Auflagenzahlen auf die Stellung einer Schriftstellerin oder eines Schriftstellers im literarischen Feld ziehen. Von dieser Position aus kann auch auf die Anwendung literarischer Stilmittel gefolgert werden, da sich die Akteurin bzw. der Akteur in Nähe oder Distanz zum autonomen oder heteronomen Pol des Feldes des sowjetischen Exils befinden. Ein Zusammenhang einer nonkonformistischen Haltung – sei sie inhaltlich oder formell in einem Text zum Ausdruck gebracht – hatte im Stalinismus jedenfalls in der Regel Konsequenzen, die diese Haltungen zum Verstummen brachten. Hierbei sind allerdings unbedingt Willkür und Zufall zu beachten, sodass Konstellationen und *Vergehen* gegen stalinistische Spielregeln Folgen für Beteiligte hatten, die unberechenbar und nicht vorhersehbar waren. In diesem Punkt ist keine stringente Regelmäßigkeit zu erkennen, wodurch generelle Aussagen unmöglich sind.

Im folgenden Kapitel wird es um eine Möglichkeit der Verknüpfung »zwischen Struktur und Praxis« gehen, allerdings ohne den »Vermittler« Habitus, da der Terminus technicus als soziologische Größe lediglich eine zusätzliche Beschreibungsgröße wäre, die keine aussagekräftige Verbindung von künstlerischen Formen und spezifischer Feldposition herstellen könnte; die Vermittlung durch die Konstruktion des Habitus ist aus diesem Blickwinkel für die vorliegende Arbeit wenig ergiebig und wird nicht näher beschrieben. Für eine Analyse der Texte von Günther und Glesel ist es vielmehr sinnvoll, den theoretischen Hintergrund zu betrachten und zu beschreiben, durch dessen Bedeutung Günthers literarische Formen und (zu einem gewissen Grad) auch die Texte von Glesel in einer politischen Konzeption gesehen werden können, die nicht mit den Methoden stalinistischer Politik vereinbar war.

Es ist wichtig zu betonen, dass die Auseinandersetzung mit Motiven eines politischen Theoriemodells, das nicht konform ist mit den stalinistischen Vorstellungen einer sozialistischen Gesellschaft, jene *Kollisionen* heraufbeschwört, die konstitutiv für diese Arbeit sind. Die *Vermittlung* erfolgt hier auf andere Weise als »durch die Stärkung des Habitusbegriffs als ›Vermittler zwischen Struktur und Praxis‹«. (Ohlerich, 2005, S. 299)

4.1 Samuel Gles

4.1.1 Der ›Moskauzentrismus‹

> Ist ihnen schon eine Kritik unter die Augen gekommen, die sich intensiv mit dem Werk an sich beschäftigt? Man analysiert auf sehr feine Weise das Milieu, in dem es entstanden ist, und die Ursachen, die es bewirkt haben, aber die *unbewußte* Poetik? woher kommt sie? seine Komposition, sein Stil? der Standpunkt des Autors? (Flaubert & Sand, 1992, S. 206, Hervorhebung im Orig.)

In der Forschungsliteratur zum sowjetischen Exil wird immer wieder bemängelt, dass die Betrachtung des *Fluchtpunkts Moskau* dominant im Mittelpunkt steht, gleichwohl dies als verständlich hingenommen wird und in gewisser Hinsicht auch gerechtfertigt ist:

> Die in der bisherigen Forschung vorherrschende Konzentration auf die in Moskau tätigen Emigranten beruht überwiegend darauf, daß hier fast alle Vertreter des kommunistischen literarischen Exils [...] wirkten. (Schafranek, 1998, Sp. 385)

Die Fokussierung der literarischen und kulturpolitischen Tätigkeiten auf Moskau legitimiert aus diesem Blickwinkel die vorrangige Untersuchung deutscher Exilantinnen und Exilanten, die in der sowjetischen Hauptstadt in Erscheinung traten, sie kann die Analyse anderer lokaler Besonderheiten aber nicht hinreichend ersetzen: Aufgrund von Verlagsstrukturen und Publikationspraxis in der *Zeitungs-, Presse- und Verlagslandschaft* der UdSSR waren die Möglichkeiten für deutschsprachige Exilschriftstellerinnen und -schriftsteller in Moskau, ihre Texte zu veröffentlichen, ungleich höher als in der übrigen UdSSR: In Moskau veröffentlichten die Herausgeber der VEGAAR bis 1938 118 deutschsprachige Bücher und zwischen 1939 und 1941 der Nachfolge-Verlag **Международная книга** etwa 46. Aufgrund der Konzentration der Presse erschienen in Moskau in deutscher Sprache außerdem die Tageszeitung *DZZ* sowie die Zeitschriften *IL* und *Das Wort*. Darüber hinaus gab es in der *Provinz* der UdSSR lediglich in Kiew und Charkow den Verlag der nationalen Minderheiten der USSR (mit 36 deutschsprachigen Publikationen zwischen 1933 und 1939) und den Deutschen Staatsverlag in Engels mit etwas mehr als 26 Veröffentlichungen (bis 1939), vgl. Pike, 1992, S. 311f.

Das macht die qualitative Untersuchung derjenigen Schriftstellerinnen und Schriftsteller, die nicht überwiegend von Moskau aus wirkten, umso interessanter. Sie soll deshalb den Ausgangspunkt der konkreten Untersuchungen dieser Arbeit bilden. In der wissenschaftlichen Forschungsliteratur fehlt grundsätzlich die detaillierte Beschreibung anderer Wege und Orte, die im sowjetischen Exil dauerhaft gesucht bzw. aufgesucht wurden.

> Nahezu die ganze Emigranten-Prominenz lebte in Moskau. [Fußnote: Es gab Schriftstellerkolonien in Leningrad, Charkow und in Engels, aber sie bestanden fast ausschließlich aus sowjetdeutschen Schriftstellern.] (Ebd., S. 96)

Gewissermaßen entsteht so eine einseitige Überladung des *Fluchtpunkts Moskau*, die den Stellenwert anderer Exilorte in der UdSSR ausblendet. Eine solche Differenzierung könnte allerdings wichtige Gesichtspunkte liefern, weil in der sowjetischen *Provinz* politische Einflussnahmen auf die literarische Produktion durch politische Institutionen nicht unmittelbar verschleiert werden konnten, sondern oftmals durch eine Vermittlungsinstanz vor Ort durchgeführt wurden, die die übrige UdSSR aus dem Blick verlor.

242

Es gibt keine Anhaltspunkte für die Erörterung der Frage, inwieweit konkrete Standorte Auswirkungen auf das Leben im sowjetischen Exil hatten: Es ist möglich, vom tatsächlichen Exilort Rückschlüsse auf Schwere und Geschwindigkeit der Verfolgung von Opfern des Stalinismus zu ziehen. Der Aufenthalt außerhalb des *Fluchtpunkts Moskau* konnte Unschärfe bei den Säuberungsinstanzen erzeugen, die das Urteil über Verfolgte beeinflussten. Außerdem ist es denkbar, dass bei der Verfolgung der öffentliche Fokus von den stalinistischen Schergen bewusst umgangen wurde, indem die Säuberungen in der sowjetischen *Provinz* besonders rabiat durchgeführt wurden.

Der Historiker und Publizist Schafranek fordert am Ende seines Artikels im *Handbuch der deutschsprachigen Emigration* explizit die »stärkere Berücksichtigung der Arbeits- und Lebensverhältnisse von Emigranten außerhalb Moskaus« als ein künftig notwendiges »Forschungsdesiderat« (beide Zitate: Schafranek, 1998, Spalte 395). Um einen Eindruck unterschiedlicher Überlebensstrategien im sowjetischen Exil zu gewinnen, ist es deshalb sehr wichtig, im Folgenden neben dem *Fluchtpunkt Moskau* von Anfang an andere Exilorte und Lebenswege gleichberechtigt in die Betrachtungen einzubeziehen. Ein Überblick über die Möglichkeiten und Probleme der Lebensführung, die sich im sowjetischen Exil im Besonderen ergaben, und gezielte Zuspitzungen von Problemfeldern der Lebensbedingungen sollen in dieser Arbeit deshalb weitere Perspektiven liefern.

Inwieweit Biographien von Schriftstellerinnen und Schriftstellern, die nicht oder nur kurze Zeit als Flüchtlinge in Moskau arbeiteten und wirkten, exemplarisch und repräsentativ für die Forschung zum sowjetischen Exil bewertet werden können, soll anhand des Einstiegsbeispiels geklärt werden: Samuel Glesel bzw. S. Gles. Sein verzweigter Lebensweg im sowjetischen Exil ist ein überzeugendes Beispiel für den komplexen *Schicksalsweg* eines Exilanten aus Deutschland im sowjetischen Exil, der sich nur vorübergehend in Moskau aufhielt, und damit zumindest geographisch als eine »Randperson« im Feld des sowjetischen Exils zu sehen ist. Dies hat, wie zu zeigen sein wird, auch Auswirkungen auf seine literarische Position in diesem Feld.

4.1.2 Autonome Sozialistische Sowjetrepublik der Wolgadeutschen

Die Verschleppung von acht Völkern – Männern, Frauen und Kindern – war eine
der unerhörtesten Taten Stalins, selbst in jener brutalen, schrecklichen Zeit.
(Conquest, 1974, S. 9)

Verfolgung und Vertreibung betrafen neben den Wolgadeutschen um die Hauptstadt Engels im Besonderen Krimtataren und Kaukasier. Da Glesel zu Beginn seines Exils lediglich kurzzeitig in der ASSRdWD war, sind die Texte, die von ihm
geblieben sind, weder in ihren Formen noch in ihren Inhalten als repräsentativ für
eine *typische* literarische Form der ASSRdWD anzusehen, die nach Ljubow Kirjuchina vorwiegend in Lyrik besteht. Kirjuchina konstatiert in ihrer Untersuchung
der sowjetdeutschen Lyrik als Kennzeichen dieser Literatur den inhaltlichen Ges-
tus einer »Poetik der Zeugenschaft« (Kirjuchina, 2000, S. 15), den sie – dem Titel
ihres Buches gemäß – ausschließlich an Lyrik festmacht, die S. Gles in den mir zu-
gänglichen Texten allerdings beinahe nicht verwendet hat. (Einzige Ausnahme ist
›Münichreiter vor dem Galgen‹). Sein Sprachgebrauch zeugt darüber hinaus an
keiner Stelle in den anderen Schriften von einer signifikanten poetischen Bedeutung oder der Möglichkeit so gearteter Interpretation, sodass es sich bei der Veröffentlichung wohl um Lohnarbeit für den Broterwerb gehandelt hat: S. Gles' sons-
tiger Sprachduktus ist jedenfalls gar nicht oder zumindest sehr marginal von dieser
poetischen Fingerübung beeinflusst worden. Es scheint vielmehr aufgrund der Quantität so, dass Glesel bewusst auf die literarische Form der Kurzgeschichte[110] zu-
rückgriff, zumal er während der zwei Monate in der ASSRdWD nichts publi-

---

110 Im *Sachwörterbuch der Literatur* von Gero von Wilpert heißt es unter dem Stichwort Kurzgeschichte: »[I]n Deutschland um 1920 in Zusammenhang mit den Erfordernissen der Zeitschrif-
ten- und Magazinform, die statt der für geselliges Lesen gedachte Novelle eine kurze Lektüre für
den eiligen Einzelleser braucht, [entstanden] und dann besonders nach amerikanischem Vorbild
in der frühen Nachkriegszeit [des ersten Weltkrieges] als Auseinandersetzung mit der Vergangenheit, der Gegenwartsnot […] oder existenziellen Fragen, gefördert durch neue Medien,
neues Leseverhalten, Einfachheit und Eignung zu Experimenten.« (Wilpert, 1989, S. 493)

zierte, wie mir gegenüber Alex Glesel, der Sohn Samuel Glesels, und dessen Frau Inge in einem persönlichen Gespräch mitteilten. Ihre privaten Forschungen hätten ergeben, dass sich Samuel Glesel ab seiner Ausreise aus Deutschland lediglich im April bis etwa Juni 1932 in Engels aufhielt.

Die Texte von S. Gles sind ausschließlich politisch motiviert, tendenziös und an schnörkelloser Faktendarstellung orientiert, was die Aufmerksamkeit der sowjetischen Verfolgungsbürokraten weckte; wahrscheinlich geriet Glesel schon während der Zeit in der ASSRdWD ins Fadenkreuz stalinistischer Verfolgungsinstanzen, was sein Schicksal besiegelte. In der bereits zitierten Fußnote deutet Pike an, dass die Schriftstellerinnen und Schriftsteller außerhalb des *Fluchtpunkts Moskau* ein eigenständiges, unabhängiges und geschlossenes System der deutschen Literatur in der Sowjetunion bildeten.[111]

Eine detaillierte Beurteilung des Themenkomplexes ASSRdWD würde wegen dieser vielschichtigen Ausnahmeerscheinung den Rahmen dieser Untersuchung sprengen. Anregend für solche Forschungen können folgende Problematisierungen sein: Was führte zur Auflösung der ASSRdWD im August 1941? Waren Diversion und Spionage gegen die UdSSR tatsächlich so große Gefahren, die repressive Gegenmaßnahmen erforderten, wie die sowjetischen Machthaber behaupteten? (Vgl. Conquest, 1974, S. 62–67) Pike schreibt zusammenfassend zum Thema ASSRdWD:

> Viele der deutschen Kommunisten im Exil – Herausgeber, Journalisten, Schauspieler usw. – waren zur Arbeit in die Wolgadeutsche Republik geschickt worden. Der Zoll, den dort der Terror forderte, ist in seinem Ausmaß weithin unbekannt, aber gewisse Anzeichen deuten darauf hin, daß er ungewöhnlich hoch war. (Pike, 1992, S. 439)

Wichtige Hintergrundinformationen zum stalinistischen Umgang mit nationalen Minderheiten ergeben sich aus der Arbeit des Historikers Conquest. Schon der

---

111 »Es gab Schriftstellerkolonien in Leningrad, Charkow und Engels, *aber sie bestanden fast ausschließlich aus sowjetdeutschen Schriftstellern* […].« (Pike, 1992: 106 (Fußnote 69), Hervorhebung vom Autor)

oben zitierte Einleitungssatz seiner grundsätzlichen Untersuchung zur Stalin'schen Minderheitenpolitik, *Stalins Völkermord*, beschreibt pointiert die angewandte Praxis und die Bewertungsschwierigkeit dieses Sachverhalts. Baberowski gibt in diesem Zusammenhang eine zusätzliche Erklärung für die sozialistische bzw. kommunistische und stalinistische[112] Nationalitätenpolitik, die bei einer diskursiven Untersuchung berücksichtigt werden sollte:

> Die Bolschewiki hatten einen Begriff von der biologischen Rasse, aber er bestimmte nicht ihr Handeln. Denn wie sonst ließe sich das Paradoxon erklären, daß die Machthaber Ende der dreißiger Jahre zwar alle Armenier und Deutschen aus der Ukraine deportieren ließen, in Armenien und in der Republik der Wolgadeutschen von solchen nationalen Säuberungen aber absahen? (Baberowski, 2007, S. 197f.)

Gesellschaftsstrukturen und soziale Ordnungen waren für die Bolschewiki Kennzeichen eines Kollektivs, das ihren eigenen gesellschaftlichen Zielen gefährlich werden konnte. Ethnische Gruppen konnten nur durch uneingeschränkte Kontakte ins Ausland und destabilisierende Wirkung auf einheitlich organisierte Bevölkerungsgruppen wirken, sodass sich die stalinistischen Machthaber nur mit Gewalt zu helfen wussten (vgl. ebd.).

Für die ASSRdWD hieß das, dass die Deutschen hier als Masse zunächst kontrolliert werden konnten, da vordergründig keine Kontakte und Austauschmöglichkeiten mit dem nationalsozialistischen Regime bestanden (diese wurden erst in den »Schauprozessen« als Vorwand für eine Verurteilung konstruiert.). Die

---

112 Die Differenzierung und gewissermaßen doppelte Benennung von gleichwertig angewandten Begriffen politischer Systeme, die zudem oft synonym verwendet werden, sollen nicht nur an dieser Stelle auf die notwendige Diskussionen aufmerksam machen, dass Bezeichnung und Unterordnung bestimmter Phänomene (wie etwa des stalinistischen Staatsapparats) unter Oberbegriffe (wie Sozialismus und Kommunismus) sehr problematisch und fragwürdig sind. Bezeichnet das eine doch offenkundig die konkrete Staatsform (»stalinistisch«), der andere Terminus jedoch ein ideologisches, utopisches und theoretisches Ideal, dessen Gesamtheit im seltensten Fall tatsächlich von *Wirklichkeit* getroffen wurde – wie das Zitat von Dwars am Beginn von Kapitel 1 bereits andeutete. (Bourdieu fordert deshalb in einem Vortrag vollkommen zurecht: »Die Regime, die man eher sowjetische als kommunistische nennen sollte [...].« (Bourdieu, 1991, S. 37)

246

ASSRdWD stellte keine Gefahr für das stalinistische Staatssystem durch instabile und unübersichtliche Gemengelagen dar, sodass Notwendigkeiten zu systematischer und massenhafter Deportation bis zum nationalsozialistischen Angriff auf die Sowjetunion nicht bestanden.

4.1.3 »Der Fall Gles«

In seiner Arbeit vermerkt Pike, dass eine »*Literaturnaja ntsiklopedija* (Moskau: »Sovjetskaja ntsiklopedija«, 1934),« zwar biographische Angaben zu dem deutsch-ukrainischen Schriftsteller Gustav Brand mache, »[d]ie Identität von S. Gles, der in Leningrad lebte, [sei jedoch noch immer] ein Rätsel.« (Pike, 1992, S. 209) Mittlerweile lässt sich immerhin ausgehend von den Angaben Pikes durch weitere einschlägige Veröffentlichungen und durch ein Gespräch mit Alex und Inge Glesel – geführt von mir am 5. August 2010 – ein genaueres Bild zeichnen. Sie wiesen u. a. darauf hin, dass Max Fürst in seinen autobiografischen Schilderungen mit »Sammy Gläsel« vermutlich Samuel Glesel gemeint habe, da die geschilderten Ereignisse mit den bekannten Fakten übereinstimmen würden (Fürst, 1978, S. 104).[113]

Elisabeth Wellnitz, die Lebensgefährtin Samuel Glesels, hat angeblich selbst gegenüber Elfriede Brüning die Entwicklungen beschrieben und die für Glesel in der UdSSR folgenden Ereignisse in einen unmittelbaren, zeitlich dicht gedrängten Zusammenhang gebracht.[114] Durch die Verdichtung werden Willkür und Beliebigkeit des Vorgehens bei der Verfolgung im »Fall Gles« besonders eindringlich aufgezeigt, da die einzelnen Texte von Glesel, die Kritiken hierzu und die stalinistischen Reaktionen als unmittelbare Zeitfolge aufgezählt werden:

---

113 Fürst schildert Glesels unregelmäßige Beteiligung an Sing-, Wander-und Freizeitgruppen, die Fürst selbst leitete.

114 Wie das folgende Zitat und die Berichte Brünings im Einzelnen zu bewerten sind, ist jedoch fraglich, da Alex und Inge Glesel mir gegenüber versicherten, dass sich Wellnitz und Brüning nicht begegnet sind.

Auch Sally war bedrückt, denn in der »Deutschen Zentral-Zeitung« vom November [1935] war ein grober Verriß seines Buches erschienen. Dies war der Auftakt einer Kampagne gegen ihn, die sich mit einer verheerenden Kritik seines Stückes durch Erich Weinert fortsetzte und schließlich zu seinem Ausschluß aus dem Leningrader Schriftstellerverband führte, praktisch also zu seinem Ende als Literat, denn keine Zeitung wagte es noch, auch nur eine Zeile von ihm zu drucken. (Brüning, o. J., S. 26)

Zu dieser Zeit arbeitete Wellnitz als Lehrerin an der Hochschule in Leningrad, sodass sie bis zur Verhaftung Glesels 1937 die Ernährerin der Familie war; auch Wellnitz wurde kurze Zeit nach der Inhaftierung von Samuel Glesel verhaftet und der Sohn kam ins Kinderheim. Allerdings wurde sie nach kurzer Zeit aus unbekannten Gründen wieder freigelassen und bekam ein kleines, unmöbliertes Zimmer zugewiesen, Mutter und Sohn aber blieben getrennt. Alex Glesel erfuhr nach Jahren, dass seine Mutter noch lebte und konnte schließlich mit ihr in die DDR übersiedeln. Über Samuel Glesels Weg im Lagersystem erfuhren sie nichts.[115]

Hier wird dieser Verfolgungsprozess des Schriftstellers S. Gles nachgezeichnet: Am 26. November 1935 erschien in der *DZZ* eine sehr polemische Rezension zu S. Gles' erstem Buch, *Deutschland erwacht!* (Bork, 1935). Otto Bork, der Leiter der deutschen Sektion der VEGAAR[116], wirft S. Gles darin eine falsche Schilderung und Verzerrung der Lebenswirklichkeit im nationalsozialistischen Deutschland, formale und sprachliche Mängel sowie die Missachtung der Gestaltungsmaßstäbe des sozialistischen Realismus im Allgemeinen vor, wie sie auf dem Allunionskongress der Sowjetschriftsteller im August und September 1934 (u. a. in einem Grundsatzreferat von Maxim Gorki) erläutert wurden:

---

115 Siehe auch: »Sally Gles und die Seinen«, in: *NDL*★ Nr. 6/Juni 1990 (Jg. 38), 32–65. Vgl. ebenfalls: Pike, 1992, S. 190–192 und Brüning: »Erinnerung an Sally Gles«, in: *NDL* Nr. 9/September 1989 (Jg. 37), 119–141.

116 »Otto Bork« war der Deckname von Otto Unger, vgl. Lukács et al., 1991, S. 238 (Fußnote 253). Unger wurde selbst im November 1937 verhaftet und verschwand daraufhin spurlos (vgl. Pike, 1992, S. 435).

[Der Leser] erwartet natürlich vom Verfasser S. Gles und vom Staatsverlag Engels, die das Buch anbieten, ein Bild eben davon, wie die 1933 noch vom Hitlertum berauschten Kleinbürger und Bauern Deutschlands im Jahre 1934 […] ernüchtert aufzuwachen beginnen, wie sich zwischen den kommunistischen, sozialdemokratischen und katholischen Arbeitern die Einheitsfront der täglichen Aktionen anbahnt, wie sich der Zersetzungsprozess in der SA entwickelte (Juni 1934) und wie sich die Schwierigkeiten und Gegensätze in der herrschenden Klasse auswirkten. Wenn der Leser im vergangenen Jahr ausserdem noch die Reden auf dem Sowjetschriftstellerkongress studiert hat, so erwartet er wahrscheinlich sogar auch, dass das alles in einer anständigen sauberen deutschen Sprache geschrieben und nach den Gesetzen des sozialistischen Realismus gestaltet ist. (Ebd.)

Im »Fall Gles« zeigt sich, wie vieldeutig und ambivalent das Problem *Wirklichkeit* in den Zusammenhängen künstlerischer Darstellung gebraucht wurde: Die Beschreibungen illegaler Arbeit im nationalsozialistischen Deutschland sollten – den Forderungen des sozialistischen Realismus folgend – agitatorisch unterstützend zur »leninistischen Theorie des Sozialismus in einem Lande« (Seydewitz, o. J., o. S.)[117] beitragen, indem sie eine idealisierte Wirklichkeit abbildeten.[118]

Die *Wirklichkeit* sollte stilisiert und in einem bestimmten Sinne verformt werden, der sie rücksichtslos so verzerrte, wie es den stalinistischen Dogmatikern nützlich schien. Das sowjetische Exil wurde zu einem politisch-utopischen Ort, der Widersprüche und Mangelzustände ausblendete. Dass es durchaus andere Wahrnehmungen der Lebenswirklichkeit im nationalsozialistischen Deutschland gab, stand für die Wachsamsten unter den Stalinisten niemals zur Diskussion. Für sie musste der Alltag als permanente Verwirklichung des Sozialismus gerade in der nationalsozialistischen Gegenwart beschrieben werden.

---

117 Der Politiker Max Seydewitz diskutiert in einem Text die Frage, ob die Theorie eine Stalin'sche These sei, wie Leo Trotzki behauptet, und widerlegt dies.

118 In diesem Zusammenhang ist auf den Utopie-Begriff Ernst Blochs zu verweisen, »der keinen prinzipiellen Begriff« von Utopie definiert, sondern mit diesem allgemein »verknüpfe«, was »das Gegebene, Abgeschlossene, Tatsächliche in Richtung auf eine erträumte Zukunft übersteigt«, siehe (auch Zitate): Ritter und Gründer, 2001, Sp. 516–526.

Sehr fraglich ist etwa, ob sich tatsächlich eine schlagkräftige Einheitsfront »zwischen den kommunistischen, sozialdemokratischen und katholischen Arbeitern« abzeichnete, die sich in »täglichen Aktionen« äußerte. Inwieweit gab es tatsächlich einen nachhaltigen »Zersetzungsprozess in der SA«, der seinen Ausdruck nicht nur 1934 im sogenannten Röhm-Putsch fand? Übertrugen sich diese Entwicklungen in irgendeiner Weise auf die Bevölkerung? Gab es tatsächlich »Schwierigkeiten und Gegensätze in der herrschenden Klasse«, die Auswirkungen in der Öffentlichkeit zeigten? Solche Diskussionen sind offen zu führen und sollten immer auch einen Gegenstandpunkt zulassen. Dass dies in der Form von Kommunismus und Sozialismus nach Stalin'scher Interpretation, wie sie die Dogmatiker definierten und wie sie real existierten, nicht möglich war, muss betont werden.

Die Vorwürfe Borks an den Verlag wurden erst am 8. Mai 1936 beantwortet, indem der Direktor des Deutschen Staatsverlags, in dem das Buch von S. Gles erschien, A. Loos, lapidar bemerkte:

> Bezugnehmend auf die Rezension in der »DZZ« Nr. 271 vom 26. November 1935, teilen wir Ihnen mit, daß das Buch von **Gles »Deutschland erwacht«** von uns aus dem Verkauf gezogen wurde. (Loos 1936)

Ende Mai erschien ebenfalls in der *DZZ* eine Kritik von Erich Weinert zu S. Gles' Theaterstück *Verboten*, das die Ereignisse um den 1. Mai 1929 in Berlin[119] thematisiert. »Der Fall Gles« wurde nochmals diskutiert und führte zu seiner definitiven und unwiderruflichen Verhaftung.

Dass und wie schnell Repressionen und Vorverurteilungen aufgrund vorgetäuschter und vermuteter Sachverhalte im stalinistischen Staatsapparat möglich waren, zeigt sich im »Fall Gles« allzu deutlich:

---

119 In der Monographie zur Arbeit der Berliner MASCH von Gerhard-Sonnenberg findet sich als zusammenfassende Bezeichnung der historischen Ereignisse der sehr bezeichnende Terminus »Blutmai« (Gerhard-Sonnenberg, 1976, S. 88, Fußnote 120).

Im Jahre 1935 war der Fall von S. Gles eines jener Beispiele, wo Exilgefährten einen öffentlichen Angriff auf einen deutschen Schriftsteller führten, und man findet nur schwer eine Erklärung für die Gehässigkeit der Kritik. (Pike, 1992, S. 190)

Erich Weinerts Verurteilung von S. Gles' Theaterstück in der *DZZ* lässt jedoch einige Erklärungsmöglichkeiten erkennen, da er seinen Kritikpunkten immer wieder Verbesserungsvorschläge anfügte. Bezüglich der Bearbeitung des historischen Themas heißt es in seinem Artikel:

Ein Dichter hätte aus diesem Stoff ein großartiges Dokument gestalten können. Er hätte im engen Raum die Spannung gespiegelt, die über Berlin lag. (Weinert 1936)

Ein persönliches Interesse Weinerts am Thema hätte lediglich den Ton und die abwertende Beurteilung des Textes rechtfertigen können, nicht die für Weinert durch seine Kontakte zu Protagonisten des politischen Feldes absehbaren und in Kauf genommenen Folgen. Ursächlich für die Angriffe von Weinert wären in diesem Sinn sowohl vorauseilender Gehorsam als auch Abgrenzungsstrategien gegenüber verdächtigen *Volksfeinden* gewesen, die Weinert zum Erhalt seiner Stellung im literarischen Feld des sowjetischen Exils notwendig schienen. Vielleicht lässt sich auch hier mit Bourdieu der Versuch sehen, die eigene Position im Feld auf Kosten anderer zu verbessern, die bereits Anzeichen einer »Randposition« aufwiesen, indem man diese verstärkte, im Sinne der Vermehrung des eigenen »Kapitals«. Die Episode zeigt eindrücklich eine Vermengung politischer, künstlerischer und persönlicher Motive, die eine eindeutige Beschreibung und Bezeichnung des Problems zusätzlich erschwert.

Dass »Exilgefährten« bedenkenlos auf die Parteilinie einschwenkten und diese durch unbegründete Spekulationen und wenig couragierte Initiative stützten und zusätzlich beförderten, wird in dem von Müller herausgegebenen Stenogramm (1991) einer geschlossenen Parteiversammlung der deutschen Kommission des Sowjetschriftstellerverbandes vom September 1936 deutlich: Verschiedentlich schildern Teilnehmer darin ihre persönlichen Begegnungen mit Glesel,[120] kritisieren ihn zum Teil unsachlich und distanzieren sich von ihm. Beispielsweise erklärt Weinert sein Vorgehen gegenüber S. Gles und seine harsche Rezension in der *DZZ* folgendermaßen:

> Der Fall Gles hat mich nicht ruhen lassen. Ich muß mir bei Gles den Vorwurf machen, daß meine Wachsamkeit in diesem Punkte nicht genügend war. Es hat nicht genügt, daß ich den Genossen sehr oft gesagt habe, daß der Gles im Lande herumschwirrt und bei Verlagen, bei denen ein mangelndes Urteil besteht, seine schlechten Sachen absetzt. […] Wir haben immer wieder gesagt der Gles ist wieder aufgetaucht, das Buch ist abgedruckt, weil die Rezensenten nicht in der Lage waren zu erkennen, daß das Buch Dreck ist. […] Wenn jemand zu mir gekommen wäre mit dem Buch des Gles, ich sollte eine Kritik schreiben, hätte ich gesagt: Nein. Aber daß dieser Artikel dazu beitragen sollte, endlich den Treibereien von Gles ein Ende zu machen; (darum) ist dieser Artikel geschrieben worden.« (Lukács et al., 1991, S. 450f.)

Ob die Schriftsteller de facto wissen konnten, zu welchen Konsequenzen ihre Aussagen führten, ist fraglich, aber möglich. Einige von ihnen zeigen in wenigen Textpassagen – wenn auch verdeckt – dass sie sich über die Vorgänge im stalinistischen Staatsapparat bewusst waren und durchaus Kenntnis davon hatten. Offensichtlich gibt es zwar keine eindeutigen Belege für kritische Bewertungen stalinistischen Vorgehens, es stellen sich bezüglich der Darstellung von Opfern aber Fragen, wenn diese nicht eindeutig benannt werden: Ist das fünfte Kapitel von Johannes R. Bechers 1934 erschiener Dichtung *Deutschland Ein Lied vom Köpferollen und von den »nützlichen Gliedern«* (Becher, Band 7, 1968, S. 129ff.) auch als Beschreibung der Entfesselung stalinistischer Gewaltexzesse nach der Ermordung von Sergej Mironowitsch Kirow 1934 zu verstehen, die in der Folge massenhaft nachgeahmt wurde?[121]

---

120 Es sind ausschließlich Männer, die sich dezidiert und ausführlich zu S. Gles äußern: Hans Günther, Hugo Huppert, Friedrich Wolf, Willi Bredel und Erich Weinert.

121 Dass die Tötung Kirows allerdings differenziert bewertet werden muss und ihre Folgen auch *nur* als Verfahrensmuster für die folgenden Säuberungsprozesse gesehen werden können, betont Ba-

Ich hab den Rothenburger Altar
Voll *unserer* Gesichter gesehen.
Ich sah daraus das Bild unserer Zeit,
Aus Holz geschnitten, erstehen.
Ich sehe Galgen und Kreuze darin
Und Blöcke zum Köpferollen,
Es bricht aus dem Bilde das Blute heraus,
Es blutet an vielen Stellen.
(Becher, 1968, S. 150f., Band 7 Hervorhebung im Orig.)

Ist das ausschließlich die Beschreibung nationalsozialistischer Gräueltaten? Oder auch das Eingeständnis der eigenen, *kommunistischen Schuld*? Das Bekenntnis von *sozialistischem Versagen* (s. Dwars, 1998, S. 424)? Dass die Schriftstellerinnen und Schriftsteller ihre eigene Haut retten wollten, kann man ihnen aus heutiger Sicht nicht vorwerfen. Aus der historischen Distanz wissen wir aber, wie trügerisch der Drang zur Selbstrettung war: Kollaboration und die offensichtliche Unterstützung des Staatssozialismus schützten im seltensten Fall. Letztlich führte beides im Stalinismus ebenso oft zu Verfolgung und Verurteilung, bis hin zur Vernichtung.[122] Die Säuberungen weiteten sich zunehmend aus und betrafen häufig den Bekanntenkreis:

Da war vor einiger Zeit unser lieber Freund David Schellenberg verhaftet worden, den wir als einen durch und durch ehrlichen Sowjetbürger kennengelernt hatten. Und

---

berowski: »Die Ermordung des Leningrader Parteichefs [Kirow] war nicht die Geburtsstunde des Terrors. Aber sie veränderte die Atmosphäre im Führungskreis der Partei. Der Tod warf jetzt auch in der Partei seine Schatten voraus. Der Grundsatz, getötet werden dürfe nur, wer außerhalb der Partei stand, führte sich ad absurdum, als Stalin und seine Helfer den Feind in den eigenen Reihen ausmachten.« (Baberowski ,2007, S. 144)

122 Vgl. hierzu ebenfalls die in Kapitel 1, Fußnote 20 genannten zahlreichen (auto-)biografischen Schilderungen von *Leidensgeschichten* in die und in den sowjetischen Straflagern, ihre unzähligen Verstrickungen und Verwirrungen und die vielen bearbeiteten Darstellungen ähnlicher Situationen.

setzten und eines Tages auch Lourier alias EMEL schlimmster revolutionärer Vergehen bezichtigt wurde. (Richter, 1990, S. 284f.)[123]

Im »Fall Gles« lässt sich die von Elisabeth Wellnitz angeblich aufgestellte Vermutung, dass die Kritiken von Bork und Weinert tatsächlich zum endgültigen Ausschluss aus dem Leningrader Schriftstellerverband führten, konkret belegen. Am 03. September 1936 hieß es in der *DZZ* unter der Überschrift »Der Fall Gles. Ausschluss aus dem Verband der Sowjetschriftsteller«:

> Die Veröffentlichungen der DZZ vom 26. November 1935 »Deutschland erwacht« und vom 24. Mai 1936 »Ein Schandfleck der deutschen Literatur« haben zu einer Untersuchung des Leningrader Sekretariats des Verbandes der Sowjetschriftsteller gegen S. Gles geführt, über deren Ergebnis wir vom genannten Sekretariat folgende Mitteilung erhalten:
>
> »S. Gles, Kandidat für die Mitgliedschaft des Verbandes der Sowjetschriftsteller wurde auf einer Sitzung des Sekretariats der Leningrader Abteilung des Verbandes der Sowjetschriftsteller aus dem Verband ausgeschlossen.« (O.V., 1936)

Im Folgenden sollen die Entwicklungen und Vorwürfe im Einzelnen an Texten von S. Gles nachvollzogen werden; dabei ist von Bedeutung, inwieweit und welche »unbewußte Poetik« (Flaubert an Sand) in den Texten von Glesel zu Tage tritt.

---

123 Dieser Vorfall spielte im Zusammenhang der Verhaftung Günthers eine wichtige Rolle, auf die ich unten nochmals zurückkommen werde. (Mit »Lourier« meint Richter Moissej Lurje, dessen Deckname Alexander Emel war. Vgl. Lukács et al., 1991, S. 104f.)

4.1.4 Literarische Formen[124]

Einleitend möchte ich betonen, dass Texte des Schriftstellers S. Gles nur schwer zugänglich sind. Darin ist en détail nur bedingt und – wenn überhaupt – indirekt vom Sozialismus als dem erhofften, ersehnten und eingeforderten Staatssystem die Rede, ebenso fehlen Vorschläge für dessen konkrete Umsetzung. Für eine Einordnung des Schriftstellers in das literarische Feld des sowjetischen Exils wären derlei Äußerungen und Nachweise im Hinblick auf Bezüge seiner Ansichten nötig: Auf diese Weise könnten *Kollisionen* zwischen den politischen Positionen von Glesel und den Vorgaben stalinistischer Verfahren aufgezeigt und somit diskursive Betrachtungen ermöglicht werden. Es gibt auch keine offensichtlichen Beschreibungen der Person Josef Stalins oder theoretische Abhandlungen über die Verwirklichung des sozialistischen Aufbaus, anhand derer Widersprüche zwischen persönlichen Idealvorstellungen vom Sozialismus und der politisch-ideologischen Wirklichkeit des Stalinismus deutlich werden könnten. Die Ansichten und Positionen von Glesel bleiben hypothetisch. Über die Ansichten und Positionen des Autors kann folglich nur spekuliert werden, aber die Annahme, dass es zu *Kollisionen* kam, ist vor dem Hintergrund der Verfolgung und Ermordung durch die stalinistischen Instanzen wahrscheinlich. Anhand dieser Kollisions-Hypothese lässt sich ein Ausschnitt des stalinistischen Exils zeigen, an dem beispielhaft die Zusammenhänge des literarischen Feldes strukturiert werden können.

S. Gles erörtert und beschreibt in seinen Texten allgemein die gesellschaftlichen Probleme und Missstände aus seiner Sicht: Er versucht sehr unterschiedliche Themenfelder der Öffentlichkeit begreiflich zu machen, indem er gesellschaftli-

---

124 Explizit sollen an dieser Stelle auf Erklärungen für die schwierige und unzureichende Quellenlage hingewiesen werden: Einerseits liegt das vielleicht daran, dass der Schriftsteller S. Gles nur einige Texte veröffentlichte, andererseits können hierbei Verluste während des Krieges Bedeutung haben oder aber Mitarbeiter politischer Instanzen nahmen durch Zensur Einfluss und verhinderten weitere Publikationen, die theoretische Abhandlungen und Bewertungen enthielten.

che Missstände und Ungerechtigkeiten abbildet, die die Lage vor allem des deutschen Volkes am Vorabend und zu Beginn der nationalsozialistischen Herrschaft vom Standpunkt eines Kommunisten zum Ausdruck bringen. Zu diesem Zeitpunkt wäre eine andere gesellschaftliche Entwicklung sicherlich noch möglich gewesen und diese Möglichkeit ist der unmittelbare Hintergrund der Texte In diesem Sinn sind die Texte[125] von S. Gles als Hin-Deutungen auf soziale Probleme und falsche Entwicklungen zu verstehen, die für einen Kommunisten anders gelöst werden müssten. Der Schriftsteller belässt es aber bei diesen Markierungen und legt keine Veränderungsvorschläge dar. Eine Textanalyse ist im Hinblick auf eine exakte Verortung des Schriftstellers in einer Systematisierung des Feldes deutscher Schriftstellerinnen und Schriftsteller im sowjetischen Exil insofern substanziell, als sie beispielhaft die Position eines Außenseiters, der als KPD-Mitglied vordergründig der Parteiorganisation folgte, anzeigt.

Die Beschreibungen von S. Gles lassen sich nicht als unmittelbare Aufforderung an die Leserinnen und Leser zu Aktionen verstehen, die zur Beseitigung der gesellschaftlichen Missstände im kommunistisch-ideologischen Sinn führen sollen. Im zweiteiligen Artikel »Querschnitt: Deutschland« (Gles, 1932b + 1932c) beschreibt S. Gles Situationen, die allesamt in ungelöste Hoffnungslosigkeit münden: Berliner Arbeitssuchende erscheinen als »die grauen Schlangenheere vom Kapitalismus ausgestossener Arbeiter«, der bettelnde »X« wird widerstandslos von einem Schutzpolizisten abgeführt, »[vor] einigen Wochen hat der sechzehnjährige entlaufene Fürsorgezögling, Ernst Waldow, ein siebzigjähriges Ehepaar in Charlottenburg erschossen« und auch die abschließend beschriebene Massendemonstration endet in der gewaltsamen Niederschlagung des Protests. Vielleicht ist es aber ge-

---

125 Das Problembewusstsein und die Darstellung gesellschaftlicher Fehlentwicklungen, die allerdings zu keinen konkreten Lösungsvorschlägen führen, scheint generell ein Kennzeichen bestimmter sozialistischer Gesellschaftsentwürfe zu sein, die etwa wie jene von S. Gles oder des sogenannten Austromarxismus keine »an den realen Widersprüchen orientierte Theorie des Klassenkampfes« (Böhm, 2000, S. 91) entwickelten.

nau diese Aporie, die Glesel durch seine Texte vermitteln will, indem ihre Maßlosigkeit und Unfassbarkeit im Übermaß dargestellt werden.

Die Texte sollten als Anstoß für Prozesse gelesen werden, die über die Literatur hinausweisen, um die bestehende Hoffnungslosigkeit der gesellschaftlichen Situation zu überwinden. Gles beschreibt Konflikte der Individuen mit den gesellschaftlichen Verhältnissen, die zumeist zur Vernichtung des (und seltener: der) Einzelnen führen oder im Gegenteil Hoffnungen vermitteln sollten. Hierin offenbart sich im Übrigen exemplarisch die wesentliche, kollidierende Position im »Fall Gles«: Der fundamentale Widerspruch zwischen S. Gles' Texten und den Vorstellungen und Vorgaben sowjetischer Kulturpolitik liegt in der *Utopielosigkeit* seiner Texte. Hoffnungs- und Heldenlosigkeit dominieren Beschreibungen einer gesellschaftlichen Agonie, durch die Gles zwar klassenbewusst Ungerechtigkeit und Ausgrenzung aufzeigt, die er jedoch selten durch eine siegreiche und erfolgversprechende Alternative konterkariert. Im Wesentlichen beschreibt er den existierenden Status quo – vorrangig im Nationalsozialismus – und weist auf die Defizite des Zustands der Gesellschaft der Weimarer Republik und des nationalsozialistischen Deutschlands hin, ohne konkrete andere Optionen zu entwickeln.

Eine interessante Interpretationsmöglichkeit ergibt sich aus einem Ansatz der Germanistin Prof. Dr. Hannelore Scholz. Bezüglich der Texte Veza Canettis, der Ehefrau von Elias Canetti, vermutet sie einen Rückkopplungseffekt von Sozialem, Ethik und Geschlechterverhältnis.

> Die Sonderstellung des subjektiven Faktors in bezug auf die soziale Dimension im Schreiben von Veza Calderon-Canetti führt m. E. bei ihr genau zu den tiefgreifenden ethischen Überlegungen, die sich bei ihr auf die Gestaltung von Geschlechterverhältnissen auswirken. (Scholz, 1995, S. 64)[126]

---

126 Scholz verwendet den Doppelnamen Calderon-Canetti, da die Texte zu einer Zeit entstanden sind, als die Verfasserin noch nicht mit Elias Canetti verheiratet war, von diesem aber erst herausgegeben wurden.

Übertragen auf Glesel wirkt sich eine »Sonderstellung des subjektiven Faktors in Bezug auf die soziale Dimension« auf die Gestaltung sozialer Verhältnisse (im Sinn gesellschaftlicher Missstände) aus, sie sind stets das Grundmotiv der Geschichten von S. Gles und werden variiert. Festzustellen ist, dass er keine »gefühlsmäßigen« (Bollnow, 1982, S. 78) Beziehungen zwischen den Protagonisten seiner Erzählungen und seiner Leserschaft herzustellen versucht, er beschreibt vielmehr die strukturellen Umstände, die Handlungen vorantreiben, wobei er offensichtliche emotionale Nachvollzüge vermeidet. Ist dies eine Art von »unbewußter Poetik« (Flaubert an Sand), die aus diesen Problemen erwächst?

Glesel zeichnet die Ereignisse auf, ohne sie affektiv zu vermitteln: An keiner Stelle gibt es die Möglichkeit, Handlungen als eine Reaktion auf politische Verwicklungen einzuordnen, vielleicht soll dies aber (noch) gar nicht geschehen und die Leserinnen und Leser sollen selbst zu Aktionen angeregt werden, die den beschriebenen lethargischen und hoffnungslosen Stillstand durchbrechen. Selten formuliert Gles anwendbare Handlungsstrategien oder regt zur konsequenten Überwindung der fatalistischen Situationen an. Vielmehr scheint es so, dass der Schriftsteller seine Leserschaft nur sehr vorsichtig und lückenhaft an den Gefühlswelten seiner Protagonisten beteiligen will und dadurch eine *Ästhetik des Nicht-Einfühlens* schafft. Im Vordergrund steht die aufgezeigte soziale Situation, die sich die Leserin und der Leser vor allem »intellektuell« und »frei« von emotionalen Identifizierungen erschließt und so eine »bewusste« Kritik oder ein bewusstes Erkennen der Umstände herausfordert.

Eine wichtige Differenzierung, die für das Verständnis der Texte von S. Gles zu beachten ist, nimmt in diesem Sinn der Philosoph und Pädagoge Otto Friedrich Bollnow vor:

Einfühlung bezieht sich auf die Gefühls-und Stimmungszustände des andern Menschen, das Verstehen dagegen nicht auf einzelne Zuständlichkeiten, sondern auf Strukturbeziehungen, auf Zusammenhänge, in denen das Einzelne zu einem Ganzen verknüpft ist. (Bollnow, 1982, S. 77)

258

Durch die Darstellung sozialer Problemlagen ermöglicht S. Gles »Verstehen« der hoffnungslosen Zwangssituationen seiner Protagonisten, sodass »Einfühlung« als ästhetisches Stilelement in den Hintergrund treten kann.

Glesels Zeitschriften- und Zeitungsartikel

Dass Stil und Sprachverwendung von Gles nicht exemplarisch für die literarischen Formen der ASSRdWD sind, wurde bereits betont. Der Gebrauch der literarischen Form der Kurzgeschichte weist darüber hinaus rationale Charakteristiken auf, weshalb sich Gles' Sprache und ihre Anwendung erheblich von der anderer sozialistischer, kommunistischer oder *stalinistischer* Schriftstellerinnen und Schriftsteller unterscheidet: S. Gles schildert nüchtern *Wirklichkeit*' das erreicht er speziell in seinen Zeitungsartikeln, in denen er reportageartig kleine, scheinbar belanglose Anlässe[127] aufgreift, bebildert und literarisiert.

Aus diesen Grundkonflikten heraus thematisiert er grundsätzliche gesellschaftliche Probleme, die ansonsten ungehört und ungesehen verhallt wären, wobei er durch Beschreibungen und Zuspitzungen von Situationen im Alltag zusätzliche Problematisierungen erzeugt, die viele Überschneidungen diskursiver Felder anzeigen. Aus diesem Blickwinkel ist ein ausführlicher Vergleich mit anderen Autoren der neuen Sachlichkeit aufschlussreich, der in dieser Arbeit lediglich angedeutet wird. Die Darstellungen sozialer Konfliktsituationen bei Gles sind mit der Abbildung von *Wirklichkeit* etwa bei Ludwig Renn vergleichbar. Es gibt in den Erzählungen von Gles vordergründige Skepsis und desillusionierende Ironie, die mit den literarischen Figuren der neuen Sachlichkeit vergleichbar sind.

Hieraus erhärtet sich die Möglichkeit einer Anbindung an die literarische Tradition der sogenannten neuen Sachlichkeit, zu der es bei Wilpert heißt, dass es die Bezeichnung des Kunsthistorikers Gustav Friedrich Hartlaub sei. 1925 habe dieser den Begriff für die künstlerische und literarische Gegenbewegung gegen den

---

127 Z. B. Demonstrationen und soziale Unruhen im Berlin der dreißiger Jahre, die Situation Arbeitsuchender im Ausland oder die gewaltsamen Auseinandersetzungen in Wien 1934.

idealistisch-pathetischen Spätexpressionismus und in der Malerei gegen die abstrakte Kunst geprägt.

> Seit rund 1920, Rückkehr zur Wirklichkeit und klarer Erfassung der objektiven Formen und Gegenstände unter Verzicht auf subjektive Bewertung; eine naturhafte Dringlichkeit, in der allein der Dichter seine Visionen gestalten könne und ohne die die Kunst zerfliege. (Wilpert, 1989, S. 619)

1932 erschien in elf Folgen *Mann ohne Geld an der Riviera* (Gles, 1932g–1932p). S. Gles erzählt darin die Geschichte des deutschen Arbeiters Anton, der von Marseille aus, wo er am Hafen keine Anstellung mehr findet, auf der Suche nach Arbeit durch Frankreich zieht und dabei u. a. den Nationalfeiertag in Paris erlebt:

> Am Abend [des 13.07.] feierte Paris den 14. Juli, den Revolutionsfeiertag. Anton war auf dem Montparnasse. Um 9 Uhr begann eine der vielen Kapellen mit der Marseillaise: »Wohlan, wer Recht und Freiheit achtet...« [...] Der Boulevard hing kreuz und quer voller Girlanden und Fackeln. Alle zehn Schritte eine Jazz-Kapelle. Alle Nationen sind vertreten. Gestern noch lagen ihre Kulis in Schützengräben. Heute tanzten sie alle. Und morgen – –? (Gles, 1932o)[128]

Die nüchterne, bildhafte Reihung legt den Gedanken nahe, dass Glesel biografische Erlebnisse in den Text eingearbeitet hat: Die erfolglose Suche nach Arbeit im Ausland erlebte Samuel Glesel 1930 selbst. Als er während der sechs Monate, die er nach dem Abschluss der Leipziger »Heimvolkshochschule« in Frankreich verbrachte, keine Arbeit fand, kehrte er nach Deutschland zurück und trat in die KPD ein. Bereits seit 1929 war er Mitglied des BPRS und 1931 Ortsgruppenleiter in Berlin. Für die KPD wurde er 1930 Leiter der Polit-Zelle 614 am Zionskirchplatz in Berlin. Diese biographischen Ereignisse bilden für den »Fortsetzungsroman« die unmittelbaren Hintergründe, anhand derer der Text analysiert werden kann.

---

128 Die grundsätzlichen Motive dieser Beschreibung verwendet S. Gles schon 1931 in dem Artikel »Paris, 14. Juli 1930«, in: *Die Rote Fahne* Nr. 152 (30.07.1931, 14. Jg.).

Die Beschreibungen des Diskursivitätspunkts von politischem Feld und gesellschaftlichen Bedingungen markieren exemplarisch ein Missverhältnis, das S. Gles
in seinen Erzählungen immer wieder beschreibt, ohne einen Gegenentwurf zu
entwickeln. Er charakterisiert in allen seinen Texten Schnittmengen (oder: Dis-
kursivitätspunkte oder Kollisionen) des politischen Feldes, die allerdings niemals
konstruktiv in die erzählerische Struktur eingebunden werden. Entgegen der über
Glesel bekannten biografischen Fakten wird in der Erzählung der Arbeiter Anton
in Toulon auf einer Antikriegsdemonstration verhaftet und widerstandslos nach
Deutschland abgeschoben:

> Am Abend ging Anton in Begleitung zweier Kriminalbeamten durch die Straßen Tou-
> lons dem Bahnhof zu. [...] Dann fuhr er unfreiwillig dorthin, woher er freiwillig ge-
> kommen war. Er vertauschte nur die Plätze. Das Elend blieb dasselbe. Nur, daß er jetzt
> wußte, wer der Feind ist. (Gles, 1932p)

Die Situation wird in der mehrteiligen Erzählung — wie so oft in Glesels Geschichten — einseitig zugunsten »des Feldes der Macht« gelöst. Glesel entwickelt
durch seine Erzählungen ein inneres Widerstandspotenzial, der (konkrete) Utopie-Begriff bleibt hierbei offen.[129]

In »Streik der Hafenkulis« (In: *Die Rote Fahne* Nr. 220 (01.12.1931, Jg. 14). berichtet S. Gles vom Streik der Arbeiter im Binnenhafen von Duisburg. Er leitet
seine Erzählung mit der prosaischen Beschreibung der Tristesse des unausgelaste-
ten, brachliegenden Industriehafens ein, führt die konjunkturelle Depression auf
die maßlose industrielle Kommerzialisierung zurück und übt aufgrund der wirtschaftlichen Notlage am Beispiel der Oper Kritik an kapitalistischer und elitärer

---

129 Verwiesen sei in diesem Zusammenhang zum einen nochmals auf den Utopie-Begriff Blochs
(»Ohne daß der Begriff [Utopie] definiert wird [...], heißt in [Blochs] Konzeption [...] ›uto-
pisch‹ alles, was das Gegebene, Abgeschlossene, Tatsächliche in Richtung auf eine erträumte Zukunft übersteigt; Utopie ist das Noch-nicht-Sein [...] und Mögliche, das Neue [...].« (Ritter &
Gründer, 2001, Sp. 519) und zum anderen auf einen weiteren »Zentralbegriff [...] in der Philosophie Blochs« (Brune, 1980, Latenz).

Nutzung von Kultur. Gles entwirft auch in diesem Text keinen konkreten Gegenvorschlag, der wirtschaftliche Missstände beseitigen könnte; aber indem er Misswirtschaft und Krisensituationen aufzeigt, wird ein Problembewusstsein deutlich, das die gesellschaftlichen Schieflagen spiegelt. Hier ist er ebenfalls der (Hin-)Deuter, ohne der Leserin oder dem Leser vorformulierte Alternativen anzubieten.

In einem anderen Artikel thematisiert S. Gles das Verhältnis von Selbstbestimmung und Entscheidungsfreiheit Afrikas gegenüber Europa: »Nigger Jumbo« muss erkennen, dass den theoretischen Überlegungen des Sozialismus zu Unabhängigkeit und Selbstständigkeit in der praktischen Parteiarbeit (hier in der SP Belgiens) keine Taten folgen. Letztendlich kulminieren alle sozialen Probleme (körperliche Ausbeutung, mangelhafte Gesundheitsversorgung, gewerkschaftlicher Protest und Prostitution) in einer Debatte der SP, an der Jumbo in Antwerpen auf der Besuchertribüne teilnimmt. S. Gles beschreibt den verzweifelten Wutausbruch angesichts der lethargischen Grundstimmung: Auf dem Parteitag der II. Internationale zerreißt Jumbo nach einem empörten Zwischenruf »wütend« sein Parteibuch und

> kurze Zeit darauf fuhr Jumbo in seine Heimat. Er nahm von den weißen Kulis die Lehre mit, für die Befreiung zu kämpfen, die Agenten zu enttarnen und nicht seiner R a s s e , sondern auch seiner K l a s s e zu dienen. (»Nicht reif für westliche Kultur«, in: *Die Rote Fahne* Nr. 20 (26.01.1932, Jg. 15, Hervorhebungen im Orig.)

Das zentrale Thema der Kurzgeschichte wird schon im Titel der Erzählung zusammengefasst und Jumbo formuliert dies explizit in einem Zwischenruf: »Was, wir sind nicht reif zur Selbstbestimmung? Sind wir nicht reif zur Selbständigkeit, dann seid ihr reif fürs Irrenhaus!« Einerseits geht es also um eine wichtige Klassenkampfthese und andererseits um die Diskussion der Kolonialfrage.

Der Schriftsteller bedient sich in den meisten Artikelbeiträgen fiktionalisierter, durchaus realistisch erscheinender Geschichten, die alle zur detaillierten Beschreibung gesellschaftlicher Krisensituationen dienen: Außer der zuvor genannten, »Karlchen« (in: *Die rote Fahne* (Jg. 13) Nr. 132/08.06.1930), sind das »Gas in Nikaragua« (in: *Die rote Fahne* (Jg. 14) Nr. 154/01.08.1931), »Wilhelm Fritsche macht

Schluß« (in: *Die Linkskurve* (Jg. 4) Nr. 2/1932, 8–10), »Klub der Roten Rache« (in: *Magazin für alle,* Jg. 7, Nr. 3/1932, 25–27), »Antifaschistische Aktion« (1/31ff.) und »Achtung, Starkstrom!« (2/19ff.) (beide in: *Zwei Welten* (1934, Jg. 5)), »Der amtliche Stempel« (1/50–54) und »Pioniere kämpfen« (5/53ff.) (beide in: *Zwei Welten* (1935, Jg. 6)).

Auffällig ist, dass Glesel die Themen seiner Schilderungen auch nach seiner Flucht aus Deutschland ausschließlich im Deutschland des beginnenden und wachsenden Nationalsozialismus oder in anderen, *fremden* Ländern (Belgien, Frankreich, Nicaragua) ansiedelt. Dagegen werden die Lebensbedingungen und gesellschaftlichen Umstände, die er in der UdSSR vorfindet, in keiner Erzählung beschrieben. Die Vermutung liegt nahe, dass Glesel wie so viele Schriftstellerinnen und Schriftsteller für die Verbrechen des stalinistischen Repressionsapparats keine Worte fand. Oder wagt Glesel nicht, die Missstände zu beschreiben? Vielleicht sieht er den Terror im Sinne einer Revolution als *notwendige* Begleiterscheinung. Wichtig sind in diesem Zusammenhang auch Fragen nach Zensur und Selbstzensur.

Ein anderer gewichtiger Aspekt ist, dass Glesel seinen Aufenthalt in der UdSSR wahrscheinlich als vorübergehend ansah – wie viele Exilantinnen und Exilanten. Auch die Schriftstellerinnen und Schriftsteller, die in die USA, Südamerika oder in andere Länder flohen, blieben meist bei ihren »angestammten« deutschen bzw. europäischen Themenfeldern – sei es gegenwartsbezogen oder historisch verkleidet. Die *Gastländer* erschienen oft nicht oder lediglich am Rande in einem Text.

Der *ideale* Exilort wird auf diese Weise zum enttäuschenden und negativ aufgeladenen Ort des Exils – die Kollision droht das Exil zu verdoppeln, das kreative Schreiben bietet dann eine andere Zuflucht. Dennoch bleibt offen, ob Glesel das Ausmaß der Verfolgungen zum Zeitpunkt der Entstehung seiner Texte absehen konnte. Seine Schriften selbst können aus heutiger Sicht jedenfalls nur sehr bedingt als vorsichtige Kritik am »Realsozialismus« verstanden werden. Dabei ist die Ermordung Kirows 1934, die in der Forschungsliteratur als Auftakt zu den hemmungslosen Säuberungsaktionen des Stalinismus gedeutet wird,[130] zu berücksichtigen, sodass ein Einfluss dieser extremen Ereignisse auf S. Gles und seine Texte wahrscheinlich ist. Insofern müssen die unmittelbar vor seiner Verhaftung veröffentlichten Artikel in diesem Kontext betrachtet werden.

Münichreiter vor dem Galgen

Als einzige auffindbare lyrische Form von Gles soll der Text ›Münichreiter vor dem Galgen‹ ausführlich analysiert werden. Erschienen ist er in: *Zwei Welten* 3/1934, Jg. 5, S. 11; alle nicht anderweitig gekennzeichneten Zitate beziehen sich im Folgenden auf diese Veröffentlichung:

Gesprächsfetzen, monologische Bruchstücke und Teile eines Dialogs zwischen dem Schutzbündler Karl Münichreiter und seinem Henker unter dem Galgen erzeugen schon beim ersten Lesen eine auffällige Lebendigkeit und Unmittelbarkeit: Zerrissen, beinahe *überschäumend*, dadurch konfus und unübersichtlich wirkend, skizziert S. Gles Situationen, die das Schicksal des Österreichers Münichreiter glorifizieren: In Münichreiter sollen und wollen die Genossinnen und Genossen einen *Märtyrer der Arbeiterklasse* sehen, diese parteiliche Propaganda greift Glesel auf und überhöht den Tod Münichreiters. Der Schriftsteller verzichtet vordergründig beinahe völlig auf einen geordneten Rhythmus und eindeutige Reimpaare. Immer wieder wechseln sich Paar- und Kreuzreime scheinbar willkürlich ab, variieren die Strophenlängen und immer wieder unterbrechen Gedankenstriche den möglichen Sprachfluss. Diese vordergründige Unordnung deutet auf eine expressionistische Methodik hin, die S. Gles hier aufgreift.

Inhaltlich sind die wiederholten Zeilen (»Rück mehr ins Licht!«, »Ich halt noch die Flinte«, »Nur nicht weichen!« und »Prolet, halt stand!«) durch die Hervorhebung relevant, auch endet das Gedicht mit der bedeutungsvollen Wiederho-

---

130 Vgl. etwa Conquest, 1970, dort heißt es auf Seite 63: »Kirows Tod wurde tatsächlich zum Grundstein des ganzen Gebäudes von Terror und Leiden, mit dem sich Stalin die despotische Herrschaft über die sowjetischen Völker sicherte.«

lung des Wortes »verfluch---t«. Überhaupt dominiert im Gedicht ein *appellativer Charakter* der Barrikadenkämpfe, wie sie in Österreich zu jener Zeit stattfanden und wie sie von Glesel später nochmals in »Verboten« beschrieben werden. Das ist besonders ersichtlich an den vielen Ausrufezeichen.

Auch die Zeichnung Münichreiters als der gekreuzigte Christus fällt auf: Christus-gleich hat er ein Wundmal an einer Körperseite und verlangt nach Folter und körperlicher Entbehrung lediglich nach Wasser, um seine Lippen zu befeuchten. Die Einbeziehung und Stilisierung christlicher Symbole und Sinnbilder spielt insgesamt eine wichtige Rolle für das Gedicht: Die Widmung gilt

> dem auf den Barrikaden Wiens zweifach verwundeten Arbeiter Münichreiter, der im Auftrage des *christlichen* Ministers Dollfuß erhängt wurde. (Hervorhebung vom Autor)

Der Umgang mit der christlichen Symbolik ist doppeldeutig: Durch die Betonung des christlich-katholischen Hintergrunds der Regierung Dollfuß wird die eigentliche Symbolik des Leidens Christi ad absurdum geführt; hier zeigt sich ein *Christentum*, das sich ausschließlich im Feld der Macht bewegt und somit das ursprüngliche Symbol des Kreuzes negiert. Durch die in der Forschungsliteratur betonte Nähe des konservativen »austrofaschistischen Ständestaates« zur katholischen Kirche[131] lassen sich Beziehungsmuster zwischen Münichreiter und dem »Faschistengen'ral / mit dem Christenkranz / und dem Helm aus Stahl«, womit aufgrund der historischen Hintergründe Engelbert Dollfuß gemeint sein muss,[132] konstruieren. Das Gedicht endet schließlich mit einem Zwiegespräch zwischen

---

131 Vgl. http://gonline.univie.ac.at/htdocs/site/browse.php?a=3189&arttyp=k (Zugriff: 05.07. 2012). Hermann Böhm bezeichnet – sich auf einen Artikel des Austromarxisten Otto Bauer berufend – den »österreichische[n] Ständestaat, der von Engelbert Dollfuß begründet wurde, [als] Diktatur »des Adels und der Pfaffen« [Fußnote: Otto Bauer, »Die Kanonen des Februar«, »Der Kampf«, Internationale Presse, Februar 1935, S. 56].« (Böhm, 2000, S. 108)

132 Zu diesen Hintergründen – besonders in Verbindung mit den sogenannten Februarkämpfen, bei denen Karl Münichreiter als erster Schutzbündler getötet wurde – siehe das Interview mit seinem Sohn unter: http://www.sjoe.at/content/oest/themen/antifa/austro/article/495.html? SW =921e9970aa1cfac6d0d41207fad41a 19 (Stand 03.03.2008).

Münichreiter und seinem Henker unmittelbar vor der Hinrichtung, in dem letzterer den an seinen proletarischen Grundsätzen festhaltenden Münichreiter vergeblich zu christlichen Werten zurückführen will. Hier kollidieren neben den äußeren Unterfeldern der polit-theoretischen Ideologie und der politischen Realität auch inhaltlich (gewissermaßen *intern*) politisches und religiöses Feld miteinander, ohne dass S. Gles eindeutig Stellung bezieht.

Vermutlich will Glesel anhand eines österreichischen *Märtyrers der Arbeiterschaft* nicht nur den proletarischen Klassenkampf, sondern auch die Verstrickungen christlicher Glaubenslehren mit staatlicher Gewalt beispielhaft darstellen. Er hält diesen Diskursivitätspunkt von Religion und Politik im Zusammenhang mit der gesellschaftlichen Grundordnung für so bedeutend, dass er ihn thematisiert. Wie er selbst zu dieser Problematik als Jude steht, spielt dabei keine Rolle. Aus dieser Tatsache lassen sich immerhin hintergründige Spekulationen entwickeln, warum Glesel sein persönliches Judentum nicht erwähnt, obwohl er das diskursive Verhältnis von Politik und Religion klar benennt.

Gehetzt![133]

> Ein wesentlicher Bestandteil des Lebens im Nazi-Deutschland, der in der Emigranten-Literatur selten vorkommt, ist die Verfolgung der Juden. Die wenigen Erzählungen allerdings, die zu diesem Thema geschrieben wurden, übertreffen an Qualität oft die anderen Werke […]. (Pike, 1992, S. 334)

Wie in den Kurzgeschichten, die in Zeitungen und Zeitschriften erschienen, bemüht sich S. Gles in allen übrigen prosaisch angelegten Erzählungen, die in Buchform veröffentlicht wurden, aus alltäglichen Situationen heraus Konflikte zu entwickeln, die in der nationalsozialistischen Ordnung grundsätzlich jederzeit möglich

---

133 In: *Mord im Lager Hohenstein. Berichte aus dem Dritten Reich*. Moskau und Leningrad, 1933, S. 41–46. Alle nicht anderweitig gekennzeichneten Seitenangaben beziehen sich im Folgenden auf diese Veröffentlichung.

waren: In ›Gehetzt!‹, einer von neun im Sammelband *Mord im Lager Hohenstein* veröffentlichten Kurzgeschichten von fünf Schriftstellern, erzeugt Glesel durch die
Darstellung des inneren Monologs im Juden Ernst Kämpfer eine bedrückende und
beklemmende Atmosphäre in der Beziehung zwischen diesem und seiner unmittelbaren Umgebung. Der religiöse Hintergrund Kämpfers wird nur beiläufig erwähnt, er ist für Glesel anscheinend *nur* für die Kennzeichnung des Opfers von nationalsozialistischer Repression wichtig, bietet für eine Untersuchung religiösen
Kapitals und seiner Einbindung in die Erzählung keine Grundlage und ist in diesem Sinn nur ein indirekter Beleg für die eingangs genannte These Pikes.

> Nun mal endlich zu Ende denken! Wieviel Möglichkeiten bestehen? Wenn ich noch
> lange in diesem Anzug durch den Westen renne, falle ich auf! Dann ist alles zu Ende!
> [...] Nimm dich zusammen, du fällst auf! Wie der mich anstarrt! (S. 41)

Politische Machtinstanzen und persönliche Interessen überschneiden sich in
Kämpfers Gedanken und geraten in Konflikt, was sich in Alltäglichkeiten zeigt
und schließlich kulminiert: Auf der Suche nach neuer Kleidung und Nahrung
hetzt er ängstlich durch den Westen Berlins. »Er dreht sich alle paar Schritte auto-
matisch um – nein, niemand!« (S. 41) Am Tiergarten läuft ihm schließlich eine
Gruppe junger Nationalsozialisten über den Weg: »In Ernstens Kopf ist jetzt ein
starker Druck. [...] ›Wenn die mich kriegen!‹ Sein Oberkörper duckt sich.« (S. 44)
  Nach einer Verfolgungsjagd springt Kämpfer von einer Brücke in den Landwehrkanal an jener Stelle, an der Rosa Luxemburgs Leichnam 1919 nach der Ermordung gefunden wurde;[134] die von der Menge angestachelten Verfolger »veran-
stalten ein Scharfschießen« (S. 46), bei dem Kämpfer getötet wird. Die Flucht
endet gewaltsam, und zuerst Unbeteiligte fallen dadurch auf, dass die indifferente
Stimmung plötzlich in offene Sympathiebekundungen für die Aggressoren um-

---

134 Karl Liebknecht wurde nicht, wie S. Gles in der Erzählung aufgrund der kommentarlosen Aufzählung nahelegt, tot im Landwehrkanal gefunden, sondern *auf der Flucht* im nahe gelegenen
   Tiergarten erschossen.

schlägt: Zuschauer verwandeln sich in einen Mob, der durch laute Rufe die Verfolger zusätzlich anstachelt und zum endgültigen Schlussakt treibt. S. Gles greift dabei nicht persönlich wertend ein, die Reduktion auf die Darstellung des Geschehens macht für ihn die Ungerechtigkeit der Situation anscheinend angemessen genug sichtbar.

Der Schriftsteller bemüht sich darum, eine signifikante *Stimmung von Zerrissenheit* abzubilden, wie er sie zu Beginn des nationalsozialistischen Terrorregimes wohl selbst erlebte: Einerseits Entrüstung angesichts der *Jagdszene* (»Zwei Damen bleiben entsetzt stehen: ›Das ist aber doch nicht fair!‹ kommt es von den grellroten Lippen, und die wasserblauen Augen strahlen Mitleid.«, S. 46), andererseits wohlwollende Anfeuerung (»›Bravo! Bravo!‹ klatscht es. Ein sammetweicher Hut fuchtelt in der Luft herum. ›Nieder mit den Volksverrätern! Deutschland erwache!‹«, S. 46). Hier verdeutlicht sich nochmals, dass sich sowohl die Nationalsozialisten als auch die Kommunisten einer *Erweckungsparole* bedienten, der jedoch diametral entgegengesetzte Zielvorstellungen zugrunde liegen. S. Gles zeigt den Sieg der politisch Rechten in Deutschland, der sich schon in der Weimarer Republik abzeichnete, Emotionalität und Konsequenz bleiben wieder den Leserinnen und Lesern überlassen. Die offenen Schlussfolgerungen sind in diesem Sinn ein Teil der Ästhetik dieser Texte und als solche zu verstehen.

Deutschland erwacht![135]

In den zehn Kurzgeschichten, die im Sammelband *Deutschland erwacht!* zusammengestellt sind, beschreibt Glesel alltägliche Szenen, wie sie sich immer wieder im nationalsozialistischen Deutschland abspielten. Die Texte sind allesamt von S. Gles. Sofern keine andere Kennzeichnung des Ortes erfolgt, ist Berlin der Erzählort.

Die Geschichte »Antreten!« (S. 45–50). spielt allerdings an einem anderen Schauplatz: »[In] einem nazistischen Arbeitslager läßt S. Gles die Insassen ›Hoch

---

135 *Deutschland erwacht!* Geschichten aus dem »Dritten Reich«. Engels, 1935. Alle nicht anderweitig gekennzeichneten Seitenangaben beziehen sich im Folgenden auf diese Veröffentlichung.

Lenin› an eine Mauer pinseln.« (Pike, 1992, S. 327) Pike bezeichnet die Erzählung als Beispiel von »Darstellung illegaler kommunistischer Untergrundtätigkeit und KPD-Opposition«, das – seiner Meinung nach – »häufigste Thema der Exil-Literatur« (ebd., S. 326).[136] Bork kritisiert in der *DZZ* genau diese – für ihn mangelhafte und wirklichkeitsfremde – Darstellung der kommunistischen Untergrundarbeit im nationalsozialistischen Deutschland:

> Gles schildert u. a., wie in einem Konzentrationslager die SA auf die angetretenen Gefangenen losdrischt und wie sich dabei eine solenne [handfeste, F.S.] Rauferei zwischen Gefangenen und SA-Leuten entwickelt. Das muss man gelesen haben:
> »Der lange Kurt hieb mit beiden Fäusten um sich. Er traf das Gesicht eines SA-Mannes, er schlug wie ein Verzweifelter. Es war schwer ihn zu packen...« »Immer feste, feste!« brüllt der Kommandant. Die Gummiknüppel sausen, aber es ist, als ob sie auf Gummi springen. Sie werden aus den Händen der einzelnen SA-Leute gerissen (!), bleiben in dem Block stecken, der wie Hartgummi unter der Losung »Hoch Lenin!« steht.«
> So ungefähr mag sich Gles das Konzentrationslager vorstellen. (Bork, 1935)

Es ist Glesel kein Vorwurf daraus zu machen, dass er sich keine Vorstellung davon machen konnte, wie es in den nationalsozialistischen Lagern zuging, und in seinen Schilderungen die Grausamkeiten, die gang und gäbe waren, nicht annähernd beschrieben wurden. Die Darstellung offenbart vielmehr einen Mangel in der Genauigkeit und der Unmöglichkeit der Recherche. Wie dieser Tatbestand zu Stande kommt, erörtert Pike:

> Da den in die UdSSR emigrierten Schriftstellern außer der kommunistischen Parteipresse jede andere echte Informationsquelle fehlte, war ihre Deutung der Ereignisse ausschließlich von der kommunistischen Theorie bestimmt. So schufen sie eine Literatur, die kaum mehr leistete, als Leitartikel, Partei-Erlasse, Resolutionen, Thesen und theoretische Deutungen des Nationalsozialismus in Fiktion umzusetzen, und die weit davon entfernt war, die Wirklichkeit Deutschlands zu erfassen. Abgeschnitten vom Zu-

---

136 Auf den Seiten 318–322 gibt Pike in seiner Arbeit eine Übersicht über die Themen der Literatur des sowjetischen Exils 1933–1939.

strom frischer und unparteiischer Nachrichten, vermochten die Schriftsteller nicht, sich aus ihrer Abhängigkeit zu lösen, und waren gezwungen, weiterhin eine »realistische« Literatur zu produzieren, die ebenso hoffnungslos an der Realität vorbeiging wie die Partei selbst. (Pike, 1992, S. 320f.)

Anderen Schriftstellerinnen und Schriftstellern ging es in ähnlichen Zusammenhängen nicht anders.[137] S. Gles bemüht sich in seinen Beschreibungen konkreter Situationen darum, realistische Konstellationen zu schildern, die die Möglichkeiten zur Wendung der politischen Verhältnisse zeigen und den Glauben an die illegale kommunistische Propaganda-Arbeit stärken sollen.[138] In diesem Zusammenhang sei auch auf den »von Lenin her bekannte[n] Begriff von Ideologie als *Überbau*, Widerspiegelung der Basis« (Ritter & Gründer, 1976, Sp. 173, Hervorhebung im Orig.) hingewiesen.

In der Geschichte ›Pogrom‹ (S. 41–44) thematisiert S. Gles explizit die Judenverfolgung:

Solche Solidarität [i. e. die Nichtbeteiligung der einheimischen Bevölkerung am Antisemitismus der Nationalsozialisten] des Volkes mit den Juden ist nur andeutungsweise vorhanden in Gles' Erzählung Pogrom, die von einem SA-Angriff auf einen jüdischen Laden handelt, bei dem der Inhaber zusammengeschlagen und sein Sohn ermordet wird. Während einige Arbeiter zufällig die Szene miterleben und sich in ihren Gesichtern der Abscheu über das Geschehene spiegeln soll, ist Gles bei der Schilderung der allgemeinen Stimmung illusionslos deutlich [...]. (Pike, 1992, S. 334f., Hervorhebung im Orig.)

---

137 Pike kritisiert etwa Willi Bredels Geschichte *Der Sonderführer* [Verweis dort: Willi Bredel, *Der Sonderführer. Erzählung* (Moskau: Verlag für fremdsprachige Literatur, 1944).], der trotz eines Besuchs in Stalingrad »nur eine unbeholfene Geschichte« über das Kriegsgeschehen in der UdSSR zustande bringe. »Wie die meiste Kriegsliteratur der Emigranten war auch das von Bredel hier Produzierte eine Literatur des Wunschdenkens; [...] alle Emigranten [schrieben und dachten] in ihrer Lyrik und Prosa in der Sprache und den Hypothesen von Leitartikeln [...].« (Pike, 1992, S. 532f.)

138 Neben ›Antreten!‹ gilt dies in diesem Sammelband für die Erzählungen ›Zwei aus einer Fünfergruppe‹ (S. 87–118) und ›Illegaler Politzirkel‹ (S. 123–127).

Nachdrücklich beschreibt Glesel Brutalität und Willkür, als sich der ahnungslose Sohn des Besitzers gegen den Widerstand von sechs SA-Wachmännern Zugang zum Möbelgeschäft seines Vaters verschafft:

> Da splittert das Fenster. »Judensau! – Stinkjude! – Lümmel!« – Gewehrkolben, Pistolengriffe und Stiefelabsätze werden in die Schaufenster gestoßen, die Möbelstücke beiseitegeworfen und die hintere Wand angerammt. Der alte Jude richtet seine Augen gegen die Decke, hebt die Hände, schreit: »Oiiiiih!« und murmelt ein Gebet. Das Gesicht des Jungen ist weiß und starr, – entschlossen. Er greift in die Hosentasche. –
> Der Kleine, Dicke hat die dünne Schaufensterwand durchstoßen. Mit Stuhlbein und Revolver bewaffnet, will er in den Laden eindringen. Der Sohn des alten Moses Kahlmann schreit:
> »Zurück!« und Feuer blitzt auf. – – »Au!« (S. 43)

Den Konflikt löst Glesel nicht auf, wie es sich der Rezensent Otto Bork wünscht, beschönigend als Happy End, sondern die Nationalsozialisten skandieren triumphierend: »Deutschland, erwache!« (S. 44) Die Verhältnisse werden durch Gewalteinsatz einseitig entschieden und stellen daher keine Grundlagen für eine Auseinandersetzung zwischen einzelnen Positionen bestimmter Personen bereit, deren Repräsentanten von S. Gles allgemein als Täter und Opfer gekennzeichnet werden. Er zeigt, inwiefern Privatpersonen (zumal Juden) mit der politischen Macht kollidieren und aufgrund ihrer Unterlegenheit scheitern (müssen), dennoch scheint Glesel auch in dieser Erzählung auf eine Krisensituation hindeuten zu wollen, die noch Möglichkeiten zu anderem Handeln bieten könnte, die aber nicht umgesetzt werden.

Verboten

S. Gles stellt auch in einem Theaterstück gesellschaftliche Missstände dar, die für den Kommunisten nur durch eine gesellschaftliche Neuordnung beseitigt werden können. Die sozialen Notlagen lässt Glesel schließlich in Repressionen gegen die Opfer dieser Spannungen enden. Die für die Umgestaltung notwendigen Schritte überlässt er im »Maischauspiel« *Verboten*[139] abermals der Fantasie der Leserinnen und Leser. Angesichts eines diffusen Verhältnisses von Macht und Ohnmacht wirkt die dramatische Handlung umso realistischer.

> Das Drama »Verboten« versucht die historischen Ereignisse um den 1. Mai 1929 in Berlin und ihre Lehren der Arbeiterklasse zu übermitteln. Sentimentalität oder nur historische Beschaulichkeit ist dieser Arbeit fremd. Die 33 Toten und 150 Verletzten der Berliner Maitage 1929 sind nur ein kleiner Teil von den Opfern, die die Politik der II. Internationale auf dem Gewissen hat. Tausende ehrliche Arbeiter, die dieser Internationale ihr Vertrauen und ihre Arbeitskraft gegeben haben, soll diese Tragödie des deutschen sozialdemokratischen Arbeiters in dem Drama »Verboten« wachrütteln, und sie zum Kampf für die proletarische Revolution mobilisieren.
> Zugleich soll das Drama die Reihen der revolutionären Arbeiter und ihre Partei stählen, mit Zähigkeit und Disziplin den großen Tag vorzubereiten, an dem die auf dem Wege Gefallenen zu den Unsterblichen der Zukunft gezählt werden. (S. 3)[140]

Der Schriftsteller beschreibt die Konflikte zwischen den Mitgliedern der Berliner Familie Hoffmann, die während der Ereignisse um den 1. Mai 1929 zwischen dem sozialdemokratischen Vater und Arbeiter Artur Hoffmann und seinen erwachsenen Kindern Else und Kurt ausbrechen.[141] Else ist bereits Kommunistin und Kurt radikalisiert sich im Verlauf der Handlung immer mehr vom sozialdemokratischen Mitglied der SAJ[142] hin zum aktiven und kompromisslosen Kämpfer für die Belange des Proletariats und gegen die Unterdrückung der Arbeiter. Vater Hoffmann

---

139 *Verboten*. Maischauspiel in 3 Akten. Kiew und Charkow, 1935. Alle nicht anderweitig gekennzeichneten Seitenangaben beziehen sich im Folgenden auf diese Veröffentlichung.

140 Diese kritische Haltung zur II. Internationale deutet auf eine politische Haltung Samuel Glesels hin, die ebenso wie diejenige Hans Günthers im »Umfeld des Austromarxismus« (Glaser) gesehen werden könnte.

141 Der jüngere, minderjährige Sohn Fritz spielt lediglich eine fragende und kommentierende Rolle.

142 Jugendorganisation im Umfeld der sozialdemokratischen Parteien in Österreich und Deutschland.

hält jedoch an seinen sozialdemokratischen Werten fest und nimmt die Maßnahmen der Staatsmacht widerstandslos hin:

> Mutter (bringt den »Vorwärts«).
> Vater: Wat — die Maidemonstration verboten? (stutzt, liest interessiert) Durch den in
> letzter Zeit überhand nehmenden politischen Terror Andersdenkender, hat sich der
> Polizeipräsident von Berlin gezwungen gesehen, die 1. Mai-Demonstration zu verbie
> ten. Die außenpolitische Situation erlaubt es nicht ——— (brummelt, man hört die
> Worte) wachsende Unsicherheit ——— Roter Frontkämpferbund —— erfordern
> Maßnahmen ——— durch die Ruhe und Ordnung — Bleibt von der Straße — Ge
> schlossenen Versammlungen (liest still weiter). (S. 8)

Am Ende des Theaterstücks will der Vater trotz des ausgerufenen Massenstreiks zur
Arbeit gehen. Beim Verlassen der Wohnung wird er im Treppenhaus von Schutzpolizisten verletzt. In einer Teichoskopie vermutet dies jedenfalls Kurt und formuliert daraufhin: »Das ist der Staat, für den Vater gekämpft hat. Hoffentlich ist er jetzt
geheilt!!!« (S. 52) – Der Sohn Kurt kommentiert hier die handfeste Kollision der
Person des Vaters und dessen politischen Kapitals mit der politischen Staatsgewalt,
die aufgrund der Anwendung des (staatlichen) Gewaltmonopols mit der Unterdrückung der gegenläufigen Position endet.

Die Repertoirekommission der MORT (russische Abkürzung für Internationaler Revolutionärer Theaterbund (IRTB). betont in ihrer Einführung unterschiedliche Stärken des Theaterstücks – dass diese Einführung auf einem Gutachten Hans Günthers basierte, hat für den Fall Günther Bedeutung, auf die ich
zurückkommen werde, vgl. Kapitel 5, S. 150f.):

> Das Drama von Gles bemüht sich, ein möglichst historisches Dokument dieser bluti
> gen Maitage zu sein, ohne dabei an Lebendigkeit einzubüßen. Es ist in einer ausge
> zeichneten, jedem Arbeiter verständlichen Sprache geschrieben und wird dadurch zu
> einem der besten Stücke im [Repertoire] des revolutionären Theaters. (S. 5)

Genau die dialektal gefärbte Sprache und ihre Konstruktion, die nach seiner Meinung keinerlei »Lebendigkeit« erzeugt, kritisiert Erich Weinert vehement in seiner Rezension in der *DZZ*:

> Das schlimmste aber ist, daß [Gles] Lebensnähe damit vorzutäuschen sucht, daß er [die handelnden Personen] in einem berlinerischen Dialekt sprechen läßt, der falsch und unnatürlich ist.

Warum moniert Weinert explizit den Gebrauch des Berliner Dialekts durch S. Gles, wo doch die Methode des sozialistischen Realismus jene Einbindung von »Volkstümlichkeit« (vgl. u. a. Mozejko, 1977) fordert? Die Gestaltungsmittel reichen für Weinert nicht aus, zumal er S. Gles jede historische Genauigkeit abspricht:

> Aber Gles ist nicht nur kein Dichter, er wendet auch nicht im geringsten Mühe und Fleiß auf, wenigstens die Wirklichkeit und die Historie korrekt wiederzugeben [,]

… sodass er bei der Beschreibung einer Szene in einer Sammelzelle zu dem Urteil kommt:

> Dann singen sie wieder einmal »Unsterbliche Opfer«, und kaum daß sie damit zu Ende sind, geht es wieder hoch her wie im Bouillonkeller. Kurzum, es ist eine Schande!
> Daß es Gles am künstlerischen Vermögen, Fleiß und Verantwortungsbewußtsein fehlt, beweist dieser Fall. Nirgends ein politisch klarer Hinweis auf die Hintergründe der Geschehnisse; vor allem läßt Gles die Gefahr des Faschismus außer acht.

Weinerts Änderungsvorschlag:

> eine […] Spiegelhandlung der Ereignisse draußen [zur Darstellung von] Haß, Empörung, Kampfwillen und Ungebrochenheit der revolutionären Arbeiter in heroischer Größe.

Am Ende seiner abfälligen Rezension vermutet Weinert, dass das Urteilsvermögen von Glesel aufgrund der genannten Beurteilung durch die MORT falsch sei. Am

27. Mai kontert die Repertoirekommission des IRTB den Vorwurf Weinerts in der *DZZ* und versucht, sich jeder Verantwortung zu entziehen:

> Das Drama »Verboten« von S. Gles wurde von der Repertoirekommission des IRTB Anfang des Jahres 1933 zum Vertrieb für die Darstellung durch Theaterzirkel und Agitpropgruppen angenommen. In dem Vorwort, das der IRTB seinerzeit dem Stück vorausschickte, wurde ausdrücklich auf seine politischen Schwächen hingewiesen. Das Stück wurde deshalb durch eine Anzahl politischer Dokumente kommentiert.[143]

Deutschland gestern und heute[144]

Im Vorwort zu den hier gesammelt veröffentlichten 34 Kurzgeschichten betont Glesel, dass gerade die Heterogenität und Divergenz der einzelnen Erzählungen bewusst gewählte Gestaltungselemente sind:

> Die in dem Buch »Deutschland gestern und heute« zusammengefaßten Erzählungen, Reportagen und Skizzen erheben nicht darauf Anspruch, den sich ständig verändernden Alltag in Deutschland ein für allemal festgehalten zu haben. Die Lebensweise eines 65 Millionen-Volkes, seine ökonomische Zwiespältigkeit und der daraus resultierende gesellschaftliche Überbau haben zu mannigfaltige Erscheinungen, um sie überhaupt vollkommen zu erfassen. (S. 3)

Vielmehr geht es Glesel darum, gesellschaftliche Prozesse kenntlich zu machen, indem er zunächst die unmittelbaren Verhältnisse beschreibt und sie an konkreten Situationen im Alltag festmacht:

> Dem sowjetdeutschen Leser sollen diese Momentaufnahmen aus dem ihm von der Vergangenheit her bekannten Lande den Verfall einer Welt zeigen, wo noch die Ausbeutung des Menschen durch den Menschen zu Hause ist. (Ebd.)

---

143 »Einspruch gegen die Veröffentlichung eines Vorwortes. Repertoire-Kommission des IRTB zum Drama »Verboten««, in: *DZZ* vom 27.05.1936 (Jg. 11).

144 *Deutschland gestern und heute*. Kiew und Charkow, 1935. Alle nicht anderweitig gekennzeichneten Seitenangaben beziehen sich im Folgenden auf diese Veröffentlichung.

Das Adjektiv »sowjetdeutsch« zeigt nicht nur das Zielpublikum, an das sich S. Gles in deutscher Sprache richtet; es beinhaltet vielmehr ein darüber hinaus gehendes Motiv: Neben der Ethnie, an die er sich auf Deutsch richtet, bezieht der Schriftsteller Position für ein kommunistisch bzw. sozialistisch geprägtes Deutschland nach sowjetischem Vorbild als Ziel seiner Erzählungen. Für die Darstellung des Städtischen beschreibt S. Gles neben Berlin diesmal auch andere deutsche Städte in seinen Geschichten: Düsseldorf, Hamburg, Duisburg, Ahlen und Solingen. Die aus anderen Veröffentlichungen schon bekannten Texte sind bearbeitet und unterscheiden sich zum Teil erheblich von den Veröffentlichungen an anderer Stelle.[145]

Im Zusammenhang mit der Frage nach Zensur oder Selbstzensur sind besonders Ort und Zeitpunkt der jeweiligen Bearbeitung relevant und interessant: Ergänzte Glesel ›Zwei aus einer Fünfergruppe‹ im sowjetischen Exil, weil ihm einige Themenkomplexe besonders nach den Erfahrungen in der Sowjetunion dringlich und wichtig zu sein schienen? Kürzte er ›Gehißt‹, weil er die Verdichtung zur Darstellung der Situation für notwendig und angemessen hielt? Beruhten die Erfahrungen des Protagonisten, die ängstliche Beklemmung, auf konkreten eigenen Erfahrungen, wie sie Glesel auch schon in der Veröffentlichung ›Gehetzt‹ dargestellt hatte? Durch die beschriebene gesellschaftliche Konstellation erzeugen die Handlungen der Protagonisten jeweils Konflikte, die S. Gles ungelöst oder zugunsten der politischen Macht in Gewalt enden lässt.

Im Einzelnen lässt sich in den Texten eine Vielzahl von möglichen Motiven für auslösende Situationen erkennen, die auf einen ersten, flüchtigen Blick bisher nicht in die Betrachtungen einbezogen wurden: Die stete Wiederkehr der immer gleichen Kollisionen sozialer (theoretischer) Probleme und politischer (praktischer) Realität in den Texten könnten Zeichen für persönliche Schwierigkeiten des Exilanten im sowjetischen Staatssystem sein. In diesem Sinn ist es vielleicht möglich von den nationalsozialistischen Tätern (auch in der Weimarer Republik) zu abstra-

---

145 ›Antifaschistische Aktion‹ (S. 121–125), ›Zwei aus einer Fünfergruppe‹ (S. 139–160), ›Der amtliche Stempel‹ (S. 161–167), ›Gehißt‹ (S. 175–177) und ›Antreten‹ (S. 178–183).

hieren und die allgemeinen gesellschaftlichen Missstände auf die sowjetische Gesellschaft zu übertragen. Hierdurch wäre Glesel als *kritischer Rufer* zu sehen, der von den stalinistischen Häschern zum Schweigen gebracht werden musste.

Die wiederkehrenden erzählerischen Motive, die Gles verwendet, zeigen die ambivalente Kennzeichnung einiger Begriffe: Die Darstellung einer Menschenmenge, die sich nicht nur in der Erzählung ›Mob‹ (S. 136–138) in einen ebensolchen verwandelt, stellt ein häufiges Leitmotiv dar, ebenso die schon bekannte Beschwörung des *erwachenden Deutschlands*, die allerdings – wie auch schon in anderen Erzählungen – sowohl positiv (›Berlin‹, S. 31–42) als auch negativ (›Gehetzt‹, S. 126–130) für den Kommunisten konnotiert sein kann: Einerseits verwendet sie S. Gles als Ausruf der unzufriedenen Proletarier zur Beschwörung der sozialistischen Revolution und andererseits lässt er solche Ausrufe von Nationalsozialisten brüllen, die damit die völkisch-rassische *Revolution* zum Ausdruck bringen wollen. Solche *Kollisionen* scheinen auf die Beschreibung sozialer Missstände hinzudeuten, deren Lösung durch eine gesellschaftliche Neuordnung, durch eine sozialistische Revolution geschehen könnte.

4.1.5 Fazit 1: Samuel Glesel

Welchen Diskursivitätspunkt besetzt Samuel Glesel im literarischen Feld des sowjetischen Exils? Die Untersuchung dieser Frage führt zu zwei Thesen: Erstens die geographische Position, der konkrete Aufenthaltsort, hat eine hohe Bedeutung, denn dem Standort kam in der stalinistischen UdSSR anscheinend Bedeutung auf vielen Ebenen zu – vor allem unter politischen Blickwinkeln, die andere Aspekte (wie ästhetische und künstlerische Dimensionen) verdeckte. Die Position von Glesel im literarischen Feld erhält insbesondere durch diese Frage Kontur: Schon am Beginn des Teilkapitels wurde die Auswirkung der Wahl des Exilorts für den »Fall Gles« erörtert.

Zweitens erschien die literarische Position im Feld der Exil-Schriftsteller schon früh als eine *Rand*-Position. Mit den Inhalten seiner Texte, die mehr der neuen Sachlichkeit verpflichtet waren und keine Utopien im Sinne des sozialistischen Realismus versprachen, geriet Glesel an den Rand des literarischen Felds. Mit der Umgehung des *Fluchtpunkts Moskau* scheint er die Diskussion um seine Texte und die Verfolgung seiner Person dann noch befördert und verstärkt zu haben. Fragen zur Intensivität, Dauer und Gründlichkeit der Spurensuche nach Verdachtsmomenten müssen allerdings aufgrund der unübersichtlichen und vielschichtigen Archivlage zum Thema offenbleiben.

Für eine Interpretation der einzelnen Texte ist es wichtig, die Auswirkungen lokaler Parameter für die Vernetzung und Sicherung abseitiger, nicht berücksichtigter und sogar geächteter Textelemente zu untersuchen. Da Glesel nicht in der Lage war, unmittelbar und schnell auf Einwände und Vorbehalte gegen seine Texte zu reagieren und diese nicht oder sehr verzögert verteidigte, kann keine Argumentation hierfür rekonstruiert werden. Dass es solche Verteidigungsversuche gab, lässt sich aufgrund der Komintern-Akte vermuten, in der Glesel Vorwürfe, die gegen ihn erhoben werden, zu relativieren versucht, indem er auf seine Unerfahrenheit in politischen Verfahren in der Sowjetunion verweist und auf seine räumliche Distanz zu Moskau. Die Gründe für die Ablehnung der Texte, die Repressionen und Verurteilung zum Tode der Person Samuel Glesel bleiben gerade im Hinblick auf die entstandenen Verhaltensmuster bedeutsam, zumal sie als Negativ für von der stalinistischen Zensur akzeptierte Texte dienen können.

Eine weitere wichtige Bemerkung, die zur Bestimmung der Position des Schriftstellers S. Gles festgehalten werden muss, bezieht sich auf den inhaltlichen Charakter seiner Texte: Auffällig ist die *Helden- und Utopielosigkeit* der Erzählungen, die es nicht nur den Leserinnen und Lesern erschwert (vielleicht sogar verunmöglicht) sich mit einzelnen Protagonisten zu identifizieren oder sich in sie einzufühlen. Unter Berücksichtigung sozialistischer Kulturkonzeptionen – besonders den Vorstellungen in der Tradition des sozialistischen Realismus – konnte der Schriftsteller keine Nische finden, in der solche Textformen akzeptiert wurden.

Die Benennung unterschiedlicher Erklärungsmodelle ermöglicht sicherlich Annäherungen an ein Szenario, das aufgrund seiner Komplexität plausibel wirkt und darüber hinaus Fragen ermöglicht. Die bloße Schilderung existierender sozialer Ungerechtigkeiten und wirtschaftlicher Mangelzustände einer kapitalistischen Gesellschaft, die den Nationalsozialismus begünstigten, erfordern für den Kommunisten Lösungen, die in den Erzählungen von S. Gles immer den Leserinnen und Lesern überlassen bleiben. In der literarischen Tradition der »neuen Sachlichkeit« können die Texte daher als erbarmungslose Skepsis und desillusionierende Ironie gelesen werden. Entscheidend hierfür ist sowohl die Perspektive, aus der der überzeugte Kommunist Glesel schreibt, als auch diejenige des Betrachters, die einerseits die Folgen, die jene Texte auslösten, berücksichtigen sollte und andererseits die Entwicklungen, die zu ihnen führten.

In diesem Zusammenhang ist es wichtig, grundsätzlich zwischen diesen zwei Ebenen zu differenzieren, auf denen Glesels Texte verortet werden können: Einerseits gestaltet der Schriftsteller als *Beobachter* seine Texte, ohne wertend einzugreifen und sie (etwa dem sozialistischen Realismus entsprechend) auf ein politisches Ziel hin zu entwickeln. Andererseits sind die Texte als Dokumente eines von stalinistischen Repressionen *Betroffenen* zu verstehen, die Hinweise auf *Kollisionen* von literarischem und politischem Feld anzeigen. Hierdurch werden Strukturen der diskursiven Schnittmenge von literarischem und politischem Feld offengelegt und einem Bereich des gesamten sozialen Raumes einer Gesellschaft zugeordnet, der gliedernd auch auf andere Bezugsfelder wirkt.[146]

Weil S. Gles konkret keine Lösungsstrategien beschreibt und es bei einer Darstellung von − seines Erachtens offensichtlich mangelhaften − Zuständen belässt, können nur Vermutungen über seine tatsächliche politische Position hergestellt werden. Bereits seine Entscheidung für ein Exil in der UdSSR außerhalb Moskaus stellt insofern eine Aussage dar, die als hinreichender Ausgangspunkt für eine Posi-

---

146 Solche Relationen könnten sich etwa für die Felder wirtschaftlicher Bedingung und künstlerischer Produktion oder bezüglich Religion und Politik ergeben.

tionsbestimmung dienen kann. Gründe dafür sind Spekulation, zum Beispiel ob es neben der Anstellung von Elisabeth Wellnitz noch weitere Gründe für eine Meidung des zentralen Anlaufpunkts im zentralistisch organisierten und ausgerichteten sowjetischen Exil gab, bleibt offen.

Es stellt sich die Frage, ob Glesel von Anfang an im Randbereich des *Fluchtpunkts Moskau* bleiben wollte, weil er hoffte, dort einer gezielten Überprüfung von Veröffentlichungen und deren politischen Inhalten zu entgehen – oder ob er die möglichen Risiken negierte. In seinen Texten bewies Glesel eine gewisse Wandlungsfähigkeit, indem er eine unmissverständliche Festlegung auf politische Grundpositionen und eindeutige Aussagen vermied. Dass hierdurch eine eindeutige Manifestation der Position des Schriftstellers S. Gles in den Strukturen des literarischen Feldes des sowjetischen Exils schwierig ist, macht die Betrachtung unter einzelnen Aspekten allerdings nicht unmöglich. Eine starre Verortung ist in diesem Sinn vielleicht gar nicht notwendig, da für die Untersuchung der Position einer *Randperson* und eines *Außenseiters* stets neue Koordinatensysteme entwickelt werden sollten, die jeweils signifikante Modelle abbilden, die übereinandergelegt ein mehrdimensionales Bild ergeben.

Insofern besetzt S. Gles wohl doch eine eindeutige Position, von der aus das literarische Feld des sowjetischen Exils erschlossen werden kann. Fraglich ist, warum Glesel niemals die unmittelbare Umgebung seines Exils beschrieb: Eventuell fand er keine Worte oder er wollte sich nicht schon zu Beginn seines Exils in Schwierigkeiten bringen, weil er nur allzu genau um die Folgen wusste, die ein nach Meinung der stalinistischen Dogmatiker begangener Fehler haben konnte. Dann könnte aber davon ausgegangen werden, dass Glesel einer *Kollision* seiner eigenen Idealvorstellung von Sozialismus und der *Wirklichkeit* des sowjetischen Exils nicht entgegenwirken konnte, indem er seine persönlichen Vorstellungen verschleiert hätte, weil er den Widerspruch nicht sah oder bewusst in Kauf nahm.

Grundsätzlich stellt sich die Frage, ob die indifferente Haltung von S. Gles die Aufmerksamkeit der stalinistischen Verfolgungsinstanzen erst recht weckte. Die Kollision von Glesels Sozialismus-Vorstellung und einer sowjetischen Exil-Wirklichkeit, deren Dogmatiker keine anderen Vorstellungen zur Umsetzung der sozialistischen Idee zuließen als jene des Stalinismus, führten letztlich zur Vernichtung dieser Denkansätze.

Angesichts der Vorwürfe, die die Rezensenten Bork und Weinert erhoben, sind die ausgelösten Folgen für Glesel im stalinistischen Staatsapparat wenig verwunderlich: Zum einen akzeptierten die stalinistischen Dogmatiker keine anderen künstlerischen Gestaltungsmethoden neben denen des sozialistischen Realismus; zum anderen nahmen sie andere künstlerische Traditionen[147] gar nicht erst wahr, da sie bei ihnen keine originär sozialistisch-kreativen Arbeitsweisen anerkannten. Solche Stilmittel konnten mangels theoretischer Auseinandersetzungen nicht auf die notwendige marxistisch-leninistische Reputation zurückgeführt werden, die eine sowjetische bzw. stalinistische Billigung ermöglicht hätte. Dadurch fehlte die direkte Einordnungsmöglichkeit der künstlerischen Stilelemente, die S. Gles bevorzugt einsetzte, deren Verwendungsmöglichkeit im Klassenkampf oder zumindest ihre Anwendbarkeit im Spannungsfeld von *Kunst als Waffe* (Wolf, 1928). Auch bleibt die abschließende Begründung der Folgen spekulativ, weil von den politischen Entscheidungsträgern nicht zugegeben werden konnte, dass durch diese Mängel allzu klaffende Leerstellen in der Begründung stalinistisch-sozialistischer Kulturpolitik angezeigt wurden. In diesem Zusammenhängen ist auf eine Erbekonzeption zu verweisen, die sowohl grundsätzlich das sowjetische Verständnis von Politik als auch im Speziellen kulturelle Auffassungen des Stalinismus betraf.

---

147 Wie etwa die künstlerischen Gestaltungselemente der »neuen Sachlichkeit« oder expressionistische Gestaltungsmethoden.

4.2 Hans Günther: Ende ohne Abschied

> Opfer und Täter sind im sowjetischen Fall häufig schwer zu unterscheiden. […] Das Dilemma rührt von zwei Schwierigkeiten her. Im stalinistischen Fall ist die […] hohe Zahl an Toten häufig genug nicht durch unmittelbare Beteiligung willfähriger Henker bedingt, sondern durch Sterbenlassen. (Plaggenborg, 1998, S. 111f.)

Das Changieren zwischen der Täter-Opfer-Problematik lässt sich prägnant anhand der Betrachtung des Weges von Hans Günther im stalinistischen Exil verdeutlichen: Einerseits wird es im Folgenden um die Wandlung eines einflussreichen ideologischen Theoretikers zum »Täter«[148] und anschließend zum »Opfer«[149] gehen; andererseits sind die unmittelbaren Todesumstände Günthers auch ein Beispiel für jenes »Sterbenlassen«, von dem Plaggenborg spricht: Hans Günthers Weg nach seiner Verhaftung am 4.11.1936 durch die Gehilfen des NKWD ist unklar, bis er in einem Durchgangslager bei Wladiwostok ankommt und dort kurze Zeit später, so berichtet eine Augenzeugin, an den Auswirkungen von Typhus und Hunger im Oktober 1938 stirbt. Das vermerkt seine Lebensgefährtin Trude Richter in ihrer nach ihrem Tod 1990 erschienen Autobiographie (ebd., S. 335).

Fragen nach dem detaillierten Weg Günthers in den stalinistischen Straflagern werden in dieser Arbeit vernachlässigt, da sie nicht vollständig rekonstruiert werden können. Die Gründe für den Transport aus dem europäischen in den asiatischen Landesteil der UdSSR zeigen allerdings ein grundsätzliches Motiv des Stalinismus an: Durch die Deportation aus einem vertrauten Lebensumfeld sollte zusätzlich eine Enthumanisierung erzeugt werden, die alle zwischenmenschlichen Beziehungen, die entstanden waren, abbrach. Die stalinistischen Verfolgungsbürokraten er-

---

148 Die Anführungszeichen sollen in besonderem Maße andeuten, dass der Begriff hier unzureichend eine Kategorie bezeichnet, unter der Günther zu fassen sein könnte: Ist Günther Täter, weil er Ideologe ist oder weil er in Sitzungen kritisch und diffamierend über Kolleginnen und Kollegen gesprochen hat?

149 Ebenso wie der Begriff ›Täter‹ ist die Kategorie Opfer differenziert zu betrachten.

zeugten bewusst eine *Atmosphäre von Fremdheit*. Neben der Entwurzelung zählten zu den grundsätzlichen Kennzeichen der stalinistischen Repressionspraxis uniforme Häftlingskleidung, die Zuordnung einer Nummer anstelle des Eigennamens und die Aufhebung jeder Privatsphäre durch massenhafte Inhaftierung. So gesehen war die Vereinzelung durch räumliche und psychische Isolation Vorstufe für die physische Auslöschung aus einer Gesellschaft, die auf Gewalt gründete. Für die Besiedelung, Industrialisierung und den Bergbau in den abgelegenen Landesteilen der UdSSR gab es darüber hinaus Gründe, die massenhafte Umsiedlungen sinnvoll und notwendig erscheinen ließen, wofür die Zwänge des Krieges und die stalinistische Verfolgung willkommene Möglichkeiten boten.

Wie betont, ist neben dem »Sterbenlassen« die Durchlässigkeit zwischen den Kategorien Täter und Opfer von großer Bedeutung für den gesamten Stalinismus: Einerseits wurde Günthers Text *Der Herren eigener Geist* als antifaschistische Analyse des Nationalsozialismus für ein Bemühen um eine Volksfront mit den Sozialdemokraten verwendet, bis ein anderes polit-taktisches Vorgehen von den Entscheidungsträgern des Stalinismus favorisiert wurde. (Günther trat in dieser Zeit als einer der Ankläger von Glesel in der geheimen Schriftstellerversammlung auf und wurde hier selbst zum *Täter*, vgl. Günthers ›Kritik und Selbstkritik‹ zum »Fall Gles«, 1991, S. 83–85. Andererseits wurde er – anders als Johannes R. Becher – im November 1936 verhaftet, weil er eine Versammlung des Sowjetschriftstellerverbandes vor der Abschlussresolution verlassen hatte, da er kein Russisch sprach.[150]

Ein fundamentales Problem waren sicherlich die Unkenntnis der russischen Sprache und die daraus resultierenden Irrtümer, als Entschuldigung bleibt dieses Problem lediglich eine weitere »Rettungsbewegung« (Rohrwasser). Die einmal in

---

150 Vgl. Lukács et al., 1991, S. 96–98. Das ›Fehlverhalten‹, das im ›Fall Becher und Günther‹ durch die mangelnde Kenntnis der russischen Sprache erzeugt wurde, scheint ein vorgeschobener Anlass zu sein, der letztlich als Rechtfertigung für die Initiierung der Verfolgung diente: Die russische Sprache war für alle Exilantinnen und Exilanten ein grundlegendes Hindernis, das sicherlich im Einzelfall entschuldigend berücksichtigt werden musste, wenn es um das vollständige Erfassen politischer Zusammenhänge ging.

Gang gesetzten Verfolgungsprozesse wurden durch die »Rettungsbewegung« dennoch nicht gestoppt. Zwar war die mangelnde Sprachkenntnis im Verständnis der Opfer ein gewichtiges Argument, das zur Entschuldigung dienen sollte, aber in der Beweisführung der Verfolgungsinstanzen blieb es völlig irrelevant. Johannes R. Becher versicherte allerdings, dass die mangelnde Beherrschung der russischen Sprache seinerseits zu einem Missverständnis geführt hätte, und bezeichnete dies in einer schriftlichen Erklärung als »schweren politischen Fehler« (vgl. Erren, 2008, S. 299). Warum dies für Becher akzeptiert wurde, im ›Fall Günther‹ jedoch nicht, mag vordergründig am »ausschlaggebenden Faktor […] Zufall« (Pike, 1992, S. 467) gelegen haben. Vielleicht hat es aber darüber hinaus Gründe gegeben, die im politischen Hintergrund Günthers liegen könnten, die ein komplexeres Szenario nahelegen.

Zur Differenzierung wird im Folgenden deshalb eine grundsätzliche und allgemeine Betrachtung des politischen Leitthemas Günthers und seine daraus resultierende politische Einordnung vorgenommen. Günthers politisches Leitmotiv der Volksfront kann viel eher – berücksichtigt man eine weitere These Pikes – den eigentlichen Grund für seine Verhaftung, Verfolgung und Verurteilung anzeigen. Denn Günthers Eintreten für die Volksfront fand zu einem Zeitpunkt statt, zu dem die offizielle stalinistische Ideologie längst umgeschwenkt, der Volksfrontgedanke verpönt war und verfolgt wurde.

Volksfront

Das große Anliegen all seiner Schriften war der Kampf gegen den Faschismus und die Förderung der antifaschistischen Literatur. Bereits vor der Machtergreifung Hitlers hatte Hans Günther das zeitgegebene Ziel konkret formuliert: »Gemeinsame Front mit den linken Schriftstellern gegen Faschismus, Krieg und Reaktion [...]! Aber nur unter Wahrung der ideologischen Selbständigkeit der proletarisch-revolutionären Literatur innerhalb dieses Kampfbündnisses [...].« (Röhr, 1966, S. 725)[151]

---

151 Das Zitat von Günther stammt aus dem Artikel »Die nächsten Aufgaben der Internationalen Vereinigung Revolutionärer Schriftsteller«, der 1933 in Heft 1 der *IL* erschien, vgl. Günther, 1981, S. 432–449, hier S. 440.

Auffällig ist, wie vehement Günther für ein Anliegen eintritt, das bereits in der Zeit vor 1933 in der UdSSR nicht mehr gewollt war und einige Jahre später (bis zum Angriff der nationalsozialistischen Armee auf die Sowjetunion) durch den Hitler-Stalin-Pakt aus taktischen Gründen gänzlich ausgesetzt wurde. Die Volks- oder Einheitsfrontpolitik muss im Kontext von ideologischen Entwicklungen, Erwägungen und machtpolitischen Interessen gesehen werden, deren Zentrum vor allem die Theorie vom »Sozialfaschismus« bildete, die die Sozialdemokratie gezielt diffamierte, da sich ihre Außenpolitik nicht an der Sowjetunion, sondern am Westen orientierte (s. Pike, 1992, S. 33):

> Seit 1928/29 war eine taktische und strategische Wende in der KPD-Politik erfolgt, die sich vor allem in ihrer Haltung gegenüber der SPD äußerte. Die Sozialfaschismustheorie wurde zur Grundlage der KPD-Politik. Sie schloß jegliches Zusammengehen mit der SPD aus und sah die SPD »als Wegbereiter des Faschismus« an.« (Gerhard-Sonnenberg, 1976, S. 93)

Ausdruck fand dies beispielsweise im Verhältnis von IVRS und Internationaler Arbeiterhilfe (IAH), deren Zusammenarbeit je nach politischer Ausrichtung der sowjetisch-stalinistischen Außenpolitik entweder intensiv ausfiel oder überhaupt nicht zu Stande kam (vgl. Pike, 1992, S. 130). Die Dogmatiker grenzten ihre politischen Handlungen von *bürgerlichen* Standpunkten derart entschieden ab, dass Kooperationen mit sozialdemokratischen Organen unmöglich wurden. Die Auseinandersetzung mit solchen Positionen und deren Einbindung in eine Theorie ist jedoch ein wichtiges Anliegen Günthers. Sein theoretischer Ansatz kann deshalb im Kontext des sogenannten Austromarxismus gesehen werden, dessen Konzept zugleich einen philosophisch-theoretischen Berührungspunkt mit der Argumentation dieser Arbeit bietet:

> Für die Philosophie des Austromarxismus bestimmend war das Eindringen des Kantianismus und Positivismus in die Gedankengänge der Theoretiker der österreichischen Schule des Marxismus. Hieraus erklärt sich auch die im orthodoxmarxistischen Sinne der Dialektik des historischen Prozesses zu geringe Beachtung schenkende »Rechtsabweichung« des Austromarxismus. (Böhm, 2000, S. 63)

Es liegt in der Logik stalinistischer Politik, dass Günther den »Boden« einer vorgeblich an den Theorien von Marx orientierten Ökonomie verließ, wenn er *stalinistische* Erklärungsmodelle für zu begrenzt hielt. Anknüpfungsmöglichkeiten an Theorien anderer politischer Traditionen, die mit »orthodoxmarxistischen« Konzepten verbunden werden sollten, um sie für die marxistische Theorie gewinnbringend zu verwenden, waren in der stalinistischen Argumentationsführung von vornherein ausgeschlossen. Günther wollte aber aus sowjetisch-sozialistischen Methoden Lehren ziehen, um sie auf Deutschland anzuwenden:

> Für die deutschen Verhältnisse zog Günther aus dem Beispiel der Sowjetliteratur die Lehre, daß es im Kampf gegen Faschismus und Krieg notwendig ist, die proletarisch-revolutionäre Literatur zu stärken und zugleich die linksbürgerlichen Kräfte für die Einheitsfront zu gewinnen. (Diersen et al., 1963, S. 206)

Pike bemerkt, dass die deutsche Volksfront bis Ende 1936 so geschwächt war, dass sie für etwa ein Jahr lediglich ein Schattendasein führte (s. Pike, 1992, S. 233). Konkret zeigte sich diese Unterminierung von Volks- bzw. Einheitsfront durch die stalinistischen Taktiker u. a. in der Zerschlagung der IRH durch die stalinistischen Säuberungsinstanzen:

> [Die] Prozesse und der Terror in der Sowjetunion waren der Hauptgrund, warum die 1934/35 eingeleitete Politik der Volks- und Einheitsfront bald in eine Sackgasse geriet. Die IRH, von ihrer Aufgabe her prädestiniert, diese Politik zu vertreten, wurde von [dem] Schlag [i. e. eines hohen Mitarbeiterverlusts infolge von Säuberungsaktionen] in der Phase ihrer Reorganisation getroffen. (Tischler, 1993, S. 299)

Eine Differenz zwischen den Begriffen Einheits- und Volksfront kann nicht ausschließlich in der grundsätzlichen polit-theoretischen Konzeption und in ihrer Zielrichtung liegen, sondern ist im Ausgangspunkt der politischen Konzeption begründet. Hans Günther spricht in *Der Herren eigener Geist* von »Einheitsfront der Arbeiterklasse« und der »Volksfront gegen Hitler« (Günther, 1981, S. 239). Sowohl Einheitsfrontpolitik als auch Politik im Sinne einer Volksfront haben dasselbe Anliegen: Das Ziel war eine politische Einheit antifaschistischer Parteien – vor allem von SPD und KPD – oder die KP eines Landes zielte auf die Vereinigung aller antifaschistisch orientierten Organisationen unterschiedlicher Völker zum gemeinsamen Kampf gegen die Nationalsozialisten in Deutschland.[152]

Austromarxismus

> Normalerweise bilden sich doktrinäre Bezüge um Personennamen (Leninismus, Trotzkismus, Maoismus usw.). Nur eine Denkschule des Marxismus erhält eine abweichende Bezeichnung: der Austromarxismus. Damit wird signalisiert, daß es sich bei ihm um eine kollektive Leistung handelt. (Haug, 1988S. 126).

Um Hans Günther grundsätzlich in das literarische Feld des sowjetischen Exils einzuordnen, ist es neben der Untersuchung seines Leitthemas wichtig, seine darüber hinausgehenden theoretischen Hintergründe zu beleuchten und diese politisch in einen Zusammenhang zu bringen. Sie sollen die Ressentiments und nachfolgenden Repressionen durch die politischen Machthaber des Stalinismus offenlegen und die Zusammenhänge aufzeigen, in denen der Verfolgungsprozess im *Fall Günther* gesehen werden muss.

Dabei werde ich der politischen Praxis der austromarxistischen Theorie im sogenannten »roten Wien« keine Beachtung schenken (vgl. Frei, 1984, v. a. S. 49–128). Die Theorie des Austromarxismus dient zur Einordnung des politischen Denkens Günthers, darüber hinaus ist auch eine Einordnung der politischen Grundlagen von Glesel in dieser politischen Tradition vorstellbar, dies bleibt aber aufgrund der fehlenden Quellen spekulativ und wurde daher nicht eingehend erörtert.

---

152 Da diese polit-taktischen Bestrebungen nicht ausschließlich von deutschen Organisationen ausgingen, sondern durchaus politischen, besonders sowjetischen und stalinistischen Absichten untergeordnet wurden, kann eine eindeutige Festlegung auf eine Nation, von deren KP die Bestrebungen ausgingen, nicht erfolgen. Der Historiker Harald Neubert nennt etwa die Verständigung zu einem »Abkommen über Aktionseinheit« zwischen KPF (Kommunistische Partei Frankreichs) und französischer SP (siehe Neubert, 2003, S. 14f.).

Die Vertreter des Austromarxismus kamen zu anderen Folgerungen als die stalinistischen Dogmatiker. Eine theoretische Ausrichtung sozialistischer Tradition kann hierfür zielführend sein, die aufgrund unterschiedlicher Dogmatiker vieldimensionale Themen anbietet. Hermann Böhm nennt die wichtigsten Theoretiker einer Denktradition:

> Die Hauptvertreter der austromarxistischen Schule Karl Renner, Otto Bauer, Max Adler, Rudolf Hilferding, Gustav Eckstein und Friedrich Adler bildeten gemeinsam die Theorie des Austromarxismus aus. (Böhm, 2000, S. 9)

Inwieweit die Theorie des Austromarxismus nicht mit der sowjetischen bzw. stalinistischen *Wirklichkeit* in Einklang zu bringen war, wird deutlich, wenn betrachtet wird, welche politischen Vorstellungen zugrunde liegen, deren Sichtweise sich auch in Texten von Günther zeigt.

> Der von Otto Bauer geprägte Austromarxismus glaubte an die geschichtliche Notwendigkeit der Emanzipation der Arbeiterklasse. Er knüpfte seine Hoffnungen und Erwartungen an ein kommendes Zeitalter des neuen, des besseren Menschen, der frei von Unterdrückung und Ausbeutung, Terror und Klassenhaß zur vollen Entfaltung seiner Fähigkeiten und Möglichkeiten gelangt. (Ebd., S. 59)

Diese Erwartungshaltung wird bei Günther besonders in der Erzählung ›In Sachen gegen Bertram‹ deutlich: Aufgrund der in der Erzählung skizzierten gesellschaftlichen Perspektivlosigkeit gelangt er nicht zu fatalistischen Endpunkten, sondern entwickelt klassenkämpferische Modelle. Im Gegensatz zu Günther (sowie Marx und Engels) gelangten die meisten Vertreter der austromarxistischen Theorie (so auch Glesel) nicht zu derart zielgerichteten Utopien, die durch den Klassenkampf verwirklicht werden sollten:

> Otto Bauer […] formuliert [im Gegensatz zu Marx und Engels in Das Manifest der Kommunistischen Partei, MEW, Band 4, S. 481.] negativ, er sieht überall drohende Niederlagen für die Arbeiterklasse und kann sich daher zu keiner befreienden Tat aufraffen. (Ebd., S. 91)

Hierin zeigt sich im Übrigen eine Einschätzung der gesellschaftlichen Lage, die viel realistischer war als die Theorien des Stalinismus, denn Otto Bauer habe keine detaillierte, fundierte und an den realen Widersprüchen orientierte Theorie des Klassenkampfes im Rahmen eines »für ihn charakteristischen, weitläufigen Geschichtsdeterminismus« entwickelt.

Günthers politischer Ansatz unterscheidet sich hierbei wesentlich von den Theorien des Austromarxismus (im Zitat repräsentiert von Otto Bauer); gerade in der Erzählung ›In Sachen gegen Bertram‹ beschreibt Günther sehr wohl Möglichkeiten zur politischen Aktion gegen Missstände und entwickelt eine »an den realen Widersprüchen orientierte Theorie des Klassenkampfes«, die sich im täglichen Leben bewähren sollte. Es lässt sich vermuten, dass das verstärkte Interesse Günthers an einer Einheitsfront, die aus diesem Blickwinkel einem Klassenkampf begünstigend vorausgehen sollte, den Verfolgungsprozess gegen ihn auslöste oder wenigstens forcierte.

Alfred Pfoser liefert in der dritten These eines Aufsatzes über ›Austromarxistische Literaturtheorie‹ eine Erklärung für die Auslassung literaturtheoretischer Konzepte durch die Dogmatiker des Austromarxismus und legt deren Herleitung aus einem anderen wissenschaftlichen Gebiet nahe, das von den austromarxistischen Theoretikern ausgeprägt und strukturiert wurde:

> Die austromarxistische Kulturtheorie würdigte die Literatur nach ihr übergeordneten Prinzipien und behandelte sie deshalb nur am Rande. Soziologie war wichtiger als Literaturtheorie. (Pfoser, 1990, S. 47)

Der Germanist und Historiker Pfoser beschreibt, indem er auf den Titel der Monographie Ernst Glasers zum Thema anspielt, inwiefern einzelne Komponenten die politische Theorie des Austromarxismus ergeben, die auch für eine austromarxistische Literaturtheorie genutzt werden können:

> Generell fällt am »Umfeld des Austromarxismus« auf, daß gegenüber dem orthodoxen Dialektischen Materialismus der subjektive Faktor eine Sonderstellung bekam, die Erkenntnistheorie pluralistisch ausgerichtet war, die materialistische Geschichtsauffassung

in Form der soziologisch-sozialökonomischen Denkmethode weitergeführt wurde und tiefgreifende ethische Überlegungen in die theoretische Begründung der Kultur-, Gesundheits- oder Frauenpolitik sowie der Pazifismusbewegung eingingen. (Ebd., S. 43f.)

Das bedeutet, dass auch (literarische) Kunstwerke, die in der vorrevolutionären Vergangenheit entstanden, nicht per se verdammt wurden, sondern vielmehr ihr revolutionäres Potenzial für den Kommunismus bzw. Sozialismus genutzt werden sollte. Anders als die stalinistischen Dogmatiker erkannten die austromarxistischen Theoretiker die Leistungen jedweder Kunst an, weil sie glaubten, dass schon in der Vergangenheit der proletarischen Revolution der Weg bereitet wurde.

> Alle Kunst, alle echte Kunst ist revolutionär, das heißt über die Gegenwart in die Zukunft weisend, neue Elemente schaffend. Eine Beethoven-Sinfonie ist ewig, ist revolutionär, und Goethes »Iphigenie« ist es auch. Danach haben wir unsere Kunstpolitik gerichtet, nicht nach dem, was sich für modern oder revolutionär schon deshalb hält, weil es dieses Wort ausspricht oder sich so gebärdet. [Fußnote: David Josef Bach: *Eine Erinnerung. Auch unsere Kunststelle ist ein Kind der Revolution*. In: *Kunst und Volk* 4 (1929), S. 97.] (Ebd., S. 51)[153]

Solche Gedanken werden ebenfalls in einem Artikel in der Wiener Arbeiter-Zeitung erläutert, den Pfoser zitiert. »[N]eue tapfere, schonungslose Literatur, Reisebücher des Geistes« spiegelten eine Lebenswirklichkeit wider, die von gesellschaftlichen Umbrüchen und Verwirrungen geprägt sei, deren Ereignisse und Prozesse auch von bürgerlichen Schriftstellerinnen und Schriftstellern in Romanen und weiteren literarischen Formen ausreichend dargestellt werde:

> Die Romane des Sinclair Lewis, des John Dos Passos, des André Gide, des Alfred Döblin, des Robert Musil, die Gedichte des Erich Kästner, des Bert Brecht, des Walter

---

153 Bach war Herausgeber und verantwortlicher Redakteur von *Kunst und Volk. Mitteilungen des Vereins »sozialdemokratische Kunststelle«*. Den Hintergrund und die inhaltlichen Auseinandersetzungen im Rahmen der Zeitschrift behandelt: https://elearning.aau.at/germanistik/ ?q=dokumentation/kunst-und-volk (Zugriff: 27.04.2013)

Bauer, die Theaterstücke des Ferdinand Bruckner, da habt ihr eine neue, tapfere, schonungslose Literatur, Reisebücher des Geistes, in denen unsere unentdeckte Welt mit hoher Meisterschaft geschildert wird. [Fußnote: *Die Entdeckung unserer Welt*. In: *AZ*. 1. 1. 1931, S. 11.] (Ebd., S. 55)

4.2.1 Austromarxismus und sozialistische Ideologie

Hans Günthers Beitrag zur Entwicklung einer marxistischen Kunst-und Literaturkritik wird durch die Einheit von theoretischem Denken und praktisch-politischem Engagement bestimmt. (Günther, 1981, S. 783)

Eine direkte, unmittelbare Verbindung zwischen Hans Günther, der den strategischen Vorgaben der stalinistischen Dogmatiker als Anhänger weitgehend unkritisch folgte, und austromarxistischen Weltanschauungen ist nicht unmittelbar herzustellen; auffällig ist, dass Günther die entschiedene Verdammung der Sozialdemokratie, die er in den Texten, die vor seiner Flucht in Deutschland entstanden, gemäß der »Sozialfaschismustheorie« vornahm, in späteren Texten abschwächte. Das zeigt sich am offensichtlichsten im Vorwort zu *Der Herren eigener Geist*. In einer schon 1931 verfassten Faschismus-Analyse[154] sieht Günther die Sozialdemokratie noch als Wegbereiter des Nationalsozialismus, dessen Merkmale er in diesem Text mit dem (italienischen) Faschismus zusammenfasst:

1. Stärkung der Exekutivgewalt bis zur völligen Ausschaltung des Parlaments.
2 Ersetzung des Repräsentativsystems durch Besetzung aller Ämter von oben. Aufhebung der Selbstverwaltung der Gemeinden.
3. Korporativstaat: gemeinsame ständige staatliche Dachorganisationen (Arbeitsgemeinschaften) zwischen den faschistischen Gewerkschaften und den Unternehmerorganisationen. Stände-Parlament.
4. Eingliederung der faschistischen Terrorgarden in den Staatsapparat als Miliz.

---

154 »Drei Parteien – drei Staatstheorien«, in: *Der rote Student*, Nr. 6 1931 (2. Jg.), S. 121–125.

5. Zwangsschlichtungswesen, Zwangsgewerkschaften, Streikverbot, Aufhebung der Pressefreiheit.

6. Staatliche Lohnfestsetzung. Subventionen an das Finanzkapital, teilweise Verschmelzung von Staat und Monopolkapital (Staatskapitalismus). (Ebd., S. 802)

Günther bezeichnet hier den faschistischen Terror »als letztes Mittel zur Sicherung der Diktatur des Kapitals« gegen das Proletariat, das neben diesem »brutal-militärischem Zwangsapparat« einem Herrschaftssystem ausgeliefert sei, das in allen Lebensbereichen auf die wirtschaftlichen Systeme des Kapitalismus ausgerichtet sei (vgl. auch die weiteren Zitate ebd.).

Günther trennt in seiner Argumentation einzig den Kommunismus entschieden von der faschistischen Staatstheorie und erhebt ihn zum legitimen und entschlossenen Gegenspieler, da dieser nicht dem profitwirtschaftlichen Denken verpflichtet sei. In zwei Rezensionen, die beide ebenfalls 1931 in der Zeitschrift *Die Internationale: Zeitschrift für Theorie und Praxis des Marxismus* (Jg 14) erschienen,[155] kritisiert Günther die »Ideologiehaftigkeit« (Günther in: »Ein neuer Ideologiebegriff«) der Sozialdemokratie am Beispiel Karl Mannheims *Ideologie und Utopie* und grundsätzlich des Nationalsozialismus anhand August Winnigs *Vom Proletariat zum Arbeitertum*.

Durch die (zwar wenig vorteilhafte) Nennung Max Adlers im Artikel über Winnigs Buch wird deutlich, dass sich Günther spätestens ab dem Zeitpunkt der Konzeption dieses Artikels mit dem austromarxistischen Denken auseinandergesetzt hat. Die Verteidigung einer Vereinigung aller proletarischen Kräfte, die bei einer Thematisierung austromarxistischer Positionen gegen den Nationalsozialismus nahe liegen würde, formuliert Günther allerdings erst in späteren Veröffentlichungen.

---

155 »Ein neuer Ideologiebegriff« (Heft 2, S. 93–96) und »Nationalsozialistische »Wissenschaft««
    (Heft 3, S. 139–142)

4.2.2 Literarische Formen

> In der Regel ist es nicht sonderlich schwierig, politische Schriftsteller [...] in ein politheoretisch-ideengeschichtliches Raster einzufügen und ihnen damit ihren festen Platz an der historischen Nahtstelle von gesellschaftlichem Engagement und literarischem Impetus zuzuweisen. (Mamczak, 2002, S. 387)

Im *Fall Günther* ist die These des Herausgebers Sascha Mamczak allerdings differenzierter zu betrachten: Es gibt im Gesamtwerk Günthers einige Textpassagen, die seine politische Position verdeutlichen, aber keine, die es heute eindeutig ermöglichen könnten, die unmittelbaren Auswirkungen der Texte vorauszusehen und die politischen Intentionen zu bestimmen, was eine eindeutige Positionierung in einem Feldmodell ermöglichen würde. Günther formuliert an keiner Textstelle offene Kritik am politischen System der UdSSR, wodurch eine »polittheoretisch-ideengeschichtliche« Einordnung eindeutig wäre. Dennoch sind die Hintergründe, vor denen seine theoretischen Äußerungen zu sehen sind, nicht immer mit denen des Stalinismus in Einklang zu bringen, woraus eine Kollision zwischen Günthers literarischem Konzept und der stalinistischen Wirklichkeit abgeleitet werden kann. Diese Differenz lässt die »Nahtstelle« im Raster der Literatur des sowjetischen Exils, die Hans Günther besetzt, diskursiv interessant erscheinen.

Veröffentlichungen vor dem Exil

Hans Günthers im Kampf gegen den Hitlerfaschismus geschriebene Arbeiten sind ein Bestandteil der Traditionen revolutionärer deutscher Arbeiterbewegung (Günther, 1981, S. 815). Besonders in den theoretisch angelegten Texten zeigt sich Günthers Begabung, komplizierte Sachverhalte verständlich darzustellen. In der Zeitschrift *Der Marxist*, die begleitend zu den Unterrichtsstunden der MASCH in Berlin erschien, gibt er beispielsweise eine prägnante Zusammenfassung der Werttheorie von Karl Marx:

Daß die individuelle Arbeit, die der Produzent der Ware A zu deren Herstellung aufgewandt hat, zugleich ein bestimmter Teil der gesellschaftlich-abstrakten Gesamtarbeit ist [...], diesen Tatbestand drückt die einfache Wertform kompliziert genug aus, daß der Ware A im Tausch in der Ware B ein anteiliges Quantum der gesamten Gebrauchswertmasse in Form des Produktes einer anderen, individuellen Arbeit gegenübertritt [...]. (Günther, 1931a)

Neben allgemein politischen und ökonomischen Theorien sind für Günthers Texte bedingungsloser Antifaschismus und entschiedener Pazifismus, die in den späteren theoretisch-philosophisch angelegten Texten offen formuliert werden, maßgebend. In seinen Texten vor dem Exil sind diese Problemstellungen *nur* implizit thematisiert und laufen im Untertext mit, ohne explizit von Günther diskutiert zu werden. Exemplarisch für diese frühen Texte Günthers, die Kritiken von Büchern, Filmen und Opern sowie kleine ökonomisch- und polit-theoretische Themen (u. a. Zur Lehrtätigkeit für die Berliner MASCH) abhandeln,[156] werde ich mich im Folgenden mit der Rezension »Wenn wir 1918...«, die sich mit dem gleichnamigen Buch von Walter Müller auseinandersetzt, und einem Aufsatz von 1931 ›Mängel unserer Kunstkritik‹ befassen, der die Arbeitsweise und -situation

---

156 »Filmschau: ›Die Liebespfade‹« (4.10.), »Frankfurter Opernhaus: Brecht und Weill: ›Aufstieg und Fall der Stadt Mahagonny‹« (18.10.), »Frankfurter Opernhaus: G. Rossini: ›Der Barbier von Sevilla‹« (4.11.), »Skandal bei einem Arbeitsamt. Der Fall Haken« (6.11.), »Frankfurter Opernhaus: G. Verdi: ›Simone Boccanegra‹« (28.11.), »Filmschau: Der Andere« (1.12.), »Unter bolschewistischer Kritik« (4.12.), »Wenn wir 1918...« (4.12.), »Für den Freidenker: Eça de Queiroz: ›Das Verbrechen des Paters Amaro‹« (7.12.), alle in: Beilage der Arbeiter-Zeitung, Organ der KPD. Sektion der Kommunistischen Internationale, Bezirk Hessen-Frankfurt, Frankfurt am Main, 1930 (Jg. 7); »Ein neuer Ideologiebegriff« (Heft 2, S. 93–96), »Nationalsozialistische ›Wissenschaft‹« (Heft 3, S. 139–142), »Wenn wir 1918...« (Heft 6, 284–287), alle in: *Die Internationale: Zeitschrift für Theorie und Praxis des Marxismus* (Jg. 14); »Mängel unserer Kunstkritik« (Heft 3, 4–8), »Sowjetdeutschland muß kommen« (Nr. 11, 1ff.), beide in: *Die Linkskurve* (Jg. 3); »Die Marxsche Werttheorie« (Heft 2, 14–23 und Heft 3, S. 23–29), in: *Der Marxist: Blätter der Marxistischen Arbeiterschule.* (Jg. 1); ›Drei Parteien – drei Staatstheorien« (Heft 6, S. 121–125), in: *Der Rote Student* (Jg. 2).

von Mitarbeiterinnen und Mitarbeitern des kommunistisch orientierten Feuilletons grundsätzlich diskutiert.

In dem 1931 in der Zeitschrift des BPRS, *Die Linkskurve*, erscheinenden Artikel ›Mängel unserer Kunstkritik‹ geht es Günther zum einen um die Diskussion einer marxistischen Darstellung von Kritik künstlerischer Formen und zum anderen um die Auseinandersetzung mit dem kulturellen Erbe[157]. Er verknüpft die beiden Themen, indem er die bestehende Situation der kommunistischen Kulturkritik bemängelt und dies der finanziellen Lage des Zeitungs-und Zeitschriftenwesens anlastet:

> Mängel im allgemeinen Niveau sind noch nicht einmal das Schlimmste. Sie sind unvermeidbar und verzeihlich, solange die materiellen Ursachen (Redakteurmangel, Geldknappheit usw.) bestehenbleiben. […] Gefährlicher erscheint mir ein *prinzipiell* schiefer Standpunkt, der in vielen dieser provinziellen Kunstkritiken [in »provinziellen« Zeitungen, F.S.] eingenommen wird. […] Was unmittelbar proletarische Kunst ist, wird gelobt, alles andere ausnahmslos abgelehnt, verrissen und in Grund und Boden verdammt. (Günther, 1981, S. 404, Hervorhebung im Orig.)

Günther bemüht sich darum, kulturelles Kapital der Vergangenheit politisch für den gegenwärtigen Sozialismus nutzbar zu machen und beruft sich hierbei auf Lenin, der

> […] ermahnt, zur Propaganda heranzuziehen, was sich nur irgendwie dafür als geeignet erweist. Er fordert zu diesem Zwecke nicht nur ein Bündnis mit modernen Naturwissenschaften, die sich dem Materialismus zuneigen, sondern sogar auch mit den vormarxistischen, von Marxens Philosophie längst überholten Atheismus des 18. Jahrhunderts […]. (Ebd., S. 408f.)

Für Günther sind im Gefolge Lenins sämtliche kulturellen Güter für den Marxismus-Leninismus zu verwenden, wenn sie den Theorien nicht allzu sehr widersprechen. In diesem Sinn kommt er zu der für die Kulturkritik zwingenden Schlussfolgerung, dass »Indirektheit und Subtilität« der politischen Propaganda

---

157 Zum Thema vgl. Albrecht, 1974.

sachlich-nüchtern auf »Schritt und Tritt« entlarvt werden müsse, damit nicht die falschen Schlussfolgerungen »auf bürgerliche Art« gezogen würden und eine lebendige, diskussionsfreudige Kritik entstehen könnte (s. ebd., S. 410). Inwieweit Günther diese Maßgaben beherzigt, ob er sie selbst bereits anwendet und wie eine Kritik seiner Meinung nach aussehen soll, ergibt sich aus seinen Argumenten in der Rezension zu Walter Müllers Roman *Wenn wir 1918 …* (wieder abgedruckt in: ebd., S. 578–583). Müller beschreibt den Aufbau des Sozialismus in und für die ganze Welt als »realpolitische Utopie« (Untertitel des Romans), Günther urteilt deshalb:

> Ganz zweifellos haben wir alle Veranlassung, den glänzenden Einfall Müllers und seine durchaus ehrlichen Absichten bei der Ausmalung seiner Utopie unumwunden anzuerkennen. (Ebd., S. 580)

Da Müller einen sozialdemokratischen Hintergrund hat, wagt Günther es nicht, seinen »glänzenden Einfall« zu kritisieren. Hier geht es ihm um die Grundlagen für eine Einheitsfront, die er offen formuliert erst in folgenden Texten einfordern wird. Am Beginn der Rezension betont Günther die Einordnung des Romans als utopischer Entwurf, der aller Realität entbehre. Es folgen eine gründliche Inhaltsangabe und eine kurze Rezeptionsgeschichte, die Günther knapp beschreibt: »Die *sozialdemokratische Presse* hat – wie zu erwarten war – das Buch im allgemeinen totgeschwiegen.« (Ebd., S. 581, Hervorhebungen im Orig.) Abschließend stimmt der Rezensent Müller zu, indem er aus dessen Nachwort zitiert:

> Der Marxismus ist eine Waffe! Eine scharfe Waffe! Wenn man sie – wie Lenin – anwendet und nicht – wie Kautsky – im entscheidenden Moment ins Museum stellt. Der Marxismus lehrt uns, den Sinn alles Geschehens zu begreifen, läßt uns verborgene Zusammenhänge erkennen und zeigt uns, wann die gegnerische Stellung reif ist zum Sturm. Aber *stürmen* müssen wir selbst! (Ebd., S. 583, Hervorhebung im Orig.)

Es wird deutlich, dass Günther (wie Müller) eine Weiterführung politischer Prozesse im Interesse des Proletariats für notwendig hält, die nicht an Parteigrenzen Halt macht, sondern vielmehr sozialdemokratische und kommunistische Positionen kombinieren müsse, um gute Literatur schaffen zu können:

In gründlichen Kenntnissen des Marxismus-Leninismus und in der engen Verbindung des literarischen Schaffens mit den aktuellen Fragen des Klassenkampfes sah Günther die Voraussetzung für ein hohes künstlerisches Niveau. (Diersen et al., 1963, S. 205)

»Internationale Literatur«

Charakteristisch für Günthers Texte ist eine enge Verknüpfung von theoretischem Denken und dessen unmittelbarer Manifestation an praktischen Umsetzungsmöglichkeiten, die deutlich werden in vier Artikeln, die allesamt in der *IL* zu aktuellen Aufgaben und Tätigkeiten der IVRS erschienen.[158] In den drei erstgenannten Artikeln setzt sich Günther mit den »wichtigste[n], brennendste[n]« Aufgaben der »revolutionäre[n] Arbeiterbewegung« auf theoretischer Ebene auseinander, im Mittelpunkt der Tätigkeit der IVRS sieht er:

alle Kräfte für die Bildung der roten, antifaschistischen und antiimperialistischen Einheitsfront einzusetzen […]. (alle Zitate: Günther, 1981, S. 433)

Es geht ihm in diesen politisch grundsätzlichen Texten um den Kampf gegen Faschismus und Krieg in einer geschlossenen Front aller *linksorientierten* Schriftstellerinnen und Schriftsteller, an die er seine Appelle adressiert. Dass eine solche Kooperation« eine Annäherung an die Theorien der Sozialdemokratie bedeutet, die besonders von der Tätigkeit der IAH und den Positionen Willi Münzenbergs repräsentiert wird, betont Pike in seiner Monographie (Pike, 1992, S. 74). Zur Illustration der praktischen Umsetzung dieser Anliegen berichtet Günther im vierten Artikel über den zweiten Abend der deutschen Länderkommission der IVRS in

---

158 »Die nächsten Aufgaben der Internationalen Vereinigung Revolutionärer Schriftsteller«, »Von der Arbeit der Agitpropabteilung der IVRS«, »Das Arbeitsprogramm der IVRS, Agitpropabteilung« sowie »Von der Arbeit der deutschen Länderkommission der IVRS«, alle in: *IL*, Moskau 1933 (3. Jg.), Heft 1; erneut abgedruckt in: Günther, 1981, S. 432–463.

Moskau, hier steht im Mittelpunkt die Diskussion um einen Roman Ernst Glae-sers, *Das Gut im Elsaß*.[159]

Wie Günther die kulturellen Formen, die in Deutschland während des natio-nalsozialistischen Regimes entstanden, wie er die von den Nationalsozialisten geschaffenen Bedingungen einschätzt und wie er die daraus resultierenden Ent-wicklungen beurteilt, legt er im Aufsatz ›Querschnitt durch den deutschen Kul-turfaschismus‹[160] dar. Er erörtert, welchem Zweck die nationalsozialistische »Volkserziehung«, die in einer untergeordneten »Volksbildung« wurzelt, diente:

> [D]ie heutige Erziehung muß nachholen, was die wilhelminische versäumte: die Men-schen mit einer nationalen Leidenschaft auszurüsten, die sie mit noch mehr Lust für das Kapital sterben läßt als 1914 bis 1918... (Ebd., S. 505)

Für Günther mündet dieser »ideologische Umformungsprozeß« (ebd., S. 509) auf den Scheiterhaufen der Bücherverbrennung, die das nationalsozialistische Wirken »der Lächerlichkeit [preisgeben] ...« (ebd., S. 514) Das endgültige Urteil liegt in den Händen des Proletariats, das solche Handlungen nicht gutheißen könne:

»Das Schlußwort über den Kulturfaschismus selbst – wird die Arbeiterklasse sprechen.« (Ebd., S. 525)

Der Herren eigener Geist[161]

»Was ihr den Geist der Zeiten heißt,
Das ist im Grund der Herren eigener Geist,
In dem die Zeiten sich bespiegeln.«
(Goethe, »Faust«) (Ebd., S. 7)

---

159 In den Anmerkungen von *Der Herren eigener Geist* wird für den achten Abend dieser Veranstal-tungsreihe des IVRS vermerkt: »Vorlesung des Dramas ›Verboten‹ von S. Gles. Diskussion dazu.« (Günther, 1981, S. 863) Leider gibt es hierzu keine weiteren Ausführungen.

160 In: *IL*, Moskau 1933 (3. Jg.), Heft 3; erneut abgedruckt in: Günther, 1981, S. 498–525.

161 Alle nicht anderweitig gekennzeichneten Seitenangaben beziehen sich im Folgenden auf die Veröffentlichung in: Günther, 1981, S. 7–247.

Das programmatische Motto, aus dem sich der Titel der Monographie ableitet, zeigt die bildungsbürgerliche Absicht an, die Günther verfolgt. Die Themen seiner Monographie betreffen die gesellschaftliche Situation in Deutschland und sollen Entwicklungen erläutern, die sie begünstigt haben und die in der nationalsozialistischen Ideologie fortbestehen.

> Die entscheidende Frage, wie dieser Betrug [der Nationalsozialisten an der Bevölkerungsmehrheit] möglich war, wird den Gegenstand der ganzen folgenden Untersuchungen bilden. […] Ich will die Versprechungen der Nazis katalogisieren. […] Es wird eine trockene, anstrengende Lektüre werden. (S. 61)

Die Analyse der Entwicklungen, die zum Nationalsozialismus hinführten, bindet Günther in das grundsätzliche Anliegen all seiner politischen Schriften ein: Die Volks- bzw. Einheitsfront wird durch die Einbettung der theoretischen Auseinandersetzung mit dem Nationalsozialismus in einer Rahmenhandlung, einem einleitenden Gespräch eines sozialdemokratischen Schriftstellers mit einem Kommunisten und abschließend in einem Brief des letzteren an ersteren, thematisiert.

> A: […] Nun gut, machen Sie uns mit einer »klassenmäßigen« Kritik der faschistischen Ideologie bekannt; wir werden hören und prüfen, dann können wir weiterreden. [...]
> B: Es wird ein ganzes Buch werden.
> A: Um so besser.
>
> B: Ich werde es leichtverständlich schreiben müssen, ohne die gewohnten gelehrten Flausen, denn unsere Arbeiter sind an der faschistischen Ideologie nicht weniger interessiert als Sie. (S. 11f.)

In seiner Arbeit legt Pike dar, dass die Argumentation dieser *handlungstheoretischen Klammer* sehr differenziert zu bewerten sei und immer vor dem Hintergrund polit-taktischer Erwägungen gesehen werden müsse (vgl. Pike, 1992, S. 160–164, hier S. 163). Eine hintergründige Argumentation gegen die stalinistische »Sozialfaschismustheorie« ergibt sich dadurch, dass Günther die strikte Bindung an kommunistische Grundgedanken abzuschwächen versucht, indem er sich sozialdemokrati-

schen Positionen annähert, um sie für einen gemeinsamen Kampf gegen Nationalsozialismus und Krieg nutzen zu können. Die daraus resultierenden Schwierigkeiten bei der Veröffentlichung und den hervorgehobenen Stellenwert von *Der
Herren eigener Geist* als ein Grundlagenwerk zur Geistesgeschichte des Nationalsozialismus beschreibt Richter in ihrer Autobiographie:

> Bereits 1934 lag das Manuskript fertig vor, aber mit dem Erscheinen haperte es. Ob-
> wohl sämtliche Lektoren des Verlages Ausländischer Arbeiter in Moskau von dem Pro-
> jekt sehr angetan waren, wollte doch keiner die Verantwortung einer Veröffentlichung
> übernehmen. So wanderte die Handschrift weiter von einer Instanz zur nächsthöhe-
> ren, stets mit demselben Ergebnis, bis sie endlich auf dem Schreibtisch des Genossen
> [Dimitrow] landete. (Richter, 1990, S. 278)

Der Bulgare Dimitrow, der 1935 als Generalsekretär der Komintern auch für die
VEGAAR als Gutachter tätig war, las Günthers Monographie »hintereinander in
einer Nacht durch« und empfahl, es umgehend in vier Sprachen zu publizieren.
Gegen eine Veröffentlichung auf dem internationalen Buchmarkt hatte Günther
selbst Einwände, da der Text als Informationsschrift über den Faschismus »und nur
zum Tagesgebrauch unserer eigenen [d. i. der antifaschistischen] Bewegung bestimmt« sei. Für eine Publikation auf internationaler Ebene müsse das Werk erweitert werden; eine russische Übersetzung war allerdings schon nach dem Erscheinen auf Deutsch im Sozegis-Verlag geplant (Ebd., S. 278f.).

Inhaltlich zeigt Günther sehr umfassend und kenntnisreich auf, welche Ge-
dankenfolgen zum Nationalsozialismus führten und welche Ideen ihn auch weiterhin begünstigen: Neben einer philosophisch-ökonomischen Grundstruktur, die
er durch die Theorien von Friedrich Nietzsche, Alfred Rosenberg, Oswald Speng-
ler, Arthur Moeller van den Bruck und Othmar Spann beeinflusst sieht, hebt
Günther den politisch-gesellschaftlichen Nährboden hervor, der eine wichtige
Grundlage für den Nationalsozialismus bereitstellte. Gerade durch ihn werde eine
Annäherung an sozialdemokratische Erklärungsmodelle ermöglicht, da auch nach
sozialdemokratischer Interpretation das deutsche Kaiserreich als wichtige Bezugs-
quelle für das nationalsozialistische Regime fungiere:

Die Kontinuität besteht, die Republik ist nur das Verbindungsglied zwischen Kaiserreich und »Drittem Reich«[.] (S. 72)[162]

Die gesellschaftliche Atmosphäre begünstigte Günthers Analyse zufolge ein Handlungsschema, das die Opfer von staatlicher und willkürlicher Gewalt in Situationen
trieb, in denen sie unwillentlich selbst zu Tätern werden konnten.

> Der wirkliche Klassengehalt der faschistischen Ideologie trat nach außen gar nicht oder
> nur zwiespältig in Erscheinung. […] Ein Schreckensregiment *gegen* die Massen sollte *mit*
> *Hilfe* der Massen errichtet werden. Das Mittel war des Zieles würdig. *Die Opfer wurden*
> *durch einen gigantischen Betrug in die Irre geführt.* (S. 61, Hervorhebungen im Orig.)

Eine der wesentlichen Leistungen der Monographie Günthers liegt darin, dass er
im Einzelnen auswertet, welche Theorien und Thesen die nationalsozialistische
Ideologie stützten, beeinflussten und beförderten, wobei zu konstatieren ist, dass
die Arbeit inhaltlich weit über das bis dahin existierende Material hinausging. Beispielhaft seien für die Argumentation Günthers die Ausführungen zu der Verknüpfung von Neohegelianismus und Imperialismus angeführt, die einen abseitigen
Erklärungsansatz für die nationalsozialistische Ideologie bietet:

> Hier [i. e. bezüglich eines »»Volksgemeinschafts«-Schwindel zur ideologischen Kriegs-
> führung«] ist der philosophische Wegbereiter vor allem der *Neuhegelianismus* – jene
> Richtung, die in den letzten Jahren und Jahrzehnten, je länger, desto mehr, die Kant-
> sche Kompromißphilosophie beziehungsweise den lange Zeit fast unbeschränkt herr-
> schenden Neukantianismus verdrängte, ersetzte, oder, noch genauer ausgedrückt, »er-
> gänzte«. (S. 97f., Hervorhebung im Orig.)

Günther argumentiert weiter, dass eine regelrechte »Hegelrenaissance« nicht zufällig mit dem »Eintritt des Kapitalismus« in eine imperialistische Phase aufgekom-
men sei, weil dieser Umschwung zwangsläufig durch einen »dem Imperialismus
eigentümlichen Drang nach Reaktion« bedingt würde. In den Jahren nach dem

---

162 Ersichtlich wird dies – laut Günther – vor allem bei Heinrich Mann durch die Beschreibungen
    in *Der Untertan* (Mann, 1975).

Ersten Weltkrieg habe diese zuvor schon verbreitete »Modephilosophie« zur »Faschisierung der bürgerlichen Ideologie« geführt.

Mit dieser Argumentation übertrifft Günther die Referenzgröße Heinrich Mann und beruft sich im Folgenden vielmehr auf Lenin:

> Zahllose Sophismen. Zahllose »pazifistische«, »sozialistische« und »realistische« Züge. Eine Propaganda auf der Höhe der Technik, ungleich raffinierter, ungleich massenwirksamer als je eine Volkshetze zuvor.
> Lenin sagte: Vielleicht stellen gerade jene Sophismen das Hauptmittel der Verstrickung der Massen in den künftigen Krieg dar. (S. 109)

Die vorher bereits angeführten Begriffe und Argumentationen der Erkenntnistheoretiker und Friedrich Nietzsches bzgl. einer »Wirklichen Welt«, die Günther für ein wesentliches Kennzeichen der »Denkmethoden des Nationalsozialismus« hält, sieht er im Zusammenhang von »Irrationalismus«, »grundsätzlicher Fälschung« und »Lebensphilosophie«. Letztlich führen diese verfälschten und undifferenzierten Gesichtspunkte seiner Meinung nach zu einer Argumentation gegen kommunistische Positionen, die Grundlagen verschleiern und in den Volksmassen die Theorien des Nationalsozialismus umso intensiver implementieren sollen:

> Kein Zweifel, dieser eingebildete »Schrecken« [vor einem gesellschaftlichen Chaos] hat den kleinen Mann viel ratloser an die Nazis gebunden als der wirkliche, den sie selber verbreiten. Kein Zweifel, er bindet auch heute noch viele. Setzten wir auf die Spontaneität, so könnte »der Wille zum Nationalsozialismus längst durchlöchert sein« und doch bliebe ihm »der abergläubische Nicht-Wille zum Kommunismus sicher oder die Furcht vor dem Abgrund« (Bloch). (S. 238f.)

Grundsätzliche Wesenszüge des Nationalsozialismus sieht Günther im Eklektizismus und durch die Verführung des deutschen Mittelstands, die jeweils Antimarxismus, Faschisierung und die Ablehnung völkerrechtlicher Verträge befördern:

> Bei allem Eklektizismus kommt daher von hier aus doch so etwas wie eine Linie oder Rückgrat in das Ganze. Der einheitliche Grundcharakter ist eben der Antimarxismus des Monopolkapitals. Dies konkret nachzuweisen muß die zweite kritische Aufgabe sein. (S. 64)

Bei der Analyse des Mittelstands geht Günther wieder über sozialdemokratische Positionen hinaus, sodass er sich eines Seitenhiebes auf Mann nicht enthalten kann:

> Der deutsche Mittelstand war »national« kraft langer Tradition. An diese Empfindungen knüpfte die Nazipropaganda geschickt an, stärkte sie und gab ihnen eine reaktionäre Richtung, vor allem durch die Behauptung, der Ruin des Kleinbürgers käme *ausschließlich* auf das Sündenkonto von Versailles. Diese Lüge namentlich hat geholfen, ihn zum Nationalisten zu machen. Ihr vor allem haben die Nationalsozialisten ihre Erfolge verdankt. Wenn dies doch Heinrich Mann einsehen möchte! (S. 65, Hervorhebung im Orig.)

Wie wichtig Günther Manns Beweisführungen gegen Faschismus und Kapitalismus sind, macht er schon am Anfang seiner Monographie deutlich, indem er Argumente aus *Der Haß* von Mann übernimmt und damit seine Bereitschaft zur Fortsetzung der Diskussion sozialdemokratischer Positionen signalisiert.

> »Die Wirklichkeit des Reiches von 1871«, schreibt Heinrich Mann, »war die künstliche Erhaltung eines fortwährend lebensunfähigen Großgrundbesitzes, … war die Verschwörung des Staates mit den Konzernen, mit der Klasse der Verdiener.« Oder: »der verfallende Hochkapitalismus macht sich reif für seine letzte Verzweiflungstat, der Nationalismus hofft auf die letzte Runde.« Und ein dritter Ausspruch: »Das Hitlersystem läßt weiterhin geschehen, … daß einige Kanonen- oder Giftgasfabrikanten und einige bankrotte Großgrundbesitzer die Hand legen dürfen auf eine ganze Nation.« (S. 13)[163]

Als »Leitmotiv« will Günther die Gedanken H. Manns verwenden, um mit ihnen die Grundstrukturen des Faschismus zu erklären (vgl. auch das Zitat in: Günther, 1981, S. 13).

Inwieweit sich die Argumentation Günthers erweitert und dass sie sich – gerade für den kommunistischen Gebrauch – verwenden lässt, ergibt sich aus einem Zitat von Elfriede Lewerenz:

---

163 Günther verweist an dieser Stelle auf: Heinrich Mann: *Der Haß*, Amsterdam, 1933, Seiten 12, 35, 143.

> Ein marxistisches Herangehen an die Kritik der faschistischen Ideologie zeichnet [...] das Buch von Hans Günther [...] aus, das als erstes half, die Lücke im ideologischen Kampf gegen den Faschismus zu schließen. […] Das Bestechende an der Darstellung Günthers ist die Art und Weise, in der er die absurden Thesen und sich widersprechenden Bestandteile der faschistischen Ideologie logisch und verständlich analysierte, indem er immer wieder auf die Grundlage – den Zusammenhang zwischen Ökonomie, Politik und Ideologie – zurückkam. (Lewerenz, 1975, S. 154)

Lewerenz weist nachdrücklich darauf hin, dass Günthers Arbeit eine Lücke in der Argumentation Intellektueller (und hier besonders bei Schriftstellerinnen und Schriftstellern) schloss, die eine Einheitsfront mit dem Proletariat eingehen wollten.[164] Sie verweist in diesem Zusammenhang auf eine von Werner Röhr vermerkte Anekdote:

> Johannes R. Becher schrieb an Willi Bredel: »Ich muß offen gestehen, ich habe nach solcher Lektüre geradezu Heißhunger. Das Buch ist für mich persönlich sehr wertvoll, und ich möchte Dich bitten, ob Du uns nicht zehn Exemplare schicken kannst, damit wir eine Arbeitsgemeinschaft damit ausfüllen können.« (Verweis dort: W. Röhr: Hans Günther – ein marxistischer Theoretiker. In: *Deutsche Zeitschrift für Philosophie*, 1966, H. 6, S. 726.) (Ebd.)

Rezeption

Die Reaktionen, die *Der Herren eigener Geist* auslöste, betonen allesamt die beachtenswerte Vielzahl der darin behandelten Themen, wobei die Rezensenten jeweils eine These Günthers in den Mittelpunkt ihrer Kritik stellen. Für die Entwicklung kommunistischer Positionen – sowohl gegenüber dem Faschismus als auch bezüglich der Sozialdemokratie – können die direkten Repliken auf das Buch gar nicht hoch genug bewertet werden. Günthers Buch hatte eine geradezu begeisterte und

---

164 »Diesem Anliegen entsprach die Form und der Stil des Buches, das seine Wirkung auf diese Kreise nicht verfehlte.« (ebd.)

begierige Aufnahme und die Verbreitung wurde zunächst forciert, wie Richter beschreibt.[165]

Am deutlichsten zeigt sich das in den unmittelbar entstandenen Rezensionen,
die in politisch ausgerichteten Zeitschriften erschienen. Stets wird die grundsätzliche Leistung des Verfassers von *Der Herren eigener Geist* hervorgehoben, indem eine
sehr gründliche Analyse des Faschismus und seiner geistigen, politisch-gesellschaftlichen und ökonomischen Wurzeln durch Günther betont wird. Die Kritik von
Fred War in *Neuer Vorwärts*[166] richtet sich allerdings explizit gegen Günthers »mise-
rable Ausführung« der »wissenschaftlich[en]« Darstellung der »Ideologie des Nationalsozialismus«, besonders bemängelt War die »Kritik« an der Sozialdemokratie«
und »deren Gleichsetzung mit der Bourgeoisie (Sozialfaschismus)« (Günther, 1981,
S. 827–830). Positiver fallen die Besprechungen von Friedrich Burschell[167] und
Heinrich Most[168] aus, da sie die politische Absicht Günthers unterstützen und die
Argumentation wohlwollend nachvollziehen, ebenso wie Heinrich Mann und
Lion Feuchtwanger:

---

165 »Als im Juli 1935 der VII. Weltkongreß der Kommunistischen Internationale eröffnet wurde, lag
   auf den Plätzen der Delegierten auch das Buch von Hans Günther ›Der Herren eigener Geist.
   Die Ideologie des Nationalsozialismus‹. Es war soeben erschienen, und seine Erkenntnisse fanden z. T. offensichtlich Eingang in den Text des Referenten Georgi [Dimitrow]. […] Diese Arbeit war die bis dahin erste und einzige zeitgenössische Analyse der Naziideologie. Der Autor
   wies den Klasseninhalt der nationalsozialistischen Weltanschauung systematisch und überzeugend nach. Er bestimmte ihre Funktion für die Verwirklichung der dem Faschismus von der Fi-
   nanzoligarchie übertragenen Aufgaben und enthüllte den Systemcharakter innerhalb des ober-
   flächlichen Eklektizismus der Nazisophismen.« (Günther, 1981, S. 761f.)

166 Fred War: »Der Herren eigener Geist«, in: *Neuer Vorwärts. Sozialdemokratisches Wochenblatt.* Karls-
   bad und Paris, Nr. 128 (24. November 1935, 3. Jg.). Wieder abgedruckt in: Günther, 1981,
   S. 827–830.

167 Friedrich Burschell: Der Herren eigener Geist«, in: *Die neue Weltbühne,* Prag 1935, Nr. 43. Wieder abgedruckt in: Günther, 1981, S. 824–826.

168 Heinrich Most: »Der Herren eigener Geist«, in: *DZZ*, Moskau, Nr. 286 (14. Dezember 1935).
   Wieder abgedruckt in: Günther, 1981, S. 830–833

Nach dem Erscheinen von Günthers Analyse entspann sich ein langer Briefwechsel zwischen ihm, Heinrich Mann und Lion Feuchtwanger. Bedauerlicherweise sind diese Korrespondenzen, die gewiß sehr aufschlußreich sind, bis heute nicht veröffentlicht. [...] Es muß noch erwähnt werden, daß Heinrich Manns »Der Haß« in der BRD nicht neu aufgelegt worden ist, eine Neuauflage trotz der gegenwärtigen Heinrich-Mann-Renaissance nirgends angekündigt wird; lediglich zwei willkürlich herausgegriffene Bruchstücke sind ohne Quellenangabe in einen Band mit »Politischen Essays« Heinrich Manns aufgenommen. (Helms, 1977. S. 240)[169]

Die Mitarbeiter des stalinistischen Verfolgungsapparats zeigten zeitverzögert ebenfalls eine Reaktion, folgt man Pike, der die Entwicklungen und Verstrickungen des *Falls Lurje* für den *Fall Günther* hervorhebt:

Für Günthers Verhaftung war zumindest teilweise verantwortlich sein Buch *Der Herren eigener Geist*. Er hatte bei dessen Vorbereitung eine Menge nationalsozialistischer Zeitschriften, Zeitungen und Bücher ausgewertet, u. a. auch Rosenbergs *Mythos des 20. Jahrhunderts*, das seine Mutter ihm geschickt hatte. [...] 1933 bis 1935 hatte [Moissej] Lurje an der Moskauer Staatsuniversität Vorlesungen über Deutschland und Faschismus gehalten und im Zusammenhang damit Günther gebeten, ihm sein Exemplar von Rosenbergs *Mythos* zu leihen. Im Sommer wurde dann [...] [Lurje] verhaftet; er wurde angeklagt, einen Auftrag von Trotzki, Ruth Fischer und Arkadij Maslow zur Ermordung Stalins erhalten zu haben. Im ersten Moskauer Schauprozeß vom August 1936 war er einer der prominenten Angeklagten; er wurde schuldig gesprochen und erschossen. Bei seiner Verhaftung nun war Rosenbergs *Mythos* unter seinen Büchern gefunden worden; er wurde gefragt, woher er das Buch habe, und sagte dem NKWD, es gehöre Günther. Das war der Anlaß für einen der Anklagepunkte gegen Günther. (Pike, 1992, S. 427f., Hervorhebungen im Orig.)

Zu Pikes These ist anzumerken, dass der Besitz des Buches wohl nur ein Grund für Günthers Verfolgung, Verhaftung und Verurteilung sein kann. Der Besitz und die Verbreitung eines geächteten Textes mag als ein *willkommener* Vorwand für ei-

---

169 Zehn Jahre nach dem Artikel von Helms erschien *Der Haß* in Westdeutschland, die auf der Textgrundlage der Veröffentlichung im ostdeutschen Aufbau-Verlag von 1983 basiert.

nen Verfolgungsprozess hergehalten haben, diese waren aber letztlich nicht alleinige Auslöser, die einen belastbaren Grund für Verfolgung, Verurteilung und Vernichtung bereitstellten, hierfür muss es tiefgründigere Ursachen gegeben haben,
die nicht so offensichtlich zur Erklärung bereitliegen.

›In Sachen gegen Bertram‹[170]

Die Erzählung erschien 1936 im Verlag für nationale Minderheiten (Kiew und
Charkow) als Hans Günthers »einzige größere belletristische Arbeit« (S. 794). Im
Gegensatz zu Glesel bleibt Günther nicht bei der Beschreibung wirtschaftlicher
Missstände, er stellt eine Protestaktion dar und betont deren klassenkämpferischen
Charakter, geht hierbei ebenfalls über die austromarxistische Theorie hinaus, indem
er weiterführende Handlungen andeutet. Grundsätzlich stellt Günther die zwingend notwendige Zusammenarbeit von Kommunisten und Sozialdemokraten gegen die Übermacht kapitalistischer und faschistischer Interessen dar. Die zunächst
beseitigte Zwangssituation entsteht in der Erzählung erneut, als die Ausgangslage
wiederhergestellt ist, wird allerdings diesmal durch langfristig vorbereitete Kampagnen konterkariert. Der zentrale Konflikt bleibt am Ende allerdings ungelöst, deutet jedoch Entwicklungsmöglichkeiten an (vgl. S. 794).

> Franz [Murner, der helfende Nachbar des Protagonisten Emil Bertram] würde sagen,
> hier stünde sich Klasse gegen Klasse gegenüber. Dieses Bewußtsein machte die Augen
> des sonst gutmütigen Drehers [Bertram] plötzlich sehr hart und starr. (S. 730)

Richter hebt in ihren Lebenserinnerungen neben der beispielhaften Darstellung
der »Entstehung der Einheitsfront in Hessen 1934« eine »detaillierte Typenkennt-
nis« des »Frankfurter Lokalkolorit« (Richter, 1990, S. 280) hervor. Letzteres wählte
der Schriftsteller als örtlichen Rahmen seiner Kurzgeschichte, weil er sich hier
auskannte und die regionalen Besonderheiten selbst erlebt hatte.

---

170 Alle nicht anderweitig gekennzeichneten Seitenangaben beziehen sich im Folgenden auf die
   Veröffentlichung in: Günther, 1981, S. 699–757.

Günther beschreibt die politische Eskalation anhand einer Situation des Alltags im Nationalsozialismus und entwirft ein Bild unterschiedlicher Motive von Beteiligten. Grundlegendes Thema ist die Darstellung des Verhältnisses von Sozialdemokratie und Kommunismus, dessen Methoden aufgrund seiner Kampfkraft überlegen erscheinen (vgl. S. 724). Die Kontexte, in denen die Handlung gesehen werden muss, benennt Günther bereits in *Der Herren eigener Geist*, wobei er schon hier nicht nur Bezüge zu Wirtschaftsfragen, sondern zur Sozialdemokratie (explizit zu Heinrich Mann!) herstellt:

> Wenn Heinrich Mann den heutigen Staat befehdet, *als ob* er ein autarker Staat des 18. Jahrhunderts sei, ist es dem Monopolkapital nur angenehm; erst wenn er ihn die Verschwörung mit den Konzernen und Verdienern nennt, trifft der Streich.
> […] Erfolgte [die Kritik an Wirtschafts-und Gesellschaftssystem] auch aus dem Blickfeld einer vergangenen Gesellschaftsordnung, richtete sie sich doch wenigstens gegen *tatsächliche* Eigenschaften des beginnenden Industriesystems. Wie aber wenn diese Ideologie am Ende des 19. und im 20. Jahrhundert hervorgekramt, nur leicht variiert wiederholt und gegen die imperialistische Form des Kapitalismus vorgetragen wird? Muß sie dann aufs Haar jenem Klatsch gegen unseren Möbelfabrikanten gleichen? (S. 146, Hervorhebung im Orig.)[171]

Konkret verdeutlicht Günther in der Erzählung die Verstrickungen rund um die Zwangsräumung der Wohnung des Eisendrehers Emil Bertram. Der sozialdemokratische Arbeiter wird durch den zunächst erfolgreichen Einsatz seines kommunistischen Nachbarn Franz Murner von der Schlagkraft dessen politischer Ausrichtung überzeugt, da die politische Aktion in einen vorläufigen Sieg mündet. Der Sozialdemokrat erkennt die Leistungsfähigkeit des kommunistischen Protests an und greift schließlich selbst zum politischen Mittel einer Protestzeitung, als er

---

171 Einerseits deutet der Verweis auf den Möbelfabrikanten darauf hin, dass Günther schon während der Niederschrift von *Der Herren eigener Geist* Entwürfe für Inhalte einer prosaischen Erzählung im Kopf hatte; andererseits könnten solche Thematisierungen aber auch nahelegen, dass ihn diese Themenfelder im Allgemeinen schon zu diesem Zeitpunkt beschäftigten.

realisiert, dass durch den Austausch des Vermieters nur ein zeitweiliger Aufschub der fälligen Mietzahlung erreicht werden kann.

Der erste Teil der Erzählung setzt sich mit dem Zustandekommen des Ausgangskonflikts auseinander: Nach einer durchzechten Nacht, bei der er seine Geldreserven verschwendet, lässt der Möbelfabrikant und Hauseigentümer Kurt Mertens von einem Gerichtsvollzieher die Wohnung des mit der Miete im Rückstand stehenden Emil Bertram räumen. Das Ende dieser einleitenden Episode markiert Günther im Text durch die Beschreibung des Wetterumschwungs am Beginn des dritten Kapitels:

> Über Mittag war der frühlingsblaue Himmel grau verwelkt. Jählings pladderte ein durchdringender Guß herab, ein scharfer Wind peitschte den Regen gegen die Häuser, auf die Dächer, über die Straßen. (S. 717)

Entschlossen organisiert der Kommunist Murner einen Protest, der sich vor dem Haus des Vermieters Mertens formiert, »[d]ie größte von keiner offiziellen Institution berufene Ansammlung, die Frankfurt am Main seit Hitlers Regierungsantritt gesehen.« (S. 737) Die vom Konkurrenten und Nachbarn des Vermieters Mertens benachrichtigte Schutzstaffel (SS) schreitet gegen die protestierende Menschenmenge nicht ein, da der denunzierende Holzfabrikant Alfred Schildknecht eigene kapitalistische Interessen verfolgt: Er will den wirtschaftlichen Gegner diskreditieren und in den Ruin treiben. Bertram erhält zunächst seine alte Wohnung zurück, um am Ende der Erzählung erneut von einer Zwangsräumung bedroht zu sein, da der nun aktuelle Hauseigentümer Schildknecht auf die ausstehende Miete besteht. Die Protestaktion muss von Neuem beginnen, soll die Wohnung für Bertram erhalten bleiben. Diesmal kann der Protest allerdings durchdachter und geplanter organisiert werden.

Dass die Erzählung in einem politisch instrumentalisierten Kontext und vor dem Hintergrund einer ver- und geformten Wirklichkeit gesehen werden muss, betont Pike. Er fügt die Erzählung in das Feld der sowjetischen Exilliteratur ein, indem er die Intention und Motivation begründet und somit die Struktur hinter dem Text offenlegt:

Die objektive Bedrohung, wie die Exilanten sie sahen, war die absolute Unfähigkeit der Nazis, die Wirtschaft des Landes zu meistern. Das Deutschland der Exilliteratur ist ein Land, das gelähmt liegt in der Agonie einer tiefen Wirtschaftskrise [...]. Verbreitete Arbeitslosigkeit, Warenknappheit, Hunger, Selbstmord, Bankrott kleiner Kaufleute, Lohnkürzungen in den Fabriken (vor dem Hintergrund von Preissteigerungen für Lebensmittel, Mieten und Transport) − all dies wirkt zusammen, die Bevölkerung gegen die Nazis aufzubringen. Auch hier ersetzt die Theorie die Wirklichkeit: die Emigranten konnten sich einfach kein Deutschland vorstellen, wo außer für eine Handvoll Parteiführer, Großkapitalisten und Finanziers Hoffnung auf ein erträgliches Leben bestand. (Pike. 1992, S. 331)

Es wird deutlich, dass sowohl das inhaltliche Konzept als auch seine faktische Ausgestaltung in einem Zusammenhang von sowjetischer Wirklichkeitsdarstellung gesehen werden muss, der über die Methoden des sozialistischen Realismus hinausgeht. Günther stellt gesellschaftliche Entwicklungsmöglichkeiten anhand einer konkreten politischen Aktion dar, es geht ihm anscheinend nicht nur um das politische Ziel, sondern um die Darstellung des Weges dorthin und dessen praktische Umsetzung unter besonderer Berücksichtigung der Besitzverhältnisse: Er schildert anhand einer politischen Aktion die Strategie zum zivilen Ungehorsam gegen die faschistischen Gewaltherrschaft, die auf dem gemeinsamen Handeln kommunistischer und sozialdemokratischer Kräfte beruhen sollte. Der Schriftsteller beschreibt ausführlich wirtschaftliche Not und Zwänge und erläutert die Problemlage losgelöst vom Nationalsozialismus. Die SS greift nicht ein und entfällt somit auf der Handlungsebene.

Rezeption

Als einzige belletristisch angelegte Arbeit konnte Günther die Erzählung *In Sachen gegen Bertram* 1936 im Verlag für nationale Minderheiten veröffentlichen. Das Buch wurde von der kommunistischen Kritik sehr positiv aufgenommen und wohlwollend, beinahe überschwänglich in der einschlägigen Presse besprochen. Die von Barck und Röhr angeführte Buchbesprechung von Lilli Kait in der *Deut-*

schen Zentral-Zeitung von 1936 erläutert den konkreten Hintergrund der Erzählung und beschreibt eine

> gutgelungene, lebensvolle, bis zum Schluß in Spannung haltende Satire auf Zustände und Charaktere im 3. Reich. Günther nimmt sich dabei den Fall Köppen, der auch nur ein Beispiel für viele andere gleiche Begebenheiten ist, durchaus nicht zum Vorbild. Er läßt den Exmittierungsakt nebst Volksgemeinschaftskomödie in Frankfurt am Main spielen […]. (Kait, 1936)[172]

Ähnlich wie Richter hebt Kait die »Dialektszenen« hervor und kommt zu dem abschließenden Urteil: »Der Glaube an die Einheitsfront der Tat – ein guter kämpferischer Ausklang!«

Weitere Veröffentlichungen im Exil

»Heinrich Mann – der Antifaschist«[173]

Die Argumentation für eine antifaschistische Einheitsfront zwischen Kommunisten und Sozialdemokraten kommt in den Texten Günthers besonders durch die kritische, aber wohlwollende Beschäftigung mit dem Schriftsteller Heinrich Mann und vor allem seines Werks *Der Untertan* zum Ausdruck. In der *Литературный критик* [*Literaturnyj kritik*], einer »Monatsschrift für Literaturtheorie, -kritik und -geschichte«, erscheint in Heft 9/1935 ein Artikel Günthers zu Heinrich Manns *Der Untertan* (»›Верноподданный‹ Генриха Манна« [»›Vernopodannyj‹ Genircha Manna«: ›Der Untertan‹ Heinrich Manns]). Er basiert im Wesentlichen auf einem Manuskript, das deutschsprachig in *Der Herren eigener Geist. Ausgewählte Schriften* vorliegt.

---

172 Aus den Angaben Kaits ergibt sich, dass der »Fall Köppen« ähnlich den von Günther um den Vermieter Mertens geschilderten Ereignissen, eine durch Beteiligung der SS unterbundene Zwangsräumung in Berlin war. Auffällig ist allerdings, dass in Günthers Text die explizite Schilderung des Eingreifens der SS unterbleibt.

173 In russischer Übersetzung »teilweise mit Ergänzungen« (Günther, 1981, S. 871) veröffentlicht in: *Literaturnyj kritik* 9/1935. Alle nicht anderweitig gekennzeichneten Seitenangaben beziehen sich im Folgenden auf die Veröffentlichung des deutschsprachigen Manuskripts in: Günther, 1981, S. 641–662.

Grundsätzlich ordnet Günther Heinrich Mann in eine antifaschistische Tradition ein, er lobt als »formale Vorzüge« besonders die künstlerischen Gestaltungsmittel (Spannung, Kontrast, Wiederholung, karikaturistische und satirisch-realistische Charakterisierung von Personen und »Übersteigerung«) und kommt deshalb zu einem positiven Urteil:

> Sprachlich gehört das Buch stellenweise mit zu den besten Leistungen der deutschen Literatur. Die Treffsicherheit des Ausdrucks wird hier nicht in vorsichtiger, wortreicher Umschreibung des Dinges erreicht, sondern durch größte Knappheit. Ein einziges Wort, ein einziger Vergleich schafft höchste Anschaulichkeit und Farbigkeit. (S. 651)

Die kritische Haltung gegenüber der Monarchie, die Heinrich Mann einnimmt, sieht Günther als faschistisches Ausgangspotenzial:

> Es ist geradezu frappierend, wie glänzend Heinrich Mann die faschistische Gedankenwelt in der vorausgegangenen wilhelminischen getroffen hat. (S. 651)

Diese Argumentation wirkt sehr bruchstückhaft und konstruiert, da Günther selbst in *Der Herren eigener Geist* erörtert, dass das Kaiserreich als unmittelbarer Vorläufer zum Nationalsozialismus führt, sodass Handlungsschemata schon dort angelegt sein müssen, die wiederholt werden. An Manns Argumentation in *Der Untertan* kritisiert Günther ein anderes Motiv, das seiner Meinung nach nicht herausgearbeitet und nur unvollständig berücksichtigt und benannt ist:

> Zwar sehen wir die Fäden, die vom eigenen wirtschaftlichen Interesse und vom gemeinsamen Klasseninteresse zur Politik führen, nicht nur beim Bürgertum, nein, auch beim Adel. Aber die letzten Geheimnisse der Mehrwertproduktion und Profitmacherei, wie sie Marx entschleiert, die rührt Heinrich Mann denn doch nicht an. Wo immer es gilt, das Ganze verhasste System mit einem knappen Ausdruck zu kennzeichnen, da gebraucht er nicht den Terminus »Kapitalismus«, da hat er sein eigenes Wort: »Die Macht«. (S. 647)

Letztlich wirft Günther Mann vor, dass sein Antifaschismus nicht konsequent mit einem Antikapitalismus einhergehe, sondern sich ausschließlich gegen dessen antidemokratischen und antiliberalistischen Ideologie richte. Das gesamte Thema der industrialisierten Massenproduktion spiegele sich bei der Darstellung nur eines Proletariers wider, eines sozialdemokratischen Maschinenmeisters, der auch nicht »ehrlich und klassenbewusst« (S. 647f.) auftrete.

»Der Fall Nietzsche«[174]

> Es gibt kaum einen Satz Nietzsches, dessen gerades Gegenteil nicht ein anderer Satz
> Nietzsches ausdrücken würde. Der Philosoph war halt eine polyphone, vielseitige
> oder, wie er selber sagt, eine »viel*saitige* Persönlichkeit.
> (S. 255, Hervorhebung im Orig.)

Dieser Artikel Günthers erschien 1935 in Nr. 516 der Zeitschrift *Unter dem Banner des Marxismus.* In dem Essay führt Günther die Argumentation gegen Nietzsche weiter aus, die er in der »Arbeitsgemeinschaft für Theorie und Kritik der im Moskauer Exil tätigen antifaschistischen deutschen Schriftsteller« (Günther, 1981, S. 852) entwickelte. Er sieht in Nietzsche einen entscheidenden philosophischen Wegbereiter für die Argumentationen des Nationalsozialismus. Dazu heißt es im Nachwort weiter:

> Eingehender noch als in seinem Buch [*Der Herren eigener Geist*] konnte Hans Günther
> in der Untersuchung »Der Fall Nietzsche. Die Philosophie Nietzsches und der Natio-
> nalsozialismus« bestimmte Gedankengänge zur Kritik der Naziideologie weiterführen.
> […] Günthers gründliche und wirkungsvolle Kritik Nietzsches wurde dessen wider-
> spruchsvoller Erscheinung gerecht und half vielen Antifaschisten, ihre Stellung zu
> Nietzsche zu klären. (Ebd., S. 777f.)

Auf Heinrich Mann hatten besonders diese Erläuterungen Günthers großen Einfluss: Richter berichtet, dass er nach der Lektüre von Günthers Arbeit ›Der Fall Nietzsche‹ an Hans Günther in einem Brief geschrieben habe, »er sei sehr dankbar für diesen Aufsatz, er habe ihm die Augen geöffnet. Er hätte vorgehabt, selbst ein

---

174 Alle nicht anderweitig gekennzeichneten Seitenangaben beziehen sich im Folgenden auf die
   Veröffentlichung in: Günther, 1981, S. 255–321.

Buch über Nietzsche zu schreiben, sehe aber jetzt, daß er von einer irrigen Auffassung ausgegangen sei.« (Richter, 1990) 1939 hat Heinrich Mann seine Absicht, über Nietzsche zu schreiben, dann verwirklicht. In einem großen Essay geht der Autor von einer als reaktionär gekennzeichneten Substanz des Werkes von Nietzsche aus, er ist aber in der Wertung voller Widersprüchlichkeiten und bleibt im wesentlichen Punkten hinter Günthers Analyse zurück (vgl. und siehe Günther, 1981, S. 778).

In der Argumentation arbeitet sich Günther zunächst an den »Paradoxien Nietzsches« ab, indem er dessen Ambivalenz klar benennt:

> »Die Ausbeutung gehört ins Wesen des Lebendigen«! Nietzsche also ein Verteidiger und »Bekämpfer« des Kapitalismus in einem, ein direkter und indirekter, kritischer und unkritischer Apologet zugleich. (S. 264)

Der Schriftsteller Hans Günther bezieht die Theorien Nietzsches zumeist auf die faschistischen Rechtfertigungen der Nationalsozialisten und stellt sie in unmittelbare Abfolge nacheinander (vgl. S. 287). Durch die konkrete Anwendung würden Nietzsches Theorien jedoch im nationalsozialistischen Deutschland in einer »Inkonsequenz: [einer] Paradoxie« (S. 287) münden. In seiner letzten Schaffensperiode erhebe Nietzsche »den Bestialismus offen zum Prinzip der Moral« (S. 298) und werde somit zum Vordenker der Faschisten.

Günther sieht neben Nietzsche noch weitere theoretische Einflüsse auf den Nationalsozialismus, was wiederum eine beachtliche Nähe zu den Argumentationen austromarxistischer Theoretiker offenbart:

> Otto Bauer sieht die geistigen Wurzeln des Faschismus in der Romantik. »Von der Romantik, von Nietzsche, von den Plenge und Spengler führt der Weg über den Kreis Stephan Georges, über Möller [van den Bruck] und Othmar Spann zur Ideologie des Faschismus. [Fußnote: Otto Bauer, »Zwischen zwei Weltkriegen?«, S. 180]. (Böhm, 2000, S. 109)

Wie bereits in den Erörterungen zu *Der Herren eigener Geist* festgestellt wurde, nennt Günther als Wurzeln für das nationalsozialistische Gedankengut nicht nur

Nietzsche, sondern auch ökonomische Theoretiker (etwa den österreichischen Wirtschaftswissenschaftler Othmar Spann).

Im Nachwort zu den *Ausgewählten Schriften* betonen Barck und Röhr, dass Günther die nationalsozialistischen Konzepte nicht nur von Nietzsche beeinflusst sieht, sondern den Hintergrund noch weiter fasst und dadurch Diskussionen befeuert, die eine Überprüfung des antifaschistischen Selbstverständnisses notwendig machten. Auch hier bezieht Günther in die Herleitung faschistischer Ideologie Theorien ein, die weit über Nietzsche und allgemein über Philosophie hinausgehen: Zum einen konstatiert Günther kapitalistische Einflüsse, die ökonomische Erklärungen erforderten, zum anderen sieht er »alle Spielarten konservativer Revolution« als Grundlage von Faschismus, die politische Ansätze benötigten (vgl. auch alle voranstehenden Zitate Günther, 1981, S. 778f.).

›Kritische Bemerkungen zu Bernard von Brentanos erstem Roman‹[175]
Brentano war als Kritiker für die *Frankfurter Zeitung* tätig; seine gesammelten Kritiken waren 1930 unter dem Titel *Kapitalismus und schöne Literatur* erschienen. Vor allem mit den dort entwickelten Theorien setzt sich Günther auseinander (s. ebd., S. 873).

Der Artikel Günthers erschien 1936 in Heft 7 der *IL* und ist im Einzelnen die Buchbesprechung des Romans *Theodor Chindler*. Das Werk kritisiert Günther besonders im Hinblick auf die mangelhafte Darstellung von *Wirklichkeit* im Sinne des sozialistischen Realismus:

> [Auch] im Roman hat der Marxist-Leninist (der Brentano sein will) die Wirklichkeit einem bestimmten Gesichtspunkt, einer bestimmten Theorie unterzuordnen, allerdings einem aus der Entwicklungsrichtung der Wirklichkeit selbst gewonnenen Gesichtspunkt. Und gerade daß dies der Gesichtspunkt der heute fortgeschrittensten Klasse, des revolutionären Proletariats, ist, dies allein verbirgt – die wahre Objektivität. (S. 693)

---

175 Alle nicht anderweitig gekennzeichneten Seitenangaben beziehen sich im Folgenden auf die Veröffentlichung des deutschsprachigen Manuskripts in: Günther, 1981, S. 683–697.

Nur auf diese Weise sei es den Romanciers des 18. und 19. Jahrhunderts möglich gewesen, durch die Darstellung der Klasse, in der sie lebten, »humanistische Ideen« und »konkrete Klassenziele der revolutionären Bourgeoisie« abzubilden und »unsterbliche Meisterwerke« zu schaffen (ebd.).

Neben diesem Mangel an einer im Sinne des sozialistischen Realismus notwendig zielgerichteten Widerspiegel und der Wirklichkeit ergeben sich aus der Argumentation der kritischen Buchbesprechung heraus signifikante Merkmale für die Literatur- bzw. Romantheorie von Günther. Gerade im Kontext von Einheits- bzw. Volksfront erhalten diese zusätzlich eine politische Dimension, die wiederum Rückschlüsse auf die grundlegenden Gestaltungsmittel zur konsequenten Umsetzung eines sozialistischen Ideals ermöglicht:

> Hat er [i. e. der Autor, hier: Bernhard von Brentano] *zentrale Fragen* der Zeit angepackt? Und hat er sie mit dem *Maximum an weltanschaulicher Klarheit* gestaltet, das heute möglich ist? (S. 684, Hervorhebungen im Orig.)

Der Kritik zufolge müssen solche rhetorischen Fragen für Brentano verneint werden, allgemein hält Günther solche inhaltlichen Darstellungen aber unbedingt für nötig, indem die *Wirklichkeit* auf ein politisches Ziel hin gestaltet wird. Konkret heißt das für die Anforderungen an eine Schriftstellerin oder einen Schriftsteller:

> Nur in dem Maße, wie ein Schriftsteller Partei ergreift, aktiv das Leben seiner Klasse, als von seiner eigenen untrennbar, miterlebt, wird er auch imstande sein, die gesellschaftliche Wirklichkeit in umfassende, allseitige *Handlungen* einzufangen, *Fabeln* zu komponieren und zu erzählen. (S. 694, Hervorhebung im Orig.)

Diese Gestaltungsmethoden des sozialistischen Realismus sieht Günther deshalb nur in einer Ganzheitlichkeit verwirklicht, die den gesamten gesellschaftlichen Prozess und seine Rückkopplungseffekte abbildet:

> Für uns ist ein Gegenstand dann total erfaßt, wenn man »alle seine Seiten, alle Verbindungen und Vermittlungen erforscht« (Lenin), wenn man ihn als Teil des Ganzen, also im richtigen Zusammenhang mit dem Gesamtprozeß darstellt. Insofern läßt sich in beinahe

jedem beliebigen Wirklichkeits*ausschnitt* im kleinsten Teil auch das Ganze erfassen, und in diesem Sinne kann selbstverständlich ein Lied oder ein Sonett nicht minder Anspruch auf Totalität erheben als ein dicker Roman. (S. 695, Hervorhebung im Orig.)

Für Günthers Begriff von Strategie ergibt sich hieraus eine unbedingte Ausrichtung auf ein Ziel, das verfolgt und erreicht werden soll – sowohl in der *kleinen* Romanform, als auch in der *großen* Politik.

4.2.3 Lebensgefährtin Trude Richter

Hans Günther und Trude Richter lernten sich 1926 kennen, Günther wurde 1932 vom BPRS nach Moskau gesandt, Richter folgte im April 1934. Bis 1936 lebten sie in unterschiedlichen Hotel- und Wohnheimzimmern zusammen. Nach ihrer Verhaftung begegneten sie sich zum letzten Mal in einem Durchgangslager, erst 1940 erfuhr Richter, dass Günther im Oktober 1938 von Krankheit und Entbehrung geschwächt gestorben war (s. Richter, 1990, S. 464).

Durch die eingehende Auseinandersetzung mit dem Verhältnis zwischen Trude Richter und Hans Günther zeigt sich die ambivalente Situation, in der sich die Überlebenden befanden, die nach dem sowjetischen Exil an Sozialismus und Kommunismus festhielten: Sie verteidigten ein politisches System, das ihren Lebensweg entscheidend verändert hatte, wenn sie in diesem politischen System weiterleben wollten. Wie die psychischen Mechanismen, die *Kollisionen* von utopischer Idealvorstellung und stalinistischer *Wirklichkeit* im Einzelnen aussahen, können nur weitere Arbeiten leisten, die sich mit der Beschreibung dieser Schnittmengen im sozialen Raum des sowjetischen Exils auseinandersetzen. »Wie die Deutschen in der UdSSR auf den Terror reagierten, der sie alle in dieser oder jener Weise in Mitleidenschaft zog, ist schwer zu sagen. Relativ wenige überlebten, die meisten von ihnen gingen später in die DDR, wo sie nie eine wahrheitsgemäße Darstellung ihrer Erlebnisse gegeben haben.« ([Pike, 1992:, S. 467])

Richters Lebensphasen lassen sich zum Beispiel anhand der Namen, die sie führte, einteilen:

> Erna Barnick – Trude Richter – Gertruda Friedrichowna. Drei verschiedene Namen
> für drei eigentlich unterschiedliche Leben (ebd., S. 466)

Den Geburtsnamen legte Erna Barnick zugunsten eines Pseudonyms, unter dem
sie fortan Texte publizierte und auch bekannt wurde, beim Eintritt in den BPRS
ab. Einerseits waren hierdurch illegale Tätigkeiten für kommunistische Organisationen möglich (wie Reisen für den BPRS ins Ausland) und andererseits erhielt
sie so eine politische Identität, ein »revolutionäres [...] Parteigesicht« (Lukács et al.,
1991, S. 178). Den letztgenannten Namen verwendeten die sowjetischen Behörden während ihrer Lager- und Verbannungszeit, und Richter gebrauchte ihn nach
ihrer Haftentlassung in der UdSSR selbst, in der DDR verwendete sie wieder
»Trude Richter«.

Den Ablauf der Verfolgung von Richter stellt Pike im Zusammenhang mit der
Verhaftung und den Ermittlungen gegen bzw. von Günther dar, sodass eine klare
strukturelle Kopplung zwischen den Lebenspartnern sichtbar wird:

> Am 4. November 1936 wurden auch Hans Günther und Trude Richter abgeholt. [...]
> Sie wurden um 2 Uhr früh in ihrem Zimmer im Hotel Kiewskaja durch den NKWD
> festgenommen und in die Lubjanka gebracht, wo sie mit anderen gerade Verhafteten
> im Keller warten mussten. Um 7 Uhr morgens wurden die Beiden getrennt; Trude
> Richter wurde in eine Sammelzelle im Butyrki verlegt, die sie – außer mit einigen
> Russinnen – noch mit vier weiteren Deutschen teilte; eine von ihnen war Waltraut
> Nicolas, die Frau von Ernst Ottwald. [...] Bis zum ersten Verhör im August 1937, das
> nur eine Viertelstunde dauerte, vergingen zehn Monate. Bei späteren Verhören wurde
> ihr folgendes vorgehalten: Im Jahre 1935 waren sie und Günther zu einer der häufigen
> literarischen Zusammenkünfte im Hauptquartier der IVRS gekommen. Einige Zeit
> nach Beginn der Veranstaltung traf noch jemand verspätet ein. Es war Moissej [Lurje],
> der sich auf den einzigen noch freien Platz setzte, nämlich neben Trude Richter. Nach
> dem Ende der Diskussion wurde die Versammlung geschlossen, und man brach auf.
> Draußen vor dem Haus gaben sich [Lurje] und Trude Richter die Hand. Mit dieser
> Episode wurde sie beim Verhör konfrontiert – nachdem [Lurje] im Schauprozeß vom
> August verurteilt worden war –; sie bildete die Grundlage für die gegen sie erhobene
> Anklage des Trotzkismus. Noch eine weitere Anklage wurde erhoben. Im Jahre 1935

war sie zur deutschen Botschaft gegangen, um ihren Pass verlängern zu lassen; man teilte ihr mit, die Verlängerung werde nur unter der Bedingung gewährt, daß sie für die Deutschen arbeite. Daraufhin informierte sie unverzüglich die Partei über den Anwerbungsversuch und beantragte die sowjetische Staatsbürgerschaft. Nun aber wurde sie beschuldigt, Doppelagentin zu sein, wahrscheinlich aufgrund der Tatsache, daß sie ihren Fuß in die Deutsche Botschaft gesetzt hatte. […] Während einer der Gefangenen-Massentransporte in die Lager wurde ihr mitgeteilt, dass sie gemäß Artikel 58, Absatz 10 (Antisowjetische Propaganda und Agitation) zu fünf Jahren Zwangsarbeit verurteilt worden sei.« (Pike, 1992, S. 426f.)

Pikes Quellen, die vor allem aus mündlichen Berichten Richters bestehen, lassen auch an dieser Stelle Fragen bezüglich Wahrheitsgehalt und verkürzter Darstellung offen.

Nach Lagerhaft, Zwangsarbeit und einem Leben als Freigelassene im Verwaltungsgebiet von Magadan wurde Richter rehabilitiert und kehrte 1956 auf Betreiben von Anna Seghers nach Deutschland, in die damalige DDR, zurück.

Als Trude Richter vor ihrer Abreise aus der UdSSR vom Verhaftungsbefehl der nationalsozialistischen Geheimpolizei gegen Günther unterrichtet wurde, war sie erleichtert:

Am allerletzten Tag – die Koffer waren schon gepackt –, da erschienen gänzlich unerwartet zwei Offiziere der sowjetischen Staatssicherheit in meinem Zimmer. Sie teilten mir mit, daß sich im Archiv der geheimen faschistischen Staatspolizei in Berlin ein Geheimbefehl gefunden habe, wonach [Hans Günther] unverzüglich ins Konzentrationslager einzuliefern sei, sobald man seiner habhaft werden könne. (Richter, 1990, S. 452)

Wie nahe sich Trude Richter und Hans Günther standen, zeigte sich in wissenschaftlich-geistigen Arbeiten, an denen die Lebenspartner gemeinsam wirkten:

Von der Diskussion über Ernst Tollers Stück »Hoppla, wir leben« 1927 in der »Roten Fahne« […] veranlasst und von Piscators Regiekonzeption angeregt, schrieben Hans Günther und Trude Richter gemeinsam ein Drama, das den Weg junger bürgerlicher Intellektueller der zwanziger Jahre an die Seite der Arbeiterklasse darstellte. Das Stück

– es ist nicht erhalten – trug wesentlich zur Selbstverständigung seiner Verfasser bei. (Günther, 1981, S. 764)

4.2.4 Fazit Hans Günther

Die Produktion gesellschaftlicher Randgruppen zu untersuchen, heißt zunächst, deren Produzenten ausfindig zu machen. (Karstedt 1975, o. S.)

Wie ist Günther in das literarische Feld des sowjetischen Exils einzuordnen? Bei der Betrachtung der stalinistischen Sowjetunion bestehen die grundsätzlichen Schwierigkeiten nicht darin, die »Produzenten« der opferreichen Verfolgungsprozesse zu identifizieren; es stellt sich vielmehr das Problem, die einzelnen Motive zu erkennen und einen Zusammenhang zwischen *literarischen Randfiguren*, Schriftstellerinnen oder Schriftstellern und ihren Werken herzustellen.

Bei Günther bedeutet dies zu ermitteln, welche genaue Position er in Einzelfragen einnahm und in welche Rolle er gedrängt wurde. Warum trat Günther als Kritiker (etwa in der geheimen Schriftstellerversammlung) auf, distanzierte sich von *Volksfeinden* in vorauseilendem Gehorsam und grenzte sich von diesen ab? Wahrscheinlich hoffte er, wie viele andere, dass er mit der Abgrenzung von anderen Angegriffenen persönliches Kapital ansammeln oder – später – sich selbst retten konnte. Das wurde bekanntlich durch die Beliebigkeit und Willkür stalinistischer Repressionen konterkariert und verpuffte bedeutungslos. Den »Produzenten« der Gewaltexzesse ging es um andere, *höhere* Ziele, einzelne Menschenleben spielten dabei keine Rolle.

Im Gegensatz zu Glesel, der keine Strategien zur Beseitigung sozialer Missstände darlegte, verfügte Günther über ein konstitutives Thema, das in seinen Texten hintergründig stets präsent ist. Vor allem die theoretischen Abhandlungen über Grundprobleme der marxistischen Theorie, ihre Vermittlung, aber auch Rezensionen, Kritiken und die fiktionalisierten literarischen Veröffentlichungen verfolgen die Politik einer »Volksfront gegen Hitler« (Günther). Hans Günther geht es hierbei auch um eine Annäherung an sozialdemokratische Positionen, wobei er immer die Überlegenheit der kommunistischen Ideologie betont. Bemerkenswert ist auch für Günther eine *Heldenlosigkeit* seiner Texte, wobei dies zum einen aus seiner vorrangig theoretisch bestimmten Konzeption und einem Mangel an belletristischen Texten resultiert. Auffällig sind jedoch seine an der wirschaftlichen Situation orientierten Texte, die – ebenso wie die Texte von S. Gles – keine unmittelbaren *Gegenspieler* zu nationalsozialistischen Machtinstanzen darstellen.

Dem Schriftsteller Hans Günther ist zugutezuhalten, dass er eine erste kommunistisch fundierte Kritik des Nationalsozialismus veröffentlichte. Seine Texte zeugen von einem breiten, fundierten Hintergrundwissen, das allerdings nach einer Verschiebung in den stalinistischen Bewertungsmaßstäben zum Hindernis wurde. Eine Einordnung Günthers in das literarische Feld des sowjetischen Exils muss deshalb vor dem Hintergrund seiner politischen Überzeugungen vs. stalinistischer Willkür und Gewaltexzesse erfolgen.

Seine politischen Positionen und Funktionen ergeben sich erst durch das entschlossene Eintreten für die Zusammenarbeit von Kommunisten und Sozialdemokraten, wodurch seine Position und besonders sein Stellenwert im sozialen Raum des sowjetischen Exils (und dadurch auch in dessen literarischem Feld) zur Diskussion stand. Damit wurde Hans Günther zum ideologischen Gegner, der von den stalinistischen Instanzen verfolgt und verurteilt wurde. Dass hierbei sein Tod in Kauf genommen wurde, ist losgelöst von seinen eigentlichen *Vergehen* ein Randereignis wie es tausendfach in den sowjetischen Lagern vorkam. Dass Günthers literarische Leistung vor dieser *Entwertung* bedeutsam war und gerade von Kollegen geschätzt wurde, zeigt eine Bemerkung Johannes R. Bechers: Die Bezeichnung Günthers durch Becher als »begabter Genosse« (Richter, 1990, S. 456) untermauert die Vermutung, dass Günthers theoretische Konzepte wichtige Argumente für jene sozialistische Theorien lieferten. Sie wurden allerdings von der politischen Entwicklung überholt und nicht weiter unterstützt.

Aufgrund des eindeutig rekonstruierbaren politischen Hintergrunds ist Hans Günthers Position im literarischen Feld des sowjetischen Exils bei Weitem deutlicher als die von Samuel Glesel. Seine politischen und organisatorischen Tätigkeiten lassen Rückschlüsse auf ein beträchtliches politisches Kapital zu, über das Günther im Gegensatz zu Glesel verfügte – er war beides, ein wichtiger und geachteter Vermittler politischer Ziele und ein bedeutender Schriftsteller. Dieses Kapital verlor nach der Umorientierung stalinistischer Politik seinen Wert – auch auf anderen Feldern. Der Bedeutungsverlust seiner ideologischen Position führte letztendlich zu Verfolgung und Verurteilung: Die Person und der Schriftsteller hatten im ideologischen Kampf jeden Stellenwert verloren.

5. Schlussbemerkung

Es wurde versucht, Orientierungspunkte für ein literarisches Feld des sowjetischen Exils in der Zeit nationalsozialistischer Herrschaft in Deutschland zu benennen und weiterzuentwickeln. Hierfür war es zunächst wichtig die Theorie des Sozialen Raumes von Bourdieu, auf der die Feldtheorie im Wesentlichen aufbaut, entscheidend um Adornos Theorie der Identität des Nichtidentischen zu erweitern, weil es dadurch noch stärker möglich ist, die Relevanz und Entstehung von Gesellschaftsprozessen ausgehend von einem einzelnen Text zu betrachten.

Im Zusammenhang der Gesellschaft im Stalinismus sei explizit auf das Erklärungsmuster *Kollision* verwiesen, dessen Dimensionen eine vorsichtige Herangehensweise an politisch aufgeladene Kontexte ermöglicht, deren einzelnen Hintergründe erst in weiteren Arbeiten erschlossen werden können. Durch die Bedeutung des Konzeptes eines Erklärungsmusters *Kollision* sind von mir Verbindungen und Verstrickungen erörtert worden, die die Komplexität des politischen Phänomens *Stalinismus* und der deutschen Literatur des sowjetischen Exils darstellen, deren Argumentation aber nicht mehr als eine Grundlegung sein kann. Die Möglichkeit der Zusammenfassung trägt zur Entwicklung eines Schemas bei, in das alle deutschsprachigen Schriftstellerinnen und Schriftsteller im sowjetischen Exil eingeordnet werden können.

Zusätzlich wird hierdurch die Differenzierung einzelner Positionen geschärft, da die einzelnen Inhaberinnen und Inhaber einer Stellung in einem Feld Vergleichsgrößen erhalten, die ihren jeweiligen Platz kennzeichnen und beliebig erweitert werden können. Das ermöglicht die Übertragung dieser spezifischen Merkmale in andere Zusammenhänge und auf andere Felder, die wiederum ihrerseits Rückwirkungen auf das literarische Feld haben können und so diese Kennzeichen verstärken, sodass die Protagonistin oder der Protagonist bzw. deren Position in unterschiedlichen Kontexten manifestierbar werden. Für die zeitgeschichtlichen Bedingungen des Exils in der Sowjetunion sind vor allem die politischen Umstände zu berücksichtigen. Die Spezifika des Stalinismus wurden hierfür erläutert, als Besonderheit dieser Zeit beschrieben und relativierend gewürdigt.

Exemplarisch wurden die Randpositionen der zwei Schriftsteller Hans Günther und Samuel Glesel betrachtet und an ihrem Beispiel die Auswirkungen von Parametern untersucht: Bei Glesel wurde u. a. die Relevanz des konkreten Aufenthaltsortes im sowjetischen Exil herausgearbeitet – vor allem bei der Verteidigung künstlerischer Gestaltungselemente, die nicht den sozialistischen bzw. *stalinistischen* Methoden entsprachen. Am Beispiel Günthers wurde die Bedeutung theoretischer Politikkonzepte für den stalinistischen Sozialismus hervorgehoben. Begründungen und theoretische Konzepte, die nicht der vorgegebenen Parteilinie entsprachen, sondern auch auf andere Interessen – etwa die Zusammenarbeit mit der Sozialdemokratie – abzielten, verloren an Bedeutung, sobald Stalin bzw. die Stalinisten das Interesse an ihnen verlor(en).

Aufgrund der sehr eingeschränkten und *zufälligen* Verfügbarkeit relevanter Texte ist für das Thema dieser Arbeit eine gründliche Literaturrecherche notwendig gewesen, die trotzdem lückenhaft bleiben muss, da Hinweise zu relevanten Themen oftmals sehr vage und ungenau waren. Die wesentlichen Ausgangspunkte der Argumentation werden aber wohl nicht mehr verschoben werden müssen, sodass sie als Grundthesen fungieren werden.

Thesen der Arbeit

Im sowjetischen Exil und besonders im Stalinismus gibt es eine Korrelation zwischen literarischen Texten und deren künstlerischen Entstehungs- und politischen Entscheidungsprozessen. Daraus ergibt sich vor allem hier ein Zusammenhang zwischen kulturellen Formen (Texten) und Macht (Politik).

Im totalitaristischen sowjetischen Exil kommt es für viele Exilanten zur Kollision ihrer politisch-utopischen Vorstellungen von Sozialismus mit der in der Sowjetunion vorherrschenden ideologisch-politischen Lebenswirklichkeit des Stalinismus. Varianten dieser Kollisionen zeige ich beispielhaft anhand der beiden Schriftsteller Samuel Glesel und Hans Günther auf. Beider Lebenswege im sowjetischen Exil zeugen vom Zusammenstoß mit dem Verfolgungsapparat als solchem und den graduellen personbezogenen Unterschieden aufgrund der jeweiligen persönlichen Utopiekonzeption von Sozialismus.

Das auf der Theorie des sozialen Raumes basierende Konzept des literarischen Feldes nach Bourdieu eignet sich dazu, die Grundstrukturen für literarisches Schaffen im sowjetischen Exil offenzulegen. Anhand der Feldtheorie können die Binnendifferenzierungsprozesse, die nicht nur im sowjetischen Exil Gültigkeit hatten, differenziert nachvollzogen und erweitert werden.

Die aktuelle Quellen- und Archivlage kann nur noch wenig neue Ansätze liefern, da durch die Öffnung der russischen Archive eine gewisse Materialflut entstanden ist. Aufgrund der neuerlichen Beschränkung des Zugriffs hat sich inzwischen erneut eine Ratlosigkeit bei der Bewertung der aufgefundenen Materialien ergeben, weshalb fundierte Analysen der verfügbaren Dokumente notwendig sind. Hierzu ist es zunächst ratsam, bekannte, in Deutschland verfügbare Texte zu prüfen.

Durch die Betrachtung der Korrelationen von Personen, Texten, den Auswirkungen und Gründen stalinistischer Repressionen ergeben sich für ein literarisches Feld des sowjetischen Exils Strukturen, die auch über literaturwissenschaftliche Konzepte hinaus Ansatzpunkte für Grundpfeiler einer Struktur liefern.

Im »Fall Gles« wurden Vorgaben des sozialistischen Realismus derartig überbetont und als zwingend angesehen, dass sie die Berücksichtigung anderer Aspekte grundsätzlich ausschlossen. Solche Differenzen gilt es zusätzlich sowohl unter ästhetischen als auch politisch motivierten Gesichtspunkten zu betrachten.

Im Besonderen ist im »Fall Gles« die Bedeutung des Aufenthaltsortes während des Exils signifikant. Die Bedeutung des »Fluchtpunkts« und Exilzentrums Moskau hatte Auswirkungen auf politische Verteidigungsmöglichkeiten.

Darüber hinaus ergibt sich für Günther die nicht unerhebliche Möglichkeit, dass von Schriftstellern verfehlte oder ausgelassene Vorgaben durch die stalinistischen Verfolgungsinstanzen als vorgeschobene Gründe für Verfolgung und Vernichtung instrumentalisiert wurden. – Gerade im *Fall Günther* ist die Überlagerung der Kategorien Täter und Opfer offensichtlich, da er vom ideologischen Funktionär zum Opfer stalinistischer Gewalt *umfunktioniert* wurde.

Anhang

Primärtexte

S. Gles

»Karlchen« in: *Die Rote Fahne* Nr. 132, 08.06.1930 (Jg. 13).

»Paris, 14.Juli 1936« (152/ 30.07.1931), »Gas in Nikaragua« (154/ 01.08.1931), »Streik der Hafenkulis« (220/ 01.12.1931) alle in: *Die Rote Fahne* (Jg. 14).

»Nicht reif für westliche Kultur« in: *Arbeiterstimme* Nr. 25, 30.01.1932 (Jg. 8). [= Gles 1932a]

»Querschnitt: Deutschland« in: *Deutsche Zentral-Zeitung* Nr. 136 und 137, 16. und 17.06.1932 (Jg. 7). [= Gles 1932b + 1932c]

»Wilhelm Fritsche macht Schluß« in: *Die Linkskurve* Nr. 2, 1932 (Jg. 4), S. 8ff. [= Gles 1932d]

»Klub der Roten Rache« in: *Magazin für alle* Nr. 3, 1932 (Jg. 7), S. 25ff. [= Gles 1932e]

»Nicht reif für westliche Kultur« in: *Die Rote Fahne* Nr. 20, 26.01.1932 (Jg. 15). [= Gles 1932f]

»Mann ohne Geld an der Riviera« ab Nr. 150 (29.06.1932) bis Nr. 160 (11.07.1932) in: *Die Welt am Abend* (Jg. 10). [= Gles 1932g–1932p]

»Gehetzt!« In: *Mord im Lager Hohenstein. Berichte aus dem Dritten Reich.* Moskau und Leningrad: Verlagsgenossenschaft ausländischer Arbeiter in der UdSSR 1933, S. 41–46.

»Antifaschistische Aktion« (1/ S. 31ff.), »Achtung, Starkstrom!« (2/ S. 19ff.), »Münichreiter vor dem Galgen« (3/ S. 11) alle in: *Zwei Welten* 1934 (Jg. 5).

Deutschland erwacht! Geschichten aus dem »Dritten Reich«. Engels: Deutscher Staatsverlag 1935.

Verboten. Maischauspiel in 3 Akten. Kiew und Charkow: Staatsverlag der nationalen Minderheiten der USSR 1935.

Deutschland gestern und heute. Kiew und Charkow: Staatsverlag der nationalen Minderheiten der USSR 1935.

»Antifaschistische Aktion« In: *Kampf. Deutsche Revolutionäre Dichter gegen Faschismus.* Charkow und Odessa: Kinderverlag beim ZK des LKJVU 1935, S. 95–99.

»Der amtliche Stempel« (1/ S. 50–54) und »Pioniere kämpfen« (5/ S. 53–56) beide in: *Zwei Welten* 1935 (Jg. 6).

Hans Günther

Der Herren eigener Geist. Ausgewählte Schriften, hrsg. v. Werner Röhr unter Mitarbeit von Simone Barck. Berlin (Ost) und Weimar: Aufbau-Verlag, 1981. (Die im Folgenden mit ★ gekennzeichneten Artikel, Aufsätze, Rezensionen, literatur- und kulturkritischen Schriften sind alle hierin enthalten.)

1930

»Die Schlafmütze von Weimar« (Nr. 12, S. 38f.) in: *Die Linkskurve* (Jg. 2).

»Filmschau: ›Die Liebespfade‹« (04.10.), »Frankfurter Opernhaus: Brecht und Weill: ›Aufstieg und Fall der Stadt Mahagonny‹« (18.10.), »Frankfurter Opernhaus: G. Rossini: ›Der Barbier von Sevilla‹« (04.11.), »Skandal bei einem Arbeitsamt. Der Fall Haken« (06.11.), »Frankfurter Opernhaus: G. Verdi: ›Simone Boccanegra‹« (28.11.), »Filmschau: Der Andere« (01.12.), »Unter bolschewistischer Kritik« (04.12.), »»Wenn wir 1918…«« (04.12.), »Für den Freidenker: Eça de Queiroz: ›Das Verbrechen des Paters Amaro‹« (07.12.) alle in: *Beilage der Arbeiter-Zeitung, Organ der KPD. Sektion der Kommunistischen Internationale, Bezirk Hessen-Frankfurt, Frankfurt am Main* (Jg. 7).

1931

»Ein neuer Ideologiebegriff« (Heft 2, S. 93–96), »Nationalsozialistische ›Wissenschaft‹« (Heft 3, S. 139–142), »Wenn wir 1918…« (Heft 6, S. 284–287) alle in: *Die Internationale: Zeitschrift für Theorie und Praxis des Marxismus* (Jg. 14).

»Eça de Queiroz: ›Das Verbrechen des Paters Amaro‹« (Nr. 1, S. 31), »Mängel unserer Kunstkritik« (Nr. 3, S. 4ff.), »Sowjetdeutschland muß kommen« (Nr. 11, S. 1ff.) alle in: *Die Linkskurve* (Jg. 3).

»Die Marxsche Werttheorie« (Heft 2, S. 14–23 [= Günther 1931a] und 3, S. 23–29), in: *Der Marxist: Blätter der Marxistischen Arbeiterschule.* (Jg. 1).

»Drei Parteien – drei Staatstheorien« (Heft 6, S. 121–125) in: *Der Rote Student* (Jg. 2).

»Genosse Fr. Wolf spricht über »Kulturbolschewismus«« (14.11.) in: *Frankfurter Arbeiter-Zeitung* (Jg. 8).

1932

»Friseur Krause und der chinesisch-japanische Krieg« (31/ 06.02.), ist das Heft 3, Seite ?, anfangs heißt es Heft, ab hier nicht mehr, mal ist es mit Leerschritt und später auch ohne, wie soll es vereinheitlich werden? Wenn es Heft ist oder was anderes bitte dazuschreiben und vereinheitlichen oder mir sagen wie es sein soll, »Textilfabrikant Kremmer frühstückt« (49/ 27.02.) in: *Arbeiterstimme* (Jg. 8).

»Man muß das organisieren...« (279/ 07.12.) in: *Deutsche Zentral-Zeitung* (Jg. 7) »Ernst Gläsers ›Das Gut im Elsaß‹« (4 & 5/ S. 161ff.) in: *Internationale Literatur* (Jg. 2).

»Rote Front oder eiserne Front« (2/ S. 1ff.), »Der japanisch-chinesische Konflikt und die Intellektuellen« (3/ S. 21ff.), »Bernard von Brentano: Der Beginn der Barbarei in Deutschland« (6/ S. 31ff.), »Fünfzehn Jahre Sowjetliteratur« (11 & 12/ S. 6ff.) alle in: *Die Linkskurve* (Jg. 4).

» to novogo v nemeckoj literature?« (»Was gibt es Neues in der deutschen Literatur?«) (Nr. 53/ 23.11.) in: *Literaturnaja Gazeta* (Jg. 3).»Wie lerne und unterrichte ich? Ratschläge für Kurslehrer« (3/4: S. 28–32) in: *Der Marxist* (Jg. 2).

»Zur Faschisierung der bürgerlichen Literatur« (22/ S. 1056ff.) in: *Der Rote Aufbau* (Jg. 5).

»Der Schulungskursus« (22/ 28.01.), »Friseur Krause und der chinesisch-japanische Krieg« (26/ 02.02.), »Hintenherum...« (32/ 06.02.), »›Kultur‹-Symptome« (43/ 27.02.), »Textilfabrikant Kremmer frühstückt« (45/ 01.03.) alle in: *Die Rote Fahne* (Jg. 15).

1933

»Krieg den Kriegshetzern! Zwei literarische Antikriegs-Wettbewerbe« (7/ 01.08.), »Niemand da für Tendenzdichtung? Goebbels neuestes Zauberkunststück« (20/ 03.12.) beide in: *Der Gegen-Angriff* (Jg. 1).

»Querschnitte durch den Kulturfaschismus. Volksbildungswesen im ›Dritten Reich‹« (112/ 17.05.), »Schriftsteller des Dritten Reiches« (131/ 09.06.)★ beide in: *Deutsche Zentral-Zeitung* (Jg. 8).

»Die nächsten Aufgaben der Internationalen Vereinigung Revolutionärer Schriftsteller« (1/ S. 5ff.)★, »Von der Agitpropabteilung der IVRS« (S. 123ff.)★, »Von der Arbeit der deutschen Länderkommission der IVRS« (S. 131ff.)★, »Querschnitt durch den heutigen deutschen Kulturfaschismus« (3/ S. 42ff.)★, »Vom antifaschistischen Kampf der deutschen Schriftsteller« (5/ S. 152ff.)★ alle in: *Internationale Literatur* (Jg. 3).

»Kritik und Gewalt. Über die Methoden der Auseinandersetzung mit dem Kulturfaschismus« (2/ 15.10./ S. 15ff.) in: *Neue deutsche Blätter* (Jg. 1).

»Trotz alledem« (10/ S. 26f.) in: *Sturmschritt* (Jg. 4).

»Die letzten Ergebnisse der Sowjetliteratur und ihre Bedeutung für uns« (3/ S. 165ff. und 4/ S. 233–236)★, «»Kleiner Mann, was nun?«» (10/ S. 34–37), »Zwei literarische Antikriegswettbewerbe« (12/ S. 47f.) alle in: *Unsere Zeit* (Jg. 6).

1934

»Die Arbeit der Gruppe revolutionärer Schriftsteller in Moskau« in: *Bulletin* 1/ 5, hrsg. v. der Kommission zum Studium der sowjetdeutschen Literatur beim Organisationskomitee des Unionsverbandes der Sowjetschriftsteller, Moskau.

»Ein faschistisches Bauerndrama« in: *Bulletin* 2/ 6, hrsg. v. der deutschen Kommission des Verbandes der Sowjetschriftsteller.

»Zum Tode Jakob Wassermanns« (11/ 12.01.), »Die Zeitschriften der antifaschistischen Emigration« (69/ 24.03.), »Der Fräser Schmitz von Magnitogorsk« (90/ 18.04.), »Ein Chauffeur in Tscheljabinsk« (94/ 23.04.), »Leserkonferenzen« (125/ 02.06.), »Dreimal Bergmann Bertram« (138/ 17.06.), »Ein gutes Buch schlecht redigiert« (158/ 11.07.) alle in: *Deutsche Zentral-Zeitung* (Jg. 9).

»Nesmotrija ni na to« (»Trotz alledem«) in: Fašistskaja Germanija (Sbornik): *Das faschistische Deutschland* (Sammelband). Charkow.

»Der Film im ›Dritten Reich‹« (1/ 07.01./S. 3)★, »Jakob Wassermann« (4/ 28.01./S. 6)★, »Die Kunst dem Volke!« (11/ 17.03./S. 4), »Zweimal Studenten. Zum Jahrestag des 10. Mai« (19/ 05.05./S. 8), »Meyer im Moskauer Kulturpark« (22/ 02.06./S.6), »Zur faschistischen Kriegsliteratur. Der Weg Ernst von Salomons« (31/ 02.08./S.6), »Über faschistische Propaganda« (48/ 28.11./ S. 10) alle in: *Der Gegen-Angriff* (Jg. 2).

»Ein neuer Bauern-Roman. Adam Scharrer: ›Maulwürfe‹« (3/ S.104ff.), »Faschistische Kriegsliteratur« (4/ S.150ff.)★ beide in: *Internationale Literatur* (Jg. 4).

»Leserkonferenz in der Sowjetunion: Die deutsche Minderheit hat das Wort« (1/ S.48ff.)★ in: *Die Sammlung* (Jg. 2).

»Brüder in Not« (6/ S.39ff.) in: *Zwei Welten* (Jg. 5).

1935

Der Herren eigener Geist. Moskau und Leningrad: Verlagsgenossenschaft ausländischer Arbeiter in der UdSSR, VEGAAR.★

330

»Heinrich Mann, der Antifaschist.« (Kopie des Moskauer Literatur-Archivs, Akademie der Künste: Trude-Richter-Archiv, Sign. 161).

»Ein Stück faschistische Literaturgeschichte – Friedrich Schiller als Nationalsozialist« in: *Bulletin* 5–6/7, hrsg. v. der deutschen Kommission des Verbandes der Sowjetschriftsteller.

»Bestialismus als faschistisches Prinzip« (30/14.09.) in: *Deutsche Volkszeitung* (Jg. 2).

»Gefangene – in der eigenen Falle« (2/02.01.)★, »Zweitausend Meter über Gagri« (75/01.04) beide in: *Deutsche Zentral-Zeitung* (Jg. 10).

»Führer-Auslese« (10/08.03./S. 6), »Gespräch über Sowjetliteratur« (43/26.10./S. 4), »Staatengeschichte – Rassengeschichte. Der Sinn des Rassenunsinns« (45/10.11./S. 6) alle in: *Der Gegen-Angriff* (Jg. 3).

»Kritische Apologeten« (3/ S.105ff.), »Für Egon Erwin Kisch zum 50. Geburtstag« (4/S. 3ff.), »Lion Feuchtwanger, ein Stück neuer deutscher Literaturgeschichte« (5/S. 92ff.)★, »Erlebnis und Dichtung. Bemerkungen anläßlich des Buches von Bodo Uhse: ›Söldner und Soldat‹« (11/S. 88ff.) alle in: *Internationale Literatur* (Jg. 5).

»Christus ili Votan?« (»Christus oder Wotan?«) (267 (5820?)/17.11.)★ in: *Izwestija* (Jg. 19).

»›Vernopodannyj‹ Genricha Mana« (»›Der Untertan‹ Heinrich Manns«, Heft 9)★ in: *Literaturnij Kritik* (Jg. 3).

»Der älteste SA-Mann«★ (37/S. 1165ff.) in: *Die neue Weltbühne* (Jg. 31).

»Fabricius fälscht Schiller« (644/17.09.) in: *Pariser Tageblatt* (Jg. 3),

»Der Fall Nietzsche. Die Philosophie Nietzsches und der Nationalsozialismus« (Heft 5/6)★ in: *Unter dem Banner des Marxismus* (Jg. 11).

1936

In Sachen gegen Bertram. Kiew und Charkow: Verlag für nationale Minderheiten.★

»Münchhausens Enten« (4/12.04.), »Besuch bei einem Ordensgeschmückten in der Wolga-Republik« (21/09.08.), »›Kinderhölle‹ in den deutschen Wolgakolonien?« (26/13.09.) alle in: *Deutsche Volkszeitung* (Jg. 1).

»Söldner und Soldat« (30/06.02.), »Lehrjahre, harte Jahre« (75/01.04.), »Seemannsgarn, rot übersponnen« (105/09.05.), »Zum Tode Oswald Spenglers« (108/17.05.), »Kritische Bemerkungen zu einer neuen Schülerbibliothek« (126/03.06.), »›Der Kämpfer‹ bleibt zurück« (160/14.07.)★, »Woran es liegt« (176/02.08.) alle in: *Deutsche Zentral-Zeitung* (Jg. 11).

»Erbschaft dieser Zeit?« 3/S. 85ff.)★, »Philosophie der Anpassung« (S. 110ff.)★, »Braune Buchbilanz« (5/S. 93ff.)★, »Staat und Philosophie« (S. 96f.)★, »Wahre Geschichte vom Schriftsteller, der die Wirklichkeit hinter sich ließ« (6/S. 144ff.)★, »Moskauer Schriftstellerdebatte. – Farbenblind?« (S. 151ff.), »Kritische Bemerkungen zu Bernard von Brentanos erstem Roman« (7/S. 120ff.)★, »Antwort an Ernst Bloch« (8/S. 112ff.)★ alle in: *Internationale Literatur* (Jg. 6).

Archivalien

Kait, Lilli: »In Sachen Bertram«. In: *Deutsche Zentral-Zeitung,* 11. Mai 1936 (Jg. 11), Kopie: Trude-Richter-Archiv Signatur 169.

Röhr, Werner: *»Hans Günther: Der Herren eigener Geist«.* (Manuskript, 18 maschinelle Seiten) Trude-Richter-Archiv Signatur 168, Mappe 1.

Röhr, Werner: Manuskript von: *HANS GÜNTHER – ein marxistischer Theoretiker.* (22 maschinelle Seiten) Trude-Richter-Archiv Signatur 168, Mappe 2. Veröffentlichung siehe Röhr 1966.

Röhr, Werner: *Vorwort.* (Manuskript, 43 maschinelle Seiten) Trude-Richter-Archiv Signatur 168, Mappe 3.

Abkürzungen

Agitprop	Zusammenziehung aus den Wörtern Agitation und Propaganda. Kurzform von **отдел агитации и пропаганды** [otdel agitacii i propagandy: Abteilung für Agitation und Propaganda]. Gesamtheit der Vermittlung kommunistischer Politik marxistisch-leninistischer Prägung.
ASSRdWD	Autonome Sozialistische Sowjetrepublik der Wolgadeutschen, Teilrepublik der UdSSR vom 6. Januar 1924 bis 28. August 1941
BPRS	Bund proletarisch-revolutionärer Schriftsteller Deutschlands
DDR	Deutsche Demokratische Republik
DZZ	Deutsche Zentral-Zeitung, deutschsprachige Tageszeitung in Moskau, zwischen 1927 und 1939, russisch: **Немецкая центральная газета:** [Nemeckaja central'naja gazeta: NCG]
GPU	**Объединённое Государственное Политическое Управление** [Ob«edinjonnoe Gossudarstwennoe Političeskoe Uprawlenie: Vereinigte staatliche politische Verwaltung], auch: **ОГПУ** [OGPU], üblicherweise abgekürzt zu **ГПУ** [GPU], von 1922 bis 1934 sowjetische Geheimpolizei.
IAH	Internationale Arbeiterhilfe, in Deutschland von 1921 auf einen Aufruf Lenins hin zur Unterstützung sozialistischer Angelegenheiten gegründete, KPD nahe Organisation, 1933 von den Nationalsozialisten aufgelöst. In anderen Ländern wurde die IAH z. T. unter anderem Namen weitergeführt.
IL	Internationale Literatur, monatlich in Moskau erschienene Exil-Zeitschrift, zwischen Juni 1931 und Dezember 1945
IRH	Internationale Rote Hilfe (russisch: MOPR)

IRTB	Internationaler Revolutionärer Theaterbund (russisch: MORT)
IVRS	Internationale Vereinigung Revolutionärer Schriftsteller (russisch: MORP)
Komintern	Kommunistische Internationale, zwischen 1919 und 1943 weltweit gemeinsame Organisation kommunistischer Parteien
KP	Kommunistische Partei
KPD	Kommunistische Partei Deutschlands
MASCH	Marxistische Arbeiterschule
MEW	Marx-Engels-Werke, Gesamtausgabe der Werke von Karl Marx und Friedrich Engels im Dietz- bzw. Karl Dietz Verlag zwischen 1956 und 1990
MOPR	Международная Организация Помощи борцам Революции [Meždunarodnaja Organizacija Pomoš i borcam Revoljucii, wörtlich: Organisation zur Unterstützung der Kämpfer der Revolution], Gründung: 1922, Auflösung: 1941, deutsch: IRH
MORP	Международное Объединение Революционных Писателей [Meždunarodnoe Ob«edinenie Revoljucionnyh Pisatelej], deutsch: IVRS.
MORT	Международное Объединение Революционных Театров [Meždunarodnoe Ob«edinenie Revoljucionnyh Teatrov], deutsch: IRTB
NDB	Neue Deutsche Blätter, monatlich in Prag von August 1933 bis September 1934 erschienene Exil-Zeitschrift.
NDL	Neue Deutsche Literatur, monatlich erschienene Literaturzeitschrift der DDR, 1952–2004

NKFD	Nationalkomitee Freies Deutschland, Zusammenschluss von kriegsgefangenen deutschen Soldaten und Offizieren sowie kommunistischen deutschen Emigranten in der UdSSR
NKWD	Народный Комиссариат Внутренних Дел (НКВД) [Narodnyj Komissariat Vnutrennyh Del (NKVD): Volkskommissariat für innere Angelegenheiten], sowjetische Geheimpolizei zwischen 1934 und 1946
OGPU	siehe GPU
SAJ	Sozialistische Arbeiterjugend, sozialistischer Jugendverband im Umkreis der sozialdemokratischen Parteien in Deutschland und Österreich.
SDAP	Sozialdemokratische Arbeiterpartei, Vorläufer vieler sozialdemokratischer Parteien.
SED	Sozialistische Einheitspartei Deutschlands, allein regierende Staatspartei der DDR, die aus der Zwangsvereinigung von KPD und SPD 1946 hervorging.
SP	Sozialdemokratische Partei
SPD	Sozialdemokratische Partei Deutschlands
SS	Schutzstaffel der NSDAP 1925 zunächst zum persönlichen Schutz Adolf Hitlers gegründet, später Kontrolle über das Polizeiwesen und den Aufbau paramilitärischer Verbände, ab 1934 für den Betrieb der Konzentrationslager verantwortlich. Kennzeichnend für die SS ist die Gleichschaltung staatlicher Funktionen und Institutionen mit Parteistrukturen. Zwischen 1933 und 1945 war die SS das wichtigste Terror- und Unterdrückungsorgan des NS-Regimes
SU	Sowjetunion
UdSSR	Union der Sozialistischen Sowjetrepubliken

USSR	Ukrainische Sozialistische Sowjetrepublik (russisch: Украинская Советская Социалистическая Республика, УССР [Ukrainskaja Sowetskaja Socialisti eskaja Respublika, USSR]), Teilrepublik der UdSSR zwischen 1922 und 1991
VEGAAR	Verlagsgenossenschaft ausländischer Arbeiter in der UdSSR
ZK	Zentralkomitee, oberstes Entscheidungsgremium kommunistischer Vereinigungen

Literaturverzeichnis

A

Abusch, Alexander: *Die Welt Johannes R. Bechers. Arbeiten aus den Jahr*en 1926–1980. Berlin und Weimar, 1981.

Adorno, Theodor W.: *Minima Moralia*. 4. Band der *Gesammelten Schriften* in 20 Bänden. Hrsg. v. Rolf Tiedemann unter Mitwirkung von Gretel Adorno, Susan Buck-Morss und Klaus Schultz. Frankfurt am Main: Suhrkamp, 1997a.

Adorno, Theodor W.: *Negative Dialektik*. 6. Band der *Gesammelten Schriften* in 20 Bänden. Hrsg. v. Rolf Tiedemann unter Mitwirkung von Gretel Adorno, Susan Buck-Morss und Klaus Schultz. Frankfurt am Main: Suhrkamp, 1997b.

Adorno, Theodor W.: *Ästhetische Theorie*. 7. Band der *Gesammelten Schriften* in 20 Bänden. Hrsg. v. Rolf Tiedemann unter Mitwirkung von Gretel Adorno, Susan Buck-Morss und Klaus Schultz. Frankfurt am Main: Suhrkamp, 1997c.

Adorno, Theodor W.: »Über Statik und Dynamik als soziologische Kategorien«. In: Adorno, Theodor W.: 8. Band der *Gesammelten Schriften* in 20 Bänden (S. 217–237). Hrsg. v. Rolf Tiedemann unter Mitwirkung von Gretel Adorno, Susan Buck-Morss und Klaus Schultz. Frankfurt am Main: Suhrkamp, 1997d

Adorno, Theodor W.: *Soziologische Schriften I*. 9. Band, Teilband 1 der *Gesammelten Schriften* in 20 Bänden. Hrsg. v. Rolf Tiedemann unter Mitwirkung von Gretel Adorno, Susan Buck-Morss und Klaus Schultz. Frankfurt am Main: Suhrkamp, 1997e.

Adorno, Theodor W.: *Noten zur Literatur*. 11. Band der *Gesammelten Schriften* in 20 Bänden. Hrsg. v. Rolf Tiedemann unter Mitwirkung von Gretel Adorno, Susan Buck-Morss und Klaus Schultz. Frankfurt am Main: Suhrkamp, 1997f.

Albrecht, Friedrich: »Aspekte des Verhältnisses zwischen sozialistischer Literaturbewegung und klassischem Erbe in den zwanziger Jahren«, in: *Literatur der Arbeiterklasse*. Aufsätze über die Herausbildung der sozialistischen Literatur (1918–1933). Berlin (Ost) und Weimar: Aufbau-Verlag, ²1974.

Albrecht, Richard: *Exil-Forschung. Studien zur deutschsprachigen Emigration nach 1933*. Frankfurt am Main, Bern, New York, Paris: Peter Lang, 1988.

Altrichter, Helmut: *Kleine Geschichte der Sowjetunion 1917–1991*. München: Beck, ²2001 (durchges. und erw. Auflage).

Amberger, Alexander: *Stalinismus. Totalitarismus oder Oligarchie?* München: AVM-Verlag, 2010.

Applebaum, Anne: *Der Gulag*. Aus dem Englischen von Frank Wolf. Berlin: Siedler, 2003.

Arendt, Hannah: *Elemente und Ursprünge totaler Herrschaft*. Aus dem Englischen von der Verfasserin. München, Zürich: Piper, ⁵1986.

Arnold, Heinz Ludwig (Hrsg.): »MachtApparatLiteratur«. *Text + Kritik, Heft 108.* München: Ed. Text + Kritik, 1990.

Augstein, Rudolf (Hrsg.): *»Historikerstreit«. Die Dokumentation der Kontroverse um die Einzigartigkeit der nationalsozialistischen Judenvernichtung.* München: Piper, 1989.

B

Baberowski, Jörg: *Der rote Terror. Geschichte des Stalinismus.* Frankfurt am Main: Fischer, 2007.

Baberowski, Jörg: Zivilisation der Gewalt. Die kulturellen Ursprünge des Stalinismus (Antrittsvorlesung). In: *Öffentliche Vorlesungen der Humboldt-Universität zu Berlin.* Heft 136. Berlin, 2005.

Barck, Simone: *Johannes R. Bechers Publizistik in der Sowjetunion 1935–1945.* Berlin (Ost): Akademie-Verlag, 1976.

Barck, Simone: *Studien zum antifaschistischen Exil deutscher Schriftsteller in der Sowjetunion 1933–1945.* Berlin, 1987 (unveröffentlichte Dissertation).

Barck, Simone, Anneke de Rudder & Beate Schmeichel-Falkenberg (Hrsg.): *Jahrhundertschicksale. Frauen im sowjetischen Exil.* Berlin: Lukas, 2003.

Becher, Johannes R.: *Gesammelte Werke.* Hrsg. vom Johannes R. Becher-Archiv der Akademie der Künste der DDR. 18 Bde. (die Bandangabe im Text erfolgt in römischen Ziffern). Berlin (Ost): Aufbau, 1966–1981.

Becher, Johannes R.: »Von den großen Prinzipien in unserer Literatur (1938)«. In: Barck, Simone: *Johannes R. Bechers Publizistik in der Sowjetunion 1935–1945* (S. 218–223). Berlin: Akademie-Verlag, 1976a.

Becher, Johannes R.: »Im Exil [1939]«. In: Barck, Simone: *Johannes R. Bechers Publizistik in der Sowjetunion 1935–1945* (S. 224–227). Berlin: Akademie-Verlag, 1976b.

Becher, Johannes R.: »Literatur im Exil [1939]«. In: Barck, Simone: *Johannes R. Bechers Publizistik in der Sowjetunion 1935–1945* (S. 227–231). Berlin: Akademie-Verlag, 1976c.

Behrens, Alexander: *Johannes R. Becher. Eine politische Biographie.* Köln: Böhlau, 2003.

Berthold, Werner: *Exilliteratur und Exilforschung. Ausgewählte Aufsätze, Vorträge und Rezensionen.* Wiesbaden: Harrassowitz, 1996.

Bloch, Ernst: *Das Prinzip Hoffnung.* 3 Bde. Frankfurt am Main: Suhrkamp, 1959.

Bloch, Ernst: »Feuchtwangers Moskau 1937«. In: *Die neue Weltbühne,* Prag 22. Juli 1937 (Jg. 6), S. 934–936.

Bloch, Ernst: *Freiheit und Ordnung. Abriß der Sozialutopien.* Leipzig: Reclam, 1985.

Bloch, Ernst: »Kritik einer Prozeßkritik. Hypnose, Mescalin und die Wirklichkeit.« In: *Die neue Weltbühne,* Prag, 10. März 1937 (Jg. 6), S. 294–299.

Bogdanov, Alexander: *Der rote Planet.* Aus dem Russischen von Reinhard Fischer. Berlin (Ost): Verlag Volk und Welt, 1984.

Böhm, Hermann: *Die Tragödie des Austromarxismus am Beispiel Otto Bauers. Ein Beitrag zur Geschichte des österreichischen Sozialismus.* Frankfurt am Main: Peter Lang, 2000.

Bollnow, Otto Friedrich: *Studien zur Hermeneutik.* Band 1: *Zur Philosophie der Geisteswissenschaften.* Freiburg, München: Karl Alber, 1982.

Bork, Otto: »Deutschland erwacht!« In: *DZZ* (Jg. 10), 26.11.1935.

Bourdieu, Pierre: *Die Intellektuellen und die Macht.* Aus dem Französischen von Jürgen Bolder unter Mitarbeit von Ulrike Nordmann und Margarete Steinrücke. Hrsg. v. Irene Dölling. Hamburg: VSA-Verlag, 1991.

Bourdieu, Pierre: *Rede und Antwort.* Aus dem Französischen von Bernd Schwibs. Frankfurt am Main: Suhrkamp, 1992a.

Bourdieu, Pierre: »Das intellektuelle Feld: Eine Welt für sich«, In: *Rede und Antwort* (S. 119–131). Aus dem Französischen von Bernd Schwibs. Frankfurt am Main: Suhrkamp, 1992b.

Bourdieu, Pierre: »Lektüre, Leser, Gebildete, Literatur«. In: *Rede und Antwort* (S. 155–166). Aus dem Französischen von Bernd Schwibs. Frankfurt am Main: Suhrkamp, 1992c.

Bourdieu, Pierre: *Sozialer Raum und »Klassen«. Zwei Vorlesungen.* Aus dem Französischen von Bernd Schwibs. Frankfurt am Main: Suhrkamp, ³1995.

Bourdieu, Pierre: »Flaubert. Einführung in die Sozialanalyse.« In: Kimmich, Dorothee (Hrsg.): *Texte zur Literaturtheorie der Gegenwart* (S. 98–111). Stuttgart: Reclam, 1996.

Bourdieu, Pierre: *Die Regeln der Kunst. Genese und Struktur des literarischen Feldes.* Aus dem Französischen von Bernd Schwibs und Achim Russer. Frankfurt am Main: Suhrkamp, 2001.

Bourdieu, Pierre: *Das Elend der Welt.* Konstanz: UVK, 2005a (gekürzte Studienausgabe).

Bourdieu, Pierre: *Die verborgenen Mechanismen der Macht. Schriften zu Politik & Kultur 1,* hrsg. v. Margareta Steinrücke, aus dem Französischen von Jürgen Bolder unter Mitarbeit von Ulrike Nordmann u.a. Hamburg: VSA-Verlag, 2005b.

Bown, Matthew Cullerne: *Kunst unter Stalin: 1924–1956.* München: Klinkhardt u. Biermann, 1991.

Brecht, Bertolt: »Gruß an Feuchtwanger«. In: *Schriften zur Literatur und Kunst.* Band II, Berlin (Ost), Weimar: Aufbau-Verlag, 1966.

Brüning, Elfriede: »Erinnerung an Sally Gles«. In: *Neue Deutsche Literatur,* Heft 9 (September 1989, Jg. 37), S. 119–141.

Brüning, Elfriede: »Sally Gles und die Seinen«. In: *Neue Deutsche Literatur,* Heft 6 (Juni 1990, Jg. 38), S. 32–65.

Brüning, Elfriede: *Lästige Zeugen? Tonbandgespräche mit Opfern der Stalinzeit.* Halle, Leipzig: Mitteldeutscher Verlag, o. J.

Buber-Neumann, Margarethe: *Als Gefangene bei Stalin und Hitler: eine Welt im Dunkel.* München: Ullstein, 2002.

Buber-Neumann, Margarethe: *Plädoyer für Freiheit und Menschlichkeit. Vorträge aus 35 Jahren.* Hrsg. von Janine Platten & Judith Buber Agassi. Berlin: Edition Hentrich, 2000.

Buch, Hans Christoph: »Vor Schreck versteinert«. In: Reich-Ranicki, Marcel: *Frankfurter Anthologie. Gedichte und Interpretationen.* Band 25, (S. 124–126). Frankfurt am Main, Leipzig: S. Fischer, 2001.

Bühler, Axel (Hrsg.): *Hermeneutik. Basistexte zur Einführung in die wissenschaftstheoretischen Grundlagen von Verstehen und Interpretation.* Heidelberg: Synchron Wissenschaftsverlag der Autoren, 2003.

Bulgakow, Michail: *Der Meister und Margarita.* München: dtv, [8]1987 (1. Aufl. 1978).

Bundeszentrale für politische Bildung (Hrsg.): *Die Sowjetunion 1917–1953* (Informationen zur politischen Bildung Nr. 236). Wiesbaden: Universum, 1992.

Burkhard, Franz-Peter: *Karl Jaspers. Einführung in sein Denken.* Würzburg: Königshausen + Neumann, 1985.

C

Caspar, Günter (Hrsg.): *Du Welt im Licht. J. W. Stalin im Werk deutscher Schriftsteller.* Berlin (Ost): Aufbau, 1954.

Christ, Thomas: *Der Sozialistische Realismus. Betrachtungen zum Sozialistischen Realismus in der Sowjetzeit.* Basel: Wiese Verlag, 1999.

Conquest, Robert: *Am Anfang starb Genosse Kirow. Säuberungen unter Stalin.* Aus dem Englischen von Jutta und Theodor A. Knust. Düsseldorf: Droste, 1970.

Conquest, Robert: *Stalins Völkermord. Wolgadeutsche, Krimtataren, Kaukasier.* Aus dem Englischen von Peter Aschner. Wien: Europaverlag, 1974.

Conquest, Robert: *Der große Terror. Sowjetunion 1934–1938.* Aus dem Englischen von Andreas Model. München: Langen Müller, [2]2001.

Courtois, Stéphane et al.: *Das Schwarzbuch des Kommunismus. Unterdrückung, Verbrechen und Terror.* Aus dem Französischen von Irmela Arnsperger. München, Zürich: Piper, 1998.

D

Damus, Martin: *Sozialistischer Realismus und Kunst im Nationalsozialismus.* Frankfurt am Main: Fischer, 1981.

Dauer, Holger: *Intellektueller aus Passion. Pierre Bourdieu und die Kultursoziologie.* 2002, veröffentlicht unter http://www.tour-literatur.de/literaturtheorie/bourdieu-kultursozi ol. htm (Zugriff: 30.04.2010).

Dehl, Oleg: *Verratene Ideale. Zur Geschichte deutscher Emigranten in der Sowjetunion in den 30er Jahren*. Hrsg. v. Ulla Plener, unter Mitarbeit von Natalja Mussienko, mit einem Beitrag von Simone Barck. Berlin: trafo, 2000.

Deutsche Akademie der Künste zu Berlin, Sektion Dichtkunst und Sprachpflege, Abteilung Geschichte der sozialistischen Literatur: *Veröffentlichungen sozialistischer Schriftsteller in der revolutionären und demokratischen Presse 1918–1945*. Berlin (Ost), Weimar: Aufbau-Verlag, 1969.

Deutscher Kulturbund (Hrsg.): *Johannes R. Becher und die Sowjetunion*. Berlin (Ost): Deutscher Kulturbund, 1971.

Deutsches Historisches Museum: Manifest des Nationalkomitees »Freies Deutschland« (Quelle: *Freies Deutschland, Nr. 1*, 19. Juli 1943), veröffentlicht unter http://www. dhm.de/lemo/ html/dokumente/manifest/index.html (Zugriff: 19.03.2012).

Diersen, Inge, Haase, Horst, Häckel, Manfred (Hrsg.): *Lexikon sozialistischer deutscher Literatur. Von den Anfängen bis 1945. Monographisch-biograhische Darstellungen*. Halle (Saale): VEB Verlag Sprache und Literatur, 1963.

Dimow, Georgi u. a.: *Internationale Literatur des sozialistischen Realismus 1917–1945*. Berlin (Ost), Weimar: Aufbau-Verlag, 1978.

Djilas, Milovan: *Die neue Klasse*. München: Kindler, 1963.

Djilas, Milovan: *Gespräche mit Stalin*. Frankfurt am Main: S. Fischer, 1962.

Doblhammer, Klaus: *Das Sprechen der Sprache – Frühkindlicher Spracherwerb im Lichte der Psychoanalyse Jacques Lacans*. Wien, 1998. (Dissertation) Veröffentlicht unter: www.t0.or. at/~kdobl/diss/paed.htm. (Stand: 02.04.2004)

Drews, R. & Kantorowicz, A.: *Verboten und verbrannt. Deutsche Literatur 12 Jahre unterdrückt*. Berlin, München: Kindler, 1947.

Durzack, Manfred: *Die deutsche Exilliteratur 1933–1945*. Stuttgart: Reclam, 1973.

Dwars, Jens-Fietje: *Abgrund des Widerspruchs. Das Leben des Johannes R. Becher*. Berlin: Aufbau-Verlag, 1998.

Dwars, Jens-Fietje: J. R. Becher: »Der Grundirrtum meines Lebens«. (Drei Beiträge zur psychogenetischen Ergründung des Stalinismus). In: *Pankower Vorträge Heft 22*. Berlin, 2000.

Dwars, Jens-Fietje: »Deutungsmuster des Stalinschen Terrors.« In: Hedeler, Wladislaw (Hrsg.): *Stalinscher Terror 1934–1941. Eine Forschungsbilanz* (S. 299–310). Berlin: BasisDruck, 2002.

Dwars, Jens-Fietje: *Johannes R. Becher. Triumph und Verfall*. Berlin: Aufbau, 2003.

E

Eberle, Henrik & Uhl, Matthias (Hrsg.): *Das Buch Hitler. Geheimdossier des NKWD für Josef W. Stalin, zusammengestellt aufgrund der Verhörprotokolle des Persönlichen Adjutanten Hitlers, Otto*

Günsche, und des Kammerdieners Heinz Linge, Moskau 1948/49. Aus dem Russischen von Helmut Ettinger. Bergisch Gladbach: Lübbe, 2005.

Elias, Norbert: *Über den Prozeß der Zivilisation. Soziogenetische und psychogenetische Untersuchungen*, 2 Bde., Frankfurt am Main: Suhrkamp, [14]1989a und b.

Emmerich, Wolfgang & Heil, Susanne: *Lyrik des Exils.* Stuttgart: Reclam, 1985.

Emmerich, Wolfgang: *Kleine Literaturgeschichte der DDR. 1945–1988.* Erweiterte Ausgabe. Frankfurt am Main: Luchterhand, 1989.

Enzensberger, Hans Magnus: »Poesie und Politik« (1962). In: ders., *Einzelheiten II.* Frankfurt am Main: Suhrkamp, 1984.

Erren, Lorenz: *»Selbstkritik« und Schuldbekenntnis. Kommunikation und Herrschaft unter Stalin (1917–1953).* München: R. Oldenbourg, 2008.

Ette, Wolfram (Hrsg.): *Adorno im Widerstreit. Zur Präsenz seines Denkens.* Freiburg, München: Karl Alber, 2004.

F

Fast, Piotr: *Ideology, aesthetics, literary history: socialist realism and its others.* Frankfurt am Main, Berlin, Bern, Bruxelles, New York, Wien: Lang, 1999.

Feilchenfeldt, Konrad: *Deutsche Exilliteratur 1933–1945.* München: Winkler, 1986.

Feuchtwanger, Lion: *Exil.* Frankfurt am Main: Fischer, 1979.

Feuchtwanger, Lion: *Moskau 1937. Ein Reisebericht für meine Freunde.* Berlin, Weimar: Aufbau, 1993.

Fischer, Bernhard: *Identität und Macht. Eine theoretische Auseinandersetzung mit der Soziologie gesellschaftlichen Außenseitertums* (Dissertation 2005). Download unter: d-nb.info/9809 37892/34 (Zugriff: 28.05.2010).

Fischer, Ernst: *Auf den Spuren der Wirklichkeit. Sechs Essays.* Reinbek bei Hamburg: Rowohlt, 1968.

Fischer, Ernst: *Erinnerungen und Reflexionen.* Frankfurt am Main: Vervuert, 1987.

Fischer, Ludwig & Jarchow, Klaas: »Die Logik der Felder und das Feld der Literatur. Einleitende Anmerkungen zum kultur- und literaturtheoretischen Ansatz Pierre Bourdieus«. In: *Sprache im technischen Zeitalter 25* (S. 164–172). Berlin (West): Literarisches Colloquium Berlin e. V., 1987, Jg. 25; hrsg. v. Walter Höllerer & Norbert Miller.

Flaubert, Gustave & Sand, George: *Eine Freundschaft in Briefen.* Aus dem Französischen von Annette Lallemand, Helmut Scheffel und Tobias Scheffel. München: C.H. Beck, 1992.

Frei, Alexander: *Rotes Wien: Austromarxismus und Arbeiterkultur. Sozialdemokratische Wohnungs- und Kommunalpolitik 1919–1934.* Berlin (West): DVK-Verlag, 1984.

Freud, Sigmund: *Totem und Tabu. Einige Übereinstimmungen im Seelenleben der Wilden und der Neu-rotiker.* Band 9 der *Gesammelten Werke.* Frankfurt am Main: S. Fischer, [8]1996.

Friedrich, Carl Joachim & Brzezinski, Zbigniew: »Die allgemeinen Merkmale der totalitären Diktatur.« In: Jesse, Eckhard (Hrsg.): *Totalitarismus im 20. Jahrhundert. Eine Bilanz der interna-tionalen Forschung* (S. 225–236). Bonn: Bundeszentrale für Politische Bildung, [2]1999.

Fürst, Max: *Talisman Scheherezade. Die schwierigen zwanziger Jahre.* München: dtv, 1978 (Erstauf-lage: München, Wien: Hanser, 1976).

G

Gabert, Josef & Lutz Prieß (Hrsg.): *SED und Stalinismus. Dokumente aus dem Jahre 1956.* Unter Mitarbeit von Peter Erler und Jutta Finkeisen. Berlin (Ost): Dietz, 1990.

Gansel, Carsten (Hrsg.): *Johannes R. Becher: Der gespaltene Dichter: Gedichte, Briefe, Dokumente 1945–1958.* Berlin: Aufbau, 1991.

Gerhard-Sonnenberg, Gabriele: *Marxistische Arbeiterbildung in der Weimarer Zeit (MASCH).* Köln: Pahl-Rugenstein, 1976.

Ginsburg, Jewgenia: *Marschroute eines Lebens.* München: Piper, [3]1992.

Girnus, Wilhelm: *Zukunftslinien. Überlegungen zur Theorie des sozialistischen Realismus.* Frankfurt am Main: Verlag Marxistische Blätter, 1974.

Glaser, Ernst: *Im Umfeld des Austromarxismus. Ein Beitrag zur Geistesgeschichte des österreichischen Sozialismus.* Wien, München, Zürich: Europaverlag, 1981.

Glaser, Hans-Georg: *Mythos Sowjetunion. Ein Sozialismus, der keiner war. Der Zusammenbruch des real existierenden Sozialismus war vorhersehbar.* Aachen: Shaker, 2009.

Goethe, Johann Wolfgang von: *Werke.* Hamburger Ausgabe in 14 Bänden, Band 3: *Dramatische Dichtungen I.* München: dtv, [16]1998.

Grigorenko, Pjotr: *Der sowjetische Zusammenbruch 1941.* Frankfurt am Main: Possev Verlag, 1969.

Grossmann, Kurt R.: *Geschichte der Hitlerflüchtlinge 1933–1945.* Frankfurt am Main: Europäi-sche Verlagsanstalt, 1969.

Groys, Boris & Max Hollein: *Traumfabrik Kommunismus. Die visuelle Kultur der Stalinzeit.* Ostfil-dern-Ruit: Hatje Cantz, 2003.

Günther, Hans: *Der Herren eigener Geist. Ausgewählte Schriften,* hrsg. v. Werner Röhr unter Mitar-beit von Simone Barck. Berlin (Ost) und Weimar: Aufbau-Verlag, 1981.

Günther, Hans: *Die Verstaatlichung der Literatur. Entstehung und Funktionsweise des sozialistisch-rea-listischen Kanons in der sowjetischen Literatur der 30er Jahre.* Stuttgart: Metzner, 1984.

Günther, Hans: Kritik und Selbstkritik. In: Lukács, Georg, Becher, Johannes R., Wolf, Friedrich u. a.: *Die Säuberung. Moskau 1936: Stenogramm einer geschlossenen Parteiversammlung* (S. 83–85). Hrsg. von Reinhard Müller. Reinbek bei Hamburg: Rowohlt, 1991.

H

Häntzschel, Hiltrud: »Geschlechtsspezifische Aspekte.« In: Krohn, Klaus–Dieter, zur Mühlen Patrick von, Paul, Gerhard & Winkler, Lutz (Hrsg.): *Handbuch der deutschsprachigen Emigration 1933–1945* (Spalte 101–117). Unter redaktioneller Mitarbeit von Elisabeth Kohlhaas, in Zusammenarbeit mit der Gesellschaft für Exilforschung. Darmstadt: Wissenschaftliche Buchgesellschaft, 1998.

Harder, Rolf: *Zur Entwicklung bündnispolitischer Vorstellungen Johannes R. Bechers (1923–1945).* (Dissertation) Berlin: Akademie der Wissenschaften der DDR, 1985.

Harder, Rolf (Hrsg.): *Johannes R. Becher, Briefe 1–2.* Unter Mitarbeit von Sabine Wolf und Brigitte Zessin. Berlin, Weimar: Aufbau Verlag, 1993.

Hartmann, Anne & Hoffmann, Frank (Hrsg.): *Kultur – Macht – Gesellschaft. Beiträge des Promotionskollegs Ost-West.* Unter Mitarbeit von Silke Flegel und Mirjana Stancic. Münster, Hamburg, London: Lit verlag, 2003.

Hartmann, Anne: »Traum und Trauma Sowjetunion. Deutsche Autoren über ihr Leben im sowjetischen Exil«. In: Herrmann, Dagmar & Volpert, Astrid (Hrsg.): *Traum und Trauma. Russen und Deutsche im 20. Jahrhundert* (S. 143–200). München: Wilhelm Fink, 2003.

Hase, Horst: »Becher, Johannes R. (Robert).« In: *Lexikon sozialistischer Literatur: ihre Geschichte in Deutschland bis 1945 (S. 50–53),* hrsg. v. Simone Barck. Stuttgart, Weimar: Metzler,1994.

Haug, Wolfgang Fritz (Hrsg.): *Kritisches Wörterbuch des Marxismus.* Hamburg: Argument, 1988.

Haupt, Jürgen: *Gottfried Benn, Johannes R. Becher. Eva Duographien, Band 3.* Stuttgart: Europäische Verlagsanstalt, 1994.

Hedeler, Wladislaw & Stark, Meinhard: *Das Grab in der Steppe. Leben im GULAG: Die Geschichte eines sowjetischen »Besserungsarbeitslagers« 193–1959.* Paderborn: Ferdinand Schöningh, 2008.

Hedeler, Wladislaw (Hrsg.): *Stalinscher Terror 1934–1941. Eine Forschungsbilanz.* Berlin: Basis-Druck, 2002.

Hedeler, Wladislaw: *Moskauer Schauprozeß gegen den »Block der Rechten und Trotzkisten«. Von Jeshows Szenario bis zur Verfälschung des Stenogramms zum »Prozeßbericht«.* Hrsg. von Helle Panke zur Förderung von Politik, Bildung und Kultur e. V. Berlin, 1998.

Helms, Hans G.: »Der Herren eigener Geist. Historische Lehren für den gegenwärtigen Kampf um die Volksfront. Hans Günthers Faschismus-Analyse, der VII. Weltkongreß der Komintern und die linksbürgerliche deutsche Literatur.« In: *Protokolle '77. Wiener Halbjahresschrift für Literatur, bildende Kunst und Musik* (S. 226–254), hrsg. v. Otto Breicha in Zusammenarbeit mit dem Kulturamt der Stadt Wien und dem Museum des 20. Jahrhunderts. Wien & München: Jugend und Volk Verlagsgesellschaft, 1977.

Hermand, Jost: *Brecht als Lehrer*. Vortrag am 18. September 2008 bei ver.di. Download unter: http://medien-kunst-industrie.verdi.de/bereich_kunst_und_kultur/art.is_kunst_ im_spreeport/tagungsraeume_in_ver.di/bertolt_brecht/data/Hermand_Brecht_als_Lehre r.pdf (Zugriff: 15.05.2012).

Hermlin, Stephan: »Die Sieger.« In: *Aufbau Heft 4,* April 1956, S. 289–292. Berlin (Ost). [BA-Sign. 36/64]

Herrmann, Dagmar & Volpert, Astrid (Hrsg.): *Traum und Trauma. Russen und Deutsche im 20. Jahrhundert*. Unter Mitarbeit von Maria Klassen und Karl-Heinz Korn. München: Wilhelm Fink, 2003.

Hoelz, Max: *Vom »Weißen Kreuz« zur roten Fahne*. Halle, Leipzig: Mitteldeutscher Verlag, 1984.

Höhne, Heinz: *Die Machtergreifung. Deutschlands Weg in die Hitler-Diktatur*. Reinbek bei Hamburg: Rowohlt, 1983.

Holz, Hans Heinz: *Dialektik und Widerspiegelung*. Köln: Pahl-Rugenstein, 1983.

Huber, Peter: *Stalins Schatten in die Schweiz. Schweizer Kommunisten in Moskau, Verteidiger und Gefangene der Komintern*. Zürich: Chronos, 1994.

Huppert, Hugo: *Einmal Moskau und zurück. Stationen eines Lebens*. Halle, Leipzig: Mitteldeutscher Verlag, 1987.

Huppert, Hugo: *Wanduhr im Vordergrund. Stationen eines Lebens*. Halle (Saale): Mitteldeutscher Verlag, 1977.

Huß-Michel, Angela: *Die Moskauer Zeitschriften »Internationale Literatur« und »Das Wort« während der Exil-Volksfront. Eine vergleichende Analyse*. Frankfurt am Main, Bern, New York, Paris: Peter Lang, 1987a.

Huß-Michel, Angela: *Literarische und politische Zeitschriften des Exils 1933–1945*. Stuttgart: J. B. Metzlersche Verlagsbuchhandlung, 1987b.

Hüttel, Martin: *Marxistisch-leninistische Literaturtheorie. Die theoretische Bedeutung des Literaturkritik von Marx, Engels und Lenin*. Stuttgart: Verlag Hans-Dieter Heinz, 1977.

I

Institut für Gesellschaftswissenschaften beim ZK der SED (Lehrstuhl für marxistisch-leninistische Kunstwissenschaften, Gesamtleitung Hans Koch): *Zur Theorie des sozialistischen Realismus*. Berlin (Ost): Dietz, 1974.

Irrlitz, Gerd: »Ankunft in der Utopie.« In: *Sinn und Form, Nr. 5,* 1990 (42. Jg.), S. 930–955, hrsg. v. Akademie der Künste zu Berlin. Berlin: Rütten & Loening.

Iwanow, Wassili: *Der sozialistische Realismus.* Aus dem Russischen von einem Kollektiv unter der Leitung von Klaus Ziermann. Berlin (Ost): Dietz Verlag, 1965.

J

Jarmatz, Klaus (Hrsg.): *Exil in der UdSSR.* Leipzig: Reclam, 1979.

Jaspers, Karl: *Philosophie I: Philosophische Weltorientierung.* München: Serie Piper, [1]1994.

Jaspers, Karl: *Philosophie II: Existenzerhellung.* München: Serie Piper, [2]1994.

Jaspers, Karl: *Philosophie III: Metaphysik.* München: Serie Piper, [3]1994.

Jegorow, Vladimir K.: *Ein Stern verblasst. Reflexion einer dramatischen Epoche. Sowjetunion 1917 bis 1991.* Berlin: Edition q, 1991.

Jesse, Eckhard (Hrsg.): *Totalitarismus im 20. Jahrhundert. Eine Bilanz der internationalen Forschung.* Bonn: Bundeszentrale für Politische Bildung, [2]1999 (erweiterte Auflage).

Jurt, Joseph: »Die Theorie des literarischen Feldes. Zu den literatursoziologischen Arbeiten Pierre Bourdieus und seiner Schule.« In: *Romanistische Zeitschrift für Literaturgeschichte* (1981, Jg. 5), S. 455–479, hrsg. v. Erich Köhler und Henning Krauss. Heidelberg: Carl Winter, Universitätsverlag, 1981.

Jurt, Joseph: *Das literarische Feld. Das Konzept Pierre Bourdieus in Theorie und Praxis.* Darmstadt: Wissenschaftliche Buchgesellschaft, 1995.

Jurt, Joseph: »Bourdieus Analyse des literarischen Feldes oder der Universalitätsanspruch des sozialwissenschaftlichen Ansatzes«. In: *Internationales Archiv für Sozialgeschichte der deutschen Literatur* (Jg. 22, S. 152–180). Berlin: de Gruyter, 1997.

Jurt, Joseph: *Die Theorie des literarischen Feldes von Pierre Bourdieu.* Download unter http://lithes.uni-graz.at/lithes/beitraege08_01/lithes08_01_jurt_theorie.pdf (Zugriff: 24.06.2009).

K

Kait, Lilli: »In Sachen Bertram«. In: Deutsche Zentral-Zeitung, 11. Mai 1936 (Jg. 11), Kopie: Trude-Richter-Archiv Signatur 169.

Kalt, Hans: *In Stalins langem Schatten. Zur Geschichte der Sowjetunion und zum Scheitern des sowjetischen Modells.* Köln: Papyrossa, [2]2010 (verbesserte und erweiterte Auflage).

Karbusický, Vladimir: *Widerspiegelungstheorie und Strukturalismus. Zur Entstehungsgeschichte und Kritik der marxistisch-leninistischen Ästhetik.* München: Wilhelm Fink, 1973.

Karstedt, Susanne: »Soziale Randgruppen und soziologische Theorie« in: Brusten, Manfred & Hohmeier, Jürgen (Hrsg.): *Stigmatisierung 1. Zur Produktion gesellschaftlicher Randgruppen* (S. 169–196). Darmstadt: Luchterhand, 1975. Veröffentlicht unter: http://bidok.uibk.ac.at/library/karstedt-randgruppen.html#ftn.id3101048 (Zugriff: 15.05.2012).

Kernig, Claus Dieter (Hrsg.): *Marxismus im Systemvergleich. Grundbegriffe.* 3 Bde., Frankfurt am Main, New York: Herder, 1973.

Kerr, Judith: *Als Hitler das rosa Kaninchen stahl.* Aus dem Englischen von Annemarie Böll. Ravensburg: Ravensburger, 1987 (Deutsche Erstausgabe 1973).

Kershaw, Ian: »Nationalsozialistische und stalinistische Herrschaft Möglichkeiten und Grenzen des Vergleichs.« In: Jesse, Eckhard (Hrsg.): *Totalitarismus im 20. Jahrhundert. Eine Bilanz der internationalen Forschung* (S. 213–220). Bonn: Bundeszentrale für Politische Bildung, [2]1999 (erweiterte Auflage).

Kijewski, Rudolf M.: *Proletarische Literatur und die Politik der Kommunistischen Partei Deutschlands 1929–1932. Auseinandersetzungen im Bund proletarisch-revolutionärer Schriftsteller.* 1983, veröffentlicht unter http://www.trend.infopartisan.net/trd0499/t2904 99.html (Zugriff: 20.03.2012)

Kimmich, Dorothee, Renner, Rolf Günther & Stiegler, Bernd (Hrsg.): *Texte zur Literaturtheorie der Gegenwart.* Stuttgart: Reclam, 1996.

Kirjuchina, Ljubow: *Sowjetdeutsche Lyrik (1941–1989) zu den Themen »Muttersprache« und »Heimat« als narrativer Identitätsakt.* Wiesbaden: Harrassowitz, 2000.

Klier, Freya: *Verschleppt ans Ende der Welt. Schicksale deutscher Frauen in sowjetischen Arbeitslagern.* Berlin: Ullstein, 1998.

Koenen, Gerd: *Utopie der Säuberung. Was war der Kommunismus?* Frankfurt am Main: Fischer, 2000.

Arthur Koestler, Ignazio Silone, André Gide, Louis Fischer, Richard Wright, Stephen Spender: *Ein Gott der keiner war.* Mit einer Einführung von Wolfgang Leonhard. Zürich: Europa, 2005.

Koestler, Arthur: *Sonnenfinsternis.* Aus dem Englischen vom Verfasser. Wien, Zürich: Europa-Verlag, 1991.

Kössler, Till: *Abschied von der Revolution. Kommunisten und Gesellschaft in Westdeutschland 1945–1968.* Düsseldorf: Droste, 2005.

Krohn, Claus-Dieter, zur Mühlen, Patrick von, Paul, Gerhard & Winckler, Lutz (Hrsg.): *Handbuch der deutschsprachigen Emigration 1933–1945.* Unter redaktioneller Mitarbeit von Elisabeth Kohlhaas, in Zusammenarbeit mit der Gesellschaft für Exilforschung. Darmstadt: Wissenschaftliche Buchgesellschaft, 1998.

Kudlinska, Krystyna: »Die Exilsituation in der UdSSR«. In: Durzack, Manfred (Hrsg.): *Die deutsche Exilliteratur 1933–1945* (S. 159–174). Stuttgart: Reclam, 1973.

Kunert, Günter: »Bechers Zauberlicht.« In: Reich-Ranicki, Marcel: *Frankfurter Anthologie. Gedichte und Interpretationen.* Band 22, (S. 166–168). Frankfurt am Main, Leipzig: S. Fischer, 1999.

Kurzke, Hermann: »Erst heute stimmt jedes Wort.« In: Reich-Ranicki, Marcel: *Frankfurter Anthologie. Gedichte und Interpretationen*. Band 14, (S. 185f.). Frankfurt am Main, Leipzig: S. Fischer, 1991.

L

Lahusen, Thomas: *How life writes the book. Real Socialism and socialist Realism in Stalin's Russia*. Ithaca, London: Cornell University Press, 1997.

Lange, Max G.: *Marxismus, Leninismus, Stalinismus*. Stuttgart: Klett, 1955.

Lecourt, Dominique: *Lenins philosophische Strategie. Von der Widerspiegelung (ohne Spiegel) zum Prozeß (ohne Subjekt)*. Aus dem Französischen von Ursel Rütt-Förster. Frankfurt am Main, Berlin, Wien: Ullstein, 1975.

Ledig, Gert: *Die Stalinorgel*. Frankfurt am Main: Suhrkamp, 2000.

Lehmann, Christian: *Methodologie*. (Stand 16.04.2012), veröffentlicht unter www.christia nlehmann.eu/ling/epistemology/index.html (Zugriff: 07.05. 2012).

Lenin, Vladimir Iljitsch: *Materialismus und Empiriokritizismus*. Berlin (Ost): Dietz, 1987.

Leonhard, Susanne: *Fahrt ins Verhängnis. Als Sozialistin in Stalins Gulag*. Freiburg: Herder, 1983.

Leonhard, Susanne: *Gestohlenes Leben. Schicksal einer politischen Emigrantin in der Sowjetunion*. Frankfurt am Main: Athenäum, 1988.

Leonhard, Wolfgang: *Spurensuche. 40 Jahre nach Die Revolution entlässt ihre Kinder*. Köln: Kiepenheuer & Witsch, 1992.

Leonhard, Wolfgang: *Die Revolution entlässt ihre Kinder*. Köln: Kiepenheuer & Witsch, ²²2005.

Lewerenz, Elfriede: *Die Analyse des Faschismus durch die kommunistische Internationale. Die Aufdeckung von Wesen und Funktion des Faschismus während der Vorbereitung und Durchführung des VII. Kongresses der Kommunistischen Internationale (1933–1935)*. Berlin (Ost): Dietz Verlag, 1975.

Lieber, Hans-Joachim: *Ideologie. Eine historisch-systematische Einführung*. Paderborn, München, Wien & Zürich: Schöningh, 1985.

Lobsien, Eckhard: *Das literarische Feld. Phänomenologie der Literaturwissenschaft*. Band 20 der *Übergänge*, Hrsg. v. Richard Grathoff und Bernhard Waldenfels. München: Fink, 1988.

Loos, Adolf: »Zu: Gles ›Deutschland erwacht‹«, in: *DZZ* (Jg. 11), 08.05.1936.

Lück, Helmut E.: *Die Feldtheorie und Kurt Lewin. Eine Einführung*. Weinheim: Psychologie Verlags Union, 1996.

Lukács, Georg, Becher, Johannes R., Wolf, Friedrich u. a.: *Die Säuberung. Moskau 1936: Stenogramm einer geschlossenen Parteiversammlung*. Hrsg. von Reinhard Müller. Reinbek bei Hamburg: Rowohlt, 1991.

Lukács, Georg: *Karl Marx und Friedrich Engels als Literaturhistoriker*. Berlin (Ost): Aufbau-Verlag, 1952.

Lukács, Georg: *Kunst und objektive Wahrheit. Essays zur Literaturtheorie und -geschichte.* Leipzig: Reclam, 1977.

Lukács, Georg: *Moskauer Schriften. Zur Literaturtheorie und Literaturpolitik 1934-1940.* Hrsg. von Frank Benseler. Frankfurt am Main: Sendler, 1981.

Lukács, Georg: *Schriften zur Literatursoziologie.* Neuwied, Spandau: Luchterhand, 1968. [= Soziologische Texte, Band 9: Georg Lukács, Werkauswahl Band 1. Hrsg. v. Heinz Maus und Friedrich Fürstenberg.]

Lukács, Georg: *Über die Vernunft in der Kultur. Ausgewählte Schriften 1909–1969.* Hrsg. v. Sebastian Kleinschmidt. Leipzig: Reclam, 1985.

Lukács, Georg: *Wider den mißverstandenen Realismus. Die Gegenwartsbedeutung des kritischen Realismus.* Hamburg: Claassen, 1958.

Lunatscharski, Anatoli: *Vom Proletkult zum sozialistischen Realismus.* Aus dem Russischen von Franz Leschnitzer, Leon Nebenzahl und Jochen Wilke. Berlin (Ost): Dietz Verlag, 1981.

M

Mamczak, Sascha: Nachwort. In: Orwell, George: *1984* (S. 387). Aus dem Englischen von Michael Walter. Mit einem Vorwort von Thomas M. Disch, Übersetzung Jürgen Langowski. In der Reihe *Meisterwerke der Science-Fiction,* hrsg. von Sascha Mamczak, München: Heyne, 2002.

Mann, Heinrich: *Der Haß. Deutsche Zeitgeschichte.* Frankfurt am Main: Fischer, 1987.

Mann, Heinrich: *Der Untertan.* München: dtv, [14]1975.

Marienfeld, Sonja: Artikel Nr. 269 »Real existierender Sozialismus« vom 17.5.2000 veröffentlicht unter http://www.hbg.ka.bw.schule.de/publikat/projgesch/lexikon/ gesamtlexikon.html (Zugriff: 08.08.2012).

Mayenburg, Ruth von: *Blaues Blut und rote Fahnen. Ein Leben unter vielen Namen.* Wien, München, Zürich: Molden, 1969.

Mayenburg, Ruth von: *Hotel Lux. Das Absteigequartier der Weltrevolution.* Frankfurt am Main, Berlin, Wien: Ullstein, 1981.

Mayer, Hans: *Jahrestage 1991 – 1. Der Zeitgenosse Johannes R. Becher* (S. 163–169). Frankfurt: Suhrkamp, 1993.

McLoughlin, Barry: *Soujetunion: 1934–1945. Eine Dokumentation.* Hrsg. v. Dokumentationsarchiv des Österreichischen Widerstandes. Wien: Deuticke, 1999.

Medwedew, Roy A.: *Die Wahrheit ist unsere Stärke. Geschichte und Folgen des Stalinismus.* Frankfurt am Main: S. Fischer, 1973.

Meurer, Georg: *Der Dichter und seine Zeit. Essays und Kritiken.* Berlin (Ost): Aufbau-Verlag, 1956.

Meyer-Stiens, Ernstheinrich (Hrsg.): *Opfer – wofür? Deutsche Emigranten in Moskau – ihr Leben und Schicksal; Heinrich Vogeler und seine Gesinnungsgenossen im Moskauer Exil.* Lilienthal: Worpsweder Verlag, 1996.

Mittenzwei, Werner: »Lukácz' Ästhetik der revolutionären Demokratie.« In: Lukács, Georg: *Kunst und objektive Wahrheit. Essays zur Literaturtheorie und -geschichte* (S. 5–20). Leipzig: Reclam, 1977.

Mittenzwei, Werner: *Das Leben des Bertolt Brecht oder Der Umgang mit den Welträtseln.* 2 Bde., Berlin: Aufbau, 1997a und b.

Motylowa, Tamara: »Das Lenin-Bild Johannes R. Bechers.« In: Deutscher Kulturbund (Hrsg.): *Johannes R. Becher und die Sowjetunion* (S. 31–39). Berlin (Ost): Deutscher Kulturbund 1971.

Mozejko, Edward: *Der sozialistische Realismus. Theorie, Entwicklung und Versagen seiner Literaturmethode.* Bonn: Bouvier, 1977.

Müller, Jost: *Sozialismus.* Hamburg: Europäische Verlagsanstalt/Rotbuch, 2000.

Müller, Reinhard: *Die Säuberung.* Reinbeck bei Hamburg: Rowohlt, 1991.

Müller, Reinhard: »›Wir kommen alle dran‹. Säuberungen unter den deutschen Politemigranten in der Sowjetunion (1934–1938)«, unter Mitwirkung von Natalija Mussijenko. In: Weber, Hermann (Hrsg.): *Terror. Stalinistische Parteisäuberungen 1936–1953* (S. 121–159). Paderborn, München, Wien & Zürich: Schöningh, 1998.

Müller, Reinhard: *Menschenfalle Moskau. Exil und stalinistische Verfolgung.* Hamburg: Hamburger Edition, 2001.

Müller, Reinhard: *Herbert Wehner – Moskau 1937.* Hamburg: Hamburger Edition, 2004.

N

Neubert, Harald: *Stalin und die internationale kommunistische Bewegung.* Hrsg. von »Helle Panke« zur Förderung von Politik, Bildung und Kultur e.V. Berlin: Helle Panke, 2003.

Niedermayer, Max (Hrsg.): *Johannes R. Becher – Lyrik, Prosa, Dokumente.* Wiesbaden: Limes Verlag, 1965.

North, David: »Einleitung.« In: Trotzki, Leo: *Verratene Revolution. Was ist die Sowjetunion und wohin treibt sie?* (S. 7–54) Essen: Mehring, ³2009.

O

Oesterle, Kurt: »Flammenschrift des Sonetts.« In: Reich-Ranicki, Marcel: *Frankfurter Anthologie. Gedichte und Interpretationen.* Band 21, (S. 112–114). Frankfurt am Main, Leipzig: S. Fischer, 1998.

Ohlerich, Gregor: »Das prekäre Verhältnis von Geist und Macht in der DDR: Zwischen Einvernehmen und Vereinnahmung.« In: Miladinovi Zalaznik, Mira (Hrsg.): *Germanistik im*

Kontaktraum Europa. II. Beiträge zur Literatur (S. 312–338). Ljubljana: Oddelek za Germanistiko z Nederlandistiko in Skadinavistiko, Filozofske Fak. Univ., 2003.

Ohlerich, Gregor: *Sozialistische Denkwelten. Modell eines literarischen Feldes der SBZ/DDR 1945 bis 1953*. Heidelberg: Universitätsverlag Winter, 2005 (Dissertation).

Ohne Verfasser: »Der Fall Gles. Ausschluss aus dem Verband der Sowjetschriftsteller«, in: *DZZ* (Jg. 11), 03.09.1936

Orwell, George: *1984*. Aus dem Englischen von Michael Walter. Mit einem Vorwort von Thomas M. Disch, Übersetzung Jürgen Langowski. München: Heyne, 2002.

P

Payer, Margarete: *Internationale Kommunikationskulturen*. Fassung vom 12. Oktober 2000. Veröffentlicht unter: www.payer.de/kommkulturen/kultur033.htm. (Stand: 31.03. 2004)

Pfoser Alfred: »Austromarxistische Literaturtheorie«. In: *Österreichische Literatur der dreißiger Jahre. Ideologische Verhältnisse, institutionelle Voraussetzungen, Fallstudien* (S. 42–59) Hrsg, von Klaus Amann und Albert Berger, Köln & Wien: Böhlau ²1990.

Pike, David: *Deutsche Schriftsteller im sowjetischen Exil 1933–1945*. Frankfurt am Main: Suhrkamp, 1981.

Pike, David: *Deutsche Schriftsteller im sowjetischen Exil 1933–1945*. Aus dem Amerikanischen von Lore Brüggemann. Frankfurt am Main: Suhrkamp, 1992.

Plaggenborg, Stefan (Hrsg.): *Stalinismus. Neue Forschungen und Konzepte*. Berlin: Berlin Verlag Arno Spitz, 1998.

Plener, Ulla (Hrsg.): *Leben mit Hoffnung in Pein. Frauenschicksale unter Stalin*. Frankfurt an der Oder: Frankfurt Oder Editionen, 1997.

Q

Quittner, Genia: *Weiter Weg nach Krasnogorsk. Schicksalsbericht einer Frau*. Wien, München & Zürich: Molden, 1971.

R

Radvan, Florian: »Nachwort.« In: Ledig, Gert: *Die Stalinorgel*. Frankfurt am Main: Suhrkamp, 2000.

Ratschinskaja, Nelli: »Johannes R. Becher und die Probleme des sozialistischen Realismus.« In: *Sowjetliteratur, Heft 11* (S. 193–200). Moskau, 1955.

Raz, Ueli: *Adorno, Bourdieu, das Regressvokabular und der neu erwachte Philosophiezentrismus*, 1994, veröffentlicht unter: http://ueliraz.ch/AdornoDerri da.htm#_ftnref5 (Zugriff: 14.05. 2012).

351

Regler, Gustav: *Das Ohr des Malchus. Eine Lebensgeschichte.* Köln: Kiepenheuer & Witsch, 1985.

Reich-Ranicki, Marcel: *Frankfurter Anthologie. Gedichte und Interpretationen.* Frankfurt am Main, Leipzig: S. Fischer, seit 1976 (Band 1), 2002 (Band 25).

Richter, Trude: *Totgesagt. Erinnerungen.* Halle, Leipzig: Mitteldeutscher Verlag, 1990.

Riegel, Klaus-Georg: »Säuberungen in Virtuosengemeinschaften. Die Parteiversammlung deutschsprachiger Exilschriftsteller in Moskau (4.–8.9.1936)«. In: *Kölner Zeitschrift für Soziologie und Sozialpsychologie, Sonderheft 33: Religion und Kultur* (S. 3319). Hrsg. von Jörg Bergmann, Alois Hahn & Thomas Luckmann. Opladen: Westdeutscher Verlag, 1993.

Ritter, Joachim & Gründer, Karlfried (Hrsg.): *Historisches Wörterbuch der Philosophie.* Basel: Schwabe & Co. AG, 1976, Band 4: I–K, 1980; Band 5: L–Mn, 1998; Band 10: St–T und Band 11: U–V, 2001.

Röder, Werner: »Sonderfahndungsliste UdSSR. Über Quellenprobleme bei der Erforschung des deutschen Exils in der Sowjetunion.« In: *Politische Aspekte des Exils* (Exilforschung; Band 8) (S. 92–105). Hrsg. im Auftrag der Gesellschaft für Exilforschung/ Society for Exile Studies von Thomas Koebner, Wulf Köpke und Claus-Dieter Krohn in Verbindung mit Lieselotte Maas. München: edition text + kritik, 1990.

Röhr, Werner: »Hans Günther – ein marxistischer Theoretiker«, in: *Deutsche Zeitschrift für Philosophie Nr. 6, Jg. 14* (1966) S. 725–737. Download unter: http://pao.chadw yck.co.uk/articles/displayItem.do?QueryType=articles&QueryIndex=journal&ResultsID=1385116A3 A01760C19&ItemNumber=7&BackTo=journalid&BackToParam =QueryType=journalsItemID=4085|issue=14:6%20(1966)&journalID=4085 (Zugriff: 14.05.2012).

Rohrwasser, Michael: *Der Weg nach oben. Politiken des Schreibens.* Basel, Frankfurt am Main: Stroemfeld/Roter Stern, 1980 (Dissertation).

Rohrwasser, Michael: *Der Stalinismus und die Renegaten. Die Literatur der Exkommunisten.* Stuttgart: Metzler, 1991.

Ror, Angela [d.i. Ror, Angelika]: Erinnerung an Lenin. In: *Internationale Literatur 1/1941,* S. 86f.

Roth, Karl Heinz: *Geschichtsrevisionismus. Die Wiedergeburt der Totalitarismustheorie.* Hamburg: KVV konkret, 1999.

Rühle, Jürgen: *Literatur und Revolution. Die Schriftsteller und der Kommunismus in der Epoche Lenins und Stalins.* Köln: Kiepenheuer & Witsch, 1988 (Frankfurt am Main, Olten, Wien: Büchergilde Gutenberg, 1987).

S

Schädle, Florian: *Zerreißprobe. Gedanken zu einer neuen Deutung der Exiltexte Johannes R. Bechers.* Berlin, 2005 (siehe Seite 9 in diesem Buch).

Schäfer, Hans Dieter: »Stilgeschichtlicher Ort und historische Zeit in Johannes R. Bechers

Exildichtungen.« In: Durzak, Manfred (Hrsg.): *Die deutsche Exilliteratur 1933–1945* (S. 358–372). Stuttgart, Reclam, 1973.

Schaffler, Yvonne: Powerpoint-Präsentation »Theoretische Grundlagen der Grounded Theory« veröffentlicht unter http://homepage.univie.ac.at/evelyne.puchegger-ebner/files/ Lehrmittel/grounded theory.pdf (Zugriff: 11.06.2010).

Schafranek, Hans: *Die Betrogenen. Österreicher als Opfer stalinistischen Terrors in der Sowjetunion.* Wien: Picus, 1991.

Schafranek, Hans: »Sowjetunion.« In: Krohn, Klaus-Dieter, zur Mühlen, Patrick von, Paul, Gerhard & Winckler, Lutz (Hrsg.): *Handbuch der deutschsprachigen Emigration 1933–1945* (Spalte 384–396). Unter redaktioneller Mitarbeit von Elisabeth Kohlhaas, in Zusammenarbeit mit der Gesellschaft für Exilforschung. Darmstadt: Wissenschaftliche Buchgesellschaft, 1998.

Schafranek, Hans: *Zwischen NKWD und Gestapo. Die Auslieferung deutscher und österreichischer Antifaschisten aus der Sowjetunion an Nazideutschland 1937–1941.* Frankfurt am Main: isp, 1990.

Schalamow, Warlam: *Durch den Schnee. Erzählungen aus Kolyma 1.* Aus dem Russischen von Gabriele Leupold. Berlin: Matthes & Seitz, 2007.

Schilde, Kurt: *Die Internationale Rote Hilfe und ausgewählte nationale Sektionen im Vergleich.* (Beitrag für 4. Bundeskongress Soziale Arbeit (20.–22.9.2001) Arbeitsgruppe »Gender und Soziale Arbeit«) Download unter www.kurt-schilde.deTexte/Rote_Hilfe.PDF#search=2 2%22Internationale%20Rote%20Hilfe%22%22 (Zugriff: 19.03.2012).

Schiller, Dieter et al. (Hrsg.): *Wandelbar und stetig – Lesarten zu Johannes R. Becher.* Halle: Mitteldeutscher Verlag, 1984.

Schiller, Dieter: »Zur Arbeit des Bundes proletarisch-revolutionärer Schriftsteller im Pariser Exil.« In: *Utopie kreativ, Heft 102* (April) 1999, S. 57–63. Download unter www.rosaluxemburgstiftung.de/fileadmin/rls_uploads/pdfs/102_Schiller.pdf (Zugriff: 23.05. 2011).

Schlenstedt, Dieter (Hrsg.): *Literarische Widerspiegelung. Geschichtliche und theoretische Dimensionen eines Problems.* Berlin (Ost), Weimar: Aufbau-Verlag, 1981.

Schlögel, Karl: *Terror und Traum. Moskau 1937.* Frankfurt am Main: Fischer, [2]2011.

Schmitt, Hans-Jürgen (Hrsg.): *Die Expressionismusdebatte. Materialien zu einer marxistischen Realismuskonzeption.* Frankfurt am Main: Suhrkamp, [2]1976.

Schmitt, Hans-Jürgen & Schramm, Godehard: *Sozialistische Realismuskonzeptionen. Dokumente zum 1. Allunionskongreß der Sowjetschriftsteller.* Frankfurt am Main: Suhrkamp, 1974.

Schmückle, Karl: Zu Bechers neuem Gedichtband. In: *Internationale Literatur 2/1936*, S. 95–97.

Scholz, Hannelore: »Von der sozialen ›Ordnung‹ zerbrochener Existenzen. Veza Calderon-Canettis Literaturkonzept und der Austromarxismus«. In: von Baume, Brita & Scholz, Hannelore (Hrsg.): *Der weibliche multikulturelle Blick. Ergebnisse eines Symposiums* (S. 52–71). Berlin: trafo 1995.

Schoppmann, Claudia (Hrsg.): *Im Fluchtgepäck die Sprache. Deutschsprachige Schriftstellerinnen im Exil.* Berlin: Orlanda-Frauenverlag, 1991.

Schröder, Hans-Henning: »Der ›Stalinismus‹ – ein totalitäres Regime? Zur Erklärungskraft des politischen Begriffs.« In: *Osteuropa 46* (1996), Heft 2, S. 150–163.

Schumacher, Horst: *Die kommunistische Internationale (1919–1943). Grundzüge ihres Kampfes für Frieden, Demokratie, nationale Befreiung und Sozialismus.* Berlin (Ost): Dietz Verlag, 1979.

Schütrumpf, Jörn: *Freiheiten ohne Freiheit. Die DDR – historische Tiefendimensionen.* Berlin: Karl Dietz Verlag, 2010.

Schweppenhäuser, Gerhard: *Theodor W. Adorno zur Einführung.* Hamburg: Junius Verlag, 1996.

Schwingel, Markus: *Pierre Bourdieu zur Einführung.* Hamburg: Junius, [5]2005.

Seghers, Anna: *Die Toten auf der Insel Djal und Sagen von Unirdischen.* Berlin (Ost), Weimar: Aufbau, 1985.

Senf, Bernd: *Die Marxsche Utopie und der Realsozialismus – Übereinstimmung oder Widerspruch?*, veröffentlicht unter: www.berndsenf.de/pdf/Die%20Marxsche%20Utopie%20und20der %20Realsozialismus.pdf (Zugriff: 31.03.2014).

Seydewitz, Max: *Stalin oder Trotzki.* veröffentlicht unter: www.offensiv.com/Lesenswertes/stal _tro.pdf (Zugriff: 22.10.2010).

Siebert, Ilse: »Zur Problematik des Becherschen Werkes in den Jahren des Zweiten Weltkrieges.« In: Deutscher Kulturbund (Hrsg.): *Johannes R. Becher und die Sowjetunion* (S. 144–153). Berlin (Ost): Deutscher Kulturbund, 1971.

Siebert, Ilse & Harder, Rolf: »Gespräche um einen Dichter – Johannes R. Becher 1891–1958. Ansichten zu Werk und Persönlichkeit.« *Arbeitshefte 32 · Sektion Literatur und Sprachpflege.* Berlin (Ost): Henschelverlag, 1978.

Siegel, Achim (Hrsg.): *Totalitarismustheorie nach dem Ende des Kommunismus.* Köln und Weimar: Böhlau, 1998.

Sinkó, Ervin: *Roman eines Romans. Moskauer Tagebuch 1935–1937.* Berlin: Verlag Das Arsenal, 1990.

Solschenizyn, Alexander: *Der erste Kreis der Hölle.* Aus dem Russischen von Elisabeth Mahler und Nonna Nielsen-Stokkeby. Gütersloh: Bertelsmann, 1968.

Solschenizyn, Alexander: *Ein Tag im Leben des Iwan Denissowitsch.* Aus dem Russischen von Mary von Holbeck. München, Zürich: Droemersche Verlagsanstalt Th. Knaur Nachf., [5]1970.

Solschenizyn, Alexander: *Der Archipel GULAG.* Aus dem Russischen von Anna Peturnig. Bern: Scherz, 1974.

Stadler, Karl R.: *Opfer verlorener Zeiten. Geschichte der Schutzbund-Emigration 1934.* Wien: Europaverlag, 1974.

Stalin, J.: »Rede in der ersten Unionsberatung der Stachanow-Leute.« In: *Internationale Literatur 1/1936*, S. 3–13.

Stark, Meinhard (Hrsg.): »*Wenn Du willst Deine Ruhe haben, schweige*«. *Deutsche Frauenbiographien des Stalinismus.* Essen: Klartext, 1991.

Stark, Meinhard: »*Ich muss sagen, wie es war*«. *Deutsche Frauen des GULag.* Reihe Dokumente, Texte, Materialien/Zentrum für Antisemitismusforschung der Technischen Universität Berlin, Bd. 29. Berlin: Metropol, 1999.

T

Tischler, Carola: »Vom Helfer zum Verräter? Reaktionen der Internationalen Roten Hilfe auf die Massenverhaftungen deutscher Emigranten in der Sowjetunion 1936 bis 1938.« In: Weber, Hermann & Staritz, Dieter (Hrsg.): *Kommunisten verfolgen Kommunisten. Stalinistischer Terror und »Säuberungen« in den kommunistischen Parteien Europas seit den dreißiger Jahren* (S. 292–302), in Verbindung mit Siegfried Böhme und Richard Lorenz. Berlin: Akademie-Verlag, 1993.

Tischler, Carola: *Flucht in die Verfolgung. Deutsche Emigranten im sowjetischen Exil 1933 bis 1945.* Münster: LIT Verlag, 1996.

Trommler, Frank: *Sozialistische Literatur in Deutschland. Ein historischer Überblick.* Stuttgart: Alfred Kröner, 1976.

Trotzki, Leo: *Verratene Revolution. Was ist die Sowjetunion und wohin treibt sie?* Essen: Mehring, ³2009.

U

Ulfig, Alexander: *Lexikon der philosophischen Begriffe.* Köln: Komet, 2003.

Unfried, Berthold: »Selbstkritik im Stalinismus. Erziehungsmitte und Form des Terrors.« In: Hedeler, Wladislaw (Hrsg.): *Stalinscher Terror 1934–1941. Eine Forschungsbilanz* (S. 159–178). Berlin: BasisDruck, 2002.

Universität Köln: *Powerpoint-Präsentation »Bourdieu // Ökonomisches, kulturelles & soziales Kapital«*, 2005. Download unter: http://eswf.unikoeln.de/lehre/05/08/07_Bourdi eu_Kapital.pdf (Zugriff: 02.03.2010).

Universität Rostock: *Catalogus Professorium Rostochiensium, Katalogeintrag: Duncker, Hermann.* Ohne Jahr, veröffentlicht unter http://cpr.uni-rostock.de/metadata/cpr_professor_000000002207 (Zugriff: 01.04.2012).

Universität Wien: *Medienbegleitheft zum Thema Emigration und Exil.* Hrsg. v. Bundesministerium für Unterricht, Kunst und Kultur, Medienservice. Wien: Thematisches Medienbegleitheft,

2012. Download unter: www.bmukk.gv.at/medienpool/23181/emig rat ionexil.pdf (Zugriff: 11.02.2013)

Universität Wien: *Projekt Geschichte Online,* in Zusammenarbeit mit historischen Instituten der Universitäten Basel, Graz, Klagenfurt, Innsbruck, München und Salzburg, 2002–2004, Artikel »Exil«, veröffentlicht unter www.univie.ac.at/gonline/htdocs/site/browse.pp?a=3 882&arttyp=a# (Zugriff: 16.04.2012).

V

Vaßen, Florian: *Methoden der Literaturwissenschaft II: Marxistische Literaturtheorie und Literatursoziologie.* Düsseldorf: Bertelsmann Universitätsverlag, 1972.

Vetter, Matthias (Hrsg.): *Terroristische Diktaturen im 20. Jahrhundert. Strukturelemente der nationalsozialistischen und stalinistischen Herrschaft.* Opladen: Westdt. Verlag, 1996.

Vollnhals, Clemens: *Der Totalitarismusbegriff im Wandel.* Veröffentlicht unter: www.bpb.de/apuz/29513/der-totalitarismusbegriff-im-wandel?p=all (Zugriff: 26.01.2014).

Voslensky, Michael S.: *Nomenklatura. Die herrschende Klasse der Sowjetunion (70 Jahre Oktoberrevolution).* München: Nymphenburger, ³1987.

Voßkamp, Wilhelm (Hrsg.): *Utopieforschung. Interdisziplinäre Studien zur neuzeitlichen Utopie.* Band 1–3. Stuttgart: J. B. Metzlersche Verlagsbuchhandlung und Poeschel Verlag, 1982.

Voßke, Heinz (Hrsg.): *Im Kampf bewährt. Erinnerungen deutscher Genossen an den antifaschistischen Widerstand von 1933 bis 1945.* Berlin (Ost): Dietz, 1987.

W

Walter, Hans-Albert: *Deutsche Exilliteratur 1933–1950.* Band 2: *Asylpraxis und Lebensbedingungen in Europa.* Neuwied: Luchterhand, 1972.

Walter, Hans-Albert: *Deutsche Exilliteratur 1933–1950.* Band 3: *Internierung, Flucht und Lebensbedingungen im Zweiten Weltkrieg.* Darmstadt, Neuwied: Luchterhand, 1988.

Walter, Hans-Albert: *Deutsche Exilliteratur 1933–1950.* Band 4: *Exilpresse.* Darmstadt, Neuwied: Luchterhand, 1978.

Walter, Hans-Albert: *Deutsche Exilliteratur 1933–1950.* Band 7: *Exilpresse.* Darmstadt, Neuwied: Luchterhand, 1974.

Weber, Hermann: *»Weiße Flecken« in der Geschichte. Die KPD-Opfer der Stalinschen Säuberungen und ihre Rehabilitierung.* Berlin: LinksDruck, 1990.

Weber, Hermann: »Historische Fakten zur politischen Lage im Moskau der dreißiger Jahre.« In: Meyer-Stiens, Ernstheinrich (Hrsg.): *Opfer – wofür? Deutsche Emigranten in Moskau – ihr Leben und Schicksal; Heinrich Vogeler und seine Gesinnungsgenossen im Moskauer Exil* (S. 29–34). Lilienthal: Worpsweder Verlag, 1996.

Weber, Hermann & Mählert. Ulrich (Hrsg.): *Verbrechen im Namen der Idee. Terror im Kommunismus 1936–1938* (im Auftrag der Stiftung zur Aufarbeitung der SED-Diktatur). Berlin: Aufbau, 2007.

Wehler, Hans-Ulrich: *Entsorgung der deutschen Vergangenheit? Ein polemischer Essay zum ›Historikerstreit‹*. München: Beck, 1988.

Wehner, Herbert: *1933–1945. Untergrundnotizen – Von KPD zur SPD*. O. Ort und o. Zeit.

Wehner, Herbert: *Zeugnis. Persönliche Notizen 1929–1942*. Halle und Leipzig: Mitteldeutscher Verlag, 1990.

Weinert, Erich: »Ein Schandfleck der deutschen Literatur«, in: *DZZ* (Jg. 11), 14.05.1936.

Weiskopf, Franz Carl: *Unter fremden Himmeln. Abriss der deutschen Literatur im Exil 1933–1947*. Berlin (Ost), Weimar: Aufbau, 1981.

Weiss, Peter: *Die Ästhetik des Widerstands*. Ausgabe in einem Band. Frankfurt am Main: Suhrkamp, 1983.

Werner, Ruth: *Sonjas Rapport*. Berlin: Verlag Neues Leben, ⁶1980.

Wilde, Harry: *Theodor Plievier – Nullpunkt der Freiheit*. München, Wien, Basel: Desch, 1965.

Willmann, Heinz: »Das sowjetische Volk war uns immer Freund und Helfer.« In: Voßke, Heinz (Hrsg.): *Im Kampf bewährt. Erinnerungen deutscher Genossen an den antifaschistischen Widerstand von 1933 bis 1945* (S. 378–415). Berlin (Ost), 1987.

Wilpert, Gero von: *Sachwörterbuch der Literatur*. Stuttgart: Alfred Kröner, ⁷1989.

Winkler, Michael (Hrsg.): *Deutsche Literatur im Exil 1933–1945. Texte und Dokumente*. Stuttgart: Reclam. 1977.

Wolf, Friedrich: *Kunst ist Waffe!*, Erstdruck: Berlin, 1928. Erneut veröffentlicht unter: www.litde.com/textsammlung-zur-deutschen-literaturgeschichte/friedrich-wolf- kunst-ist-waffe.php (Zugriff: 31.03.2014).

Wrage, Henning: »Feld, System, Ordnung. Zur Anwendbarkeit soziologischer Modelle auf die DDR-Kultur«. In: Wölfel, Ute (Hrsg.): *Literarisches Feld DDR. Bedingungen und Formen literarischer Produktion in der DDR* (S. 53–73). Würzburg: Königshausen & Neumann, 2005.

Z

Zimmermann, Hans Dieter: *Der Wahnsinn des Jahrhunderts. Die Verantwortung der Schriftsteller in der Politik; Überlegungen zu Johannes R. Becher, Gottfried Benn, Ernst Bloch, Bert Brecht, Georg Büchner, Hans Magnus Enzensberger, Martin Heidegger, Heinrich Heine, Stephan Hermlin, Peter Huchel, Ernst Jünger, Heiner Müller, Friedrich Nietzsche, Hans Werner Richter, Rainer Maria Rilke und anderen*. Stuttgart, Berlin: Kohlhammer, 1992.

Nachwort
Zum Hintergrund des Buches

Der Grund zur Veröffentlichung dieses Buch beruht auf dem Anliegen, die unter erschwerten Bedingungen geleistete Arbeit zu würdigen und die Ergebnisse festzuhalten, da die Thematik der Deutschen Schriftstellerinnen und Schriftsteller im sowjetischen Exil in der Zeit des Nationalsozialismus bisher noch nicht ausreichend bearbeitet wurde. Der Verfasser erkrankte vor knapp dreißig Jahren, im sechzehnten Lebensjahr, an einer Multiplen Sklerose, die zunächst so verlief, dass mit wenigen Einschränkungen und entsprechenden Hilfsmitteln der Alltag und die Aufgaben gut bewältigt werden konnten.

Das änderte sich vor ungefähr acht Jahren gravierend. Aus der primär schubförmigen Form des Verlaufs der Multiplen Sklerose wurde eine primär progredierende, was zu erheblichen Verschlechterung des allgemeinen Gesundheitszustandes und vor allem der körperlichen Befindlichkeit und Beweglichkeit einherging, mit »auf den Rollstuhl angewiesen-sein«, Einbußen von Alltagsfähigkeiten und wesentlich mehr Betreuungs- und Unterstützungsbedarf. Das Ergebnis war nach knapp zwanzig Jahren eigenständigem Leben in Berlin wieder ins Elternhaus zu ziehen, um die entsprechende Unterstützung im familiären Umfeld von Schwester und Mutter zu bekommen und soweit wie irgend möglich selbstständig zu bleiben.

In diesem Buch sind nun die Magisterarbeit und die Dissertation, die beide etwas zur besseren Lesbarkeit überarbeitet wurden, veröffentlicht. Leider ist die universitäre Unterstützung einer Behinderten-gerechten Verteidigung der Doktorarbeit nicht erfolgt, die möglicherweise zum Abschluss der Promotion hätte führen können. Dazu kommt, dass leider einige Daten in den letzten acht Jahren aus unterschiedlichen Gründen verloren gegangen sind, sodass es sein kann, dass der vorliegende Text nicht dem allerletzten Stand entspricht.

Das Buch soll dazu dienen sich zu erinnern und nachlesen zu können, was den Autor in diesem Lebensabschnitt und darüber hinaus beschäftigt hat. Denn er befasst sich nach wie vor im Alltag mit Themen wie Krieg und Frieden sowie Vertreibung und Ungerechtigkeiten oder auch Randgruppen und sich fremd fühlen.

Und es soll natürlich auch diesen erarbeiteten Aspekt der Literatur des sozialistischen Exil in der Sowjetunion in der Zeit von 1930–1945 sichtbar machen und veröffentlichen.

Offenbach, im April 2024
Hilde Schädle-Deininger

Danksagung

Bedanken möchte ich mich bei allen, die mich in meinem bisherigen Leben begleitet, angeregt, gefördert oder mit mir ein Stück des Wegs gegangen sind und auf unterschiedliche Weise mit mir verbunden waren und sind. Sie alle namentlich zu nennen würde sicher bedeuten, jemanden zu vergessen …

Danke meiner Familie, meinen Freunden, Lehrern und Unterstützer in allen Phasen meines Lebens sowie allen Helfenden in Krankheitsphasen und den Mitbetroffenen in der Selbsthilfe, die alle ihren Anteil daran haben, dass ich meinen Weg gehen und Interessen entwickeln bzw. erhalten konnte.

Mein Dank gilt allen, die mir für meine hier vorliegenden schriftlichen Arbeiten Zugang zu Archiven, sei es in Russland oder in Deutschland ermöglicht haben. Den Zugang zu russischen Archiven, in denen ich Historisches und Unterlagen im Original lesen konnte, war besonders für das Weiterkommen der Recherchen, Überlegungen und Konsequenzen für die Arbeit von großer Bedeutung.

Viele Anregungen zu den hier vorliegenden Arbeiten erhielt ich beispielsweise auch im Berliner Berthold-Brecht-Archiv, im Becher-Archiv und in anderen Abteilungen der Akademie der Künste zu Berlin,

Viele Personen haben zur Vertiefung und Erweiterung meiner Wahrnehmung der umfassenden Thematik beigetragen, beispielsweise das persönliche Gespräch mit Alex und Inge Glesel, der Kontakt zu Reinhard Müller, der mir eine Kopie der Komintern-Akte von Samuel Glesel zur Verfügung gestellt hat und viele weitere Personen, die mich wohlwollend auf weitere Quellen hingewiesen, mir Anstöße gegeben und mich immer wieder aufgemuntert haben, trotz meiner gesundheitlichen Grenzen bei der Sache zu bleiben.

Ihnen allen sei herzlich gedankt!

Über den Autor

Florian Christoph Benedikt Schädle, MA, geb. 1979 in Hannover.

1998–2000 Studium der Neueren deutschen Literatur an der Johann Wolfgang-Goethe-Universität in Frankfurt am Main, 2000–2005 Studium der Neueren deutschen Literatur an der Humboldt-Universität in Berlin; Nebenfächer: Musikwissenschaft und Philosophie, Magisterabschluss;

Ab 2006 Promotion in Germanistik an der Philologischen Fakultät der Universität Leipzig (hierfür Juli 2007 bis Juni 2011 Promotionsstipendium der Hans-Böckler-Stiftung. Zwischen Magisterabschluss und Promotion sowie zu Beginn der Promotion je einen kürzeren und mit Unterstützung der Böckler-Stiftung einen längeren Studienaufenthalt in Russland).

Die Promotion konnte aus diversen Gründen nicht abgeschlossen werden.

Jounalistische Tätigkeit für verschiedene Zeitungen und Zeitschriften; Presse und Öffentlichkeitsarbeit an der Jüdischen Theaterbühne Berlin Bamah.

Peer Counselor ISL (Interessenvertretung Selbstbestimmt leben), Gründungmitglied des Netzwerkes Berliner und Brandenburger Peer CounselorInnen.